RESTAURANT SUCCESS HANDBOOK

餐饮老板经营参考

秦朝 等 著

西苑出版社
XIYUAN PUBLISHING HOUSE
·北京·

图书在版编目（CIP）数据

餐饮老板经营参考 / 秦朝等著. -- 北京 : 西苑出版社有限公司, 2025. 3. -- ISBN 978-7-5151-1021-9

Ⅰ. F719.3

中国国家版本馆CIP数据核字第2024VZ6556号

餐饮老板经营参考

CANYIN LAOBAN JINGYING CANKAO

作　　者	秦　朝　等著
责任编辑	辛小雪
责任校对	杨　超
责任印制	李仕杰
开　　本	710 毫米 ×1000 毫米　1/16
印　　张	32.5 印张
字　　数	528 千字
版　　次	2025 年 3 月第 1 版
印　　次	2025 年 3 月第 1 次印刷
印　　刷	河北鹏润印刷有限公司
书　　号	ISBN　978-7-5151-1021-9
定　　价	199.00 元

出版发行	**西苑出版社有限公司** 北京市朝阳区利泽东二路3号　邮编：100102
发 行 部	（010）84254364
编 辑 部	（010）64210080
总 编 室	（010）88636419
电子邮箱	xiyuanpub@163.com
法律顾问	北京植德律师事务所　17600603461

序言 在别人的实践中寻找自己的真知

世界在激荡推演，餐饮的进化永不疲倦。最近十几年的餐饮业，像极了中国式改革开放的进程，浓缩式地走完了本应几十年、上百年走完的必由历程。

起伏跌宕在所难免，很多发展阵痛也是行业人首次体验。一个个难题的破解，充满挑战，却也十分新鲜。潮流滚滚向前，我依然坚信，中国餐饮业才刚刚开启属于自己的黄金时代——餐饮业已从手工服务业，蜕变为一个流程化、效率化的行业，并跨越至数字化、智能化及供应链系统化成熟的朝阳产业。作为一个拥有全世界最大消费需求基数、入口级的传统刚需行业，中国餐饮业正与人类前沿科技和主流资源与时俱进、紧密融合，形成完美闭环。

今天，餐饮行业的受关注程度、炙手可热程度、跨界者涌入程度，堪称空前。

在经济周期的齿轮转动中，众多行业正经受“人才挤出效应”，许多“大厂”青年、新中产、企业高管、创业者等，不约而同地将命运的齿轮转向了餐饮行业。他们怀揣澎湃激情，手握真金白银，以身入局。

从这些年最牵动人心、夺人眼球的经济数据看，餐饮业做出了极大贡献。众多行业里，餐饮业是总营收规模增长长期保持在两位数左右、速度最快的行业之一。但餐饮业也面临“大进大出”，每年有数以百万计的餐饮企业注册，也有百万计的企业注销。这某种程度上也是前赴后继的餐饮创业者，对“大行业缺少大企业，大品类缺少大品牌”这一中国餐饮发展现状不满足的真实反映。但行业洗牌之际，也正是大变局时代的餐饮底层逻辑一遍遍迭代重塑的好时机。

这既是机会的红利，也是改变的动力。

天下“勤行”看餐饮。勤奋的中国餐饮人，也会导致所有创新举措总会被快速跟进，创新道路的拥挤，必然导致行业时常陷入周期性“内卷”。然而，这似乎也是最大创业基数产业的竞争必然，理解、成为、超越，也似乎是中国式餐饮创新的路径螺旋。

在“内卷”中实战，进而实现“突变”，或许本就是行业格局突破、“蛋糕”不断扩展的规律使然。比如新一轮的中餐出海，正是一次中国餐饮创新结果的整装输出；下沉市场的大开发，也正是新一轮更大消费群体需求升级的大满足。由此来看，中国餐饮行业的创新空间、伸展空间、造梦空间依然辽阔，餐饮业或许仍是少数能够为草根提供从 0 到 1 创业机会的行业。

著名财经作家吴晓波说，餐饮业大概是现今人们对美好生活向往最易有获得感的行业。在当下激荡和充满不确定的变局里，餐饮业或许仍是少数能够为草根提供从零到一创业机会的行业。

然而，餐饮创业同时也已进入专业主义阶段，认知的门槛甚至先于产品的准备，仅有一腔热情已然不够——系统的锤炼更是优于一时的灵感，单一的能力长板也很难经受住长期主义的考验。

由此可见，行业品质长周期已然降临，高质量发展倒逼“快钱”“劣币”思想无处生长，同质化泡沫正加速破裂。因此，这其实是一个真正做餐饮的好时代，回归真实生意，相信基本逻辑，才能冲出“内卷”。

拥有近 40 年餐饮创业经验，几乎干遍所有餐饮业态，被我称之为“餐饮老板活化石”的西贝餐饮集团创始人贾国龙说：很多人觉得市场“卷”，我觉得市场永远都“卷”，而且越成熟的市场越“卷”，我们不能把自己生意没做好、挣不到钱归结于外部环境。

餐饮市场永远有机会，也需要有大批新品牌成长起来到市场中开疆拓土，一起实现中国餐饮人的梦想！

我在上一本新书《识势：变局时代的餐饮入局与破局》中提道：中国需要更多的企业化、规模级、能够走向世界的餐饮品牌，才能输出和刷新中国独特的文化，让美食大国变身餐饮强国，让古老传统变为现代传承。

在今天入局餐饮，认知的决定性作用已愈加凸显，因为所有形式的创新终将被时间更迭，唯有认知与常识可以穿过周期，唯有强化认知才能坚固我们的底层逻辑。

所以，我和我的团队为大家呈现的这本书，精心筛选了超百家餐饮标杆企业，分析维度包括从入行必选的品类物种，到赛道立足的增长模型，再到营销战场的去伪存真，以及敏锐捕捉到的市场风向、扩张走向和进化逻辑。

我们以身为新时代餐饮的全程观察、分析与记录者乐此不疲，并深感荣幸。我们期待这份感动中有你、有他、有我，也期待这本汇聚行业经验细流的图书，能汇入餐饮老板的经营长河。

每个人心中都有一个餐饮梦，仿佛一切职业的尽头都是餐饮老板。我们祝愿大家能够圆梦，但也希望能劝退更多盲从。

站在行业的立场，我“自私”地希望这不只是调侃，而是衷心期望有更多热爱的人加入这个充满人间烟火气，既能品尝人生滋味，又能安放宏大理想的行当！

目录 contents

第一部分 品类物种

产品形态小更迭，博得用户大流量

第二部分 增长模型

市场下沉做拉新，品质上浮求复购

第三部分 营销实战

精细化运营，既要降本也要增效

第四部分 风向洞察
创新经营思路，打破利润焦虑

第五部分 扩张蓝图

连锁路径与品牌终极，系统输出下沉出海

第六部分 认知进化

升级底层逻辑，用智识穿越周期

第一部分

品类物种

产品形态小更迭，博得用户大流量

01.

杯装火锅，本质是具有仪式感的“一人食经济”

近两年，杯装火锅悄然成为潮流。这种模式是在旋转小火锅的基础上再次进行“瘦身”，把火锅彻底“变小”，当下，其已经成为上海外卖界的新顶流。

笔者不久前在上海点外卖时一下子就刷到 5 家杯装火锅店，并且发现每家店的销量都很不错，店月销量最低 2000 单，最高甚至可达 5000 单。这次杯装火锅有机会翻红，取决于多种因素，至于它能否长红，还要看其背后的商业逻辑能否长久。

火锅“内卷”之下的“瘦身”新出路

事实上，这些年，火锅行业一直在尝试变小、变快捷。前有“火锅便利店”“无人火锅”，试图从效率上有所提高；之后，市场又掀起过一阵“小火锅”的浪潮，如“桃娘下饭小火锅”“香漫谷泰式小火锅”等；海底捞也尝试推出了“下饭火锅菜”，想借助自身在业界的优势，进军快餐市场……而如今杯装火锅的翻红，成为行业“内卷”之下“瘦身”的新出路，目前，全国诸多杯装火锅品牌备受追捧。

上海的“七口辣”可谓目前业界最炙手可热的领头羊，其创始人致力于“用美式快餐的模式卖中国火锅”。该品牌目前在全国共有 86 家门店，外卖平台月销量甚至可以达到 5000 单。

广东惠州的“钱与火锅杯”，让消费者仅需花 20 多元就可实现火锅自由。其外包装很像柠檬茶，并设计了刮刮卡的互动模式。同时，菜品名称也紧扣时代气息，比如“一富解千愁麻辣杯”“福瘦双全清汤杯”，等等，深受年轻人喜爱。

另外，“前程市井一人食火锅杯”，将自身定位为“牛油火锅便当”，把火锅变得更小、更快、更便捷。还有“李杰一家三口火锅杯”，人均 15 元，提供 4 种汤底，不大的门店装修成复古港风，还配有老电视等怀旧装饰，算是重庆火锅界突出重围的“新物种”。这些小体量火锅都深受消费者青睐。

杯装火锅的进化与翻红

如今走红的杯装火锅其实并不是这两年才新鲜出炉的，早在 2020 年年末至

杯装火锅诞生于互联网大环境下，迎合了人们对于新奇、快餐式火锅的需求，成为新潮流也完全在情理之中。

2021 年年初，杯装火锅就曾火过一阵子，不过和现在的版本大异其趣。

当时流行一股“边走边吃边喝奶茶”的风潮：一个被物理分割成两段的杯子，下方是奶茶，上方是火锅，一根长吸管从上通到底端，消费者可以吃一口火锅喝一口奶茶，便携性十足。这便是当初的“奶茶火锅杯”。

然而，冷热食饮放在同一个容器中，有可能会导致食用者消化不良，手持辣锅的模式也不够实用。所以，尽管其曾经红极一时，但很快热度就逐渐降低，并最终归于沉寂。而这次翻红的杯装火锅和 3 年前的版本相比，还是颇具差异的。

首先，不再叫奶茶火锅杯，而是统一叫杯装火锅。在消费者习惯于从线上平台检索信息的时代，引入新概念，建立新品类，相当于和曾经红极一时的奶茶火锅杯划清了界限。

其次，在形式上，现在的杯装火锅也和初代版本有着明显的差异。它不再是奶茶 + 火锅一体的形式，而是去掉了奶茶元素，变成纯粹火锅的“瘦身”版。

最后，在概念属性上，之前的奶茶 + 火锅模式打出“边走边吃边喝奶茶”的概念，更具网红气质，主要满足消费者拍照出片、体验新奇的需求，但究竟是以奶茶为主，还是以火锅为主，连商家也说不清楚。现在的杯装火锅则更为低调务实，不再鼓噪“边走边吃”的噱头，而是凸显火锅产品的特质，让顾客更加轻便地“吃”火锅。

虽然形式不同，食材各异，但奶茶火锅与杯装火锅二者仍有相似之处，即它们背后关注的都是“一人就餐”的需求，这也是继奶茶火锅杯红极一时之后，杯装火锅再次翻红的根本原因。

曾几何时，大家对“一人食”的印象是“凑合吃一口”，但在当下，“一人食”群体并不会因为独自吃饭而敷衍了事，他们对食物、场景、氛围、情绪等也有着独特的追求。

百度搜索指数显示，过去一年，关于“一人食”这个关键词的讨论呈现爆发式增长。《2024 中国中式餐饮白皮书》显示，国内消费者外出就餐以小型聚餐和“一人食”为主流：其中，工作日以“一人食”就餐为典型，节假日则以二至四人的小型聚餐为主。

因此，杯装火锅本质上满足了食客对于“一人食模式”的需求，给足了一个人吃火锅的仪式感和情绪价值，因此得到很多人的喜爱，尤其是不善于社交的群体或者大城市年轻人的青睐。

在旧品类里切分新的蛋糕

杯装火锅从名字来看，给人一种火锅的最小单位、小小容器内含大大乾坤的感觉。从实物来看，从锅底到蘸料，其也是保留了火锅最有识别度的部分，给足消费者体验感。

杯装火锅称得上“火锅”的属性，一半是菜品和汤底给的。杯装火锅的“杯”类似于加高加厚版的方便面桶，杯装火锅内的食材和普通火锅差异不大，菜品还是牛肉、猪肝、水煮肉片、虾滑、火箭鱿鱼、肥牛等传统的火锅食材。

还有和传统火锅类似的牛油汤底，升腾起的牛油香气冲入鼻腔时，瞬间唤醒食客的嗅觉记忆。当然，除此之外，杯装火锅也有其他的招牌汤底供选择，如牛骨原汤、日光番茄汤、豚骨浓汤、冬阴功汤、贵州酸汤等。

杯装火锅作为“火锅”的属性，另一半是专业的“火锅伴侣”给的。杯装火锅店内有丰富的火锅蘸料可以选择，如特制干碟、招牌酱汁、老东北麻酱、秘制油碟、酿造醋碟、油辣子、葱花、香菜、蒜泥……火锅店里有什么配置，杯装火锅店也一应俱全。锅底和蘸料上的高度还原，让这个“新物种”和川渝红锅有了一脉相承的感觉。

此外，杯装火锅店也有一些配套食饮，比如小酥肉、肉串、柠檬茶、米饭，等等。

总之，杯装火锅从菜品到锅底再到火锅伴侣，都给消费者带来了火锅的真实体验，这也是其深受消费者青睐的最重要原因。

质价比打动低价消费群体

众所周知，火锅赛道是“卷王之王”，头部品牌一直在努力寻找新出路，而

2024 年火锅行业的“求变”行为格外明显。比如，大牌火锅品牌海底捞测试了多个新副牌，从食材到锅底都在求变，但价格带来的“风波”似乎从未停歇，这也说明消费者对于火锅价格的敏感度在一步步提高。

无论火锅品类如何创新和改变，其本质都是在价格和体验两个维度尝试平衡，既要价格亲民，也要保留价值感和体验感，而这两点，杯装火锅都做到了。

杯装火锅切中了目前的消费趋势，即消费在降级，但是需求在升级，人们在吃吃喝喝上的消费支出变得更为谨慎，顾客“既要便宜又要品质还要体验”。在这种大环境下，火锅商家唯有用高性价比的产品匹配弱消费的需求，才能为自己赢得更多的青睐。

在价格方面，杯装火锅平易近人，一份足够吃饱的套餐，只需要 30 元出头，如果赶上新客价或者其他优惠，价格甚至可以下调到 20 余元。当麻辣烫贵到吃不起，被吐槽的时候，人均 30 ~ 40 元的火锅，对于年轻人来说十分划算。

而在体验感方面，杯装火锅品类相对丰富，甚至优于麻辣烫。不错的体验感，加上高性价比，使得杯装火锅一经面世就自然而然成为打工人的午餐优选。因此，这一类门店得以迅速铺开。而且除了外卖门店，还开出了不少街边店、商场店。

未来，火锅的发展要么走“怂”的路线，放大社交属性，放大体验感，以此提升价值；要么走“变小、快捷”的路线，而杯装火锅很好地契合了这两点。但目前来看，杯装火锅的品牌化发展还不够明显，这也是制约它进一步发展的重要因素。

真正的创新从来不是形式上的创新，尽管它确实会为品牌带来一定程度的热度，但时效是有限的。如何在短时间内通过品牌建立和产品本身俘获顾客，才是杯装火锅品牌经营需要考虑的重点。

02.

农家乐落寞，农家乐餐饮正在崛起

农家乐被顾客喜爱的基因内核

曾几何时，农家乐经济沸沸扬扬，它以农家院、农家饭、农产品等为吸引物，打造了一种农家生活体验服务的经营形态，备受欢迎。然而，从一座难求到无人问津，农家乐只用了 5 年时间。

过去一段时间，在某线上短视频平台，不少农家乐老板都在记录自己倒闭的农庄和餐厅的情景。其中，一条标题为“倒闭 80000 家”的短视频，播放量已经达到 181 万，引得无数网友一片叹息。

而在线下倒闭的农家乐企业的确不在少数。根据企业信息查询平台企查查数据显示，以“农家乐”为关键词进行搜索，状态为注销、吊销的企业目前已经超过 8 万家。

近两年来，旅游和餐饮都在快速复苏，而作为两头都沾边的农家乐，理应在这种加持下经营得红红火火，为什么实际上却经营惨淡呢?

有人说“农家乐的重点在‘乐’，光‘吃’不‘乐’可不行，这需要重资产投入”，还有人痛斥部分农家乐的“宰客现象”，表示“老乡骗老乡，两眼泪汪汪”。

农家乐的一落千丈，是多方面原因造成的，如外界经济环境的变化、人们消费观念的转变，以及卫生差、收费高、同质化、无序发展，等等。

尽管农家乐这种形式似乎已经成为过去式，但它曾经受到大众喜爱的基因内核并没有被时代所淘汰，反而在餐饮业竞争激烈的当下被保留下来。

多种农家乐餐饮形式正在兴起

农家乐餐饮作为农家乐的基因内核，它的形式还在继续演变，融入多个餐饮品类后，依旧受到消费者的追捧。所谓农家乐餐饮，就是将农家乐中的天然食物、田园场景等元素进行提炼与升级，并将这些元素体现在餐饮各个方面的一种餐饮形式。当下，越来越多的农家乐餐饮正在崛起。

东北美食铁锅炖

在上海某热门美食榜单中，位居榜首的美食并不是本帮菜，而是铁锅炖。铁锅炖能够在一众精致的网红餐饮中脱颖而出，主要源于两个方面。

一是铁锅炖满足了消费者对地道风味的追求。在《2023 小红书年度生活趋势》报告中，“吃地道风味”这一话题位列第二，该话题同比 2022 年的相关笔记数量上涨了 227%。而在家门口甚至足不出户就能吃到正宗地道的东北菜，对于身在北京、上海等超大城市的人来说无疑是一件再好不过的事情。

东北美食铁锅炖一跃成为北京、上海餐饮界的新潮流。

二是铁锅炖已经成为年轻人的一种新型社交工具。铁锅炖自带的质朴化、有烟火气氛围的餐饮业态，是最好的“破壁神器”，它打破了人与人之间的僵硬感，并给人们带来一种亲近自然的趣味感，有助于消解生活压力，提供精神抚慰。

围炉火锅

除了铁锅炖，近两年在社交平台上渐渐火起来的围炉火锅，也是农家乐餐饮的重要形式之一。几把竹椅，一口铸铁锅，用石头堆砌成的凹槽，燃烧的炭火，这种新奇而接地气的场景，营造出了既可以吃美食又可以交友谈心的轻松氛围。在暖烘烘的炉边，三五好友萦绕身旁，成为最“巴适”的冬日聚会模式。目前，在北京、西安、武汉等地，不少火锅店、露营店等都推出了围炉火锅，备受消费者追捧。

_ 围炉火锅是围炉煮茶的最新玩法，是一种更加返璞归真的新消费场景。

乡村咖啡

除了铁锅炖和围炉火锅，另一种最时髦的农家乐餐饮形式就是乡村咖啡。随着咖啡创业热潮的兴起，越来越多的咖啡厅、咖啡馆搬到了小河边、山脚下。《2023 中国咖啡市场洞察报告》显示，国内四五线城市的咖啡订单量同比增长 250% 以上。

在小红书平台上，关于“乡村咖啡”的笔记已经高达 5 万多篇，而关于“乡村咖啡店”的笔记则有 2 万多篇。其中，湖州安吉凭借“村咖”文化在各大社交媒体再次“出圈”。

在浙江安吉这个常住人口只有 58 万人的山区小县城里，竟然隐藏着 341 家咖啡馆，其中近半数是在一年内新成立的，按人口密度计算已超过拥有 8000 多家咖啡馆的上海。“为了一家店，去了一个县”“走！去村里喝一杯咖啡”已经成为不少人最新潮的打卡方式之一。

土菜馆

说到农家乐餐饮，不容小觑的还有开在都市里的农家乐——以“老乡鸡”“农耕记”“王捌院子”“笨罗卜”等为代表的土菜馆，他们把农家乐的灵魂进行了升级和聚焦，从食材到店面都一一加以精心包装，给足了消费者“农家乐”的体验感。

比如老乡鸡将“土”的噱头从“土鸡”食材延伸到营销上，还在北京开了农场旗舰店，将农场元素融入餐厅的空间表达，传达出有机、健康、营养的理念。

农耕记推出“湖南乡下菜，深圳城里卖”“土菜土食材，够味够下饭”“山里菜，原生态”等广告语来打造品牌口碑；店面装修也围绕“湖南老家”的主题，通过竹栅栏、竹椅子、木圆桌、红灯笼、大红花热水瓶，以及成堆摆放的新鲜时蔬、谷物等元素，营造出乡下丰收的喜悦氛围，这种在城市里难得一见的景致，吸引了不少消费者。

王捌院子则是把农家乐升级成院子餐饮。把火爆的院子餐饮开进深圳欢乐港湾，是王捌院子将湘野小院与旅游商场相结合的第一次尝试，这里有湘式小院、湘式土菜，配上分类明档设置，如甲鱼明档、炒锅明档，以及炖汤和土菜明档，给生活在现代都市中的人们增加了几许乡野食趣。

笨罗卜作为长沙新晋的湘菜“排队王”，其大食堂采用简装风格，散桌下采用浏阳农村的凳子，给食客带来一种回老家吃土菜的感觉。

事实证明，这些新兴的农家乐餐饮形式都很受追捧，截至目前，老乡鸡已在全国开了 1000 多家门店，农耕记是深圳的“排队王”之一，王捌院子不预订几乎吃不到，笨罗卜一开门，就要上演赛跑式抢座位的画面，巅峰时期排队三小时起，高峰期更是能排到 1000 多号。

田园餐厅

除了上面这些连锁餐饮，田园餐厅也渐渐在一些非连锁餐饮中兴起，并悄悄在社交平台上走红。

不少城市都出现了“首家菜地 / 农场 / 田园餐厅”的餐饮场所。它们是农家乐的大升级，强调“本地、本季、本味”“现摘、现做、现吃”的理念，从食物出品到厨余施肥，实现了全链条的生态循环。

所谓“饮一壶茶，吃一顿田园中餐”，田园餐厅既迎合了人们对于生态健康的需求，又满足了人们对于某种田园情怀的情感需求。

想要保障复购率，产品和服务才是根本

不可否认，农家乐餐饮大有可为，因为它为都市人群提供了他们向往已久的情绪价值，具体内容主要体现在两个方面。

其一是天然、质朴、反工业化潮流的属性。在“预制菜”“标准化”和强营销的网红餐馆的围攻中，口味地道、更具烟火气的乡土餐饮以差异化被重新发现和挖掘，在于其能给每个都市人以鲜活的生命力之感，如 2023 年夏天淄博烧烤的火热，就是最好的证明。

其二是满足人们对于乡土的渴望。对生活在城市中的人而言，“乡土”已经成为一种“浪漫凝视”，相比焦虑、孤独等现代化病症带来的精神上的压抑，“乡土”承载着城里人对于田园牧歌式生活的想象，成为人们的一种情感慰藉。

当然，曾经热火朝天的农家乐的落寞结局也警醒我们，复购率才是餐饮企业

实力的体现，而想要保持复购率，最根本的就是要把产品主义和服务主义放在首位。

目前，也有不少以农家乐餐饮为主的乡村开始积极转型。如西安袁家村，从曾经的主打农家乐成功转型为汇聚各色关中美食的“小吃第一村”，它们通过地产地销保证食材的供给和质量，只为最大程度保证美食的原汁原味。此外，袁家村还规定每家店只卖一种食物，打造出一百个经营者就有一百种吃法的消费场景，消费产品和场景多了，复购率自然就上去了。

总而言之，不管是农家乐还是农家乐餐饮，都只是一种形式，以优质的产品和服务，上佳的价值感和体验感，保证复购率，才是农家乐餐饮长久发展的根本。所以，即便农家乐餐饮方兴未艾，对于餐饮从业者而言，既要懂得抓住机遇乘兴而起，更要警惕“农家乐餐饮”成为下一个落寞的“农家乐”。

03.

国风来袭，当餐饮插上新中式翅膀

近些年，新中式风靡餐饮业，从中式汉堡、中式烘焙、中式茶饮，到中式茶馆、中式炸鸡……似乎所有餐饮品类都想要乘上新中式和国潮这股东风。

新中式为何一时间备受追捧？餐饮品牌通过融入新中式元素又能够得到什么？是否所有餐饮品类都适合与新中式连接？新中式餐饮是否会成为一时的网红热而终将消散？下文我们将从餐饮品牌、平台和消费者三方深入解读新中式餐饮的生长密码。

新中式餐饮，是用户需求和商家经营的双向奔赴

“泸溪河桃酥”前 CMO（首席营销官）赵炯认为，新中式餐饮的出现，是在新环境和新消费需求下应运而生的。具体而言，新中式的“新”体现在两个方面。

一是新环境。以前，餐饮行业迭代非常快，尤其是商场里面铺子的“翻铺率”很高，一年之内有许多店铺被迭代下去。近几年，随着 90 后、00 后年轻消费群体的消费习惯和消费观念出现变化，餐饮行业发展也有了新思路。

二是新消费需求。年轻人更愿意表达对中国文化的理解，比如越来越多的人愿意穿着汉服在街上展示。餐饮品牌要做的是，在满足消费者对品牌层面的功能性需求外，还应该满足其精神需求，做好品牌经营。

抖音生活服务餐饮行业方法论管理总监黄鑫认为，餐饮新中式，是用户需求新趋势和商家经营新方向的融合，这是一场双向奔赴。

对用户而言，他们既需要商品提供功能价值、情绪价值及表达价值，也希望借助商家的产品、服务和内容完成身份塑造及彰显身份的表达。

比如，之前武汉小龙虾品牌“肥肥虾庄”和“黄鹤楼”成功联名，就是因为肥肥虾庄的定位是要能够表达武汉文化的美食品牌，深受消费者喜爱。

对商家而言，新中式是传统美学和现代生活的融合。面对用户的不同需求，商家通过自己的内容、商品、服务去满足用户需求，同时传递中国文化。

几家新中式餐饮企业也的确是这样做的，因此取得了餐饮 + 新中式的成功。

比如，“临榆炸鸡腿”坚持把中国文化发扬光大，在中式基础上做出创新。

又比如茶饮品类“古茗”，也屡屡别出心裁，尝试做茶和果的结合、茶和乳制品的结合、茶和料的结合，为消费者提供了许多新的喝茶方式，同时通过内容运营，让消费者对茶有更深的理解。

古茗，以茶这一在中国具有传承性、代表中国底蕴的事物为载体，不断向茶饮赛道注入新中式元素。

糕点品类泸溪河则选择深入洞察用户需求，围绕品牌古法技艺，在新中式糕点领域不断创新，以满足消费者对于某一类商品或者某一类内容的情绪感受需求和自我表达需求。

还有互联网初创品牌“西少爷”，从创立之初，“西”字代表的就是源自西安，面向西方，其默认的使命就是扭转外国人对中式餐饮的观念，让更多人知道中国餐饮已经发展成为时尚、卫生、环境好、餐饮品类丰富、烹饪方式精致、可以给全世界带去更多美食享受的行业。

正如西少爷营运副总裁彭丰所言，新中式理念要基于对中餐文化的领悟和尊重，这是前提。如今，西少爷也成功把中国传统特色小吃打造为新中式品类品牌，把原来的街头小吃打造成时尚、现代且走向国际的连锁品牌。

满足用户对功能价值、情绪价值及表达价值的需求

新中式是根植于中国本土文化，存在于我们的文化基因里的。因此，餐饮品牌只需要带着强烈自信去做这件事情就好。

但无论是塑造品牌，玩转国潮还是新中式，餐饮生意最终还是要被用户和顾客感知。因此，新中式餐饮要想获得传播，就需要加强品牌和客户之间的连接属性。

从平台角度，我们认为，加强品牌和客户之间的连接要做到两方面。

第一，要精准匹配用户群体和用户需求，包括内容消费、商品消费、服务消费三大消费需求；第二，要根据不同消费场景打造不同价值，包括商品的功能价值，用户借助商品获得的情绪价值，以及用户借助商品、服务和内容去表达自己的价值。

比如，古茗推出的一款“云雾栀子青”轻乳茶，从产品名字到书法杯包装都展现出十足的国风韵味，吸粉不少。许多用户基于此做出二次创作，自发在平台分享视频和表达自己，为品牌讲故事，无形之中帮助品牌被更多消费者熟知。

从品牌角度，我们认为，加强品牌和客户之间的连接要做到三方面。

第一，做产品。无论餐饮还是烘焙，底层逻辑一定是产品。顾客的复购决定

了一切，尽管餐饮品牌采取了很多拉新方式，但最终还是顾客的复购频率决定着生意好坏。所以，餐饮品牌优先要做的是有经验、有创意且和中式文化真正相结合的产品。

第二，做内容。当产品和定义足够清晰，餐饮品牌做的内容能够让用户喜欢并转发分享，就意味着品牌传播效率是高效的。如今，餐饮品牌看重的不应该是用多少金钱去覆盖多少用户，而是覆盖用户后，用户是否还愿意为品牌的内容做二次、三次的传播，这样才能形成更有效的经营。

第三，做品牌。在洞察市场的同时，餐饮品牌还需进行品牌升级，把品牌做大。泸溪河就增加了品牌创始人形象，用创始人的信任做背书，拉近和用户的距离。所以，产品和内容能给品牌做长期的添砖加瓦很重要，但不应该局限于只是阶段性的动作，更重要的是能否在未来给品牌带去复利。

比如，泸溪河联合抖音生活服务做了品牌 10 周年大庆，结合新中式文化的内容、现场流量的分发、产品食欲感的展现及互动机制等，把更多本地生活方式引入门店。总之，不管是在抖音做的内容投入，还是引流、产品建设等，都是为了围绕品牌发展方向，收获信赖品牌的客户，为未来经营积攒消费者。

说到底，新中式餐饮需要把产品、内容、品牌这三件事连成一根轴，让今天做的每件事情都能在未来产生价值，形成复利效应。

不仅是“内卷”变网红，更要实现品牌长红

在国潮和新中式兴起的当下，如果所有餐饮品类都加入，行业就会变得“内卷”，甚至导致出现网红效应。餐饮品牌决不能为了迎合消费者而一时兴起，要想想如何实现品牌长红，而想要做到长红，就需要平台、品牌的共同努力。

从平台角度，抖音生活服务餐饮行业方法论管理总监黄鑫认为，餐饮品牌若想成为网红要思考从用户需求中来，而做到长红则要回到用户需求中去。

作为平台方，要帮助商家连接他们的用户，帮助用户匹配商家。第一，商家能够通过数据产品洞察用户画像和用户需求，帮助品牌了解和触达用户；第二，平台借助精准推荐系统，把商家打造的产品和内容有效推送给用户，再基于价值

化内容，让品牌和用户建立连接并产生信任，实现单次购买或复购，为品牌做加持，给商家提供价值。

从商家角度，古茗营运副总裁郭文娟认为，餐饮品牌要搭乘新中式快车且做到长红，一是要用心开发好产品，二是要在门店端、营运端把好的餐品呈现出来，三是要真正服务好顾客，尽量满足每位消费者的差异化需求，为他们提供相对更舒适、更自然贴切的服务和产品。

古茗也的确是这样做的。古茗一方面坚持把更多精力和投入放在供应链建设和产品研发上，希望研发出更多既新奇又能够给消费者带去好口感的健康产品。另一方面是做内容，坚持内容应该是依附在产品本身从而被衍生出来的事物，“云雾栀子青”就是一个很好的代表。总之，就是把高品质、新鲜带有茶香和花香茶味的产品带给消费者，并在此基础上融合内容，而不是生搬硬套。

西少爷营运副总裁彭丰认为，餐饮品牌搭乘新中式快车并做到长红，就要做好产品和服务。首先要把产品做对，重视年轻人需求。其次，新中式是中国传统元素和现代元素的融合，需要在不同时间点、不同机遇里做更好的销售和服务。

比如，西少爷在入驻加拿大顶级购物中心 Yorkdale 时，发现商场里没有中国品牌，但他们还是坚持把“西少爷”三个字放在门店招牌上，以至于谈判一度陷入僵局。最后他们不惜用高租金让对方妥协，实现了让“西少爷”三个字缩小一号放在门店招牌上，这也是在形式上助力中餐以新中式风格出海。

总之，新中式的诞生，是顺应时代潮流的体现，是品牌善于抓住机遇、展现中华文化的体现，其为餐饮人提供了创新品类的机会。只是，在拥抱新中式的过程中，还需要品牌、平台、消费者三者紧密结合，以将这一新潮流的价值展现得淋漓尽致。

04.

贵州菜，用酸辣口味出圈

近两年，以辣淳、香浓、酸鲜、味厚著称的贵州菜，成了餐饮圈众品牌的新宠儿。

在北京、上海、广州、成都等地，在大众点评上搜索“贵州”或“黔”，可发现不少贵州菜的相关新店。天眼查则显示，2023 年 1 月至 11 月 30 日，全国新注册的“酸汤”相关企业共有 1656 家。

在火锅赛道，有品牌开始推出酸味菜品，如海底捞在区域上新贵州红酸汤锅底；“巴奴”推出酸萝卜猪肚锅；“怂火锅”上新酸汤锅，口号是“酸爽开胃，海鲜绝配”；“熊喵来了火锅”甚至策划了一场“贵州酸汤美食节”，非遗酸汤 + 牛肉组成绝配；“马路边边串串香”免费送出 1000 份酸汤锅底。贵州的酸与川渝的辣组成新式搭配……

也有品牌在产品定位上转换赛道，如“千牛刀”改版为“渣渣牛肉”，上新了非遗老坛泡菜现炒锅底，突出酸辣特色；“番疆 | 番茄牛肉”则从番茄牛肉直接改成了番茄酸汤牛肉，这一品类的变化，不仅让门店业绩提升 30%，更是一举拿下大众点评榜单的多个 NO.1。

除了火锅，简餐和小吃也都开始融入贵州菜元素。比如，来自安顺的夺夺粉、贵阳的肠旺面、毕节的汤圆、遵义的羊肉粉……都在贵州菜上大做文章。

贵州菜成为爆款，甚至在全国各地都开启了流量化之路，除了因为菜系本身具备独特吸引力外，还源于它找到了最优的“爆发路径”。

单从火锅赛道来看，酸汤锅品类席卷而来，一时间各家都争相上新。但其本质上还是因为川渝辣锅已“卷出天际”，品牌们亟须找到火锅的新爆发点，促使贵州菜成为新宠儿。

本身极具特色，且迎合当下餐饮趋势

贵州菜系火爆餐饮界，一方面与它本身丰富的地域食材、多彩的特色小吃品类有关，这让贵州菜系天然就具有“爆品基因”和产品的延展性。

贵州菜以酸辣为主，开胃又爽口，十分下饭。目前，全国各地出现了诸多社区型贵州小馆，这些小馆藏在巷子里，看似默默无闻，但其以“酸辣”味道取胜，多数已成为网红版本的“社区食堂”。黔东南著名的酸汤火锅，讲究天然发酵的酸爽，自带养生属性，因而还受到老年人、小朋友的喜爱。

贵州菜系火爆的另一方面，是它的高性价比和强社交属性，符合当下的餐饮趋势。

其一，贵州地摊火锅历史悠久，15 元任选、18 元吃饱的风格，让这片土地诞生的餐饮自带高性价比属性。一些小吃和简餐品牌“低客单、小模型”的特点，符合当下理性务实的消费理念。

目前流行的几个贵州菜系品类，在成都的客单价都在 50 ~ 60 元之间，是客户比较容易接受的价位。另外，贵州菜系的连锁小吃店、火锅店，大多以“市井风”走红，小矮凳、水泥墙，再贴一些手绘海报，创造了轻松随意又质朴的氛围，加上价格实惠，使贵州菜系因更亲民、接地气而广受欢迎。

其二，如今对于很多人来说，吃饭不只是为了填饱肚子，也是一种社交需要。贵州菜自带社交属性，从而赢得了更多社交达人的青睐。比如，“安顺夺夺粉”，主打“夺着吃”（用竹签叉着吃），无论是现场体验还是拍照晒图，都趣味十足。

活油烙锅则以煎炸为主，类似于烤肉，不过和韩式、日式烤肉不同，冒着热气的土砂锅里，挤满了粑糯的洋芋、焦香的五花肉、嚼劲十足的板筋、弹润的鸡皮、清爽的小瓜，各色食材满满当当，视觉冲击强烈，新鲜感更足，适合多人聚餐。热热闹闹，传统的美食也能吃出互动感。

门店经营注重品牌，产品打造入乡随俗

一个菜系凭借地域特色及本身特色成为新宠儿可以理解，但要想在全国各地开启流量化突围之路，还需要找到最优的爆发路径。

贵州菜冲出西南，北上进入各一线城市、时尚之都，从地域美食摇身变成各地网红爆款，根源在于其在门店经营模式上更注重品牌打造，在产品打造上更入乡随俗，更具创新性。

从门店经营模式上来看：

其一，从粗糙的夫妻店，做成精致的专卖店，打磨具备连锁性质的品牌。比如，成都的“黔 ×× 夺夺粉”家族风靡大街小巷，有“黔三一”“黔夺夺”“黔三胖”“黔川川”“黔三石”“黔小满”……基本都是以连锁模式存在；“荣膳荷水城羊肉粉”有 200 多家连锁店，近一年时间就开出 100 多家新店；“张爪爪贵州油焖鸡”，明厨亮灶，号称“当天现杀的新鲜”，虽然当前门店数量不多，但也想走连锁品牌路线。

其二，把当地正宗乡土菜和以贵州菜主打的 bistro（小酒馆）结合，吸引年轻客群。早些年，国内的 bistro 还是以法餐为主，近年来，各种地方菜开始登场，其中贵州云南一带风味呼声很高。不少 bistro 餐厅，诸如 The Bazaar、“汤之加里”等已经成为社交媒体上爆火的网红店。就连海底捞之前尝试过的副牌 bistro，都定位为“云贵川炭火与发酵料理”。总之，贵州菜 bistro，讲究精致的松弛感——觥筹交错中，喝着葡萄酒，吃着融合菜，在音乐中放松心情，喝到微醺再各自回家……而这对于都市年轻人来说，无疑是一种颇有仪式感的消费方式。

从产品打造上来看：

其一，针对不同城市，推出不同爆品。近两年，成都满大街的“夺夺粉”、上海的“贵州烙锅”及贵州烙锅酒馆成为时尚打卡圣地，北京则是酸汤牛肉火锅脍炙人口……这与不同地区的饮食习惯有关。成都消费者对沸腾的锅子具有天然的好感，且“嗜辣”是成都和贵州两地共同的饮食偏好；而上海本身就是精致餐饮的聚集地，在这个包容度十足的城市里，bistro 的创意更是水到渠成；北京原

本就有不少牛肉火锅店，如今加入“酸汤”阵列，着实让顾客们在味蕾上更过把瘾。

其二，在产品风味和造型上进行创新。比如，折耳根这种味道独特的食材，如今已被商家加工创新出折耳根可颂、折耳根奶茶、折耳根千层等产品；“山城外酸菜鱼”围绕地方特色美食做新品开发，推出季节新品贵州槽辣椒酸汤鱼、折耳根奶茶等；还有糯米饭、喝鸡蛋、豆腐圆子等特色小吃，也都是在造型和风味上屡屡创新，“卷”起新风潮。

曾经只是路边摊级别的贵州小吃，经过创新，如今以网红路线出圈，吸引了不少流量博主前来打卡。

贵州菜系成连锁品牌的“可能”与“不可能”

一个菜系想要具备长远影响力，最终还是要形成连锁品牌。

虽然当下以“酸汤”为特色的贵州菜系热度居高不下，新开贵州菜系餐厅的规模也在不断壮大，特别是“贵州 bistro”的诞生，通过改良创新，已把这个菜系的张力无限放大，让贵州菜未来可能拥有更大的舞台。

但从目前的市场规模来看，贵州菜代表品牌并不多，有一部分集中在本地，具有很强的区域性，其他在全国开店的连锁品牌、网红特色小店，影响力和规模还有待提升，并不足以在短时间内形成连锁品牌。

当前，贵州菜系想要长久发展，形成连锁品牌，需要做到两个方面。

一是利用好消费者对贵州菜的认知。比如，说到内蒙古，人们往往想到的是原生态、大草原，想到“风吹草低现牛羊”的景象，正是利用大众对于内蒙古地域特色的这种认知，才出现了诸如小肥羊、西贝莜面村、蒙牛、伊利等连锁大品牌。所以，充分利用好消费者对于贵州菜的认知，才有机会做出大连锁餐饮品牌。

二是在标准化建设方面，还需进一步探索。受到地理因素的影响，贵州菜系较为割裂，虽然各品牌有着统一的“酸”属性，但每个地区对于酸的做法、吃法又特色各异，使得贵州菜的整体影响力较为分散。因此，贵州菜系要想形成连锁品牌，提升整体影响力，还需要有一个相对统一的做法和吃法，并在标准化建设上下功夫。

05.

云南火锅突围，关键在于实现差异化营销

继贵州酸汤火锅在全国遍地开花之后，云南火锅也毫不示弱，强势出击。

近两年，北京、上海、成都、武汉、长沙、深圳等餐饮旺城出现了很多新晋的“滇系”云南酸菜火锅网红品牌，比如“望滇海”“山海滇”“山滇滇”“野滇滇山薄荷·酸汤牛肉火锅”等。

不只是“滇系”，截至笔者脱稿，在大众点评上定位上海，搜索“云南火锅”词条有 81534 个结果，而“云南酸汤火锅”有 143442 个结果，且新店的比例不小；在抖音上搜索“云南火锅”，相关话题播放量达到 5434.1 万次，其中“云南酸菜牛肉火锅”话题就有 1181.2 万次播放。

事实上，云南火锅多年前就曾风靡一时，当时产品定位主要以菌菇火锅为主，主打生态健康。典型的代表品牌是创立于 2009 年的“香草香草云南原生态火锅”。作为“轻奢健康火锅”的首选品牌，它凭借独特的天然菌类锅底、原生态食材及主题环境，在全国连锁门店超过 60 家。

然而，随着云南菌汤火锅品牌的陆续登场，这个细分品类的竞争变得激烈起来。再加上老北京铜锅涮肉的品牌化、椰子鸡火锅的网红化及打边炉的文化属性加持，云南火锅遭受了不小的压力。同时，价格偏高、口味寡淡、同质化严重的负面舆论效应，使其逐渐走向落寞。

而当下这些新崛起的云南网红火锅，则主打特色酸辣口味锅底，结合“有料火锅”的高性价比和丰富度，同时在品牌化、辨识度上也做了优化，成为

新的美食顶流，这也给身处同质化重灾区的火锅品类如何实现差异化发展带来了一些启示。

用地域特色实现品类突围

将不同的地域特色进行原生态的呈现，本身就是一种差异化营销。

比如，在命名上，云南火锅常以“滇”字开头，凸显其地域特色。在场景上，采用立体式还原的方式，精准展现云南多姿多彩的民族特色。

金黄的玉米、饱满的稻谷等云南代表性食材一应俱全；悬挂的竹编和装饰品点缀其间，红砖青瓦的门头上“云南”二字格外醒目。进店后，香料集市映入眼帘，还有琳琅满目的各种特色物产，以及云南话标语涂鸦、扎染元素等，满满的云南气息。

点单时，身着民族服饰的服务人员迎面走来，让消费者仿佛置身于云南小镇。一些餐厅还推出了“换装”服务，顾客可以身着靓丽的民族服装，实现“沉浸式体验”。此外，经过包装后的云南火锅，味型上结合了川渝的辣味，相应地性价比方面也有了明显提升。店内弥漫着的浓厚市井气息和烟火气，使人宛如进入了云南小镇，亲切与熟悉感不禁涌上心头。

云南火锅凭借绿色健康、原生态的理念，给都市人带来了一份压力之外的宁静感，也用独具特色的民族风情征服了都市食客的心。

把味觉发挥到极致

云南火锅巧妙地把各种酸味一同呈现，让人看着就觉得酸。这种把单一味觉发挥到极致的做法，不失为一种创新的方式。

无论是开店较多的云南酸菜牛肉火锅，还是十分火爆的酸菜腊排骨火锅、酸汤猪脚火锅，抑或是大火的西红柿发酵的“贵州酸”和小叶酸菜发酵的“云南酸”，这些翻红的云南火锅，在味型上都持续围绕酸味做文章，试图把酸味发挥到极致。

同时，云南火锅商家把酸角汁、姜柄瓜、豌豆尖等地方特色食材打造得更有味觉和视觉冲击力，分分钟“拿捏”网络达人的晒图心态，“1+N”的爆款打造模式也因此被广泛运用。

独特的酸味搭配胡辣椒、薄荷、香菜等蘸料，进一步提升了云南酸菜火锅酸爽鲜嫩的口感，让人更加上瘾。

在体验丰富度上做加法

无论是酸菜火锅，还是排骨火锅、猪脚火锅，食材上都主打一个“有料”，姜柄瓜、芭蕉花、七彩土豆等地域特色食材的加入，让食客在云南火锅店的就餐体验更加丰富饱满。

翻红的云南火锅，在形式和体验上也进行了大融合，不少火锅店把潮汕牛肉的“鲜切”明档平移到了店内，或者设计出了类似重庆九宫格的“菌菇宫格拼盘”，包容度和丰富性都更加明显。

吃法上，也主打一个“新”。“先吃酸菜，清爽开胃；再涮海鲜，价值翻倍；再加入渣渣牛肉末，体验升级；最后下米线，以一碗云南酸汤肉末米线收尾……”在一个探店视频中，博主这样介绍了云南火锅的“一锅多吃”。这种吃法时尚气息浓厚，让年轻人的体验值瞬间拉满。

总之，从云南火锅的大放异彩中，我们能够得到最关键的一点启示——通过打造体验感更为丰富的消费场景，实现差异化，给顾客带来新奇感，从而持续俘获消费者的心。

与网红产品“捆绑”，是实现品类新增量的终极捷径

在互联网时代，一个餐饮品类想要脱颖而出，不仅要依靠自身的内在优势，更要学会借助外力，二者结合，往往能起到事半功倍的宣传效果。

学会借势也是云南火锅火爆的主要原因之一。复盘整个过程，翻红的云南火锅，还要感谢曾经如火如荼的罐罐烤奶。

一张几十厘米长的铁网，铺上四五个小陶罐，牛奶、滇红茶叶、玫瑰、黄冰糖、红枣等原料陈列有序……罐罐烤奶始于云南，并有一个引人注目的标签——“云南独一份的浪漫”。这样一杯“有仪式感且更便宜”的热奶茶，让无数创业者蜂拥而至。在小红书上“罐罐奶茶”的话题浏览量已经达到千万。

罐罐奶茶的“流量铺垫”，给了云南美食一个再次受到关注的契机。如今，这批新晋网红火锅店基本都抓住了这道流量爆品，将其设定为吃火锅的必点饮

品，也顺势带红了火锅店。

因此，任何餐饮品类既要在提升自身产品和服务上下功夫，更要学会借助网红产品的东风为自己带来流量，如此方能更好地实现品类新增量。

警惕“复制粘贴”式开店

有业内人士表示，云南火锅可能是2024年比川渝火锅更火爆的项目了，已有不少人前来咨询加盟。的确有网红火锅店发视频称，30多张桌子，日均营业额超过10万元，不到两个月的时间，直营加盟店已经覆盖了30多家。

从产品丰富度、呈现形式、口感上来看，云南酸汤比贵州酸汤更具有冲击力，这个品类在2024年迎来井喷的可能性是存在的。

不过，仔细观察目前市面上的当红品牌，同质化的问题的确很严重。将云南特色食材罗列在展示台，新平酸菜、富源酸萝卜、丽江七彩土豆、蒙自饵块、现烤罐罐奶茶等标志性食材是反复在菜单中被提及的。

就连网红的探店视频，也都是类似的文案和镜头。比如从锅里捞出一勺酸菜，给一个特写，体现料足；又比如将姜柄瓜顶在头上，摆出可爱的造型……“复制粘贴”式开店的模式之下，同质化严重容易使消费者产生审美疲劳，从而降低消费频次。

我们认为，在理性消费的时代浪潮下，云南火锅想要成规模地良性发展，既要考虑性价比和复购因素，又要立足于打造独特的品牌风格。

比如滇牛云南酸菜牛肉火锅，从上海开到北京再到武汉，已有十几家店，它推行“一店一城一特色”，不同门店重点打造不同的云南菜招牌。比如“望滇山”创新推出了“百香果酸汤锅”，服务员一勺一勺挖出百香果果肉放入锅底的场景，为消费者创造出了酸甜可口的全新体验。

这给所有餐饮品类创业者的启示是，不妨借鉴云南火锅在场景和食材上的创新做法，进一步细分场景，挖掘更多特色菜品，同时，学会借助流量，打造出自己品牌的独特风格。或许这才是经营者真正摆脱竞争和同质化的关键。

06.

把子肉，成为新的快餐黑马

近年来，诸如“老乡鸡”“乡村基”“南城香”等众多快餐品牌纷纷进驻京沪市场，使得两地的快餐品牌竞争格局更加激烈。

在如此激烈的竞争之下，“超意兴”“刘关张”两个把子肉品牌突出重围，分别在北京和上海掀起了一股把子肉热潮。

其中，超意兴品牌强势进驻北京丰台区草桥和朝阳区十里河两地，开业仅一个月，两家门店的运营已呈现非常可观的态势，尤其用餐时分的自助选餐区总能看见长长的队伍。而刘关张把子肉也在上海快速扩张，目前，已开出15家门店。

因此，有不少餐饮业人士预测，把子肉品类将成为新的快餐黑马。

把子肉之所以能够实现品牌突围，源于其刚需属性及长期微利的经营策略。

刚需属性——把子肉最大的竞争优势

把子肉是中华名小吃之一，更是山东济南地区极具特色的小吃。将肥瘦相间的五花肉切成长条，用麻绳捆在一起煮好，放在酱油中炖至酥烂，肉质肥而不腻，多汁多味，刚好下饭。一份把子肉配上米饭，浇上汁，消费者花上十来块钱就能吃饱吃好，直击打工人的餐饮刚需。如果再搭配上配菜和卤味，诸如四喜丸子、油炸豆腐片、兰花干、青椒、海带结等食材，那对于打工族来说就是跨越刚需的极为享受的一餐了，这也是把子肉品牌超意兴和刘关张共同吸引消费者的最本质原因。

这也告诉我们，无论进驻北京还是上海，只要能够俘获消费者的味蕾，满足消费者的刚需，这样的餐饮品牌就更容易发展起来。

小体量店面以提升翻座率获取更多客流量

把子肉品类有很多小体量店面，比如“老兵把子肉”“咱家王新国把子肉”等质朴的传奇小店，也有近几年发展起来、门店数达到 20 多家的“武岳庙把子肉”，还有前文提到的刘关张。

刘关张的店面不大，一般设置七八张桌子，20 多个座位，并且取消了自选菜品区，将点餐区和出餐区合并，菜品也合并成各种套餐。如招牌把子肉套餐 24 元（一荤两素 + 米饭），猛张飞狮子头套餐 19 元（一荤两素 + 米饭）……盛好饭，加上把子肉或狮子头后，可再选两样素菜，还有卤豆腐和酸辣黄瓜等小菜可选。

与大体量店面相比，小体量门店对面积的需求更小，拓展起来更灵活，并且由于品类套餐集中，出餐效率也更高，对翻座率的提升大有益处。

为了更好地扩张，小体量店面适宜在店面面积、分区设计和菜品品类上做减法。

大体量店面用更低的客单价换取更多消费者

虽然已进入京沪消费高档城市，但把子肉品牌依旧选择走高性价比路线，这也是其能够获得消费者青睐的重要原因。

如果说人均消费 25 ～ 30 元的北京老乡鸡，人均 30 元左右的乡村基，还有人均 27 元左右的南城香，是让打工人消费得起的普遍价位，那做大体量店面的超意兴则是将高性价比凸显到了极致。

进京的超意兴，整体价格与在山东的价格略微持平，把子肉只涨了 1 元钱，只要 8 元，家常茄子 4 元，免费的玉米糊糊可以畅喝……人均只要 14 元左右。

超意兴的相关负责人也曾提道，“长期微利是超意兴运营的逻辑，在山东如此，在省外也不会改变”。更低的客单价意味着消费客群的扩大，不仅可以覆盖到其他品牌覆盖不到的客群，更能在当前环境下“吃掉”其他品牌的客群，毕竟快餐赛道的消费意愿受价格因素的影响更大。

超意兴之所以能够走极致性价比路线，很大一部分原因在于其中央厨房的建立。

回顾超意兴品牌发展的过程，不难发现它走的是扩圈式的发展路径，即以中央厨房的覆盖面积为拓店前提，北京门店的选择也是因为济南与北京相距不远，原材料可由济南生产基地直接配送。

中央厨房面向产地集中采购，减少中间商赚差价，能进一步压缩成本。如菌菇类产品，会与一家菌菇合作社建立供应关系，以获得长期稳定的低价。在东北，超意兴有自己的稻米生产基地，并和当地的生产企业合作，直接采购，在当地加工后再配送到中央厨房，流程短，效率高。

目前超意兴共投产了 3 个中央厨房，可满足山东省内 600 多家门店的供应需求，产能的最高点甚至可以辐射 800 家。总之，超意兴是一个强供应链驱动的品牌，坚信后方稳定，前方才能发力，这也是其能保持更极致性价比的关键。

此外，中央厨房不仅保证了产品的稳定性，还降低了人力成本。

超意兴的生产设备大多是从德国进口，像把子肉、炸鸡蛋、四喜丸子等特色菜，每一种都会有专业化的生产线和严格的生产标准，但每条生产线的工人只有寥寥四五人。因为借助科技的力量，超意兴能使每块把子肉的重量误差不超过3克，这大大降低了人力成本，进而降低了经营成本。

当然，中央厨房的模式也给超意兴的拓展造成了些许掣肘，使其不能像其他品牌一样以重点城市为核心进行拓展，在拓展速度引发的势能积累上也会稍逊一筹，但中央厨房的确是超意兴可以走极致性价比路线的关键，也是小体量店面无法比拟的优势。

总之，品类的刚需属性、灵活的经营策略、长期微利的运营逻辑，是把子肉品牌成功跻身京沪市场的三大法宝。

当下的餐饮环境所考验的是品牌的综合能力，而非单纯的低价竞争。当开店初期的热潮过后，对于品类真正的考验才刚刚开始。

因此，把子肉品牌若要征战全国市场，还需要进一步精简 SKU（最小存货单位）以达到极致性价比，凸显供应链端的优势，同时在口味差异性上、提升产品竞争力上下功夫。毕竟，是不是黑马不重要，跑成一匹耐力十足的千里马才是关键。

07.

天价贝果，卖的是经营策略与思路

当下国内的面包行业呈现两种态势，一些小众品牌的一个贝果能卖到“天价”，还异常火爆；有些连锁大品牌的贝果价格平民化，销量也不错。究其原因，它们各自的经营策略不同。

连锁大品牌的贝果价格从几元到十几元不等，相对平民化，旨在接触更多的顾客，扩大受众群体，让普通消费者都能买得起，并持续复购。像贝果行业的头部品牌“One Bagel · 一个贝果”，其单品价格为 12 ~ 28 元，促销时甚至 12 元可以买 2 个，这种贝果大多是撒点芝麻、添点红豆，或者加点花生酱等内馅，贵一点的贝果则另外加点牛肉、鸡肉等食材。其他一些连锁品牌的现做贝果也大多定位在 10 ~ 20 元，量贩装的贝果则是每个 2 ~ 3 元。

高价贝果的出现，与其经营策略有关

其实，一些小众品牌和新成立的品牌跟大连锁品牌相比，实力不济，也没有雄厚的资金链，要想存活下来，必须突出自己品牌的差异化。所以它们善于通过对贝果外形和口感进行创新，讲述品牌故事等方式，进行价值感的叠加，进而引发高端贝果抢购热潮。

上海新天地的“纽约贝果博物馆”，号称贝果界“天花板”，开业当天就引来大波追随者，首日营业仅 10 分钟，就排队限流，一个贝果虽卖到 60 元，但很多热门的贝果早早就售空了。另一家 Bagels&Schmears Cafe，开在上海的热门打卡地田子坊，早上 7 点开门迎客，一上午都人满为患，它们的一个贝果售价 50 多元，中午就售罄了，同样火爆。

这几家店的贝果不像之前的贝果那么单一，而是把贝果剖开，把“大鱼大肉”添加了进去，像汉堡一样，产品的身价也就跟着直线上涨了。例如烟熏三文鱼贝果，是把贝果剖开，里面加上三文鱼、鸡蛋、芝士、生菜，看起来跟汉堡差不多，售价却比后者高得多。

小众品牌打造轻奢、高价值的贝果，单品卖到了五六十元的“天价”。

产品定位的思路不同，贝果的身价截然不同

平价贝果和高价贝果价格悬殊，还有一个因素是产品定位思路不同。平价贝果的定位是让大多数人买得起、吃得起，走实惠路线，它们大多在咖啡店、蛋糕店、甜点店里售卖，贝果专卖店也是选址在社区周边和商场的居多。

例如，Tims 天好咖啡、皮爷咖啡、Seesaw、Costa 等咖啡品牌，都将咖啡与贝果搭配在一起售卖。像主打“咖啡 + 暖食”的 Tims 天好咖啡，每两个月会推出贝果新品，还有中式风味混搭的“马兰头贝果”这种新奇口味，跟咖啡的组合价才 20 元出头。Tims 天好咖啡为了推广贝果，还推出了促销优惠，顾客只需花 9.9 元就能吃上现做贝果。

贝果与咖啡搭配可以拓宽消费场景，为消费者提供更完善的早餐、下午茶，甚至是午餐的选择，同时还能为品牌找到新的增收渠道，提升复购率。

加之贝果的制作技术成熟，供用链也很完善，有些品牌已经开始了机械化生产，贝果的价格也降到了 3 ~ 5 元一个，跟普通的面包差不多，真正做到了平民化，普通人也吃得起。

Tims 天好咖啡推出了早餐套餐，一杯咖啡加一个贝果，售价仅为 19.9 元。还有 25.9 元的午餐套餐，包含贝果和饮品。好吃不贵，深受年轻消费者的青睐。

反之，高价贝果讲究的是高价值感，旨在给顾客带来高附加值，这一类品牌不论在店面选址、装修还是宣传营销上都显得高大上。

像 Bagels&Schmears Cafe 开在了上海热门打卡地田子坊，纽约贝果博物馆开在了上海的新天地，这两家店都开在了城市的热门地段，既能蹭到热门打卡地的流量，又能"抬身价"，给品牌增加价值感，毕竟开在新天地的店，其所售商品价格自然不会太低。

还有店内的复古美式装修风格也为顾客提供了额外的打卡价值。这类贝果店为凸显正宗，多走美式复古装修路线，就连桌椅也是远渡重洋，专门从美国中古店淘来的。

顾客去店里就餐，除享受美味的贝果之外，还能感受原汁原味的美式复古风，拍照也很出片，给顾客带来附加价值。

另外，一个好故事也是产品成为爆款的重要推手。贝果加进了贵价食材，价格比普通贝果高也是正常的，但一下从 10 元涨到 60 元，还是靠背后的故事加持。而 Bagels&Schmears Cafe 背后的故事就是“斯坦福学霸，辞去百万年薪卖贝果”。

创始人从上海出发，辗转密西根、斯坦福，在纽约生活了 7 年，向纽约各路“烘焙大神”请教，反复调试了四千多只贝果后，带着贝果学成归来。所以你在这里所能享有的不单单是可口的贝果，更是 7 年纽约生活的深厚积淀，是几千只贝果的历练和成本，以及得到点赞数很高的朋友圈素材。

如果是你，看了这样的故事，会不会怦然心动想要买个尝尝？由此可见，消费者为之慷慨买单的不仅仅是一个贝果，更是产品背后的情怀。

最后是讲品牌的本源。以正宗的纽约贝果作为宣传重点，让顾客在国内品尝到原汁原味的美食，更为品牌增添了几分价值感。

高价贝果能火，是价值感不断叠加的结果。其给消费者带来的新鲜体验和高价值感，是吸引众多年轻消费者纷纷前来打卡，引起市场热潮的原因。

但是，网红的风吹起来快，消失得更快。如今，网红贝果店的排队人潮已经少了很多，食客对高价贝果也不再像之前那么追捧，可见消费者越来越趋于理性。

在如今消费降级的大环境之下，当消费者回归理性后，高溢价的贝果恐难再有大市场。纵观面包行业，现在的态势呈现出“模仿风气重、价格虚高、过度营销”等现状。这种现状在以前的咖啡行业也存在，比如星巴克之前一杯咖啡卖到 30 ~ 50 元，随着行业“内卷”，“价格战”也随之而来，很多品牌如瑞幸、库迪等把 9.9 元作为咖啡日常价。最终，星巴克也迎来了降价，经典咖啡系列价格调到 10 ~ 20 元。

由此可见，贝果要想在面包行业持久发展，仅靠卖“天价”肯定是不行的，在保证贝果品质的前提下，还要适当调整价格，使贝果本土化、大众化，这样才能形成一个健康、可持续的面包市场。另外，由于消费者的口味各异，贝果要想获得更大的市场，可以通过加大对面包外形、口味的创新来吸引流量。

总的来说，贝果要想稳定、可持续发展，既要价格合理，口味和外形还要不断创新，只有给消费者带来实惠、美味的贝果，并使其大众化，品牌才能走得长远。

08.

莱茵衣藻，关于卡路里的计算题与营销学

在当前餐饮市场中，健康饮食成为一个热度渐涨的话题，尤其是年轻消费者群体，对健康食品的需求日益增长。

据不完全观察，办公室每个女孩在夏天都为身材管理吃过一些“健康”的食物。可能是自己做的减脂餐，也可能是外卖的“草”（一种对满是菜叶子的沙拉的爱称）。

有的人更低调一点，他们把奶茶换成“0卡糖”，或者去专门做低糖烘焙的店里点一个盒子蛋糕。减脂、塑形、保持身材、健康是“女孩宇宙”的“国民话题”，也顺理成章地推动了餐饮业的改革。

在这种氛围的带动下，不少餐饮界品牌也关注起健康概念，像深圳的连锁快餐品牌“维小饭”，把每一种菜品的卡路里都标得清清楚楚；上海的EMPTY JAR Cozy Hub标注出了哪些菜品无麸质、纯素食、含蛋奶素等，消费者可根据自己的需求进行选择。拥有众多消费群体的“霸王茶姬”，更是直接把卡路里计算器放进了点餐界面里，每款产品不仅标注了卡路里，还有各种营养成分证明。

年轻消费者对于健康饮食的强烈需求，为餐饮行业带来了全新的挑战与机遇。

基于市场对健康饮食的需求，一种新兴的健康食材——莱茵衣藻应运而生，其凭借独特的营养价值和广泛的应用潜力，受到了许多餐饮企业的青睐，我们不妨借其一探市场对健康饮食需求的脉搏。

“三高”优点显著，莱茵衣藻成餐饮品牌宠儿

最初让笔者注意到的莱茵衣藻产品是“莱茵衣藻青团”，在好奇心的驱使下，笔者略加了解后发现，莱茵衣藻个头较小，直径只有10微米（在显微镜下才能一睹其真容），但它却是经过了中国卫健委审批通过的高营养价值的新食品原料。

它的显著特点是“三高”：高蛋白、高粗多糖、高膳食纤维，就拿粗多糖来说，其含量高达12.5%，而粗多糖有辅助降血糖的作用。根据检测报告，莱茵衣藻中的膳食纤维含量高达11.9%，有助于维持正常的肠道功能，且富含多种维生素和人体所需微量元素，如铁、硒、叶酸、烟酸、Omega等。

如此一来，原本由糯米制成的热量高、不易消化的青团，添加了富含膳食纤维和粗多糖的莱茵衣藻原料后，摇身一变成了“轻团”，让追求健康饮食的消费者的心理负担瞬间消散。

对比以大豆蛋白、燕麦蛋白为主的种子蛋白，作为一种“全食品”（Whole-Food），莱茵衣藻拥有包含在细胞中的全蛋白组合，相比种子蛋白更加全面，更易被吸收，也因此具有更高的营养价值。

商业嗅觉敏锐的餐饮品牌“春江水暖鸭先知”“港丽”一口气上新了一整个莱茵衣藻系列：酱香浓郁、汤色清亮的中式牛肉面，低温烘煮的三文鱼西式藻面，还有颇具东南亚风味的新品。

随即，在京城新派高端素菜餐厅兰斋，莱茵衣藻同样作为明星选手出现在了新品中。兰斋把这种藻类揉进面团里，做成凉面，再佐以柚子醋、味噌调味，在炎炎夏日的一众新品中脱颖而出。

一家江苏省美学学会影像艺术主题餐厅金琍翔·金鹰·研露，选择用莱茵衣藻做出了颇具诗意的新品。

不止上述这些餐厅，莱茵衣藻同样颇受中高端餐厅的青睐，如丽思卡尔顿、避风港海鲜城等，纷纷选择以藻面作为新品。

高端品牌往往更加注重创新，这种创新不仅要在外观、口味上体现，创新菜品的品质更要上乘，这也是莱茵衣藻获得青睐的重要原因。

金琍翔·金鹰·研露，在南京经营超过 34 年的餐饮老字号，可谓金陵古都新美学餐饮文化空间的顶流。

高吸收率和强适口性，莱茵衣藻在餐饮业全面开花

莱茵衣藻的优点除了上述的高营养价值外，还具有相较于一般藻类更容易被吸收的特质，因为莱茵衣藻有着更薄、更容易破碎的细胞壁，而其他藻类则需要先进行破壁等预处理后，才可以被吸收。

不仅如此，众多餐饮品牌都愿意添加莱茵衣藻，是因为其不但具备健康食材的特质，而且有很强的适口性，食客品尝起来也美味可口。

我国其他藻类，如小球藻、螺旋藻等，蛋白质和膳食纤维同样比较丰富，比莱茵衣藻发现的时间还要更早一些，却没有被大量应用，就是因为它们营养偏科且不适口。而莱茵衣藻采用异养发酵罐技术，优化了藻种与技术，藻腥味更低，口感上也更容易被人接受。

这样一种兼具美味和安全的健康食材，成为现今健康领域的新宠，无论是被添加进主食或者辅食，都能大放异彩。而且除了高端餐厅之外，其还在众多的快餐小吃中大展身手。

比如“果蔬好”的杂粮煎饼中，一份添加了莱茵衣藻的面饼比传统面饼要贵 2 元。

“包馔夜包子”也同步上新了面皮中含有莱茵衣藻的小笼包，绿色面皮看起来更加清爽，让人更有食欲。

莱茵衣藻似乎成了餐饮品牌的灵感激发来源，让这些品牌的新品创新有了更多的想象空间。

在零售方面，莱茵衣藻也有渗透。

2021 年，香港铜锣湾开了一家莱茵衣藻专卖店，消费者可以自己下厨进行 DIY 烹饪，还能选购各类制作成熟的莱茵衣藻面食点心，如莱茵衣藻挂面、饺子、点心、欧包等一系列面制品。

公开信息显示，即使是在香港这种美食、零售产品都十分丰富的地区，莱茵衣藻依然有着强大的竞争能力，上述门店中的一款莱茵衣藻面仅一年的时间，就创造了近 500 万港元的销售额。

消费者也可以在天猫、京东等国内主流电商平台上买到莱茵衣藻的零售产品。这也意味着，如果在就餐时对莱茵衣藻的体验感不错，就可以将莱茵衣藻面带回家里，自己烹饪。对于品牌来讲，这可以进一步增加门店营业额和提升平效。

莱茵衣藻在餐饮业的全方位渗透，让我们看到它在引领健康饮食潮流上的巨大威力，为广大消费者对健康食品的需求，带来了更多可能。

莱茵衣藻带给餐饮业的新灵感

可以说，莱茵衣藻近几年的异军突起让我们见证了健康饮食理念与创新精神的完美结合，也给餐饮业未来发展提供了一些可供借鉴的思路。

首先，关注市场消费需求，直击消费痛点。

根据《麦肯锡健康消费图鉴》的数据，中国人是全球“最注重养生”的，有超过 60% 的受访者在日常生活中重视健康消费，这个数据在美国是 37%，在日本是 14%。超过 7 成的 90 后，把健康当成头等大事。可以说，90 后对健康的状态和认知已经达到峰值。这个年龄段的人，正是餐饮消费的主力军，莱茵衣藻这类产品，含有“三高”且富含多种维生素及人体所需的微量元素等，正好满足了消费人群对健康饮食的基本需求。而且它所具有的辅助降血糖、抗氧化等功能，进一步提升了其作为健康食品的基本价值。

其次，重视技术研究，降低生产成本。

莱茵衣藻已有技术实现批量生产。1% 含量的莱茵衣藻面的价格已大大降低，仅比一块传统菠菜面的批发价格略高一点，然而在口感和营养方面跟市面上流行的菠菜面几乎天差地别，这 1% 的莱茵衣藻里，富含了维生素 D、蛋白质、硒元素等各类营养物质。

对于餐饮品牌来说，选择莱茵衣藻面替代菠菜面，虽然成本会轻微提高，但利润却能得到较大增长，与此同时，还可以为用餐客户提供更好的健康保障。

另有一款超高营养含量（6% 藻粉比例）的莱茵衣藻面饼，顾客可以从面条碧绿的色泽上感受到清新舒畅的味道，同时也可以体会健康饮食摄入带给身体的舒适感。根据上海华测营养监测机构的数据，6% 比例的藻面除了高蛋白、高膳食纤维以外，还富含对身体非常重要的硒、铁、维生素 D、维生素 B_{12}。

作为“餐饮新物种”代表的莱茵衣藻，价格、营养优势突出，正顺应了当下年轻人的养生潮流，顺理成章地迎来了它蓬勃发展的春天。

最后，新食材必须满足餐饮业的广泛应用。

目前通过审批的莱茵衣藻属于绿藻，结合前文，我们可以看到它能使用到点心、面食、代餐粉等多个产品类型中，给它们带来更加健康的品相和更高的营养价值。

不仅有绿藻，莱茵衣藻还拥有红藻、白藻品种。红藻含血红素，而这正是植物肉研发最迫切需要的东西；白藻不含颜色，也因此为植物奶开发提供了全新路径。

几乎无限的育种潜力，赋予了莱茵衣藻丰富的应用可能。

总之，作为健康食材领域的新星，我们从莱茵衣藻身上看到了健康食材在餐饮业的应用范式。在健康美味的基础上，经营者要勇于创新，不断拓展应用边界，用丰富多彩的形式，结合不同的食材和烹饪手法，开发多样化的健康食品，努力挖掘健康食材的效用，以满足消费者对健康饮食的多元追求。这样的思路，对于餐饮业来说，也许不失为开启新篇章的一个契机。

09.

昆虫美食，小众而高价

这两年，在广东、云南等地流行起昆虫菜，吸引了很多外地人前来尝鲜。著名的昆虫菜有“炸知了”“野蜂仁”“油炸蚂蚱”等，它们最大的特点就是鲜香。

其实，对于云南、广东等自古食虫的地区来说，昆虫菜算是一类传统食物。而对于其他地区来说，则算是小众的特色菜。

昆虫美食作为云南菜系中既神秘又美味的存在，如今受到人们喜爱，并非一时兴起，它继承了云南菜系的传统，更能满足消费者和商家的需求。

契合了消费者和商家的双向需求

餐饮的风向通常是由消费者和商家共同决定的。商家可以通过创新产品引领消费者需求，而消费者的需求通常也是商家的盈利点。

昆虫美食之所以流行，在于它契合了消费者和商家的双向需求。

站在消费者角度，首先，它勾起了大众对于儿时的回忆，如夏天听蝉鸣是小时候的趣事。有很多人小时候也都吃过昆虫，对于他们来说，昆虫美食不仅是一道菜，更蕴含着对儿时、对家乡的怀念与回味。

其次，满足人们的猎奇心理。广东人、云南人更愿意尝试新奇的食材，昆虫菜虽然小众，尤其是在选料、制作、口味等方面独特稀奇，但是其既能满足人们的猎奇心理，又能给食客带来纯粹的美食享受。

对于商家来说，昆虫菜既能给消费者提供富含蛋白质的美味，又迎合了当前绿色环保的生态理念。

比如，昆虫菜中最常见的食材知了，不仅好吃，而且营养价值高，蛋白质含量在 70% 以上，维生素及各种微量元素均高于一般肉类，氨基酸含量居动植物食品前列。

还有云南十八怪之一的“蚂蚱当作下酒菜”的原料蚂蚱，学名蝗虫，对农作物危害极大，但是对治疗百日咳和支气管炎有较好的疗效，油炸蚂蚱更是入口脆香美味。

据国外科学家研究，从蛋白质转化率来看，产出相同数量的蛋白质，鸡肉的温室气体排放量是昆虫的 300 倍，牛肉则是 2850 倍。而且养殖昆虫所需的土地和水都更少，也不使用抗生素。所以，昆虫的高营养和低碳排放的特点，迎合了当前绿色环保的生态理念，使其受到国内外餐饮企业的热捧。比如，注重环保的宜家，推出过用面包虫代替牛肉和鸡肉来制作的肉丸和汉堡。

所以，昆虫菜之所以火爆，是商家和顾客之间的一场双向奔赴。它满足了消费者的情怀、猎奇心理以及养生需求，而对于商家来说，昆虫菜既是捕捉消费生态风口下的选择，又可以给商家带来新的盈利点。

国外某航空公司推出飞机餐，是用蟋蟀制作的汉堡包。

“餐饮 + 昆虫菜”的可探寻商业模式

通过了解我们发现，在南方，有一些粤菜馆渐渐做起昆虫美食生意，也有烧烤店在食材中加入了昆虫，这种昆虫美食深受本地消费者和外地游客的喜爱，也为一些想要做“餐饮 + 昆虫菜”的商家提供了可借鉴的模式。

模式一：品类做主题，昆虫做特色

商家可以选择品类为主 + 昆虫做特色的形式。比如，在广州一家粤菜馆，主做粤菜，昆虫只当成特色菜。一开始品种也不多，主要就是常见的知了、蚂蚱、竹虫等。后来，随着顾客的食用需求不断加强，就开始慢慢增加昆虫的品种。

此外，也有面馆采用面食做主食，昆虫菜做特色的形式，以满足消费者对面食及昆虫菜的双重需求。比如，杭州有家面馆把油炸后的知了轻轻搅拌进做好的拌川中，这道名为“知了拌川”的自创菜品最终成为一道网红美食。

模式二：夜市、烧烤 + 边缘产品

不可否认，昆虫美食依然是小众中的小众，甚至有一些顾客表示“完全无法接受”，且这样的顾客大有人在。就目前的情况来看，昆虫美食主要还是出现在夜市或者美食街，作为“猎奇美食”或者“黑暗料理”存在。因此，夜市、街头美食或者烧烤店也可以把其当成边缘菜品上架，或许顾客的接受度能相对更高一点。

关键还是要做到安全、好吃、价格适中

昆虫菜作为餐饮品类之一，要想赢得消费者，在安全、好吃和价格方面都要切中消费者需求。

第一是安全。商家在食材采购方面要格外注意，确保食材生活的环境没有被

污染，更要保证食材不具备毒性。

第二是好吃。顾客去餐厅，本来就是享受美食的，要让昆虫菜能够成为让食客享受的美食。

商家可以根据食材自身特点推出更适宜的做法。比如，知了的烹饪方式其实有很多种，油炸、烧烤、爆炒、红烧等都可以。最简单的做法就是油炸至金黄色，然后撒上椒盐等调料，至于口感有人说像薯片，也有人说像小龙虾。

也可以与当地特色食材进行结合。比如，知了不仅风靡杭州美食市场，也征服过不少山东人。

此外，还可以与不同品类进行搭配。比如，山东临沂出现了“知了蛋糕”“知了面包”等堪称“炸裂”的美食创新，也有不少消费者买单。

当然，由于昆虫形态容易影响食欲，很少有人能直接下嘴，商家不妨先把虫制作成粉末再混合进食材中。

第三是价格趋向亲民。上文提到的网红美食“知了拌川”88 元一份，一天能卖出四五十碗，“知了面包”则是 29.9 元一个。

知了类食物价格如此之贵，首先是因为知了的收购价很高。比如在浙江丽水，知了能卖到 400 元一斤，主要原因之一是其生长周期长，短则 3 年，长则 8 年；另一个需人工采集，费时费力，而且采集者还面临不少野外风险，导致人工成本高。

对于这种小众食材，不仅市场需要检验，高昂的价格也是一道门槛。因此，昆虫菜想要成为主流美食，价格是壁垒，只有价格趋于亲民，才能提升消费频次，而不只是被食客当作猎奇和尝鲜心理刺激下的冲动消费选择。

昆虫美食不太可能成为餐饮新风口

不可否认的是，昆虫菜食用市场确实在崛起。

比如一些新闻报道中提到，知了卖 260 元一斤，10 天赚万元；19 岁小伙辞职抓知了，月入三四万；村庄靠养知了猴，年入超过 400 万元……

一时之间，知了火出了圈，仿佛成了最火爆、最抢手的食材之一。抓知了现在是山东、浙江、河南等地有些人晚上都在做的事情。

甚至有人调侃，要想成为万元户，必须是“去抓知了”，毕竟“行情堪比黄金”，是“夏日限定的生财之道”。

我们认为，小众而价高的昆虫美食不太可能成为餐饮风口，虽然随着时代的发展，大众对于昆虫美食的接受程度越来越高，但其总归还是地方特色菜系，其他地区的接受度比较低，比较适合当地或者是外地游客尝鲜。尤其在接受人群范围、制作形式、客流量、价格制定、盈利等诸多方面还需要接受市场和消费者的考验。所以，商家是否想做昆虫美食，还是要结合所在地域、消费者需求、自身经营情况等进行理性选择。

10.

现制酸奶，爆火是潮流和新生活方式的结合

在过去的一段时间里，各大平台都是现制酸奶的新闻，现制酸奶一夜之间成了饮品界的当红顶流。短短几个月的时间，相关酸奶品类更是呈爆发式增长。

现制酸奶其实跟茶饮咖啡的商业逻辑类似，可比起它们，现制酸奶模式更“轻”，客单更高，利润更高，而且知名品牌少，赛道竞争更小。

咖啡茶饮带有咖啡因、茶多酚等提神成分，而现制酸奶则是将水果、坚果与酸奶相结合，现做现喝。与咖啡茶饮相比，现制酸奶低卡低脂、有机无糖、零添加更健康，适合各个年龄段的人群。基于这些因素，现制酸奶迅速火爆出圈，成为很多网红争相打卡的饮品。

现制酸奶在热度与争议中火爆出圈

现制酸奶能火，首先是因为有标志性品牌，用差异化策略打开了酸奶赛道。2014年成立的“茉酸奶”，开辟了“酸奶奶昔”赛道，主打“牛油果奶昔”，突出“自然轻盈低负担”的特点，迅速占领市场。短短一年时间，茉酸奶从500家门店扩张到1200家，翻了一倍多。这就是典型的用差异化把产品品类推向新高潮，从而实现爆炸式扩张。

其次，根据产品特色，商家推出了小吃式酸奶和饮品式酸奶。小吃式酸奶有点像甜品小吃，像“汴梁徐先生厚切炒酸奶”、西班牙品牌“撒露冻酸奶”等，

重点就是让顾客像品尝甜点一样品尝酸奶。而饮品式酸奶跟茶饮相似，主要在喝，代表品牌有茉酸奶、K22 酸奶草莓。现制酸奶产品品类细分明晰，主流品牌各显神通，给顾客带来新鲜感和不同体验感，也让产品的热度持续高涨。

酸奶的火爆，吸引了资本的注意，很多酸奶品牌获得融资，加快了品牌的扩张速度。例如 Blueglass 在 2021 年 7 月获得 B 轮融资，融资金额超过两亿元；2024 年 3 月，“王子森林”获得来自中品数科的千万元天使轮融资；“沫可酸奶”获得来自风投公司 Kenetic Capital 的 3000 万元融资；“丽茉酸奶”也获得 5000 万元 A 轮融资，投资方为路海投资和金易信投资。

随着现制酸奶火爆出圈和爆发式增长，茶饮品牌也坐不住了，在“内卷”的压力下，它们纷纷上架酸奶产品，以寻求新的突破。像喜茶推出了牧场酸酪牛油果，茶百道紧跟其后推出酸奶牛油果，书亦烧仙草也出新了牛油果酸奶昔，古茗新上了牛油果巴旦木奶昔，等等。

比起茉酸奶 40+ 的价格，这些品类大多售价在 20 元左右，以更高的性价比抢夺品类红利。

现制酸奶一方面靠着品牌、特色、资本和其他茶饮品的加持，一下成了饮品界的新宠，一时间风光无限。但与此同时，现制酸奶也引起了很大争议，如高定价的品类被打上“刺客”的标签，还有产品品质与高定价不符的问题。其中 Blueglass 的配料中含有白砂糖且排在第二位，与人们印象中的低卡健康无负担有冲突。茉酸奶的奶昔也被质疑制作原料使用了冰激凌原浆，其中包括葡萄糖浆、精炼植物油等食品添加剂。

尽管网上对现制酸奶的争议不断，但丝毫不影响它的热度和销量，很多消费者一边抱怨它的高价格，一边却忍不住买它拍照打卡。究其原因，现制酸奶商家深谙消费者心理，知道消费者喜欢健康和颜值高的东西，从口味和包装上不断创新，吸引消费者前来尝鲜。

现制酸奶的火爆源于市场潮流和消费者需求

经过调查、分析，我们认为，现制酸奶火爆的原因，主要有以下四个方面。

第一，现制酸奶将市场潮流与生活方式相结合，更符合现代消费者对健康品质饮品的需求。现制饮品已成潮流，而酸奶也是健康的代名词，是人们日常生活中的常见饮品，消费者对它的认知度，使其更容易在消费者心中建立品类心智。

第二，有稳定的供应链，冷链运输保证原料供应及时，原料品质得到保证，更容易获得消费者认可。此前，现制酸奶头部品牌茉酸奶与乳业大佬君乐宝的联手，不仅对提升品牌口碑和产品创新有很大帮助，而且也保证了原材料奶源的品质。

第三，需要新的产品来刺激疲惫的茶饮市场。不同口味的饮品，丰富了茶饮产品矩阵，避免了产品同质化和单一化的局面，为顾客打造了新鲜体验感。酸奶里面加入水果、坚果等，这样现制酸奶的出现不仅从口味上给顾客带来新的体验，而且颜值高，能分分钟拍出大片，给顾客带来了很好的情绪价值，顾客当然乐意为它买单。

第四，酸奶赛道频繁被资本看中，吸引了市场对它的注意。现在比较有名气的酸奶品牌，大部分成立的时间都不短，像茉酸奶这样的老品牌，深耕酸奶品类，对市场需求很了解，其通过不断推出符合市场需求的品类，严控产品品质，构筑品牌力。

现制酸奶要想长红需高性价比

现制酸奶的发展也出现过冰火两重天的景象。一方面，有些酸奶品牌爆发式增长，与头部乳业强强联合，实现了合作共赢；另一方面，有些早期做得较好的酸奶品牌连续亏损，经营惨淡，被迫出局。

前段时间，君乐宝和茉酸奶“牵手成功”，对外宣布双方将在乳制品原材料、新品研发、食品安全和经营管理等多个领域共同开展深度合作。这两大品牌的合作，是互惠互利的体现。很多业内人士认为，现制酸奶品牌和头部乳业的联姻合作，对酸奶品牌来说是一条相对稳定且可借鉴的发展道路。

然而，同样是与大品牌的合作，一只酸牛奶与新乳业的合作案例却以失败告终。被称为“中国新式酸奶开创者”的一只酸牛奶，最早入行现制酸奶，与新乳业合作后，不到 3 年便被转手卖掉，究其原因还是经营业绩指标没完成。

网络时代，新事物来也匆匆去也匆匆，潮流永远在变换，没有谁是永远的王者。现制酸奶在秋冬季节，热度就持续走低，很多品牌也放缓了扩张的步伐。比如茉酸奶，2023 年 5 月新店数量到达顶峰，大约有 300 家，之后新店数量持续降低，到 10 月份只开了三四十家新店。

当然，茉酸奶新店数量的减少，并不能说明酸奶品类势头在下降，这与季节和产品特性有关。酸奶是冷饮，春夏季节自然比秋冬火热，当然，各大品牌也在不断出新品，做营销，开新店，以保持酸奶的热度。

然而，目前现制酸奶大多集中在高价格带，其他平价带的酸奶品类比较少，而且不同价格带中的“绝对头部”品牌尚未被填满，这对于很多想进入现制酸奶赛道的品牌来说，或许是一个机会。

好产品是一个品牌的长久生存之道，现制酸奶要想持续发展，长久地走下去，就需要在价值迭代中寻找机会，在酸奶品类成熟的基础上，提供口感和风味更好、更新鲜健康、更有情绪价值的产品，而不是靠一时的噱头，只顾利益不顾产品品质，那样任何一个品牌都不可能长久。毕竟产品才是王道。

现制酸奶的流行给我们的启示是：一个品牌要想火爆持久，需要深入了解市场潮流和顾客需求，做有差异化的产品，不断创新吸引顾客尝鲜，同时用高颜值和高品质产品给顾客提供情绪价值。市场潮流更迭很快，要想长久发展，产品品质是关键，严控产品品质，用好产品抢占市场才是正确决策。

11.

爆发的酸辣粉，从地摊走到连锁化快餐品牌

酸辣粉作为川渝特色小吃的代表，其独有的酸辣鲜香口味和其他粉面品类相比具有明显差异化与记忆点，得到了消费者和市场的认可，火遍了国内乃至海外市场。共研网《2023—2029年中国酸辣粉行业深度调查与投资前景评估报告》显示，2016—2021年，全球酸辣粉市场规模从4.2亿元增长至15亿元，与国际市场整体增速基本一致，预计到2026年，国内酸辣粉市场规模将增长至28.6亿元。

这些数据都显示，酸辣粉品类是一块值得挖掘且能够快速盈利的潜在市场。

供应链、速食工艺的加持，让酸辣粉深受年轻消费群体的喜爱，在小红书平台上，有关酸辣粉的笔记近50万篇，酸辣粉品类深入人心可见一斑。

近年来，随着现炒现煮模式逐渐成为主流消费趋势，人们不再满足于冲泡桶装酸辣粉，转而追求充满烟火气的美食。一些以酸辣粉为招牌主食的爆品或是产品组合搭配，开始出现在一些连锁餐厅，比如酸辣粉搭配肉夹馍、卷饼、凉皮等，成为餐厅销量逐渐走高的黄金组合套餐，也成为门店的最佳引客方式。

在这样的市场环境促进下，继淄博烧烤、川渝冒烤鸭、云贵酸汤火锅、夺夺粉等火遍全国市场的餐饮界宠儿之后，这“泼天的富贵”将要轮到酸辣粉了。目前，全国已有超过1.5万家酸辣粉门店，而且正在连年增加。酸辣粉连锁品牌在市场的推动下，已逐步展开了对市场的扩张和攻陷。

在如火如荼的市场竞争中，一匹从上海跑出来的黑马——“魔都三兄弟”赢

得了市场的众多目光，它以上海为中心，全国各地布局门店超过500家，霸占上海酸辣粉必吃榜长达9年。这个品牌能够得到市场的认可，其经营策略蕴藏着什么独到之处呢？

长久的行业深耕，洞悉品类市场潜力

魔都三兄弟并非新晋品牌，而是一个深耕餐饮市场，主打重庆酸辣粉、米线、小面和川渝小吃的上海连锁品牌。

2012年，魔都三兄弟创始人朱冠兵用1万元启动资金开始了人生第一次创业——摆地摊卖酸辣粉。创始团队三人各有所长，一位作为掌舵人统筹全局、整合资源；一位负责洞察市场和消费变化，维系客户关系；还有一位则专注于产品研发和创新。

在他们的用心经营之下，这个不到5平方米的小摊生意逐渐爆火和走红，高峰期，6元1碗的酸辣粉在一天能卖出2000份，获得了良好的口碑和高人气。这也让创始人团队意识到，这门生意大有潜力，于是在2016年他们完成了“魔都三兄弟”品牌注册，开启了品牌连锁化的第一步。长期的市场深耕，能够帮助经营者深入了解市场需求，有序推动市场份额的扩大。

一种餐饮形式想要在市场上得到长久认可，在保证质量的同时，还要做到与时俱进，不断创新。就拿魔都三兄弟来说，他们起步早，深知酸辣粉的大众属性，为维持好口碑，他们坚持用好料、手工做、用料足斤足两。不仅如此，在过去的10余年时间里，他们对产品改良20余次，实现了酸辣粉产品的迭代升级和标准化，用一款款好产品赢得消费者的认可。最终，魔都三兄弟以“上海酸辣粉排队王”的身份，成功树立了品牌在酸辣粉赛道的标杆形象。

产品的合理搭配和丰富性也是吸引顾客的重要原因之一。在魔都三兄弟的门店里，可以看到多种产品，他们提供主食+小吃+饮品的搭配，合理且丰富。既有能够满足顾客饱腹感的酸辣粉、重庆小面、拌面等多口味主食，也有能过嘴瘾的重庆苕皮、包浆豆腐、狼牙土豆等特色小吃，以及饮品，可供选择的产品多，人均只需25～30元的消费模式，完全符合消费者的心理预期。

出餐速度快，在快节奏的今天也是一个亮点。在魔都三兄弟门店，顾客进店入座可自助扫码点餐，不到 3 分钟，一碗招牌酸辣粉就被端上桌来。这是因为临近用餐高峰，所有的汤底将提前煮沸备好且处于持续加热状态，而酸辣粉由红薯粉做成，高温下锅很容易煮熟。这样的出餐速度，能够同时支撑堂食和外卖的高需求。

对行业的深耕和长期投入，对食品品质的坚持和不断创新迭代，同时关注消费者的体验需求，是魔都三兄弟成为行业标杆的重要原因。

打造单店盈利模式，重视下沉市场

一个品牌的兴起，依靠的是热情和用心，然而，一个品牌的建立和壮大，背后往往有着一套深思熟虑的商业模式和精细的运营管理逻辑。魔都三兄弟就形成了一套成熟的经营模式。

单店盈利模式，推进连锁化和规模化

近几年来，餐饮从业者纷纷把目光投向下沉市场，这个领域的餐饮容量更大，但连锁化率相对偏低。对于餐饮连锁品牌而言，这是极大的机会点。

然而，下沉市场的拓展并非简单的门店照搬，而是根据实际市场消费需求、消费能力、品类接受度等打造出一个能够让加盟商快速盈利和运转的精准模型。

魔都三兄弟能够一年开店 500 多家，大步迈向连锁化和规模化的前提是单店盈利。

正如我们前文所提到过的，魔都三兄弟产品种类多，不仅提供酸辣粉，还有米线、小面和重庆特色小吃等多达 40 ~ 60 个单品，加之不同的组合套餐，满足了不同消费者的需求，而且出餐速度快，一般 3 ~ 6 分钟即可出一份餐，高效率也带动了门店翻台率的提升。这些特点是单店盈利的基础保障。

在店铺选址上，魔都三兄弟也不拘一格，无论是商场、街边还是社区，都可以入驻。根据当地市场需求灵活应变，不同城市在选址和店型上也能做出不一样的选择，例如，在二线城市，一家面积较小的店铺能够实现不菲的月度流水，而在一线城市，性价比最高的门店面积是 60 ~ 80 平方米，经营火爆的时候，有部分单店的流水也十分可观。

酸辣粉品类的自身记忆点，结合成熟的商业模式，推动魔都三兄弟进一步打造门店模型，实现品牌、门店和产品的标准化，从而成功地把街边摊酸辣粉升级为全面快餐模型，开进一二线城市商场，同时也进入了下沉市场，促成了其规模化、连锁化的发展。

结合网红门店模型，吸引消费者自主传播

随着品牌影响力的不断扩大和门店数量的增加，打造具有记忆点的门店，也是一种有效的营销方式。

人靠衣衫马靠鞍，对于店铺来说也是如此。魔都三兄弟郑州大卫城店的开业

就是一个很好的例子。这家门店采用了最新的市井复古风设计，契合当代年轻消费群体的审美，迅速成为当地的热门打卡地，一度成为大卫城门店中的排队王。这种做法无疑能够有效降低营销成本，提高品牌影响力。

从街边摊到标准化门店，再到网红门店的打造，让我们看到了“魔都三兄弟”对品牌潜力的深入挖掘和对市场热点的精准把握。品牌要想在激烈的市场竞争中脱颖而出，需要的正是这种持续创新和不断优化的精神。

全力赋能加盟商，打造品牌效应

在餐饮这个竞争激烈的领域，塑造一个强大的品牌，需要志同道合的加盟商来共同完成。当然，品牌方需要给予加盟者有力的支持，如成熟、高效的供应链体系和对加盟商的全面赋能策略支持。

一方面是优化供应链，为加盟商提供保障。一个成熟的供应链对于品牌发展至关重要，有助于获得加盟商的信任和选择。魔都三兄弟自成立之初，就不断筛选优质的供应商，搭建专属的供应链和冷链配送，实现所有货物高效送货上门。为了降低门店囤货的成本和损耗，他们还从产品研发端入手，通过缩减原材料的品类，以十几款物料搭配出 40 ~ 60 款产品，避开了酸辣粉口味单一、同质化等缺点，又增加了特色小吃体验，使顾客的选择多样化。

品牌的发展，可反过来促进供应链的完善，实现门店信息化的一致。即无论是直营还是加盟门店，都采用统一的收银、后台管理、供应链和订货系统，不仅可以提高运营效率，而且通过数据共享辅助经营决策，帮助品牌实现降本增效。

这种强大稳定的供应链，为品牌的稳定增长和市场竞争力的提升奠定了坚实的基础，让品牌即使在市场下行期间，也能实现逆势增长。这些实践也为我们提供了宝贵的供应链管理经验。

另一方面是全力赋能加盟商，实现共生共赢。对于在竞争激烈的市场中寻求快速增长的品牌来说，加盟模式是餐饮品牌快速扩张和吸引投资者的有效策略，这就需要品牌给予加盟商有力的帮助。

“创业有风险，投资需谨慎”这句话通常是对投资者和加盟商而言的。但对于一个致力于长远发展的品牌来说，与加盟商共生共赢才是长久之计。魔都三兄弟深谙这一点，因此对加盟商的选拔非常严格，设置了较高的加盟门槛，并在两年内拒绝了数百起不符合规定的加盟请求。

在这之后，品牌还为加盟商提供全面的赋能支持，包括选址、营建、市场运营和营销策划等，尽最大可能助力其成功运营。比如，公司总部提供经营方法、市场动态培训和标准化服务，以提升加盟商的运营能力和抗风险能力；实施准直营店的管理模式，确保每一家店出品的品质；实现外卖统一管理和运营，使加盟门店的日常经营状态能被总部掌握，进而为其提供全方位的赋能与扶持。

这种全面而深入的加盟商赋能策略，确保了品牌品控和服务质量的一致性，提高了加盟商的市场竞争力和成功率。计划以长期视角规划和培育品牌的商家，也可以从中获得启示。

通过以上探讨，我们可以看到，一个品牌的振兴与发展，不仅需要深刻了解市场，不断的技术创新和高效运营管理及对加盟商的全面赋能，也需要稳扎稳打，着眼于未来。只有如此，品牌才能走得稳，走得远。

12.

江西小炒，靠抵抗预制菜出圈

江西小炒同曾经的淄博烧烤、天水麻辣烫一样，成功出圈了。有关江西小炒的相关话题内容的总阅读量已经超过 5 亿，江西省餐饮业营业额也随之水涨船高。官方数据显示，2023 年度，江西省餐饮业营业额较 3 年前增长了 63.7%。但江西小炒又和淄博烧烤、天水麻辣烫不同，它并不是在自己的家乡出圈的。

那么，究竟什么是江西小炒？它是怎么火起来的呢？

江西小炒并不是特指哪家餐饮品牌或者餐饮店的名字，反而和沙县小吃的模式类似，是江西人在省外开的炒菜小店、赣菜家常小馆的统称。

之所以叫这个名字，是因为这些门店招牌大多以“江西小炒”“江西特色小炒”“江西大众小炒”的形式命名，“江西小炒”就是取了名字上的交集。

很多江西小炒店都没有固定的菜单，顾客来店能吃到什么，完全取决于老板今天买了什么菜。顾客可以看菜点菜，确定几样食材如何搭配，之后还可以自主选择烹饪方式——红烧、爆炒、干锅等都可以。全凭顾客个人的口味偏好，机动性极高。

江西小炒的火爆分为两个阶段——先是在江浙沪遍地开花，后来引爆全国。

先来说说江西小炒是如何火遍江浙沪的。

江西小炒在地域上并非只限于当地，早在十几年前就已经闯入了江浙沪一带。

截至笔者脱稿时，在大众点评上搜索“江西小炒”可以发现：上海有 9 万多个结果，杭州有 4 万多个结果，苏州也有近 2 万个结果……就连以“糯叽叽”

出名的浙江台州，都被江西小炒包围了，一条街相连的店铺，几乎清一色全是江西小炒，还有好些是开了 8 年、10 年甚至更久的老店。

更有意思的是，之前有位歌手在义乌开演唱会时问观众“当地有什么特产”，底下居然一致喊出“江西小炒”。窥斑知豹，可知江西小炒在江浙一带深入人心的程度。

然而，众所周知，多数江浙沪人并不太擅长吃辣，那为什么这片土地养活了这么多江西小炒饭馆呢？

事实上，江西菜在江浙的发展史和人口流动有关。江西省三面环山，除了背面的鄱阳湖及周边的平原，省交界处多数是群山环绕之地。不过，江西东部和浙江交界处是东西走向的山脉，这就产生了一条地域间沟通交往的渠道。江西人在外出务工创业的同时，也将家乡的味道带了出去。

久而久之，江西小炒也得到了当地消费者的认可，其适口性强、性价比高的特点，也使得客群逐渐扩张。

但很长一段时间以来，江西小炒都处于“有品类无品牌”的状态，加上不能形成足够有争议点、讨论度的话题，因而一度只是在江浙沪等地比较有影响力。

那么，为什么江西小炒突然在全国爆火了呢？主要有三大原因。

消费者抵触预制菜

近年来，“警惕预制、声讨预制”的呼声越来越响亮。许多餐饮门店也开始通过在宣传语中加入“现炒”“非预制”之类的词，并通过加强明厨明档、体现餐品烹制过程等途径，争取让食客放心消费。可很多消费者仍然心存疑虑。

对此，网友们经过集思广益后，总结了一条鉴别预制菜的铁律——看门店是否接受非标准化的需求，比如添加或减少个别食材。

而江西小炒不仅可以满足消费者添加或者减少食材的需求，还可以让消费者看菜点菜、即选即点，还能指定烹制手法。这也足以让那些对“预制”惴惴不安的顾客感到舒畅与安心。

有网友力赞江西小炒站在了预制菜鄙视链的顶端，这也给江西小炒品类带来了新的机遇。

江西小炒的“下饭”属性

也许是辣味当道，或者是酸味崛起，不知道从什么时候开始，“下饭”成为对一道菜的超高评价。

而江西小炒的味型尽管在“咸、辣、酸、香”中不断组合变换，每道菜都奔着“下饭”而去（除去炒青菜类）的目标并未改变，这也完美契合了当下消费者对于快餐的需求。

此外，随着消费者支出趋于谨慎，江西小炒的平价属性更容易让人感到物超所值。

在快餐领域，消费者对于价格的吐槽由来已久，前有“月薪过万，吃不起一顿中式快餐”，后有“今天又是被快餐刺客刺伤的一天”，让消费者大呼“伤不起”。

而江西小炒却像一股清流，凭借超高性价比，让消费者可以“不用看菜单就能对着冰柜指点江山”，体验完全不用担心价格的爽感。

毕竟，江西小炒赛道虽然没有大型的连锁品牌，但大家都有着默契的定价标准——荤菜 20 多元、素菜 10 元左右。

一位食客如果点上一菜一饭，基本只需花一二十元就能吃到新鲜现炒、冒着锅气的一餐饭；若是两位食客结伴而行，性价比还会更高——拼上一荤两素，20 元出头的客单价既能作为中午工作餐填饱肚子，又能当消夜抚慰打工人深夜疲倦的身体和灵魂。

事实上，江西小炒的特点与本质从未改变，只是随着时代转变，当下受消费者欢迎的因素又刚好和它的特点重合，才促成了它的火爆。

仔细观察会发现，江西小炒蹿红的速度、路径和淄博烧烤、天水麻辣烫有几分相似。这些一夜爆火的餐饮品类都处于“有品类无品牌”的状态，几乎整个品类都在共享流量红利。

有一些餐饮人士试图抓住江西小炒这个风口来“捞金”，只是真正的风口总会转瞬即逝。而餐饮业的落地，无论是经营模式的打磨，还是产品的研发、员工的培训等，都需要时间来完善。本质上，餐饮业做的不是快生意，也急不来。如果只是盲目跟风创业，没有真正的核心竞争力，外强中干，最终也很难长久。

因此，餐饮人需要慎重一些，不要盲目追风，最好先保持冷静，分析清楚自己的优势和劣势再决定是否进入江西小炒赛道。

要知道，目前的江西小炒优势和劣势都很明显。

优势是品类标签鲜明且有着不错的发展机遇。因为其除了在本地发展，还在江浙沪一带成功立足，奠定了大量的消费基础。即使热度散去，江西小炒的基本盘依旧存在。

而劣势则在于其菜品搭配与口味的随机性和不确定性太强，十分依赖厨师的手艺，也就很难实现类似于火锅品牌那样极高的标准化。这将很不利于品牌门店模型的复制和扩张。

如何扩大优势，克服劣势，还需要餐饮人去细细摸索和尝试。但只要找准方法并不断进行调整和优化，就有机会像几年前的湘菜一样，跑出独属于自己赛道的头部品牌。

13.

胡辣汤逆袭，
消费左移下的爆发式增长

近几年，河南四大胡辣汤中的“方中山胡辣汤”（后文简称“方中山”），在全国扩张中频频引来排队潮。2023 年 9 月，“方中山”北京首家店开业，天还没亮长队已经排起来了，据说开业首日排队 2 小时起步；2023 年 12 月上海首家店开业，排队照旧。最夸张的要数南京首家店，门口的队伍长到南京人民甚至总结出了多份排队攻略。趁热打铁，“方中山”又开始向更南的南方一线城市扩张。深圳的第一家“方中山”胡辣汤在开业第一天仍然排起了长队，队伍里有不少是年龄比较大的叔叔阿姨，甚至还有拄着拐杖来的老人家。“方中山”胡辣汤开业的盛况，见证了胡辣汤对河南人的“含金量”。

胡辣汤这个长期以来一直只在河南火的品类，正在走向全国，迎来属于自己的时代，而这其中，必定有它做得好、做得对的地方。

走出河南的胡辣汤，具备了快餐应有的特点和优势，而快餐的竞争永远在比拼供应链、品质和效率。

胡辣汤走出去的优势和根本

极致性价比，十几元就能享受从味蕾到肠胃的大满足

走出河南的胡辣汤，一碗的定价只要十几元。这一价格在小吃快餐赛道中本

身就不算高，具有一定的竞争力。再加上胡辣汤扎实的分量，整体就显得极具性价比。

一碗胡辣汤里有扎实的大块牛肉、面筋、粉条等有嚼劲的食材，实实在在装满一大碗，伴随着淀粉带来的爽滑口感，以及胡椒发汗、辣椒上头的辛辣味道，畅快地呼噜一碗，能得到从味蕾到肠胃的极大满足。

另外，胡辣汤在当下“消费左移”的时代环境中，具有天然的优势。具有极致性价比特点的胡辣汤，在当下无疑会拥有更多的市场机遇。

口味具有一定成瘾性

胡辣汤的辣，多是白胡椒带来的辛辣感觉。这种辣感和辣椒一致，都具有成瘾性，而这种回味无穷的感觉对于餐饮行业来讲，又是决定高复购的重要因素。

辣，也是当下消费者味型偏好中占据最多的一种。像重庆火锅的辣、川湘菜的辣，在近些年来一直受到诸多品牌的追捧。胡椒的辣味特色，结合咸、鲜、香味，是胡辣汤成为大众接受、喜爱、高复购的品类的重要原因。

标准化程度高、出品效率高

从出品角度来看，几个胡辣汤品类的头部品牌在地方已经形成了规模优势，尤其是“方中山”，已经走出了一条较为标准的加盟路线。在目前开出的北上广深等一线城市门店中，形成了较强的品牌 + 品类势能。

从效率角度来看，胡辣汤被归为快餐品类，因用餐时长短，排队人又多，整体的翻台效率就会非常高。

受众分布广

河南是人口大省，外出务工的人员很多，几乎遍布全国各地，这为胡辣汤走出河南创造了天然的消费者基础。作为从小喝到大的早餐，他们的一抹思乡情，也能将外省胡辣汤门店“包围”。

此外，分布广泛也相当于给胡辣汤做了更大程度的宣传——由河南老乡带动本地人认识和喜欢上胡辣汤，本身就是一种宣传。

品牌要走出去，必须要做出改变

胡辣汤能够走出去，除了依赖于天生的优势外，品牌为此做出的改变也是不能忽略的。

改变一：减辣

胡辣汤的辣来自胡椒粉，对于河南人来说，胡辣汤够辣才吃得够爽，但是出了省需要考虑更多的是外省消费者的口味，让广大的外地食客能够更快更好地接受胡辣汤的味道才是重中之重。

因此，“方中山”“高群生”在胡辣汤“进京”时都对口味进行了减辣处理。

值得一提的是，“方中山”和河南本地传统派别胡辣汤不同，其基础版的胡辣汤汤体朱红、黏稠、胡辣味儿极重，配料简单，只有一些牛肉和少量的面筋。

所以，即便“方中山”做了减辣处理，还是有消费者一时接受不了胡辣汤的味道，从不少网友的评价来看，能吃辣的四川人相对容易接受些。也有不少帖子建议：吃不了“方中山”的可以吃“高群生”，他家没那么辣！

改变二：外省的门店都延长了营业时间

河南的胡辣汤派系不多，但品牌者众。这些门店只做早餐时段的生意，绝大多数采用的是“翻店”模式，即早餐经营胡辣汤，在上午时段会把门外的挂牌、器具收起，午餐就变成“牛肉面”“米饭菜”等各种快餐品类。

然而，这是专属于河南门店的早餐营业时间，在外省单做早餐时段根本没办法留住消费者，因此，品牌需要重新调整营业时间，让胡辣汤可以多时段、全方位地进入外省消费者的生活。

比如，在全国势头正劲的“方中山”，其营业时间就在明显延长，从只做早餐档，改为承包早午餐。“高群生”更是做到了晚上 8 点依旧能让消费者喝到一碗热乎乎的汤。

突破了早餐时段的形式限制，延长营业时间，使得门店的盈利模型更加坚固。

不过，虽然品牌需要因地制宜地做出改变，但原有的内核依然需要保留，以确保胡辣汤真正“成为胡辣汤”。

必要保留项：胡辣汤品类里有记忆点的特色形式

在北京、上海、深圳的胡辣汤门店中，我们能看到一些颇具胡辣汤仪式感的特色。比如胡辣汤用铁锅盛放、木勺舀出，有种说法是这样更不容易“澥汤”（澥是糊状物、胶状物由稠变稀的过程）；门店采用明档，摆放几口大油锅，里面上下翻飞着油条等炸物；食客们一手端着瓷碗，里面是满到快要溢出的汤，一手拿着竹筐，里面放着刚出锅的焦香酥脆的油馍。

这些特有的元素，是让胡辣汤在消费者心中的形象呼之欲出的关键。

胡辣汤的代表品牌在向外扩张的过程中，其实都做了优化调整。

总体来说，胡辣汤走出河南向全国扩张，得益于其先天的优势，也得益于品牌运营节奏和运营模式的调整与优化。这碗河南“省汤”正在以一种让外地消费者更能接受的方式快速扩张。

而胡辣汤的扩张征程也让我们明白，从地方走出来的特色美食，除了要具备比较完善和标准化的运营模式之外，还要在保持高辨识度特色的前提下，为不同地区的消费者做出相应的改变。只有这样，才能赢得更多消费者的心。

14.

油卤串串，交出人效、平效亮眼成绩单

近两年，油卤串串已成为高歌猛进的餐饮品类之一。它和冒菜、冷锅串串等“泛火锅”品类一样，都是成都的传统美食，深受当地消费者的喜爱，并成为夜间美食王者。

我们也看到，和以往夫妻店模式相比，如今油卤串串已经出现品牌化趋势，涌现出一些小规模连锁品牌，并且实现了跨区域布局。除了在大本营成都遍地开花外，它还走出川渝，在西安、青岛、深圳等城市开店。异军突起的油卤串串，已成为川渝餐饮人重点关注的话题之一。

通过观察和分析，我们发现，油卤串串之所以能够走出成都走向全国，摆脱以往夫妻店的单一模式走上品牌连锁之路，关键在于其不仅抓住了品类风口，还专注于打造自身的品类优势，打磨门店模型，从而成功俘获消费者和加盟商的心。

契合当前低客单价、有城市标签特色的风口

近两年，消费市场整体呈现出“弱复苏”的趋势，餐饮消费却稳健增长。然而，具体到每个餐饮品类，会发现复苏是不均衡的。其中，低客单价、有城市标签特色的餐饮品类更受消费者欢迎，展现着旺盛的生命力，油卤串串恰好具备这样的特性。

油卤串串口感浓厚、价格亲民，其精髓在于“卤”。

传统油卤串串的客单价在 30 ~ 50 元，比火锅和其他泛火锅品类要低，是广大消费者乐于体验的价格区间。此外，油卤串串品类本身融合了火锅、卤味及成都特色小吃的复合体验，使得品类优势更加突出。

事先经过卤制的串串，被消费者挑选后，会放入含有门店秘制配方的冒煮锅中，接受浓郁味道和高温的洗礼，片刻后，串串被快速捞起，并浇上秘制草本卤油，这样通体红亮的串串，就出餐上桌了。吃油卤串串时，消费者既能有撸串的体验，又能享受到火锅、卤味的复合口感，还没有价格压力，可谓“一举多得”。

不断打造产品优势俘获消费者的心

作为传统美食，油卤串串品牌并没有故步自封，而是不断进行产品迭代，以更好地满足消费者的需求。餐饮人也纷纷从以下几方面出手“改造”这个成都经典餐饮品类，渐渐让油卤串串从“小吃”变成了“特色餐饮”。

一是让产品更具烟火气。传统油卤串串是烫煮后，放在出餐盘上撒料上餐，制成后已离开了热源。随着气温下降，这种出餐方式会使串串快速变凉，出现因表面凝固而口感不佳的情况，北方城市尤其在秋冬季节更容易出现这种状况。有品牌就这一缺点进行改良，使得油卤串串出锅后仍能保温，更具烟火气。

比如，品牌“串大嘴油卤串串”决定做油卤串串品类后，团队就着手研发，以消除这一弊端。最终选择在串串出餐后加入油卤汤底，辅助油卤串串保持最佳口感，也满足消费者对于烟火气的需求。

此外，品牌也在就餐环境上下功夫。在装修成本可控的前提下，油卤串串品牌整体店面风格呈现市井、复古的特点，吸引了众多喜欢热闹、喜欢烟火气的消费者前去打卡分享。

二是采用更加优质的原料，提升底料品质。与普通的串串相比，油卤串串更具吸引力之处便在于它的底料。除了涮煮的锅底以外，油卤串串大多采用卤油、豆豉、洋葱等复合调味，其属于咸鲜带辣的味型，十分符合入口冲击力大这个特点。在上菜时，通常还会再佐以蒜泥、葱花、香菜等调味料，将串串以更丰富的形式、更强的堆料感呈现出来，给消费者带来满足感。

比如，串大嘴油卤串串在底料方面选用汉源花椒、巴中地区纯正七星椒及西充地道的二荆条，以求还原最纯正的味道。再搭配驻马店的酥香白芝麻，配以草本卤油，成就一锅底料，让消费者吃过一次就记住了这个味道。

三是打造更加丰富的产品体系，丰富消费者用餐体验。传统油卤串串店主打“所见即所得”，产品结构单一。如今的油卤串串品牌产品结构丰富了许多，除了串串之外，还有同样具有成都特色且非常火热的餐饮品类——小碗冒菜系列，进一步丰富了消费者的用餐体验。

串大嘴油卤串串 SKU 就非常丰富，包含 80 ~ 100 款串串品类、10 ~ 20 款小碗冒菜、10 款小吃及 6 款甜饮品。为了保证给顾客带来常新的感受，每个月还会推出最少 5 款新品进行试卖，其中销量前 3 名的新品才有机会进入全国门店。此外，品牌也会针对不同区域的当地特色，推出入乡随俗的特色产品，持续俘获消费者的味蕾。

油卤串串店也有各种甜品小吃，产品之间相辅相成，增强了门店的吸引力。

四是用更快的出餐速度满足客群快速就餐的刚性需求。成都是著名的旅游城市，客流量大、排队长是当地知名餐饮品牌的常态。为了承接更多的消费者，油卤串串门店在出餐速度方面也做了改良：通过前端工序对菜品进行预制处理，一方面使串串更入味，另一方面使不同食材的涮煮时间相近，缩短了制作时间，从而做到快速出餐，贴近消费者快速就餐的需求。此外，出品速度的提高还创造了高翻台率，提升了盈利能力，增强了油卤串串对餐饮从业者的吸引力。

用共赢思路实现品类和品牌突围

除了抓住餐饮品类风口及不断进行产品迭代，油卤串串走出品牌连锁之路，还源于其品牌用“共赢”的思路为油卤串串谋划未来，让这个品类和旗下的品牌实现长线发展。

传统油卤串串客单价低，毛利也低。为了提高门店的营收能力，很多品牌选择优化门店模型，提升门店的人效和平效；同时，提升油卤串串生产制作的标准化水平，以提高品类对餐饮创业者的吸引力。

其一，优化门店模型，适配多种业态。

我们发现，很多油卤串串连锁品牌都采用小店模式，不仅可以降低成本，而且有利于快速扩张和复制。并且大多开在人流量大的社区及写字楼的街边或是商场内。

比如，串大嘴油卤串串创始人谢涛用一年多时间沉淀、打磨门店模型，不断优化门店，直到知道它的极限在哪里。最终在串大嘴油卤串串成都三圣街 58 平方米的门店内，里里外外 11 张桌子，就创造了超 70 万元的月营业额。

这个经过反复打磨的总店模型为其后续的加盟门店开了个好头，品牌加盟门店无论是社区店、街边店还是商场店，都有出彩的成绩：人效达到 1200 ~ 1500；平效在 460 ~ 500 之间；翻台率 5 次以上。

快速的扩张，给串大嘴油卤串串带来了更强大的品牌势能。以四川为中心，在串串品类崛起的初期，串大嘴油卤串串已能够迅速向外辐射，在全国形成多点开花的局面。

其二，和海底捞共用供应链，提供强大的供应保障。

供应链是为连锁扩张和标准化生产赋能的关键环节，强有力的供应链也成为油卤串串吸引加盟商的有利条件。

比如，作为一个快速崛起的品牌，串大嘴油卤串串选择海底捞背后的蜀海作为供应链支撑，为品牌的供应链提供强有力的保障，助力其快速发展和扩张。

一方面，蜀海在全国拥有 43 座冷链物流中心、5 万条 SKU 专属物流标号，能够为串大嘴油卤串串提供统一配送、食材采购、仓储托管等食材供应链的完备解决方案。另一方面，有蜀海做背书，更值得加盟商和消费者的信赖。

总之，在时代机遇和品类迭代的共同作用下，油卤串串品类势能大增，成为亮眼的黑马品类。正在迅速崛起的油卤串串，未来有可能会和火锅串串、冒菜等其他“泛火锅”品类一样，冲出一片广阔的天地。

从油卤串串的成功中我们可以看到，一个品类的突围不仅要顺应外界餐饮环境，更要在提升产品竞争力上下功夫。对于自身品类来说，首先要契合消费者需求，其次，则需要不断优化店型，提升门店人效和平效，最后要依靠强大的供应链条，赢得加盟商和消费者的信赖，从而助力整个品类实现长远发展。

15.

“咖啡 +N”，不拼低价的无数可能

自从瑞幸咖啡用一波 9.9 元的低价成功俘获了用户的心之后，库迪咖啡也推出了 8.8 元新品，一度被网友称作咖啡界的“神仙打架”。然而，是不是咖啡生意只能“卷”低价？当然不是。我们看过去咖啡圈里火爆的水泥咖啡、土星咖啡、荷花咖啡，再到后来出圈的章鱼拿铁、豆腐脑咖啡、火锅咖啡，咖啡已开始在食材、造型、配料、概念上不断创新，创造出了“咖啡 +N”的无数种可能性。

“咖啡 + 器皿造型”的新纪元

咖啡圈的“魔性创新”其来有自，咖啡不只能放在杯子里，有些“器皿”造型迷人、样子离谱，成为咖啡的新容器，轻松出圈。比如最新的烤红薯咖啡，做法是将一个秋冬必备单品烤红薯的中心挖空，倒入拿铁，再拉个花。一位消费者在大众点评中评价：“咖啡是续命的，红薯是暖心的，双拼是出片的……身心齐全，谁能忍住不下单！”

在红薯拿铁火速出圈后，各类食物器皿造型的咖啡开始出现。比如将牛油果挖空当杯子，倒入拿铁，一杯 68 元的墨墨牛油果拿铁诞生了；将苹果挖空，一杯圣诞气息的苹果拿铁出炉；换成南瓜，一杯万圣节气息的南瓜拿铁也出现了。当然，更加耀眼的还有诸如生蚝美式等创意咖啡的诞生。

除了把食物当作器皿之外，餐饮常见的砂锅、瓦罐、盖碗、大铁锅，以及不

烤红薯咖啡火爆出圈。北上广深、山东、浙江、河南等多地已有品牌陆续上新。

常见的皮搋子、“老干妈高仿瓶”“洗衣液”等，都为咖啡圈的造型创新提供了思路。

“咖啡 + 食材种类”的新纪元

如果说器皿造型的变化还不算那么离谱，咖啡终究还是咖啡，那么一些食材上的创新叠加，引得网友们惊呼：“这还是咖啡吗，太‘上头’了！”

20 世纪 90 年代，咖啡主流品牌进入国门，消费者普遍对其定义为时髦但难喝，随着近几年本土咖啡品牌的崛起，国内咖啡的种类不断增加，出现了奶咖、果咖、茶咖，等等，现在，几乎已经变成了“一切皆可咖”。

最先引起广泛关注的是皮蛋拿铁：一杯咖啡配两颗皮蛋，一颗皮蛋事先在杯底捣碎，加入牛奶及咖啡液后，顶部再放一颗完整的皮蛋。独特的口味使得消费者评价出现两极分化：“不黑暗，和生椰拿铁的味道很像”“能看，能闻，但喝一口就会吐”。

尽管对这种食材的创新评价褒贬不一，但其话题热度不断，频繁登上热搜，如微博热搜词条讨论度近亿次，小红书等社交平台也有超过 10 万的图文。

随后，福建厦门一家专门做号角的甜品店，在愚人节当天推出章鱼拿铁咖啡——章鱼泡在冰拿铁中。这款产品一出，无论爱吃章鱼的还是爱喝咖啡的，都沉默了。

“放眼整个咖啡界和海鲜界，都是相当炸裂的存在。”不少网友称，从此以后，章鱼拿铁咖啡“自成一派，独立门户”，做不被定义的咖啡。

这种食材的创新在咖啡圈屡试不爽，能组成一桌“满汉全席”：头盘有烧鹅美式、盐水鸭咖啡，汤品有泡饭之玄米海苔芝麻碎咖啡，副菜有扇贝美式、章鱼拿铁，主菜有烤生蚝意式浓缩、三文鱼特调，甜品有榴梿咖啡、开心果拿铁、QQ 糖咖啡特调、藿香正气冰美式。如果没吃饱，还有油条咖啡、扣肉拿铁、红烧肉拿铁、豆腐脑拿铁、沙茶牛肉丸拿铁供你选择。

为了照顾不同地域的口味，咖啡也在尝试加入本土化食材。如老北京豆汁儿美式、长沙臭豆腐咖啡、山西老陈醋美式、广东椰咖靓鸡汤、宁夏牛肉汤拿铁等。

除了地域食材，咖啡馆也上新了以各类传统节日为元素的创意咖啡，如芝麻汤圆玛奇朵、蒸饺咖啡，等等。

“咖啡 + 概念”的多元化

咖啡加造型、堆创意，大多是外在的“折腾”。有一些咖啡品牌从内在出发，另辟蹊径，玩出了差异化。

除了寻找短暂的营销概念，也有咖啡品牌看中了健康这一差异化定位。

给咖啡冠上“春夏秋冬”概念，一年四季的特调主推产品就有了，还能捆绑销售，推出 188 元 4 杯组合餐。

例如“挪瓦咖啡”选择差异化细分打法，以健康咖啡的新定位破局。“不需要任何介绍、广告、优惠，‘更低脂’几个字就足够吸引人了。”可以说，挪瓦咖啡新品的出现，为咖啡消费者们提前开启了“咖啡健康时代”，靠“拒绝高热量”的差异化策略先一步攻下消费者心智。

营销新玩法虽能在一段时间内开拓市场，但长久差异化的定位选择，才能够真正占领用户心智。

自挪瓦咖啡新品面世后，从众多一线消费者的反馈中不难看到，“一样好喝，更低热量”的产品是当前健康需求大趋势下的王道之选。在保证一样好喝的前提下，挪瓦咖啡更低热量的饮品更受消费者欢迎。当各大品牌都在“卷价格战”的时候，挪瓦咖啡提出“拒绝高热量”的品牌策略，一定程度上让品牌跳出了无尽的价格“内卷”，同时也能让加盟商从中赚取更合理的利润。

这才是长久的经营策略。

第二部分

增长模型

市场下沉做拉新，品质上浮求复购

16.

玩好周年庆：如何用一场策划实现复购猛增

每到年底，餐饮圈的各类营销活动数不胜数，但能调动上百万粉丝日日光顾，吃得开心的活动却凤毛麟角。

云南米线连锁品牌蒙自源的 23 周年庆活动则是个特例，在其他餐饮品牌营销活动大多不温不火时，它却像超级锦鲤一样，点燃了消费者的热情，实现了复购率的猛增。

蒙自源 23 周年庆活动不仅实现了消费者、门店、品牌的多方共赢，也给餐饮行业新的营销思路带来一些启发。

启发一：实现商家与消费者的互惠共赢

和以往餐饮企业通过“折扣、储值优惠”的庆祝促销风格不同，蒙自源的 23 周年庆不仅仅是一场利于商家的促销活动，更将“主角光环”彻底给到每一位消费者，实现了商家与消费者的互惠共赢。

因为蒙自源坚信，品牌方和消费者之间既不是竞争关系，也不是此消彼长的关系，而应该是互惠共赢的关系：“好的营销，并不是把顾客当成上帝，这其实是一种误解。真实的顾客，不是上帝，而是朋友、伙伴，是可以一起分享品牌红利的合作者。”

所以，蒙自源以这场活动为契机，围绕“让每个消费者都能成为主角”的核心思想，设置了低门槛 100% 中奖的规则，消费者只需到店实付满 25 元，即可获得 1 次抽奖机会。

奖品包括大王钻石奖 10 台 iphone 15 Pro（256G）、大王金冠奖 50 台 iphone 15、大王银冠奖 100 台 Apple AirPods，以及若干全场通用代金券、招牌单品小吃免费券……目的就是把所有实惠都给到消费者。事实证明，消费者也的确愿意参与其中并且复购买单。

活动初期，就引发了众多消费者讨论："吃一碗米线还能送 iphone 15 pro？""25 块钱吃了顿饭，不仅'白吃'，还赚了！""连续吃了 3 天、6 顿米线了，这次超级锦鲤必须有我一份！"而活动效果更是比预期还要好，消费者复购率猛增。

总之，在这场活动中，蒙自源站在和消费者平等的位置上，将"我想做"转变为"我们想做"，用"门槛足够低"的体验回馈消费者，本质上是一场与"消费者共创"的合作共赢之旅。

蒙自源也以此告诉所有餐饮企业，营销活动不单纯是商家的促销活动，品牌方不仅要考虑如何从消费者身上赚钱，更要切实给到消费者实惠，才能让买卖双方形成长期互惠共赢的局面。

启发二：营销活动最终关注的是消费者的"快乐率"

对于不少餐饮企业而言，任何营销策划活动的成功标准最终都要落实在效果上。具体表现为门店翻台率增速多少、上座率提升多少、订单率增加多少……不同维度、不同衡量标准的"率"，共同决定一场营销活动的成或败。

但蒙自源 23 周年庆活动却抛开了这些传统的"效果率"，而更注重一个特别的"率"，即"快乐率"，就是要让消费者得到快乐。

蒙自源创始人李红伟曾多次强调："这几年，蒙自源发展得很快，更多是因为消费者的支持。"

为了回馈消费者，这次活动的目标就是希望所有消费者都能快乐参与、有所获益。因此，蒙自源营销团队经过多次讨论，将此次回馈活动的参与门槛不断降低，同时加大力度竭尽所能提升奖项价值。此外，蒙自源也把每一位员工切实当成消费者进行回馈，不止顾客在参与抽奖，很多内部员工也积极参与其中，成为复购大军中的一员。

“我们很多一天吃 3 次米线的同事，也想要抽奖，大家玩得都很快乐。”“很多员工开玩笑说，现在只要吃一碗米线就有机会换苹果手机了。”“给生活添加一点小惊喜。只要大家玩得高兴、吃得开心，那这就是一次成功的周年庆活动。”

说到底，餐饮行业还是要以消费者为本，这并不是一句口号，而是餐饮企业应该落实的行动。

“以人为本”与其说是一种经营理念，不如说是一种价值选择，蒙自源此次营销活动成功的一个关键点就在于，其时刻围绕消费者价值而非企业自身价值展开，切实为消费者提供情绪价值和商品价值，最终也换来了消费者的认可。

启发三：套路不得人心，真诚才是王道

俗话说，自古套路得人心，但在餐饮行业，这句话却万万行不通。对于绝大部分餐饮消费者而言，让他们实打实地看到“优惠”、吃到“好产品”，胜过千言万语。

蒙自源便是抓住了这一真理，坚信“永远用真诚和消费者对话”“永远在合理的毛利内，和消费者真诚对话”，这也是这次营销活动成功的关键之一。

蒙自源希望成为一家百年企业、老字号，和消费者构建长期的伙伴关系，因此，无论是周年庆活动，还是 MCN 共创、带货做达人，都致力于让消费者感受到真诚。这种真诚不仅体现在回馈力度上，也体现在对自身品质的保证上。

一方面，对于品牌来说，周年庆活动是对外展示品牌价值及调性的最好契机，同时也是与顾客建立沟通的重要节点。

另一方面，蒙自源也深知，在消费忠诚度不断下滑的今天，一场营销活动显然难以撼动消费者“追求新鲜感”的底层需求，“抽奖”也只是一个锚点。真正能打动消费者的，是更实在、更让人惊喜的好味道和品质保障。

在实地走访蒙自源门店时，一位消费者告诉笔者，“我从高中开始吃蒙自源米线，直到现在结婚生子了还在吃。蒙自源米线的味道和记忆里的一样好，没变过。”

凭借优质的品质、值得记忆的味道，再配上有效展示品牌形象的营销活动，此次蒙自源进一步提升了消费者对品牌的认可度，增加了品牌和消费者之间的黏度。

所以，蒙自源 23 周年庆不仅仅是一场营销活动，更是餐饮企业经营之道的体现。它告诉所有餐饮企业，面对不断变化的生活节奏和日新月异的消费需求，想要俘获消费者的心，让他们实现多次复购，需要建立餐饮品牌与消费者合作共赢的经营理念，建立以消费者为本的价值取向，更需要餐饮企业自身在品牌建设和品质保障上不懈努力。

两个人相处，能否走得长远，靠的是真诚。同样，品牌与消费者之间也是如此。

17.

非颠覆式创新：用场景拉新，用爆品复购

过去一段时间，餐饮市场呈现弱复苏态势，餐饮需求不断升级，尤其火锅赛道已经进入了白热化竞争阶段。为了能在市场中获得竞争优势，许多火锅品牌竞相出招，而在火锅店密布、竞争最为激烈的重庆，火锅品类的竞争更是达到了“卷王之王”的程度。

“萍姐火锅·公路夜市”（后文简称萍姐火锅），作为一家诞生于重庆的火锅品牌，首店开业后便霸榜重庆火锅热门榜，创造了单日线上排队超过 1800 桌的纪录，成为重庆火锅界的现象级顶流。

此后，萍姐火锅不断拓店，将门店网络延伸到更多城市，获得了更多区域年轻人的青睐，并成功登上郑州、成都、天津、哈尔滨等多个城市的排行榜单……数据显示，萍姐火锅目前全国门店数量已达到 192 家。

萍姐火锅虽然仅成立 3 年，却揽获了 12 项榜单荣誉、5 个全国类行业大奖及 1 个区域类行业大奖，得到了业界同行的一致好评。

为什么萍姐火锅能持续受到消费者喜爱，一直保持高热度，并越战越勇呢？它的竞争力主要体现在两个方面，一是对外拉新“强造景”，二是对内复购“打爆品”，这两者相融合，给每一位进店的消费者带来了极致的消费体验。

对外拉新“强造景”

艾媒咨询数据报告显示，火锅行业因标准化程度高，呈现出同质化困局。寻求异质化将成为火锅行业长期发展的趋势，而非颠覆式创新则是破解同质化困局、获得品牌长期竞争力的途径之一。

萍姐火锅就是着力于进行非颠覆式创新，一手做经典，一手做创新。具体来说，就是在不颠覆火锅基本逻辑的前提下，巧妙创新，赋予经典火锅新的时代表达。

一方面，萍姐火锅品牌基因源自“三代传承的重庆老火锅”，通过三代人的传承，真正意义上保留了正宗麻辣火锅的味道，同时传播了重庆正宗老火锅文化，维护住了那些喜欢重庆火锅的老客户。另一方面，根据当下年轻消费者对传统文化关注度的持续提高，萍姐火锅从场景、模式、运营三个方面着手打造沉浸式体验场景，想方设法吸引喜欢火锅的年轻人，让消费者更加多维地感受火锅的氛围。

场景上，将经典的夜市与时尚的赛博朋克风格结合，复刻出经典重庆街头夜市场景，营造轻松热闹的氛围，通过创造一个让消费者感到舒适和认同的场景，唤起消费者的记忆与文化认同感。

模式上，将“火锅与夜市”这两个成熟的商业形式进行融合创新，打造氛围感、烟火气叠加的效果，同时发挥各自长处，创造更多新颖有趣的玩法。

例如，萍姐火锅的北京首店，就使用了多档口的形式。档口形式本身就是夜市的一大特色，既可以让消费者直观地看到食物被烹饪出来的全过程，也能直观地向消费者展现出菜单的丰富性，业态的多样性。一个档口就是菜单的一部分，它们共同组成了一家以火锅为主题的公路夜市。

运营上，根据市场环境进行预测分析，定制活动策略，为品牌赢得更多的曝光量，有效提升品牌的知名度。同时，从长期主义的视角出发，萍姐火锅利用互联网各平台进行推广，积极吸引新客户。

此外，萍姐火锅还与重庆美食文化历史学者、《水煮重庆》作者司马青衫一起，溯源重庆火锅的历史文化及吃法，还与兰蔻、长安汽车、小红书、T3 等品

走在店里就如同走在重庆夜市街上，这里不仅有火锅，整条川渝小吃街上热冷甜辣卤烧的食物样样都有，顾客可以边走边吃。

牌联名合作，积极尝试突破并吸引新客群。

总之，萍姐火锅敏锐地捕捉到了异质化的发展趋势，坚持非颠覆式创新，用千平大店还原了重庆 20 世纪 80 年代的老城风貌，将夜市一条街巧妙地搬进了火锅城，为顾客打造了沉浸式的就餐体验，引发年轻人的打卡狂潮。萍姐火锅这样做的结果，就是在保留原有客户的基础上，成功引来了新客源。

对内复购"打爆品"

通过非颠覆式创新成功引来大批新顾客后，如何将"流量"转换为"留量"，实现顾客的长期复购，是决定餐饮企业能否长远发展的关键。

我们认为，一方面需要品牌对消费者需求有深刻的洞察，另一方面需要高品质地落地执行。

萍姐火锅的成功也与其很好地做到了这两点密不可分。萍姐火锅所属公司重庆亚特餐饮发展有限公司，团队属于老中青结合，覆盖了各年龄段的人群，因此能够敏锐地捕捉营销侧的潮流趋势，在此基础上，资深火锅操刀手再进行产品侧的菜品变革与创新，确保菜品高品质、高效率地落实到店。

萍姐火锅的创始人陈宇森是一个"餐二代"，在打造萍姐火锅前，他已经创立了另一个赫赫有名的网红火锅品牌"卤校长"，率先在火锅界掀起一股"卤味风"，并吸引其他火锅店面的模仿。

正如陈宇森曾经说过的那样："谁说火锅店一定只能吃火锅？它可以吃火锅，为什么不能吃甜品？不能吃卤味？所以我们有了卤校长。"

这次，萍姐火锅创新性地把小吃、烧烤融入了火锅当中，也引得其他火锅门店竞相模仿。此外，陈宇森和他的团队还不断挖掘舌尖上的新热度，研发出领先于火锅赛道的创新菜品，并根据时令上新菜品，不断满足顾客的需求，有效促进了顾客的复购。

比如，新春佳节，萍姐火锅重磅上新了糖蒜牛肉、红烧猪尾巴、红烧肉等多款新品。尤其是糖蒜牛肉，迎合了当下的口味潮流趋势：取自吊龙部位的牛肉，口感紧实滑嫩，裹满红油的牛肉和脆甜爽口的糖蒜相互碰撞，直击"甜辣党"的味蕾，这款新品也有美好的寓意，助力大家在新的一年里"胜蒜"如意。

许多火锅界的网红创新菜品，都是从萍姐火锅流传开来的。比如"8 秒土豆丝""铜梁泡豆干""啵啵鱼豆腐花"，还有烧烤类的"豆干苕皮""烤排骨""糯鸡爪"等一些锅边产品。这些创新菜品和特色小吃与萍姐火锅的餐饮场景形成了正向的生态循环。

毫无疑问，在火锅赛道红海沸腾的今天，萍姐火锅展现出了一个餐饮品牌的实力与张力。从创立之初就能找准定位，走异质化竞争路线，在菜品上做到传承和创新并重，同时注意维持老客户和招揽新客户，是萍姐火锅成功的根源。

但这种异质化是其他品牌难以模仿和超越的，因为传承和创新早已经深深印刻在萍姐火锅的文化基因里。正如创始人陈宇森所说，“传承是将美食这件事做到极致，而创新则是让美食与时俱进，走得更远，最终实现团队之间的彼此成就”。

萍姐火锅虽很好地做到了传承和创新的完美融合，为火锅品牌走异质化路线提供了一种新的思路，然而，对于更多初创餐饮品牌来说，或许首先做好基础品类才是最重要的，然后才是寻求创新。

18.

效率革命，150 平方米国风火锅月入百万

过去一段时间，火锅赛道“内卷”现象达到白热化阶段，然而有一个火锅品牌自诞生之日起就引来消费者的热烈追捧，它就是以“老式砂锅搭配炭火泥炉”及“国风装修风格”这一创意模式出圈的“郭铁柱泥炉老火锅”（后文简称“郭铁柱”）。

“郭铁柱”在短短一年时间内就开出了 300 家门店，布局覆盖了全国 105 座城市。北至新疆阿克苏，南至三亚，东至上海，西至西藏，在长沙、重庆、广州、深圳等火锅消费旺城，都留下了足迹。

不仅如此，门店的盈利也十分可观：在全国诸多下沉城市中，即使是小店型也可以撬动大营收。不到 150 平方米的小店月平均营收可以达到 35 万元；在安徽宣城的郎溪县店，仅开业 5 个月，累计营收就达到 250 多万元；而苏州观前街店，一个 145 平方米的店面，最高单月流水更是达到 119 万元。

同时，该品牌的多家门店荣登各个城市的美食热门榜第一、火锅好评榜第一、火锅收藏榜第一、闺蜜小聚餐厅热销榜第一，成为当地的新晋顶流……“郭铁柱”在 2024 跨年直播中，更是仅用 2 天时间就拿下了全国周榜第一，商品交易总额直冲 1000 万元，遥遥领先于其他火锅品牌。

在火锅赛道极度“内卷”、众品牌急于寻求出路的特殊时期，“郭铁柱”却显得游刃有余，究其原因，是它发动了一场火锅创新的“效率革命”，即通过模式、选址、装修、产品、营销等多维度的差异化打造，把火锅店做得更“小”，把营收变得更“大”，把投资回报真正做到更“快”。

经营模式：采用“炭火泥炉砂锅 + 老火锅”模式

想要把营收变得更“大”，最基本的就是要降低成本。而原材料成本、人工成本、装修成本历来是影响餐饮行业营收的三大关键因素，“郭铁柱”则通过优化经营模式，成功降低了这些相关成本。

首先，采用“炭火泥炉砂锅 + 老火锅”的差异化经营模式，有效降低了原材料成本。

中国人对砂锅的喜爱，似乎是刻在基因里的。砂锅能够包容“万物”且越煮越香，加上炭火加热，食物咕嘟咕嘟的翻滚状态也锅气十足，自带一种闲适的古韵。

“炭火泥炉砂锅 + 老火锅”，从形式上就做出了明显的差异化，“混搭”的创意，让人眼前一亮，催生了市场中全新的细分赛道。

店面选址：坚持用“150平方米”的黄金面积

与传统火锅店动辄400～500平方米的大面积不同，“郭铁柱”的店面规模都不算大，150平方米是其高效经营的“黄金面积”。

从租金成本上看，这个面积介于大型餐饮和快餐馆之间，不仅使“郭铁柱”在选址时更具谈判空间，而且在租金上也更具优势。

从人工成本上看，一个标准的大型火锅店，至少需要几十名员工，但150平方米的店面可以容纳15张左右的桌子，按照一天翻台3～4轮来计算，一个店面仅需要10～12名员工。即便生意不稳定，一天只翻一台，前厅2人后厨2人也可维持正常经营。这在当前“用工荒”的时代背景下，使少量员工也能维持运营成为可能，大大降低了人工成本。此外，小店型的好处还在于具有更好的营销性价比，即用少量的资金撬动较大的流量。

总体而言，“郭铁柱”在店面选址时已充分考虑到需降低经营成本，充分发挥小店面在租金成本、人工成本甚至营销成本方面的优势。

装修风格：采用古风，降低装修成本

近两年，餐饮市场刮起了一股“破烂风”以营造烟火气。表面上看是商家在迎合极简风的流行，但实际上考虑更多的是压缩装修成本。“郭铁柱”在降低装修成本方面，摒弃了这种“破烂风”，选用古风，不仅可以起到降低装修成本的目的，同时也可以营造出烟火气。

于是，“郭铁柱”把设计理念定为“打造50万元以内最有文化、最有体验的火锅空间”，旨在同时做到降低成本和提升消费者体验感。

一方面，降低装修成本，使投资回报可控。“郭铁柱”遵循“简装修重装饰”的装修风格，用充满创意的软装设计，打造出“不费钱的古风”空间。为了给加盟店节约成本，“郭铁柱”建立了一个“软装库”，各个分店可以根据主题挑选不同的软装。据说，这个软装库可以实现“用5000～20000元搞定一家店的设计”，为创业者省下大笔装修成本，同时实现了差异化，避免连锁店的千篇一律。

竹编藤椅、国风布艺、茶园竹林、笔墨书画……儿时的老物件装点着市井的烟火气息，营造出一种充满新国风自由主义氛围的就餐体验。

另一方面，在降低装修成本的同时，坚持不降消费者的体验感。即力求在50万元这个预算层级内，打造出舒适且独具国风体验感的用餐环境，让顾客感受到超值的价值感。

此外，“郭铁柱”也愿意和加盟商共创，让不同的门店焕发出多姿多彩的古风活力。比如南京·郭铁柱 × 杜甫概念店就独具自己的特色，而扬州·春江花月夜版本也演绎出了自己的风格。在2024年的品牌战略发布会上，“郭铁柱”品牌创始人寇鑫坦言，还会在门头、玄关、器皿等细节上进行升级，保持原有书法艺术区的同时增加茶文化区，打造“双打卡区”。

产品品质：模式可以改变，品质要能托底

“郭铁柱”坚持，不管如何降低经营成本，产品品质始终是保障。因此，“郭铁柱”除了采用差异化经营来降低成本，提升消费者体验感，还更加注重保障服务和产品的品质，因而能够持续赢得消费者的喜爱。

为了吸引消费者，很多火锅品牌都在搞低价竞争，但“郭铁柱”坚持要抓住忠诚客户，而不是只抓“羊毛党”客户，因此更加注重品质性价比。

一方面，“郭铁柱”注重供应链建设，选择“站在巨人的肩膀上”——与蜀海合作。2024年，“郭铁柱”进一步合作蜀海与华鼎（“锅圈”供应链体系），用双平台赋能加盟商，并陆续建成多个分仓，用常温冷链一体车配送，实现两日达目标，速度更快，品质更优。

另一方面，“郭铁柱”注意提升消费者的多维度体验感。比如打造优质的用餐环境和空间，推出更令人惊喜的产品组合等，满足消费者的社交需求，为消费者提供情绪价值。

因此，“郭铁柱”还在2024年开启“国风寻味之旅”，深挖国风文化，继续强化差异化，致力于做引领而非跟随。其以宋代美学及其他中国传统文化为出发点，每三个月迭代一次版本。比如苏东坡也是个“吃货”，与美食产生了不少关联，“郭铁柱”则抓住这一点，寻味苏东坡的美食文化，在门店策划相关主题活动，并致力于菜品研发。

营销活动：不断制造话题，维持热度

“郭铁柱”很清楚，品牌在模式上的创意能让其赢在起跑线上。新店在三个月内火爆是常态，但三个月后，如果拿不出来新东西，就容易陷入打折、降价的怪圈，而价格战终究只会给品牌带来不可逆的伤害。

为了把网红变成长红，“郭铁柱”不仅专门组织了年轻化团队，对菜品进行持续不断的更新，还通过二次营销及多次营销方式，保持流量的持续上涨。

在菜品更新层面，“郭铁柱”以季度为周期，推出主题菜品，实现了“一个月小更，三个月大更”，并且重视研发和创意，从各地特色的市井小吃、手工菜和卤味中汲取灵感，源源不断地开创出适应品牌的招牌菜。此外，还跟随季节推出时令菜，比如立秋之时推出“铁柱大肉季”，包括“把子肉”“猪肘子”“圈圈肠”等。

在营销策划层面，“郭铁柱”把核心点放在创造话题上。总部会定期提供新点子，供连锁门店组织活动。比如，6 月份是高考季，“郭铁柱”和“好望水”联名，在店内特别设计了祈福墙，供顾客就地许愿。又如，和百事可乐梦幻联名，顾客购买联名套餐后，即可参与猜谜互动，领取国风小礼品。

此外，店内还策划了刮刮乐、抽签筒等活动，基于国风主题，与顾客互动，以增加他们的体验感。联动宣发上，加盟商负责拍摄门店素材，总部则有专人提供视频剪辑服务，供门店在抖音、小红书等平台进行宣发。

近年来，火锅赛道的“内卷”现象多少带有一丝无奈。“卷是缓刑，不卷就是死刑。”“郭铁柱”的成功告诉我们，火锅赛道里各方面的差异化经营均能引领新的赛道和潮流，但不管如何改变，最根本的永远是品质和服务。火锅品牌可以在降低成本上下功夫，但不能降低客户体验感；可以想办法提升品牌热度，但更要保证产品品质。这或许是每个在火锅细分赛道上挣扎的品牌应该深思的问题。

19.

极致小店，商业模式创新才能适应市场变化

随着市场需求的日新月异，餐饮行业也需要通过创新来维持品牌的持续成功。“醉得意·家常菜大王”（后文简称“醉得意”）通过自己对市场的摸索，展示了餐饮经营者在极“卷”餐饮困境中通过创新商业模式来适应市场变化，实现利益营收的增长的能力。

顺应市场变化，推出极致小店

作为福建城市美食名片之一的“醉得意”，创立于 2013 年，目前已成为地标美食的代表品牌。它首先在福建福州 5A 级景区三坊七巷南后街开出了第一家店，成立 12 年以来，店面已面向全国，北京、湖北、山东、湖南、广东已先后开设了 300 多家直营门店，累计接待顾客超过 3 亿人次。

然而，“醉得意”也和许多餐饮企业一样，近年来遭遇了复苏困境。尤其到了 2024 年，餐饮行业陷入了“极卷周期”。一方面许多老牌餐饮企业为稳固自己的“江湖地位”，在理性消费的浪潮下努力抓住老客户；另一方面，新入局者激增，进一步激发新老餐饮企业开启加速“内卷”的竞争格局。总之，餐饮流量变贵，好的铺面更为稀缺，抢人、抢地盘、抢资源的现象更是层出不穷。

“醉得意”深耕家常菜多年，对餐饮行业的寒意深有体会，因此选择开发新的商业模式，快速响应市场变化。2024 年 3 月中旬，“醉得意”开出了第一家品

牌卫星店，专做外卖业务。

第一家品牌卫星店，面积不到 60 平方米，这与之前“醉得意”主要做 200 ~ 300 平方米的中餐馆，人均消费 40 ~ 50 元的情况形成了鲜明的对比。这是醉得意首次探索真正的极致小店模型。同时，这样的开店路径，也成了该品牌 2024 年的重要战略规划。

对于“为什么转型做小店”，“醉得意”轮值董事长许艺民坦言：在复苏之年，餐饮想做增量是有难度的，“醉得意”也开始慢慢地进行多业务化转型。我们认为到家业务也是非常重要的板块。同时，我们也观察到，近两年，顾客的就餐习惯发生了很大的变化，拥抱外卖似乎是必须要积极面对的事情。

小店面，大作用

进军外卖行业，成立品牌卫星店，是“醉得意”在对市场变化有了清晰的认识之后，经过多方权衡做出的慎重选择，也是当下一个正确的选择。

因为在当下的市场环境中，品牌卫星店确实有其独到之处。

第一，好选址带动辐射效应，有利于加大品牌知名度。行业“内卷”加剧，开店率飙升，旺铺成了成本较高的稀缺资源，A 类商圈的点位更是有限。连锁品牌在选址时，除了考虑回本周期是否合理，还需要考虑这个点位是否能够补充客户认知，加深消费者对品牌的印象。

在一个优质商圈的空白位置，能率先拿下点位，扩大影响力，扩大势能，未来才会更有优势和话语权。以“醉得意”开在厦门明发商业广场的第一家卫星店为例，明发商业广场地处厦门岛内的优越地段，当年被誉为“亚洲最大的商业体”。如今，这里的商铺形态已发生变化，多以小店模型为主。

事实上，在这个商圈，3 公里范围内已经有了两家“醉得意”堂食大店，但“醉得意”有自己的考量：“我们利用美团的 AI 选址能力，对人口的密度做了测算后发现，3 公里以内，精准对标的人群需求量很大。所以，即使周边已经开了两家店，我们依然觉得，这样的‘外卖专门店’模式是值得尝试的。预测下来，这个点位（开店）的成功率很高。”“一左一右，品牌卫星店开在中间。”这样的布局，一方面是为了增加单量，有利于将外卖店打出招牌；另一方面则是为了占领点位，为品牌的下一步门店增量储备势能。

第二，品牌卫星店有利于压缩成本。极致小店模式更加灵活，由于面积小，门店租金成本可以大幅度降低，租金能减少 60% 甚至以上。

许艺民透露，事实上，第一家门店选择了 60 平方米的铺面，相对来说比较宽裕。在实际运营之后发现，如果从“极致效率”的角度来考量，门店面积不低于 30 平方米就可满足日常运营需求。

第三，有利于形成极致高效的盈利模型。品牌卫星店因为面积小、投资低、人手少，更容易达到更高的平效和人效，而且投资回报周期短。如“醉得意”的第一家品牌卫星店的首月销售超过 7000 单，实收突破 13 万元，核心单品的销量更是突破 3000 单。目前看来，这一数据随着线上权重的增加还在不断变化，预计未来月营收可以稳定在 15 万 ~ 17 万元。

除此之外，在产品方面，更少的 SKU 和更多的“一人食”套餐能够降低生产成本和库存压力；在管理方面，品牌卫星店同时解决了堂食和外卖的“快慢冲突”。

品牌卫星店，既有传承，也有创新

做外卖并不稀奇，但如何充分利用品牌的影响力来带动销售额，实现品牌延续与信任构建，同时又能有所突破和创新，给母店带来更大收益等问题值得思考，这是广大餐饮者都希望能够实现的场景。

“醉得意”的第一家品牌卫星店能够一炮而红，就和卫星店与堂食店的品牌共振有关系。一方面，品牌卫星店依靠母品牌，获得了消费者天然的信任；另一方面，其又反哺母店，扩大了母店的品牌影响力。它是如何做到的呢？

首先，在产品的设计上与母店保持一致。“醉得意”的品牌卫星店里，有 70% 的菜品和传统门店保持一致，能让消费者感受到相同的产品和服务质量。

其次，在管理上一脉相承。“醉得意”卫星店的管理坚持门店管理的标准，包括保留了“现炒”这一烹饪过程。同时，卫星店虽然只做外卖，但依然被纳入了餐厅监核的体系。一方面是店内有摄像头，可以通过线上随时随地抽查；另一方面是线下的督导和食品安全员会定期进行细节检查。

当然，品牌卫星店作为专做外卖的店铺，也有自己的创新之处。

第一，打造独属于卫星店的特色产品。品牌卫星店里有30%的菜品是专属于卫星店的外卖产品。其产品研发，一方面在美团AI选品的支持下有目标地进行；另一方面，依托品牌多年的团队，努力摸索堂食和外卖的产品边界。“未来的理想状态是，共有20个SKU，其中有5个是专属于品牌卫星店的。因为并不是所有菜品都适合两种模式共存，堂食和外卖用户的需求也有本质上的不同。”

第二，厨房的动线设计跟上转型。比如“醉得意”的卫星店增加了炒菜出锅之后的储存空间，并加强了温度面的控制。“加热和保温环节需要格外重视，毕竟我们的菜品现炒比例超过80%。另外，外卖的来单是非常集中的，高峰期4～5个人即可，动线、组织架构上合理安排，整体的效率才会大大提高。”

第三，根据市场的需求调整产品结构。“醉得意”卫星店根据市场需求推出了更多适合单人食用的套餐，这样既减少了生产成本和库存压力，又满足了市场需求。

在美团外卖App上，就可以看到“醉得意”卫星店的产品结构。其中，“一人吃好”“小份自由”都直指单人就餐场景。“一人吃好”包括醉排骨单人餐、大王炒鸡单人餐、片片鱼单人餐，均是将堂食大店里的招牌产品拆分出来做成的小份。价格则控制在30元左右，加上平台的优惠活动，实际到手价格在25～30元。而在“小份自由”中，爆款招牌大王炒鸡以32元的价格出现，这道菜在堂食门店中的售价是49元。

随着市场的变化，品牌卫星店也需要随机应变，“醉得意”致力于整合产品流程和管理流程，目前已经收到了良好的反馈效果。许艺民表示，未来有信心开出更多的品牌卫星店。“2024年品牌的拓店目标是100家，卫星店要占到2成以上。”

此时的收获其实是厚积薄发的体现。我们看到品牌卫星店的成功，也要看到其背后深耕家常菜11年的经验，“用堂食标准做外卖”的管理理念，在

“选品、选址”上的合理布局，以及在供应链、研发力、组织力等多个方面共同发力的实战经验，是实现“1个月爆单，5个月回本”的喜人成绩的关键。

十年磨一剑的“醉得意”用它的案例启示经营者：想要在激烈的市场竞争中保持优势，品牌需要充分利用自身优势，洞察时势，灵活应对变化，才能为自身发展带来更多的转型机遇。

20.

火锅“内卷”优等生，高品质叠加低价格

在竞争愈发激烈的餐饮行业中，企业如何实现持续盈利和增长，是广大餐饮经营者都为之困扰的一个问题，毕竟，最近几年，餐饮业的复苏处于一个不太乐观的境地。

通过分析最新发布的财报数据就可见一斑。数据显示：过去一年，连锁餐饮巨头的火锅品牌，无一不在降低客单价。

海底捞的顾客人均消费从 2022 年的 104.9 元减少至 2023 年的 99.1 元。

呷哺呷哺的顾客人均消费从 2022 年的 63.9 元减少至 2023 年的 62.2 元。

呷哺集团旗下的“湊湊”，2022 年顾客人均消费为 150.9 元，2023 年则降至 142.3 元。

九毛九集团旗下的“怂火锅”，2022 年顾客人均消费为 128 元，2023 年则降至 113 元。

在这 4 个品牌中，财报数据比同集团旗下“太二酸菜鱼”还要好看的“怂火锅”，作为火锅新秀，降得最狠，客单价降了整整 15 元。本就主打性价比的呷哺呷哺，也在艰难中挤出 1.7 元的降价空间。

在当前的消费环境里，降价已经逐渐成为火锅行业的整体趋势——品牌纷纷开始在“高品质”的基础之上附加“低价格”等让利属性。这是因为，餐饮从业者们都清楚地认识到，在当前的餐饮市场中，消费者越来越注重性价比。

火锅顶流“卷”出的性价比

性价比这一概念，长期以来被高频提及，甚至已变成一个响亮的旗号，而在“芳竹园火锅”（后文简称“芳竹园”）这里，“性价比”三个字被切切实实地具象化了。

从“芳竹园”的经营案例中，餐饮经营者也许可以获得一些启示。

“芳竹园”清晰地捕捉到了市场对性价比餐品的强烈需求，遂从性价比定义的本质也就是价值与价格的比值出发，来对市场进行谋篇布局。

第一，定价实惠。“芳竹园”客单价只要 60 元，同时线上常年推出 128 元的双人餐、199 元的四人餐，且长期有效。即使不买套餐，在店里单点菜品，也很难超出这个客单价。

在“芳竹园”，一整份涮肉的价格基本在 30 元左右。如无刺巴沙鱼 28 元 / 份，秘制滑牛肉 32 元 / 份，麻辣牛肉 33 元 / 份。一整份素菜的价格基本在 10 余元，半份素菜更是个位数价格。

“芳竹园”不仅菜品定价实惠，锅底也做到了最大让利。在近几年消费趋于谨慎的情况下，锅底的费用尤其令消费者在意。过去一年，“锅底太贵了”话题曾经两度登上热搜，引发不同圈层网友的广泛讨论。这直观地反映出当下消费者对锅底价格偏高的在意。消费者迫切希望锅底费用这一吃火锅跨不过的坎可以更低一些。

因为在许多火锅店，落座，点上一个锅底就需要花上 48 元、68 元，或者 88 元。一些高端定位的火锅店，锅底价格更高，从上百元乃至数百元不等。

“芳竹园”考虑到消费者的需求，从创立之初就将锅底价格进行了大幅调整，实行“0 元”免费送，大大降低了消费者的进店门槛。每间“芳竹园”门店的门头位置都清晰地写着“每年送出 1000000 份好锅底”这样一句话。“芳竹园”提供的免费锅底里有清油香辣锅、浓郁番茄锅、山珍菌菇锅、三鲜骨汤锅，顾客可以免费四选二。如果想要升级为牛油麻辣锅，也只需要额外支付 10 元。

第二，重视提供给顾客良好的价值感。“芳竹园”实施低客单价策略，以此成功吸引大量寻求高性价比就餐体验的顾客。然而，低价并不意味着低质，在保持亲民价格的同时，也要注重提供超出顾客期待的价值和服务。我们不妨从“芳竹园”的案例中来获取一些宝贵的经验。

1. 提供良好的就餐环境。即便是客单价较低，顾客也希望能够获得优质的就餐体验。“芳竹园”在低客单价的定位下，依然注重提供商场级别的就餐环境，给消费者带来宾至如归之感。

2. 保证菜品的质量和分量。以芳竹园为例，盛放巴沙鱼片用的盘子有黄鱼盘那样大，白花花的新鲜鱼肉结结实实地垒起来好几层。像这样超大分量的菜品，在“芳竹园”是司空见惯的。通过提供分量充足且品质上乘的菜品，确保顾客的满意度，能有效地帮助顾客建立对品牌的信任。

3. 重视产品创新。在保持低客单价的情况下，也要不断迭代和升级菜品，如“芳竹园”手工制作的黑虎虾滑就展示了品牌对食品质量的重视。这种创新不仅提升了顾客体验，也增强了品牌的市场竞争力。

4. 提供免费服务。除了免费的锅底外，还可以提供多种高价值感的免费产品，如凉菜、饮品、水果等，让顾客无限畅享，真正实现了顾客的超值体验。“芳竹园”贯彻了这种做法，把所有免费产品都摆放在显眼位置，方便顾客自助选取，一旦缺货，店员会迅速补足，确保服务的连续性和质量。

上述这些策略使得“芳竹园”在低价位市场中创造了竞争优势，并通过提供超出预期的服务和体验，成功地吸引了大量顾客，实现了品牌的快速增长。

由此可见，餐饮品牌通过提供高性价比的顾客体验、持续的产品创新和超值的免费服务，在竞争激烈的市场中，也可以获得成功。

低客单价盈利的关键，是优化供应链

低客单价，却还提供商场店的环境和服务，更有分量扎实、品质出众的菜品及一系列的免费畅享内容。那企业能否盈利，如何盈利呢？

这其中很重要的一个原因就是供应链优化。

1. 通过规模优势带动成本优势。门店数量的增加和采购量的上升，使“芳竹园”获得了更优惠的采购价格，这是规模经济带来的直接好处。

2. 构建服务型供应链。“芳竹园”一直强调供应链管理应以门店需求为核心，以确保供应链的高效运作和对门店需求的快速响应，这种供应链模式有助于提升整体服务水平和顾客满意度。

3. 与源头商合作。更低的成本意味着更高的收入，为了进一步降低成本，“芳竹园”选择与食材的源头供应商直接合作，省去了中间环节，有效控制了食材成本，同时保证了食材的质量和供应的稳定性。这样收入自然也就更高了。

4. 优化 SKU 管理。有效的 SKU 管理能够帮助品牌快速适应市场动态。“芳竹园”对其提供的食材种类进行了扩展，从 158 个 SKU 增加到 246 个，显示了其在供应链管理上的细致和专业性。

这些供应链管理的方法帮助“芳竹园”在保持食品品质的同时，实现了成本的有效控制，这对于品牌的长期发展和市场竞争力至关重要。“芳竹园”为餐饮从业者提供了一个如何通过供应链优化来提高效率和降低成本的实例，充分展示了供应链管理在现代餐饮业中的核心作用。

逐渐打通加盟模式，也是企业品牌建设的一环

良好的市场反馈让“芳竹园”在品牌建设上也给广大餐饮业经营者提供了有效的可供借鉴的思路。任何一个企业都希望能够实现市场最大化，而这需要企业做好市场拓展与品牌建设的工作。

从“芳竹园”的案例中，我们能看到，其扩大品牌建设的策略之一就是给加盟商提供有力的支持。

“芳竹园”现在如此火爆，号称“性价比之流”，其实很难想象，这是一个一开始并未打算做加盟的火锅品牌所取得的成绩。

创始人梁继坤透露：“当时，‘芳竹园’前 4 家门店开业后，每一家生意都非常火爆，有人甚至跑到门店找店长要我的电话号码，聊加盟……”

对于他来说，品牌当时是否能开放加盟、加盟商加盟之后能获得怎样的支持、生意是否有保证，都是一个未知数。

经过多次深入的交流，对彼此都有了一定了解后，“芳竹园”决定让加盟商

在创始人已经看好的 4 个点位中挑选一个后，自己则把另外 3 个点位包圆下来开店。在前后不到 9 天的时间里，这 4 家门店相继开业，且店店一炮而红。

从这次开始，“芳竹园”逐渐打通了加盟模式，形成了现在服务加盟的 9 大部门，从选址到开业，“芳竹园”提供一站式服务，为加盟商提供全面的支持，确保加盟商顺利启动和运营。同时，“芳竹园”提供专业培训和持续的技术与管理支持，以保持品牌标准和服务的一致性。在开店后，“芳竹园”还会向各加盟店提供全国范围的免费物流服务，以确保产品供应的及时性。而且，“芳竹园”还会不断推出产品创新，以满足不同市场和季节的需求。此外，“芳竹园”总部也会控制加盟店的数量，以确保加盟商的市场和盈利空间。

想要做好一家餐饮品牌，需要加盟品牌对加盟商有全方位的支持，这方面有两个指标可以作为参考：一是加盟门店的存活率，二是加盟二店率，而这两点，“芳竹园”都完成得不错，获得了双 100% 的好成绩。

对加盟商的有力扶持是品牌长足发展和扩大知名度的有效方式，提供良好的加盟服务对品牌的建立有着良好的促进作用。

顺应变化，重视下沉市场的开发

建设品牌，获取更好的收益，目光不能只是停留在大城市，还需要不断挖掘新的市场潜力。

近年来，下沉市场正逐渐成为消费增长的新引擎，这一点在多个行业的头部品牌中得到了明显体现。特别是在餐饮业，一些品牌通过深入挖掘这一市场潜力，取得了令人瞩目的业绩增长。

以春节假期为例，这一时段通常伴随着大量的人口流动，尤其是返乡潮，为县域市场带来了显著的消费提升。根据美团的数据，包括华莱士、蜜雪冰城、塔斯汀等在内的多个连锁品牌，在春节期间的外卖订单量同比增长了 39%，相关商户数也增加了 31%。

此外，一些知名的餐饮品牌，如海底捞和呷哺呷哺，也在二三线城市的门店中实现了显著的顾客增长。海底捞在河南驻马店、河北保定、山东济宁等地的门店，春节期间接待顾客数量增长超过 60%。呷哺呷哺同样在多个二三线城市实现了业绩的显著增长。

喜茶的案例则显示，其在下沉市场的莆田秀屿万达店等门店，春节假期的销量增幅超过 400%，这一数据进一步证实了下沉市场的消费活力。

这些案例表明，下沉市场不仅具有强大的消费潜力，而且对高性价比的连锁品牌有着迫切的需求。品牌通过重视并适应这一市场，能够获得显著的增长和成功。

和众多餐饮头部品牌一样，“芳竹园”也将下沉市场作为未来一年的发展方向，最南端的周口鹿邑店，以及最北端的佳木斯桦南店，即使在客单价仅 60 元的前提下，月营业额在高峰期均能做到近百万元。

这说明，在下沉市场中，高性价比的营销策略即使在客单价较低的情况下，通过有效的定位，也能实现高营业额。

“芳竹园”的案例让我们看到，通过精心打造高性价比的顾客体验、优化供应链管理、创新市场拓展策略，将对业务增长和品牌影响力产生强有力的推动作用，让企业在竞争激烈的市场中实现持续盈利和增长。

21.

布局校园咖啡市场，抓住下一个流量密码

一线城市的咖啡店市场已处于半饱和状态，为了谋求生存获得盈利，众多咖啡品牌在继续寻找前端加盟商的同时，也开始主动在下沉市场进行新的探索和尝试。

比如肯德基旗下的肯悦咖啡，2024 年就选择了特殊的开店渠道：2 月把店开至九华山景区；3 月宣布百店同庆；5 月初，江西庐山脚下又传来开店喜讯。

与此同时，肯悦咖啡也在全国超 200 所高校进行布局。2024 年 5 月伊始，位于苏州独墅湖高校区林泉大学城内，紧挨着肯德基门店的边上，一家全新的肯悦咖啡店开业了，这是肯悦咖啡的首家同学店，它的诞生释放出品牌开始瞄准大学生群体的信号。

此次肯悦咖啡入驻高校，让关注咖啡赛道的从业者们既感意外又觉合理——咖啡赛道再一次细分下垂，布局年轻人群的校园咖啡或将成为下一个流量密码。

毕竟，校园咖啡的优势很明显。一来，校园咖啡馆市场的需求在持续增加，但校园咖啡的市场并未饱和，还有无限可能。二来，作为校园咖啡馆主要消费群体，大学生有时间，有一定的闲钱，对品质生活也有追求。一旦他们认可了一家距离近、品质好的咖啡馆，就很容易成为忠实的消费者，为咖啡馆带来稳定的客源。

那么，如何布局校园咖啡店才更能抓住消费者的心呢？

选址与店内陈设

大学校园是知识分子聚集的地方。大学师生更多会把时间花在读书自习，或者进行文化交流与沟通上。如果咖啡厅的环境优雅，学习交流气氛浓郁，就会吸引此类消费者。

为此，把校园咖啡店建在学生来往密集的地方，比如图书馆和教学楼内或者附近，就是很好的选择。就像清华大学的校园咖啡店开在了清华大学国际研究生院，川大的校园咖啡店开在了经济学院四楼，上海理工大学的校园咖啡店则开在了图书馆一楼和管理学院一楼。

至于店内陈设，校园咖啡店精准定位大学生等年轻客群，店内陈设也要迎合这些人的需求。举个例子，清华大学的校园咖啡店内就有大量藏书，相当于做了咖啡馆和图书馆的结合，让消费者能够在咖啡的浓香中阅读书籍。又比如川大望江 ECOFFEE 店里还配套了研讨室，给消费者提供了文化交流的地方。这些对大学师生都很有吸引力，可以让他们在这里“一讨论就是一下午，一学习就是一整天”。

而且，一旦消费者习惯在咖啡店进行学习和讨论，他就会自动转化为咖啡店的忠实消费者，然后不断老带新，为咖啡店带来稳定的客流。

除此之外，店内软装也很重要。如果咖啡店内软装有意识地和热门 IP 结合起来，吸引消费者写笔记打卡，把咖啡店打造成网红打卡点，即使很难创造现象级打卡热潮，也可以为咖啡店带来更多的收益。

比如首家肯悦咖啡同学店内，不仅设置了拥有众多年轻粉丝的代言人白敬亭的人形立牌宣传，还与潮流品牌 GOODBAI 达成了深度合作，从门店装修到员工工装，再到限定款餐食包装和丰富的周边，用无处不在的联名元素捕获年轻人的心。因此，自 2024 年 5 月 1 日开业以来，进店人流不断，打卡笔记频出，无形中完成了粉丝向消费者的流量转换。

针对年轻消费群的产品策略

校园咖啡将目光对准年轻消费者，目标用户主要是大学生群体，这也需要咖啡店针对主要用户群制订产品策略。

策略一：低价策略

考虑到主要消费群体大学生的消费能力有限，咖啡店也需要采用低价策略，尽可能降低消费者的尝新门槛。

就像肯悦咖啡销量稳居前排的气泡美式系列，只要 9.9 元 / 杯。除此之外，肯悦咖啡还推出了 8.8 元月卡，每月只需交 8.8 元，就可以每天以 5 元、7 元、10 元不等的超低价，享受对应品类的咖啡。而每天被这些低价优惠吸引入店的顾客也非常多。

策略二：打造特色菜单

校园咖啡的受众是年轻人，他们往往喜欢新奇特别的东西，所以咖啡店如果有特色菜单，势必会引起打卡热潮。

比如肯悦咖啡就大力创新特色冰咖啡口味，使用专业机打气泡代替气泡水，让入口的气泡更足更强劲，并添加真实 NFC 果汁，酸甜果味让咖啡冰爽不苦。价格实惠，口味又符合年轻人的喜好，每一杯新品咖啡就都有成为网红爆款的潜力。据市场反馈，无论是红心苹果气泡美式还是爆汁三柠气泡美式，都在小红书上引发了万人讨论，成为年轻人的咖啡打卡热门。

除此之外，还可以采用“混搭咖啡”的模式，比如用冰激凌、坚果、水果搭配咖啡，调出独特可口的味道，并且做出好看的造型，这样也可以吸引很多消费者。

策略三：“咖啡 + 热食”套餐

肯悦咖啡推出的“蛋挞之神”套餐成了又一个网红力作：其中的热食，焦糖厚蛋挞的每一层挞皮都散发着黄油的香浓酥脆，上市首日即在单店爆卖 500 只，

"咖啡 + 热食"套餐不仅可以丰富菜单，还可以让咖啡店实现从提供饮品到提供主食的转变，进而更多地占据消费者的生活场景。

堪称"一挞难求"。此外，在现制轻主食中加入经典美式热狗，肉感十足又快捷果腹，也深受消费者的欢迎。

策略四：咖啡周边产品及联名产品

咖啡周边产品可以是印有店铺 logo 的咖啡周边主题小物件，比如咖啡杯、咖啡杯套、咖啡皂、咖啡渣等。这些咖啡周边产品可以根据店铺需要，或售卖，或配合套餐赠送，也可以作为到店赠品送给顾客。

比如肯悦咖啡在长春的一家分店就把咖啡渣作为赠品，提供给到店顾客，还附上小贴士，告知顾客咖啡渣的多种用途，比如可以当绿植肥料、做 DIY 除湿包、制作咖啡皂，以及用于去角质等。很多顾客领取之后，还主动发笔记、小视频到社交平台分享，也间接为咖啡店做了一波宣传。

除了咖啡周边产品，咖啡品牌也可以和大 IP 合作推出联名产品，配合套餐或者直接售卖，吸引 IP 粉丝进店消费，然后再用优质的咖啡产品把这些 IP 粉丝转化为自家忠实消费者。

实践证明，不止大 IP，和学校联名的文创产品也很受消费者青睐。比如上海理工大学北校区的咖啡店，就把文创和咖啡巧妙地融合在一起。他们直接和学校师生合作，邀请他们设计笔记本、帽子、徽章等产品，进一步加深了校园师生对咖啡店的认同。

随着认同感的加深，消费者会越来越习惯于咖啡以各种形式融入自己的校园生活，也会逐渐形成消费咖啡的习惯。咖啡店的收入自然也会随之提升。

需要强调的是，对于咖啡品牌的经营者来说，占据校园咖啡市场只是第一步，更重要的是要做到尽可能多地占据消费者的工作、休闲、学习、旅游等场景，真正让咖啡渗透到日常生活，根植于消费者的心中。这也是咖啡品类能够基业长青的根本所在。

22.

下沉市场争夺战，如何打赢这场硬仗

当前，餐饮行业的下沉市场争夺火热。火锅、茶饮、咖啡等各品类餐企纷纷推出副牌，打磨适用于下沉市场的门店模型。这一方面是各餐饮企业扩张规模的需求；另一方面，也归功于三四线城市正焕发出前所未有的消费活力，年轻人渴望更多餐饮品牌能够“下沉”，从而为他们带来更高品质的餐饮体验。

然而，品牌下沉过程中无可避免地要面对两个直接的竞争对手，一是当地的餐饮品牌；二是同样下沉的其他餐饮品牌。

因此，虽然下沉市场正在成为餐饮新蓝海，但想要在这个领域站稳脚跟，餐饮企业还需要拼硬实力。

比如，针对下沉市场，烤鱼头部品牌江边城外特意推出更具性价比的新品牌——江美鲜。

在江美鲜的主战场二三线城市，江边城外从产品力的释放到供应链的省钱省力，再到日常运营的答疑解惑，都给江美鲜提供了全程护航。

正是依托一线城市实战多年的餐饮品牌带来的产品、运营等多方优势，江美鲜不仅对当地餐饮品牌展开了降维打击，也对同样选择下沉的其他餐饮品牌产生了冲击。

由此可见，餐饮企业想要成功激活下沉市场，关键不在于加盟费的多少，重点应看品牌的硬实力，即产品的稳定与创新、物流的流畅度及运营经验的沉淀等，这些要素缺一不可。

引爆下沉市场，开在上海日月光广场的 37 平方米小店，营业额能冲到 35 万，开业即爆。

产品选择上要适合当地特色

下沉产品的选择要精准释放产品力，既有主打产品，也要找到适合当地的特色产品。

江边城外创始人孟洪波反复提到一个观点，顾客最终的选择，一定是用他的嘴来说话，特别是下沉市场，特别是加盟类的餐厅。

换句话说，对于下沉市场加盟类餐厅来说，产品是最终的竞争力，而餐饮企业产品好不好，完全由顾客的口碑来决定。

因此，江边城外在打造下沉品牌时，毫无意外地选择了其优势品类——烤鱼。

专注烤鱼 20 年的江边城外有直营门店 200 家，每年接待食客 7000 多万人次，积累出的丰富研发经验将给江美鲜提供极大的支持，无论是产品品质还是持续上新的能力，都让江美鲜烤鱼的口感越来越接近堂食现炒的水平，高效与烟火气同在，深受消费者欢迎。

因此，江美鲜的菜单也不是固定的，而是给加盟商每年提供 6 ~ 8 款主口味烤鱼，以及 4 ~ 6 款备选口味，由熟悉当地市场的加盟商进行筛选，从而找到更契合当地消费者口味的产品，并适当地放开一定的区域产品、品种、数量等。

下沉市场餐饮产品更要坚持“一城一色一味”，而不是千篇一律。

像常州环球港店，开业后不久，酱香味烤鱼就冲上了烤鱼排行榜第一名。口味经典，品质在线，口碑自然不会差，月营业额稳定在 80 万 ~ 100 万元之间。

总之，想要让投放下沉市场的产品具备竞争力，餐饮品牌需要不断进行研发积淀，同时也需要加盟伙伴精准洞察当地客群的实际口味，才能不断释放出产品的生命力。

经营上打造快、好、省的供应链

想要让下沉市场的加盟商无后顾之忧，品牌方除了打造产品优势外，还要在为加盟商打造快、好、省的供应链上给予支撑。

江边城外就在江美鲜的供应链上发挥了巨大作用，通过在采购价格、物流体系、风险管理等方面给予全方位支撑，让江美鲜在下沉市场的经营上更加省钱、省力、省心。

首先是更低的采购价格。经过 20 年的发展，江边城外和众多供应商建立了长期稳定的合作关系，确保货源稳定，质量更高。集中、批量的采购方式，往往也意味着更高的议价权和更低的采购成本，这是很多餐饮小店无法匹敌的优势。更低的采购价格，不仅让店开得起，也让江美鲜的盈利空间更大。

其次是物流体系的完整。下沉市场面临的物流困境，主要在于物流体系的不完善以及过低的起订量导致无法配送。而江美鲜共享的江边城外先进的物流管理系统和广泛的配送网络，能及时、准确地将产品送到加盟商手中，同时还能降低运输过程中的损耗。

最后是风险管理能力。健全的风险管理机制，能够应对供应链中可能出现的各种风险，如产品质量问题等。这种风险管理能力像强大的后盾一样，降低了经营风险，让江美鲜的加盟商可以毫无后顾之忧地经营。

品牌方要对加盟商进行运营经验培训

餐饮品牌方凭借自身丰富的运营经验，应该给予加盟商培训等支持，同时也要给予加盟商根据自身实际情况灵活选择运营策略的空间。

江边城外相关负责人表示，在和加盟商同心协力开店的过程中，其 20 年的运营经验都将倾囊相授。无论在开拓新城、新店，还是在门店全周期的运营中，经历过多个餐饮周期的江边城外，拥有足够的实战经验为加盟伙伴排忧解难。

当然，培训过程中，他们并不会使用一堆普通人听不懂的专业术语，而是采用通俗易懂的语言。江美鲜坚持简洁、“说人话”的培训原则，即用大家都能听得懂的话来解释，同时将复杂的操作流程在产品研发阶段进行简化。比如，通过简化培训，后厨只需操作 1 个小时就可以学会。培训上手快，开店就快，这样也能轻松应对下沉市场招工难、员工流动性大的难题。

另外，在下沉市场的运营探索上，已经在二三线城市开出的 15 家门店中，江边城外也不局限于用固定模式进行培训，而是针对当地市场的实际情况，开启更加灵活的运营策略。

持续盈利才是打胜仗的关键

随着中国餐饮连锁率的提升，餐饮的精细化程度也在不断提升，品类细分，价格带细分，加盟赛道也是如此。有人选择小店快跑，高速拓展规模，也有人走区域加盟的路径，稳扎稳打。

一位做火锅大店的品牌负责人曾提到，当前的加盟市场，并不仅限于开小店的创业者，还有更大体量的加盟需求。与单店加盟商相比，这些大体量加盟者更谨慎，资源更集中，运营时所投入的精力与资源也会更多，这些都大大提升了品牌在区域内的存活率。

我们认为，与快速拓规模、释放大优惠吸引创业者入局相比，走稳扎稳打路线，让入局者持续盈利才是打赢下沉市场这场硬仗的关键点所在。

因为，站在加盟商的角度，看重的不应该只是加盟费，而更应该是品牌价值背书、开店成本和回本周期。

当下很多餐饮加盟通过零加盟费、大额补贴等来吸引创业者入局，而江美鲜却一反常态，开出 100 万元的加盟费，这是因为江美鲜这百万加盟费具有很高的含金量。

一是给加盟商提供服务，提供品牌背后的价值。

就像前文提到的产品力的释放、供应链的省钱省力、日常运营的答疑解惑，都是品牌方给加盟商提供的服务。从这一角度来看，100 万元所释放的信息，更像是品牌方对长期主义的坚持，初心如此，坦率真诚。这 100 万元本质其实也不是加盟费，而更像是一张门票，证明加盟方能有足够的资金与资源，让门店长久地运营下去。而且，最为关键的是，只要加盟商一年开够约定的门店数，当初这100万元的所谓加盟费就会无条件退还。

二是给加盟商提供更快的回本周期。除了100万元的加盟费之外，江美鲜着力要做的是降低开店成本，加快回本周期。门店开起来并能够良性地运转、更快地盈利，这或许是加盟费外更为本质的东西。

比如，开在上海日月光中心的门店，35平方米，建店的总投资额在29.9万元，月营收稳定在30万元以上，回本周期在9个月。回归到二三线城市，在房租、人力成本更低的情况下，回本周期也将进一步缩短。

在"降本"这个命题上，江美鲜还做了更多的功课。

在开店时，江美鲜只提供装修方案，加盟商可以在当地选择更适合的合作伙伴进行装修。在设备采购上，江美鲜还建立了完善的二手设备采购标准和验收标准，能更进一步地降低开店成本。

店开起来后，更多的成本压力就来自食材与人力。在食材成本上，有江边城外的采购量作基础，江美鲜能拿到更低的采购价格，在与日常采购平台的谈判中也更有优势。

在人力成本上，江美鲜采用通岗的培训方式，1个小时内就能学会后厨的操作，不需要专业厨师这样的特别人才，人力成本大幅度下降，也轻松应对了小城市劳动力不足且流动性大的难题。

总之，在信息更加透明的当下，营销出的"炸裂数据"和空造出来的新模式已然失效。能够让加盟商安心的是品牌方所提供的价值有望支持门店盈利与品牌长存。

换句话说，下沉市场加盟商的成功需要依托品牌自身的支撑，品牌方和加盟商的关系，也不应该只是单纯的管理与被管理的关系，而应该是服务关系、合作关系。

蓝海显现，餐饮品牌正极力争夺的下沉市场易攻难守。如何立足当下，着眼未来，实现持续盈利，或许才是这场硬仗的关键点所在，而非短暂的爆发。

23.

烘焙赛道，高标准化带来高平效

2024 年 4 月中旬，江苏扬州万象汇负一楼，芝士烘焙品牌 KUMO KUMO 以一抹靓丽的“爱马仕橙”色调，吸引了不少逛街人群。

烘焙师在厨房内，动作娴熟地一边摇着精致的金色手摇铃，一边在蛋糕上用烙铁烙上“扬州”这一首店的特色花纹……仪式感满满，每一炉仅 24 个芝士蛋糕，很快便被围观者抢购一空。

这家仅 30 平方米的小店，在开业前 3 天，营业额就突破了 10 万元；开业 20 天时，营业额超过了 60 万元；开业不到一个月，甚至成为地标性的消费热门品牌。在下沉市场，KUMO KUMO 凭借芝士蛋糕硬实力成功开局。

事实上，扬州这家店只是 KUMO KUMO 打磨 3 年、开放事业合作后的落地门店之一。如今，KUMO KUMO 的门店已经遍布鞍山、泰州、菏泽等下沉市场，并创造了“非一线城市亦能跑出百万店”的惊人成绩。过年期间，在三四线城市中，20 多平方米的小店一天做到了超 8 万元的营业额，相当于开张 2 小时就卖出了一个月房租。

2024 年，KUMO KUMO 更是计划在全国开出 500 家门店，这样的扩张计划背后，并非盲目开拓新的区域市场，而是在现有区域不断强化运营能力和供应链能力的基础上逐步加密门店布局，持续带给消费者更标准、更有性价比的优质芝士产品。

空气里芝士香、蛋奶香弥漫，刚出炉的芝士蛋糕如云朵一般绵密，Q 弹的形态很有视觉冲击感。

总体来说，KUMO KUMO 穿越大单品模式周期，并在全国不同的区域开花，成功打造为全国连锁品牌，其根本秘诀在于通过小面积店铺、高标准化运营及高复购率，带来高平效和高业绩。

广义的产品应是整个消费体验场景

以往，狭义的产品是指商家提供的商品。而如今，面对激烈的竞争，想要打造真正赢得消费者喜爱的产品，就不能仅仅把顾客买走的商品当作产品，而要把购买的全流程，即门店的产品、服务的细节都包含在内。

所以，餐饮商家要把一整套购物体验当作一个完整的产品来打造，这包括口味、价格、消费体验等方面。

KUMO KUMO 跟消费者对话的焦点，就在于产品价值而非价格。KUMO KUMO 认为，性价比并不等于低价，而在于消费者支付的金额能否获得对应的满意的体验。

为此，KUMO KUMO 主要在消费场景打造和产品研发上下功夫。

在消费场景打造上，满足消费者更全面、更多维的需求。早先，KUMO KUMO 门店里芝士蛋糕的消费场景主要集中在下午茶及作为轻社交的伴手礼，而目前的 2.0 店型，除了提供给消费者更刚需的产品外，还覆盖了更广阔的消费场景，如早餐、代餐等。

此外，KUMO KUMO 还在产品研发上下功夫。共研发了超过 2000 款产品，最终经过内外部层层试品会的严格筛选，上线了 72 款产品，包括半熟芝士、芝士小脆、芝士布雪、芝士甜品等一系列新品。

无论是“爱马仕橙”、手摇铃，还是“duangduang”的视觉冲击，又或者是“满印花”的隐藏款蛋糕，都是 KUMO KUMO 释放产品价值的方式。

实现标准化建设，是未来走可复制化道路的基础

我们认为，未来能够被机器取代的流程一定要实现机器化，即上游工业化、中游标准化、下游自动化，这也是实现未来可复制化的基础。

具体来讲，当我们想要打造一个全国连锁的品牌时，需要深入思考如何通过供应链、数字化中台建设及设备自动化和标准化建设，来减少人为因素介入的影

响，同时也能更好地了解用户需求。

尽管这个搭建过程不仅投入大，而且回报慢，但想要实现可复制化及长远发展，这是必不可少的过程。

这几年，KUMO KUMO 就在供应链、数字化中台建设及设备自动化和标准化建设方面投入巨大，也取得了显著成效。

从 2021 年开始，KUMO KUMO 陆续引入了客户关系管理（CRM）系统、商业智能（BI）中台及巡店、督导系统，实现了对门店的统一管理，对门店原料消耗情况的监控，以及对门店利润的情况分析等。比如，系统能够每天抓取消费者评价的关键词，让总部第一时间了解顾客对消费体验的真实感知，从而更高效地触达消费者，甚至第一时间通过财务区间维度，分析出区域中不同门店的能力占比。总而言之，总部可以通过成熟的智能化中台，分析每一家门店的利润情况，为门店提供决策支持。

而在设备与标准化方面，KUMO KUMO 也探索出一套自己的打法。比如，中央工厂把芝士黄油做成预拌浆，门店只需要完成最后一步手作过程，即可在保留现场感的基础上，大大提高效率。这一改变把环节从前端移向后端，使门店的操作步骤从原先的 60 多个减少到 10 多个甚至更少。

同时，KUMO KUMO 增加智能化设备，如智能烤箱、智能搅拌机、智能打蛋机等，大幅提升了人效和标准化程度，减少了人员招聘和培训的成本。

既要扩大规模，也要降低边际成本

标准化建设为品牌的复制扩张提供了基础，下一步，若品牌想要规模扩张成连锁模式，实现高平效并确保最大化盈利，就需要一边扩大规模，一边降低边际成本。

KUMO KUMO 在这方面的实践分为两个阶段，第一阶段是在全国一二线城市开出首店，打出品牌势能。

KUMO KUMO 创始人姜浩文认为，产品的迭代升级、供应链及运营的高效和标准化，以及渠道扩张带来的边际成本优化，都比单纯卖 logo、开放加盟更有意义。所以，在过去 3 年里，KUMO KUMO 并不是一个“用加盟快跑”的品牌，而是把重点放在了内核迭代上。

事实证明，KUMO KUMO 这一阶段早已用惊人的业绩“收官”——全国门店数超过 100 家，布局了 18 个省份、40 多个城市 A 类商场，新开店成功率高达 98%。多城首店月营业额超过 100 万元；其中上海美罗城店连续 14 个月单店营业额正增长，19 平方米门店月营业额稳定在 140 万元以上；深圳罗湖口岸店单月营业额突破 180 万元。

和传统烘焙店动辄七八十个 SKU 相比，KUMO KUMO 的大单品模式，原本在效率方面就更有优势。如今，围绕芝士进行研发和生产，由于芝士的采购量远高于体量相近的传统烘焙店，因此能获得更强的议价权；在员工培训板块，也可以节省许多成本。根据统计，2024 年 3 月份，KUMO KUMO 全国门店的平均人工成本约为 11.5%。

而随着供应链的升级和稳固，以及数字化中台建设的日渐成熟，运营成本进一步降低，KUMO KUMO 已拥有复制成功模型的能力。

进入第二阶段，KUMO KUMO 以第一阶段的布点为中心辐射周边，测试更下沉市场的店型。

姜浩文坦言，“对于一直坚持练内功的我们来说，早放开加盟，是对消费者、合伙人不负责任的事情。在我们自己没有做到最好的时候，我坚持不开放加盟。而今天，开放事业合伙，是因为我们清晰地知道，这个项目可以赋能合伙人。今天，能开多门店的基石已经打稳”。

为此，KUMO KUMO 特意将上海的总部拆分，成立上海子公司——和全国 9 个区域建立的子公司一样，拥有独立的运营班子和人力班子，赋能当地区域的合伙门店。虽然在上海的组织力非常扎实，毕竟 KUMO KUMO 诞生于此、成熟于此，但为了实现全国开花，实现直营运营经验 1 ∶ 1 复制，以及直营积累的资源完全共享，首先做的就是组织变革。

2023 年下半年，KUMO KUMO 品牌进行了小规模的合伙门店测试，开放了约 50 家门店，整体筹备和经营状况符合预期，实现了直营运营经验 1 ∶ 1 复制，并在全国多地打造出了“爆店”——宁波天一广场营业额月均突破 100 万元，

3 个月左右回本；山东菏泽佳和城店，开业即火爆，当月营业额突破 85 万元；哈尔滨学府凯德店，首月业绩破百万元。

随着合伙业务的进一步启动，规模和渠道的扩张指日可待，这将进一步降低食材成本，同时，势能的扩大也能带来租金成本优势。如同滚雪球一样，一面扩大规模，一面降低边际成本，这也为 KUMO KUMO 在下沉市场复制“平效神话”多了几分保障。

烘焙赛道仍有很大发展空间

姜浩文坦言，烘焙的今天很像 2017 年、2018 年的新茶饮市场，二者都要完成市场迭代和出清，而穿越网红周期，最终实现品牌的平稳发展，还有很长一段路要走。

一方面，烘焙市场发展空间还很大，市场机会还值得深挖。

过去几年，烘焙市场的增长非常惊人。《2023—2028 年中国烘焙食品行业发展分析与投资预测报告》显示，我国正处于烘焙消费的升级阶段，人均消费水平呈上升趋势，预计 2025 年市场规模将达到 3518 亿元，行业年复合增长率达 45%。

此外，2019 年时，国内茶饮百亿元级别的品牌已经有不少，但是这 5 年来烘焙市场并没有诞生全国连锁的领军者，这些都从侧面暴露了烘焙赛道的品类痛点和集体短板，同时也说明发展空间还很大，市场机会还值得深挖。

另一方面，从需求端来看，消费频次逐渐变高，消费场景越发丰富。

烘焙食品零食化和正餐化趋势明显，已不再局限于单一的场景。《2023 年烘焙行业发展趋势报告》显示，已有 67.1% 的消费者将烘焙当作零食食用；93.2% 的消费者每周至少购买一次烘焙食品；其中每周购买 1 ~ 3 次和 4 ~ 6 次的消费者占比均为 43.3%。

特别是芝士类产品，目前我国的生产和消费水平很低，年人均消费量只有 0.2 千克，同为亚洲国家的韩国和日本，分别是 2.32 千克和 2.91 千克，较欧美国家则差距更大。但随着国民生活水平的持续改善和消费水平的不断提高，芝士被更多人认知，消费量逐年增长。安华证券研究显示，2013—2021 年，我国芝士市场复合增速约 18%，成为乳制品行业增速最快的品类。

因此，无论是市场发展空间大，抑或是潜在消费群体数量庞大，都是烘焙赛道发展的利好因素。

而 KUMO KUMO 的连锁成功经验也告诉我们，不管时代如何变化，烘焙的底层逻辑始终没有变化，好吃不贵、好玩好买，能与顾客产生互动的产品，才能促使顾客主动为产品宣传。未来烘焙赛道品牌想要实现从大单品到连锁模式的转型，需要从三个方面着手。

首先，聚焦产品和消费场景打造，未来的门店不仅是一个制作和售卖空间，更是“产品交付中心、客户体验中心”。

其次，在供应链及数字化建设方面实现标准化，为下一步可复制扩张奠定基础。

最后，实现高平效，一面需要扩大规模，另一方面需要降低边际成本，这样才能为在下沉市场复制“平效神话”提供一份长久的保障。

24.

海外品牌回归，如何打动年轻人

2017 年，趁着新加坡珍珠奶茶的热潮，湖南的“丹花姐妹”带领 4 位志趣相投的小伙伴进军海外市场，从此，奶茶品牌“啊 T”（ARTEASG）在新加坡诞生。

ARTEASG，取“ART”及“TEA”结合的双重含义，加之“SG”的简称，即指诞生于新加坡的“艺术之茶”是致力于以匠心做茶饮，打造高品质、高颜值的茶饮体验品牌。

开业首日，“啊 T”即在新加坡市场快速走红，凭借国内成熟的茶饮体系与好口感、高颜值的搭配，俘获了众多顾客的欢心，并迅速占领新加坡奶茶市场，成为不少人首选的打卡热门。

“啊 T”在新加坡市场获得成功之后，并没有像很多奶茶品牌那样选择在国外继续扩张，“啊 T”的最大心愿是把地道味道带回湖南长沙大本营。

2019 年，这一心愿终于得以实现。“啊 T”回归湖南长沙，开出了国内首家“啊 T”形象店，这家店以象征纯净、真相、直觉的克莱因蓝为主打色，并融入花艺元素，以艺术时尚空间制茶展示于众。

其实，当时的国内新茶饮市场环境并不友好，已经出现“内卷”现象，甚至在鲜果茶赛道中各价位都挤满了各种品牌。在这种情况下，既懂国内市场，又有国际范儿的“啊 T”突出重围，成为当之无愧的区域黑马品牌。

之后，“啊 T”在长沙国金中心开出的品牌旗舰店，首日营业额突破 3 万元；在广东开出的标准店，高峰期月营业额达到 60 多万元。如今其在全球范围内的门店数量已经突破 800 家，打磨极致的单店模型几乎让“啊 T”的每家店都实现了纪录式成长。

近年来，“啊 T”品牌能够在国内快速扩张，主要得益于其全新的奶茶营销模式，具体表现在品牌 VI 设计、视觉呈现及产品上的优化创新升级。

全新的品牌 VI 设计，重塑 IP 形象

在任何品牌中 VI 设计都非常重要，视觉元素不仅能够传递品牌理念和价值观，更是品牌与消费者之间的沟通桥梁。

为了迎合年轻消费群体，让消费者对品牌产生更清晰的印象，“啊 T”深层刻画品牌印记，以“视觉锤”击中年轻人的心。

首先，“啊 T”把刻画品牌印记的重点放在餐饮品牌的主题色上。对于当下的年轻消费者来说，从“多巴胺”“美拉德”到“格雷灰”“薄荷曼波”……色彩游戏既是潮流的象征，也是年轻人表达自我的出口。

“啊 T”的品牌形象为了朝着更年轻、更时尚的方向升级，将品牌招牌的克莱因蓝正式改进为“啊 blue”色，看起来更清爽，透明度更高，搭配白色更能显示出品牌年轻、活力满满的基调，全面升级 3.0 版本也在奶茶界掀起一阵蓝色狂潮。

其次，在门店装饰、包装设计上融入更多匠心，迎合年轻消费群体的审美。“啊 T”进一步针对品牌的新产品包装进行了升级，融入更多东方元素，让门店形象变得更时尚，更具辨识度。此外，“啊 T”还成功打造出了“星星”“啊 T 艺术家”等品牌形象，并与其他知名品牌如 PUMA、农夫山泉等联名，激发年轻人的打卡欲。

正是通过全新的品牌 VI 设计，打造品牌文化，塑造 IP 形象，有效地提升了品牌辨识度，增强了消费者信任感，使“啊 T”在中国茶饮市场中脱颖而出。

以经典产品为锚点，进行全新的视觉营销

自2017年首创牛油果甘露以来，牛油果系列一直是“啊T”的代表性产品之一。

从2023年开始，新茶饮玩家们纷纷推出牛油果相关产品，这几乎成了奶茶店的标配。海关统计数据显示，截至2023年10月，我国鲜或干的牛油果进口量达到5.9万吨，远远超出2018年的进口总量。

而作为被全球企业增长咨询公司弗若斯特沙利文权威认证过的“牛油果甘露首创者”，在不少品牌忠粉心里，热销破亿杯的爆款单品，“啊T”牛油果甘露，是其他牛油果饮品无法超越的存在。

为了充分发挥这一优势，“啊T”的做法是以牛油果为锚点，对这一经典产品进行创新营销，通过“造节”与消费者进行持续互动，强化品牌认知。

2024年，“啊T”在抖音上开启了一场持续一个月的“牛油果狂欢节”直播，引发全网牛油果粉丝的狂欢。

一款“地球”形象的牛油果新品诞生：在一个圆形瓶内，用牛油果和奶昔模拟出了一颗生机盎然的“星球”。

别致吸睛的产品造型与包装也让社交平台上掀起了一股“啊 T 二创”风潮，还衍生出一些周边产品。比如，不少网友把新品的牛油果星球、杨梅星星瓶包装，做成了小夜灯。

同时，这也引发了不少网友开启了自助营销模式：“‘啊 T’你不宣传这牛油果地球杯，你糊涂啊！”“牛油果星球杯也太可爱了吧！我单方面宣布，‘啊 T’就是最懂春天的！”“‘啊 T’就是牛油果之光！牛油果系列的每款单品都不踩雷，完全可以无脑冲。”

这场牛油果狂欢节，直播间累计观看人数突破 165 万，曝光次数达到 2802 万，整场直播 GMV（商品交易总额）突破 1000 万元，首日即霸榜抖音全国团购美食直播间，起到了非常好的营销效果。

总之，“啊 T”推陈出新，利用“牛油果狂欢节”刷新了消费者对牛油果系列的印象，深层次地激发了消费者的购买欲，更提升了品牌认知度。

使用有机奶做奶基底，对产品进行健康升级

除了对品牌 VI 设计、视觉呈现进行创新升级之外，“啊 T”的创新之处还体现在对产品的升级上，具体表现在对于绿色健康理念的凸显及对单品的创新上。

一方面，“啊 T”一直坚持绿色健康理念，并持续对产品进行优化。如今，“啊 T”选择使用有机奶做奶基底来提升奶茶品质，实现 0 植脂末、0 奶精、0 反式脂肪酸，这也成为其核心卖点。

不仅在现有热销的奶茶中将奶基底替换为有机奶，“啊 T”还相继推出了黑糖珍珠有机奶系列（锡兰红茶、东方茉莉、鸭屎香、大红袍茶底）、轻云系列（轻云锡兰红茶、轻云东方茉莉、轻云白桃乌龙、轻云东方大红袍、轻云东方碧螺春）等主打健康卖点的产品。

作为有机奶使用的先行者，升级奶基底后，“啊 T”的开创式思路也引起了行业健康奶基底狂潮。

“啊 T”还注重单品的创新，首创了饼干茶、牛油果甘露等。产品一经推出便风靡市场引发众多明星带头打卡。

从 2019 年归国至今，“啊 T”品牌在国内的发展历程已经进入第 5 个年头。

新茶饮赛道的竞争格局已经逐步趋于稳定，头部品牌抢占绝大部分市场，地位稳固，而区域黑马品牌们则各出奇招，“内卷”现象愈发明显，如何实现新的突围，挑战仍然不简单。

但“啊 T”以不变应万变，始终坚持以人为本，坚守产品品质的同时深挖消费需求的时刻变化，认真打磨每一处细节，在对品牌 VI 设计、视觉呈现及产品打造上不断创新升级，终获成功。而这三方面的创新不仅适用于茶饮品类，对于各餐饮、各品类来说也是能够让品牌和产品不断开拓市场、赢得越来越多年轻消费群体青睐的关键。

25.

小酒馆运营，用茶饮的思路做酒饮

众所周知，酒饮行业的利润率历来诱人，因此众多连锁餐饮头部品牌也被吸引着涌入看似门槛较低的小酒馆赛道。比如火锅巨头海底捞曾经开出“嗨捞小酒馆”，面馆品牌和府捞面也推出了小酒馆的子品牌“小面小酒”，此外，中式快餐巨头老乡鸡和水饺巨头喜家德也曾尝试开设属于自己的小酒馆。

就连啤酒大厂也盯上了小酒馆生意。燕京啤酒在北京推出了“燕京九号精酿小酒馆”；青岛啤酒布局过名为“青岛 1903”的小酒馆；华润雪花也打造了名为“JOY BREW”的线下小酒馆。

但遗憾的是，这些小酒馆往往不是生意冷清就是直接倒闭了。

甚至连曾经被誉为“小酒馆赛道第一股”的海伦司也开始举步维艰。近年来，该品牌营收从刚上市时的 18.3 亿元降到 15.6 亿元，再到 12.1 亿元，一降再降，净利也从亏损 1.8 亿元到亏损 16.1 亿元。最后，还是付出了关闭 288 家店的代价，把重心转移到更为下沉的市场，并在门店模型、人力、房租上不断做调整，才扭亏为盈，勉强把净利做到了 1.8 亿元。

为何酒饮利润高，小酒馆却难以盈利呢？

究其原因，存在三个难点。

第一，产品属性非刚需，处于更加谨慎的消费环境中时，小酒馆容易被替代。

吃饭是消费者的刚需，但喝酒不是。即使有将喝酒作为刚需的人，这个群体显然也相对少很多。

加上当下许多人开始主动考虑消费降级，寻找原有生活方式的替代方案，作为非刚需的饮酒行为及小酒馆，就很容易被替代。

第二，小酒馆的定价略显尴尬，很难让消费者为之买单。

以一线城市小酒馆为例，虽然很多小酒馆也顺应餐饮趋势上新了多人优惠套餐，但客单价还是维持在 100 元左右。

比如之前海底捞旗下小酒馆的客单价就是 99.1 元。这样的定价其实很尴尬。谈不上高端，吸引不了高端消费者。而对于中低端消费者来说，他们追求极致性价比，即使消费得起，也不太愿意为这样的非刚需买单。

第三，有竞争力的可替代方案丰富，消费者容易被分流。

关于线上酒类消费趋势的报告显示，除了传统的社交消费场景外，居家自饮与日常配餐饮用等场景需求也十分明显。特别是 18 ~ 35 岁年轻人在这两个场景的需求上更高，选择比例分别达到 60.2% 和 45.2%。也就是说，消费者喝酒，其实不一定要去传统酒馆喝。

这也导致了近年来诸多有竞争力的小酒馆替代方案的兴起，比如线上小酒馆和 bistro 等。

线上小酒馆省掉地租成本，经营压力更小，通过极致性价比定位，满足了消费者居家饮酒的消费需求，吸引了很多顾客。而 bistro 虽然在客单价上不占优势，但因为能做好菜品、酒饮、环境的融合，所以走质价比路线，在贴近大众餐酒结合的用餐需求的同时，又能很好地体现出品牌特色，形成差异化优势，也吸引了大批消费者，进而导致消费者被进一步分流。

要想在竞争激烈的小酒馆赛道中走出一条属于自己的路，吸引更多顾客，就需要更丰富的业态支持,或者具备更具鲜明特色的记忆点。像用茶饮思路做酒饮，就是一个好选择。

茶颜悦色旗下最新副牌“昼夜诗酒茶 · 艺文小酒馆”走的就是这个路线。位于长沙五一广场商圈的 5 间“昼夜诗酒茶 · 艺文小酒馆”还没正式营业，有关新品牌开业的消息、门店的各种照片、饮品、周边的打卡攻略等，已在网络上铺天盖地般传播开来。甚至有人已经预言，这将是长沙下一个网红打卡地。小酒馆可期的未来，从此处就可见一斑。

从选择门店、装修布局到打造产品、设计菜单、确定点单流程，“昼夜诗酒茶 · 艺文小酒馆”都借鉴了打造奶茶店的方式，消费者的接受度也很高。

那餐饮人该从何处着手，用茶饮思路经营小酒馆呢？下面我们以茶颜悦色小酒馆为例来说明。

门店模型与装修布局

首先是门店面积不要太大，和一般的奶茶店大小类似即可。这在小酒馆赛道中属于小店模型，既可以有效控制成本，又更利于打造酒饮特色。

整体的门店装修造景也需选择更利于成本管控的轻装修模式，比如可添加一些水泥风、露营风的元素。布置的时候，还可以借助艺术字体的文字灯、霓虹灯、彩绘小黑板、明信片等来共同完成对文艺的、有调性的氛围感的塑造。这样的风格很符合年轻人的审美，也更可能吸引他们前来打卡消费。

值得一提的是，如果品牌打算一次性布局多家小酒馆，或者本身已经拥有和小酒馆风格类似的其他门店，那么在门店布局时，可以考虑采用密集开店，将多个品牌组合在一起开店的方式。

就像茶颜悦色旗下的小酒馆，首批 5 间门店均开设在长沙五一广场商圈，并和茶颜悦色已有的品牌门店相邻，以“组合拳”的形式共同呈现。

产品打造

既然是以茶饮思路做酒饮，那么产品就需要遵循奶茶制作的特色，重茶味、奶味，还要保证造型好看。

以茶饮思路做酒饮，除了重茶味、奶味，还要保证造型好看。

比如“昼夜诗酒茶 · 艺文小酒馆”主要选用红茶、绿茶、乌龙茶和黄茶四大茶类作为基底，串联起中国传统酒、西式基酒及丰富的奶基底，用茶颜悦色做茶的理念链接酒的领域，打造出特色茶酒，实现了差异化竞争，做成了新式酒与茶。用户反馈也很好。

至于造型方面，在这个“手机先吃”的时代，有意识打造造型独特、美观的产品，利于吸引更多消费者拍照打卡，进而助力产品及小酒馆的推广。

需要注意的是，在正式推出新产品前可以采用免费试喝或者满赠等方式提供给用户品尝，然后尽可能多地收集用户反馈，等确认反馈良好后再进行大量的上市推广。

产品命名与定价

产品命名需要根据小酒馆本身的调性去做调整。

就像“昼夜诗酒茶 · 艺文小酒馆”走文艺风，产品命名也采用写意画风，主要起到意境描摹的作用，和产品实物并没有什么关系。比如“我是孙静文”，比如“握紧拳头的花”，比如“少年晴天”。

这些名称虽然非常抽象写意，但和茶颜悦色本身的部分产品名称其实是有联系的。比如小酒馆的一款产品叫“嘚嘚瑟瑟”，而茶颜悦色有一款产品名为“嘚瑟”。这样的命名方式建立了同品牌旗下奶茶店和小酒馆的联结，也给消费者埋下了能够发现类似名称产品的小惊喜。

至于定价，酒饮也最好采用一杯奶茶的价格。比如茶颜悦色旗下小酒馆就是沿用了品牌优惠体系——产品价格集中在 10 ~ 20 元，均价在 17 ~ 18 元。这样的定价也更容易吸引追求极致性价比，又想尝鲜的消费者。

菜单设计与点单流程

在设计菜单及点单流程时，也要遵循用茶饮做酒饮的思路。

例如，菜单以添加的茶的种类做分类。比如“昼夜诗酒茶 · 艺文小酒馆”的菜单就是用红茶、绿茶、乌龙茶做大的分类，小分类上，有“轻乳系列”“忌廉系列”的类别划分。

点单流程也可以沿用奶茶店的模式——顾客可以通过小程序点单，也可以到前台根据菜单点餐。

点单结束时也可以附赠一些小礼品。像茶颜悦色旗下，无论是奶茶店还是小酒馆，每杯产品都配有同款的明信片周边，旨在进一步输出品牌文化，加深消费者对品牌的印象。

总之，用茶饮的方式做酒饮，这种模式新颖独特，利于打造品牌的独特记忆点，且价格实惠，能让追求极致性价比的消费者不抵触。以这种方式运营的小酒馆，只要在不断适应市场变化的过程中找准自己的风格，并在维护好老客户的基础上不断吸引新客户，就更容易形成长期稳定的盈利模式，并取得满意的收益。

26.

想要高营业额，试试在下沉市场做体量扩张

当下的餐饮环境，两极分化趋势越来越严重，其中专业的领域越来越专业，强者也会越来越强。

在这个过程中，强者要多元发展，不只是要做到业务多元化、结构多元化，还要将体量拉大。因为如果没有足够的体量，很多事情是难以实现的，尤其业务形态和降本增效，都需要体量才能体现出来。

而下沉市场具备巨大的发展潜能，正适合品牌做体量扩展。

意识到这一点，餐饮品牌纷纷涌入下沉市场扩土增量。例如，火锅品牌后火锅专门推出了“后浪计划”，旨在破局新市场，不仅不收取加盟费，还豪掷 3500 万元补贴新模型和加盟商，意图让加盟商加速多开新店。

为什么像后火锅这样的大品牌会在下沉市场抢夺战中表现得这样急切呢？

一方面，品牌想借品类崛起之势，在下沉市场加速拓展。比如后火锅所在的重庆火锅赛道，由于同期出道的品牌颇多，在百舸争流中将重庆火锅带入前所未有的热度，“重庆火锅”这个细分品类也随之崛起。后火锅正是抓住了这个难得的时代机遇，借着品类的影响力，在下沉市场扩土增量。

另一方面，品牌扩土增量的成果会对品牌未来的发展起到至关重要的影响。而餐饮品牌在下沉市场扩土增量的黄金期就是这 2 ~ 3 年，就看这段时间内谁的作战能力强，攻城拔寨能力强，所以要快，要提速。

后火锅也凭借自己敏锐的动作在下沉市场收获了第一份满意的答卷：后火锅

杭州首店开业就取得了不错的成绩，275 平方米的店面，设有 128 个餐位，日平均营业额就能到 4.5 万元，投资回报周期差不多为 8 ~ 10 个月，平效更是跑出了 4600 元 / 平方米的优秀成绩。

那么品牌在抢夺下沉市场时，该如何做才能像后火锅一样跑出高营业额呢？

这个过程并非简单的复制粘贴，将一线城市的门店模式挪到下沉市场即可。而是要有针对性地根据下沉市场的实际情况，从“降低建店成本”和“砍掉不必要的区域，提升门店效率”，以及“产品价格带设定”等三个维度仔细打磨新店型，才能在下沉市场跑通，跑出高营业额。

降低建店成本

降低建店成本能大大缩短投资回报周期，也有利于品牌招募到更多的加盟商。

要想降低建店成本，我们需要尽可能利用原有环境，采用价格更低但不影响品牌表达的装饰风格。

比如要开火锅店，选址地原为火锅串串店，店铺的适配性很高，那么直接敲墙加软装入驻即可，翻新店铺的成本会更优。

如果是开像后火锅那样有强烈重庆风格的品牌火锅店，我们也不能淡化品牌的表达，毕竟，统一的品牌输出更有记忆点。我们可以通过设计手法、RPC 集成和品牌定位，打造出色彩鲜明又极具传播属性的门店。

后火锅杭州首店的建店成本虽然是节省了近一半，从原先的 1200 ~ 1500 元 / 平方米降到了 700 ~ 800 元 / 平方米，但经营者还是围绕“重庆烟火夜市”的主题，用脚手架、复古海报、红色塑料椅、冒着泡的啤酒灯牌等把门店布置得复古时髦，又满是烟火气，还能够让人联想起品牌的第一家门店，也就是那栋颇具年代感的复古三层小洋楼，品牌内核得到延续。

砍掉不必要的区域，提升门店效率

砍去店内设置中不必要的区域，如炒饭摊、小吃摊等小摊区域，可以缩短出餐路径，减少出餐等待时间。这不仅有助于翻台率的提升，还会提高顾客的满意度。

至于类似后火锅中那满是烟火气的明档，在高流量的一线城市中无疑是绝佳的营销内容和打卡点。但品牌来到下沉市场，流量回归正常，明档的存在将不断阻碍门店效率的提升，所以后火锅也果断砍掉了明档。

说白了，一切以效率为目标，这或许就是后火锅杭州首店跑出 4600 元 / 平方米平效的秘诀。

产品价格带设定

下沉市场产品价格带的设定不能纯粹照搬品牌原有的标准，而是要结合下沉市场的物价及顾客消费能力等因素进行定价，做到好吃不贵；同样的价格需要给到消费者更优的食材，或者食材性价比更高。

当然，这都与后端供应链息息相关，也需要绝对的规模体量才能做到。像后火锅多年在产品端的成功打造经验，正在于下沉市场强势的输出，相比之下，它们的出品效率更高，成本更低，出品速度不断优化，对后厨要求也在降低，故而产品力越发强大。

可以说，从以上三个维度出发可以基本打磨出适合下沉市场的门店模型。而要想在这基础上更进一步打造出门店独有的特色，增强竞争力，还可以推进两个措施。

措施一：借品类发展之势强化标签做宣传。

品牌可以借品类崛起之势发展。一方面有利于下沉市场的加速开拓，另一方面也有助于占领消费者的心智。

比如后火锅是属于“重庆火锅”这一品类，该品类的热度正在提升，那么后火锅在宣传时，就可以大力强调自己身上“重庆火锅”这个标签，进而加深消费者对品牌的印象，提升品牌影响力，甚至达到让消费者一想起吃重庆火锅，就想到后火锅的效果。

措施二：以“品牌 + 其他 IP”，两个 IP 强强联动的模式为消费者带来全新的体验。

在选择联动的 IP 时，可以考虑和品牌标签有交集的。还是以后火锅为例，它选择和重庆啤酒“国宾醇麦”做 IP 联动，喊出了“吃重庆火锅，喝重庆啤酒”的

重庆火锅和重庆啤酒的势能即便拓展至下沉市场，品牌影响力仍在发挥作用，背后的动力源自两大 IP 的强势推动。

口号，联手打造了体验店。

至于原因，正如后火锅创始人牟建分享的：“有一次我和朋友去吃新疆烤串，大家想点酒时，自然而然想到了要点乌苏啤酒。品牌与品类的联想成了自然而然的事儿。‘吃重庆火锅，喝重庆啤酒’也有着相同的逻辑，在场景上也是合情合理的。在重庆火锅快速发展的时代机遇面前，品牌要跳出餐饮看餐饮，做一些创新。比如两大 IP 的结合，就充分展示了它背后的商业价值，也不断占领消费者的心智。”

借助重庆火锅的快速腾飞，这句口号将更加深刻地印入消费者心智中，消费者也将记住口号的提出者——后火锅。

狭路相逢勇者胜，但下沉市场的争夺不光要“勇”，更要“智”。像“0 加盟费，3500 万元补贴”就是后火锅的毅然决然之举。这是勇，但更是智，只有基于下沉市场的精准洞察，打造输出精准、高效的门店模型，才能有节奏地获取优异的数据表现。两者结合才是下沉市场的破局之道。

27.

全域营销，调动消费者情绪实现企业长红

随着餐饮行业经营活动逐渐融入全球经济体系，全球营销已成为餐饮企业的必然选择，也是餐饮企业经营过程中能够获得竞争优势，实现长期发展的关键。

2024 年，正值小龙坎品牌创立 10 周年之际，小龙坎围绕成为“全球麻辣牛油火锅头部品牌”这一愿景，在全球范围内开展“龙年第一顿，就吃小龙坎”的龙年春节系列营销活动。此次活动筹备历时半年，覆盖全国 300 多个城市，投放了 1 亿元的火锅基金，范围之广，力度之大，为近年来之最。

这次营销活动的整体特点是契合了新春龙年的元素，并采用全域营销的策略，配合了企业经营理念的更新。此举着实让小龙坎火了一把，也使它由此进入一个新的发展周期。它的营销成功，也为餐饮企业的全球营销提供了思路。

用跨界融合营销，增加品牌曝光度

我们认为，餐饮企业可以运用跨界融合营销策略，通过与文化行业、旅游业、体育行业合作，推出菜单或特色活动，吸引文化爱好者前来就餐。此外，还可以与文化机构合作，共同举办餐饮文化节、美食展览等活动，增加品牌的曝光度和影响力。

2024 年是中国传统的龙年，小龙坎依托“龙”元素，实现了与文化行业的跨界融合，为自己带来更多的品牌曝光度和影响力。

对于中国人而言，新年具有重要的意义，而中国龙年对于小龙坎来说更是一个特殊的契机点。

2024年2月9日，除夕，人们把“龙”的翻译从“dragon”变成“loong”，这一变化赋予了中华民族对龙图腾的文化理解，掀起了全民讨论的热潮。小龙坎的“龙”字正是一直译为“loong”，因此，龙年话题的流量也带动了小龙坎的热度。

小龙坎借此机会，深挖“龙文化”的精髓，抢占“中华龙文化”流量，发挥创意营销的优势，加强“龙”与品牌的关联度，旨在极致激起消费者基因觉醒，并将这种觉醒沉淀为小龙坎的资产价值。小龙坎主要采用了三种策略。

第一，与顶级IP联名合作。北京故宫观唐文化发展有限公司拥有多个故宫博物院的顶级IP文创产品开发授权，小龙坎与故宫观唐携手推出限量版联名周边产品，成为小龙坎龙年春节营销的大动作。

联名产品主要包括“画龙点金”红包、“龙运当头”刺绣包、“开龙运”开瓶器等。同时，在菜品和餐具方面，也有“龙生九子”与“九龙壁”结合的特色菜

小龙坎与故宫观唐推出限量版联名周边，抢占“中华龙文化”心智占位，成为小龙坎龙年春节营销的大动作。

式，龙元素主题的九宫格定制餐具，更显眼的还有龙形定制锅底，其中一方龙头玉玺形状的牛油，印证了小龙坎成为“全球麻辣牛油火锅头部品牌”的愿景。

第二，小龙坎门店的配套物料也充满了中国龙元素的氛围。比如，加汤牌变成了“来人啊，加汤，把朕的龙运续上”，围裙上印着“沾一身龙气”的趣味方案。这些有趣的文案与画面设计，让到店的消费者纷纷忍不住打卡分享，并在朋友圈、微博和小红书等平台上掀起一波热潮。

第三，小龙坎与头部品牌进行了跨界联名营销。比如，小龙坎与“元气森林”合作推出了主题门店，搭配龙年定制话题罐饮料，传达出“吃小龙坎配气泡水，要爽不要糖”的年轻化态度；同时，与“卫龙”的联名门店则打造了“双龙主题空间”，推出了定制龙年菜品，“或许是火锅配辣条，爽得不要不要”。

其实，餐饮企业与其他行业进行合作，通过共同的资源和优势实现互利共赢，这种合作方式可以让餐饮店销售额增长，有助于餐饮店在激烈的市场竞争中脱颖而出，取得更好的经营效果。

私域和公域双引流，促进销售增长

我们认为，餐饮企业可以采用全域营销体系，即通过线上线下的整合营销手段，来提升品牌知名度和促进销售增长。线上，餐饮企业可以通过社交媒体、电商平台等多种渠道进行品牌宣传和推广，以吸引更多消费者关注和购买；线下，则可以通过举办各类活动及提供优惠券等吸引顾客到店消费。

小龙坎通过“龙年第一顿，就吃小龙坎”的线上引流与互动，做到私域和公域的双引流。在激活私域流量方面，小龙坎专门针对此次活动发放了1亿元的火锅基金，基金领取方式非常简单，消费者只需扫描小龙坎官方的小程序码，即可参与抢券活动，唯一的门槛就是“先到先得”。

火锅基金的适用范围也很全面，堂食消费、外卖抵扣、快消满减等均有对应的活动券。“小龙坎”希望通过此次大范围的发放火锅基金活动，激活自身多年积蓄的私域流量，同时，也把“新年好运没有坎，龙年第一顿，就吃小龙坎”的美好祝福送给每一位消费者。

在公域流量领域，小龙坎把抖音平台当作此次龙年春节的主阵地：以新春挑战赛作为开场，结合春节开工后官方账号直播与明星直播活动，聚集上亿次曝光的流量，形成品牌势能高地，辐射全国。同时，小龙坎在全国多个城市的主要位置投放户外媒介广告，为传播流量进一步加码，引导顾客前往各地门店与线上电商平台。

此外，小龙坎还借势龙年春节之机，推出了新的品牌 TVC、一首魔性洗脑的营销主题曲及三条创意短视频。这三条短视频均围绕“真牛油”这一主题展开，通过反转设计，让“牛油”这一标签深入受众心中。

不断更新企业经营与战略思路

一次全球营销活动固然可以让品牌爆红，但要实现品牌从“大”到“伟大”这一目标，重塑品牌势能，通过运营分区赋能协同发展以提升利益共同体的信心，最终实现高质量门店与人才的双增长，将是餐饮企业未来的工作重点。

龙年春节期间营销动作的力度之大，内容之丰富，覆盖面之广，堪称小龙坎近年来之最。借力此次全球营销活动的东风，小龙坎成功让品牌在经历一段经营困难时期后重现生机与活力，但小龙坎并没有满足于品牌爆红，而是不断更新企业愿景，持续为消费者提供情绪价值，从而实现品牌的长红。

2023 年，小龙坎潜心积蓄力量，推行“四统”策略，即统一运营、统一产品、统一数字化和统一营销。优化门店产品模型与菜品供应链，就是为了在龙年进入新的发展周期。经过一年的努力，成效明显，不仅火爆春节档期，全球门店数量也重回 800 家以上，2023 年全年新开门店 131 家。

进入 2024 年，公司以战略驱动为发展引擎，公司的使命、愿景、价值观等核心理念均有所更新，将成为“全球麻辣牛油火锅头部品牌”作为新的发展目标，突出了对火锅细分赛道的占位导向。

为此，小龙坎进一步加强与“张兵兵”的合作。作为“张兵兵火锅牛油”的出品方，四川航佳生物科技有限公司是牛油行业的头部企业，同时也是牛油国家标准起草单位及四川省火锅协会副会长单位，创立至今长达 27 年之久，始终专注于火锅产业。

这些调整的背后，一方面源于外部行业规模不断扩大。《2023 年中国餐饮开关店报告》显示，2023 年中国餐饮行业收入达到 52890 亿元，同比增长 20.4%，这也是中国餐饮市场收入首次突破 5 万亿元大关，创下了历年之最。这其中，火锅市场规模为 9758 亿元，同比增长 4.4%；预计 2024 年中国火锅市场规模将突破 1 万亿元。

另一方面源于竞争不断加剧。2023 年，新增餐饮注册量高达 318 万家，吊销量为 139 万家；餐饮行业迎来了非常特殊的一年，出现了疯狂的“报复性开店”，同时也有大量门店关闭。2023 年新成立的餐饮企业省份 TOP5 分别为：广东、河南、山东、四川、浙江。这其中，新成立的火锅企业数量就达到了 7.5 万家。

显然，面对行业规模扩大及随之而来的竞争加剧，调整企业战略与经营思路成为应对这些变化的必要手段，而小龙坎管理层对此已有深刻共识。

小龙坎始终坚信自己已从初入市场的新人变成了消费者的朋友，一直在陪伴消费者，为消费者提供美味的火锅及情绪价值。无论是升职加薪、乔迁新居、挥手告别，还是日常的朋友相聚，每个大日子，小龙坎都会与大家在一起。“龙年第一顿，就吃小龙坎”活动，也是希望小龙坎能继续陪伴每位消费者。

因此，虽然对消费者来说，小龙坎已经是一个广为人知的品牌，但小龙坎始终保持创业者心态，来推动企业不断变革迭代。同时，小龙坎通过整合内部资源，优化业务流程，通过与加盟商的战略协同，不断强大自己，实现了品牌长红。这也是每个餐饮企业在构建全域营销体系后应该持续思考的问题。

28.

品牌升级，
要从产品、体验、服务全面跃迁

过去一段时间，餐饮行业呈现两种趋势：一是行业在复苏中稳步增长，同时竞争也来得轰轰烈烈。大量来自其他赛道的创业者加入餐饮赛道，餐饮行业不断涌入新品牌，新老玩家同场竞争，使得竞争加倍激烈。

二是行业洗牌悄然开始，同时新的机遇也在渐渐生长。消费者的消费心理和消费习惯发生了新变化，呈现出新趋势，形成新潮流，也催生了新业态。

我们认为，面对以上新境遇和新趋势，唯有以新变化才能迎合趋势并持续带来新增量。

深圳最大的购物商场前海壹方城的蔡澜点心升级门店，是蔡澜点心自2018年品牌成立以来的首家升级门店。该门店在品牌、服务、体验、产品等方面都进行了强化、深化和细化的升级，这无疑是应对行业激烈竞争和顺应新消费趋势下给出的很好的答案。

品牌升级：将“讲究”的理念和文化感传达给消费者

如果要用一个词来概括蔡澜点心，“讲究”也许是最恰当的答案。

2018年，著名电影监制、美食家、专栏作家、电影节目主持人、《舌尖上的中国》顾问蔡澜先生创立了品牌“蔡澜点心”。

在品牌的官网上有这样一段关于品牌缘起的介绍文字：“我们的掌柜蔡澜喜

欢吃点心。开设一家对得起自己，也对得起客人的点心店，一直是他的梦想。”

蔡澜讲究“吃”，不仅仅是厨师对食物品质的讲究，更是一个美食家对“吃”这件事全方位的讲究。

因此，自创立以来，蔡澜点心对于品牌坚持做到两点：一方面作为喜爱美食、对食物有极高品鉴能力的人，坚持把自己对饮食的理解毫无保留地、力求完美地呈现给大众；另一方面是坚持用自己过往沉淀的智慧和阅历，努力让点心店的构想得以商业化实现，确保在市场上有竞争力。

从萌生创业的想法，到第一间蔡澜点心开业，蔡澜先生往返于香港、深圳之间多达 50 多次，与来自米其林餐厅的研发主厨不断沟通，从 300 多道点心中不断开发、测试，耗费了一年多的时间打磨菜单，就是为了让品牌一经问世就能受到消费者的喜爱。

如今，蔡澜点心选择把品牌升级，将“讲究”的品牌理念在产品设计、空间体验和服务上进行深化，这也正是我们“下实功夫”的体现。

事实上，这家门店在升级前的最高月营业额就已经达到近 200 万元。门店升级后，店内翻台率环比增长了 47.8%，单均消费（日店铺所有缴费单的平均金额）环比增长 23.4%。这也说明升级门店后盈利能力的进一步强化，单均消费高，也意味着门店拥有了更大的客户群体，实现了更高的利润率，也是消费者认可蔡澜点心的最好证明。

此外，新升级门店还在品牌文化感上下功夫。在“国风雅趣绘扇”这一开业活动中，消费者可在门店得到一把空白折扇，并借助店内的活字印章创造出属于自己的作品，这些印章上的文字都源自蔡澜先生的书法作品，顾客可发送自己的绘扇作品参与投票评选。最终，蔡澜先生会亲自挑选出 15 位幸运儿送出神秘礼物。

服务升级：结合年轻人需求，丰富多元消费场景

以往，点心品类的售卖场景就是早间和市井门店，一家人一起吃。品类大多是叉烧包、烧卖、虾饺这类点心，消费场景大多是在拥挤热闹的粤式餐厅，顾客把点心和奶茶一起作为“老广”的经典早茶享用。

结合中国非遗文化元素，顾客用活字印刷的方式在传统折扇上尽情创作，由此体现品牌传递的人文感。

随着广式早茶文化的传播及头部品牌的连锁化和店铺拓展，让更多消费者有机会接触到点心，并延伸出新的消费场景。顾客可以和自己的“逛街搭子”在正餐时段去商场的一家店里吃点心。

现在，点心的消费场景再度扩容，结合当代年轻人的需求，衍生出全时段、一人食等丰富多元的消费场景。

蔡澜点心此次的升级，也正好呼应了当下年轻人的消费趋向。从 SKU 结构到空间感受和服务体验，都切实满足了顾客所需。

既满足午休享受独处时光，又可以满足三五好友相聚喝下午茶，甚至是半正式半休闲式的商务谈判等多种消费场景的需求也可以满足。

此外，升级后的门店也做了很多小设计，充满自然感又有一定隐私性的空间构造、趣味多样的点心产品、质感十足的菜单、讲究的茶水、有趣的周边……这些低调待在餐厅各处的设计元素，都是为了满足消费者对多场景的需求，以提升不同时段的进店率。

体验升级：将松弛感和社交感做到极致

一直以来，蔡澜先生都是一个非常有趣的人，给人一种松弛感，他也把这种松弛感融入门店升级的氛围体验打造中。

蔡澜点心对于其品牌消费群体有着非常清晰的定位，就是从产品、环境、服务方面，对那些有追求的客户提供有一定私密性、可以满足小聚闲谈的场所。

也正是基于此定位，蔡澜点心选择尝试打造出一个更加贴合消费群体的门店模型，而此次门店升级可以用“体感至上”来概括。

首先是环境变化，给消费者带去轻松感。

和以往偏向于现代化的装修风格不同，这次升级门店使用了大量原木、绿植及散发着暖黄亮光的手工灯笼，充满着自然元素，营造出一幅新中式闲庭别院风格的惬意场景。

室内则采用棕色系藤编元素桌椅，用米色温暖灯光做点缀，给人以自然、古朴之感。而天花板上 1 ∶ 1 比例还原的舞狮装饰，更是做足了文化感与氛围感。

后厨也做了大量明档设计，一面是落日余晖，另一面是蒸笼上散着热气的各色点心，让人自然而然地融入蔡澜点心营造出的闲适氛围中。

其次是恰到好处的社交感。

升级门店中恰到好处的隔挡，半围合的构造给顾客提供了私密感空间，让人能更好地专注于眼前的一人一餐一食，减少外界信息干扰，这种半开放式的空间布局让人备感放松和惬意。

同时，蔡澜点心也站在顾客的角度想问题，洞察顾客喜爱的休闲放松方式，如请专业音乐制作公司，将琵琶乐与流行、电子乐巧妙结合，创作了专属音乐作为门店的氛围音乐，代替了大多餐厅选择的流行音乐。古韵今声流淌在空间里，恰到好处的分贝成为顾客放松聊天的背景音，让人产生沉浸式的愉快用餐体验。

总之，从装修风格、隔挡之类的物件选择，再到音乐的精心设置，门店从多个维度、多个细节都做了全新升级，用实实在在的事物去诠释那些抽象的“自然、自在、人文”的松弛感用餐体验，带给顾客一个“偷得浮生半日闲，再偷半日陪朋友”的好去处。

产品升级：注重品类上新和传统传承

这次升级在菜单上也进行了全面的升级迭代，与常规门店区别开来。

蔡澜点心在产品上保留传统点心的原汁原味，同时注重灵活应变，积极从其他菜系文化中取所长，不断在口味、造型、制法等方面创新。菜品设置丰富多样，将近60个SKU中，品牌研创的点心高达25个，同时更新了近10款茶汤甜品，为顾客提供丰富的选择空间。

在菜品创新方面，蔡澜点心的“镇店之宝”酥皮山楂叉烧包，颠覆了传统叉烧包的做法，采用了山楂制酱，通过3种山楂熬制3小时做成的酸甜口味果酱，为叉烧增加了果味，使得内馅口感更加丰富的同时，整体相较于传统叉烧包也更加清新爽口。外层的酥皮采用多道工序揉烤手工制作，历经50多次油酥发酵测试，2次轻度烘烤，才呈现出最佳酥脆口感。这道菜品一经推出，即刻成为店内招牌，一年可卖出500万只。

在追求创新的同时，蔡澜点心也不忘对于传统点心和传统文化的传承。

升级门店的新品——蔡澜醒狮酥，就是对非遗醒狮文化的一次点心形式的全新解读。酥皮点心最早可以追溯到唐宋时期，是传统点心的代表作之一，而醒狮又是我国非遗文化。蔡澜醒狮酥的闪亮登场，正是用点心的形式传承非遗文化，从更多层面来丰富这一餐食体验。

蔡澜醒狮酥，是一道极其考验面点师傅手上功夫的中式点心。这种借鉴了岭南传统非遗文化——舞狮的酥皮点心，往往需要半斤面团，耗时45分钟，160多刀雕琢，再经过70余层起酥，才能制成巴掌大小的一个小狮头。

回顾近一年的餐饮动态，我们不难发现：面对激烈竞争，很多餐饮品牌掌握了营销套路，试图借助联名、公域私域流量等方式掀起一个又一个大大小小的热点话题。但也不难发现，“网红”的确可以人为创造，但“长红”还得看真功夫。

这样的一道点心，不仅传递出了人文历史感，也凭借着超高的颜值，成了不折不扣的“社交货币”。

结合蔡澜点心门店升级的成功经验可以看出，在应对餐饮行业新趋势、新变化时，网络营销仅仅是一个打开流量的方式，根本上还是应切实满足顾客所需，在品牌、服务、体验及产品上进行升级，方能走出一条可持续的流量增长之路。

29.

西餐下沉，调性与价格的反差带来新的利润空间

一直以来，在餐饮市场中，西餐都是高档和高消费的代名词。好名厨、好地段、好装修、好创意，再加上米其林的加持和背书，“稀缺”和“昂贵”一直是西餐的固有标签。

然而，近年来，高端西餐却连遭“滑铁卢”，多家“天花板级餐厅”纷纷闭店。昂贵的西餐正在逐渐褪去往日的光环，客户似乎不再愿意为此买单了。

可有一家西餐厅——夏日玛莉，却经营得风生水起。夏日玛莉每年服务超过500万人次的顾客，拥有150多万的老会员，并且影响力穿透了不同维度的城市，特别是在下沉城市，影响力不断爆发。

在7周年店庆之际，夏日玛莉又在抖音进行了一场直播活动，用省心套餐搭配、代金券秒杀、招牌产品年度回馈，以及SKⅡ、海蓝之谜免费送等进行营销，仅一天的时间就引来420万人围观，创造了500万元的单场营业额。

夏日玛莉之所以在一夜之间获得巨大的增量，并不是偶然，而是源于其前瞻性的市场布局，从高大上的西餐市场里蜕壳，长线做下沉市场。近两年，更是从一线城市转战二、三、四线城市，从商业化的西餐转型为亲子类西餐，始终严控产品的品质，最终获得消费者的认可，并获得了利润提升。

提升性价比，助力西餐获得更广阔的发展空间

价格高昂的西餐最初作为外来餐饮形式进入中国时，因当时国内的人均消费水平还相对较低，所以它只专属于消费高的人群。

早年间，大部分的西餐厅会选择在北京、上海、广州、深圳、杭州、武汉，或者西安、南京、南宁等城市开业。主要原因是这些城市的人群具有高消费能力，使得西餐在中国人的意识里形成高端餐饮的主观印象。

既然是高端餐饮，消费者的定位就是注重专精，放弃普遍。但是在中国 14 亿人口中，有 11 亿人都是普通家庭、普通消费者，他们的人均日消费在 50 元左右。由此可知，人均消费在 200 元以上的西餐，已经隔绝了大部分消费者。

比如，必胜客 6 寸比萨的价格为 45 ~ 50 元，一份黑椒牛排的价格为 80 元，一份饮料的价格为 18 ~ 20 元。假设一家三口到必胜客就餐，点三份牛排、一份比萨、三杯饮料，大约消费 300 元。而目前，我国小城市的人均月收入不过 3000 元左右。

这也就意味着，夫妻带一个孩子去西餐厅一次性消费相当于花掉 3 天的工资，对于普通家庭来说是不小的开销。

由此可知，西餐对于小城市的消费者来说是难以承担的高消费，自然也不会成为他们的日常选择，更无法在当地存活下去。

因此，为了进军下沉市场，抢占小城市消费者，西餐品牌就要根据当地消费水平，提高性价比，以获取下沉市场的认可。

夏日玛莉以直营 + 特许经营的方式来提升品牌规模，反哺供应链，提升品牌上游供应链的议价权，使得其所制定的人均 60 元的亲民价格依然具有利润空间。也正是这种高性价比，让夏日玛莉以较为亲民的价格得到小城市消费者对西餐的认可。

其在下沉市场的强大竞争力也屡屡得到验证：多家县、地级市门店月营业额均在 60 万元以上，且持续突破新高。207 平方米的衡阳万达广场店，开业当天营业额直接突破 5 万元，热度一直持续，成为夏日玛莉的第一家百万门店。

由此可见，下沉的市场用亲民的价格给高大上的西餐开辟了新的利润空间，

这对于西餐品牌来说是一件好事。不过，若西餐仅通过降低产品价格来吸引消费者，或许短期内效果不错，但是生命力必然短暂，因为西餐的价格并不是顾客消费时唯一的考量，毕竟顾客除了理性消费之外，还会受到感性因素的影响。

靠强大的视觉冲击和体验感引流

在餐饮业中，所有的消费者对餐厅最直接的印象就是店面装修。

国内大部分西餐厅采用的是低调奢华或者稳重简朴的装修风格。两种风格都偏欧美商务风，适合商务洽谈，所以到西餐厅消费的群体都是一些企业和商务人士。

当西餐厅选择下沉至国内小城市市场后，区域内商业类的人群比例减少，更多面对的客群是家庭类型，再选择欧美风的商业装修显然不合时宜。因此，因地制宜的装修风格，才是满足消费者就餐场景需求的基础。

比如，进入夏日玛莉门店，就如同打开一个精彩的都市童话世界，店内额外设置的游玩区，布满了彩色的海洋球，成为小朋友的社交场所。另外，还有私密的小角落，供爸爸妈妈和小朋友共读绘本，享受静谧的亲子时光。

夏日玛莉抓住三四线城市消费者的心智，装修风格采用亲子主题，用柔和的色彩搭配，以粉紫梦幻、星空绚烂、绿意花开等童话主题吸引有孩子的家庭。

夏日玛莉还会持续举办各类品牌活动，如奥特曼、冰雪奇缘、恐龙乐园等多种主题的生日聚会，让陪伴与分享成为一种快乐；如亲子比萨 DIY，让孩子亲手制作第一块比萨，并送给最爱的爸爸妈妈，将感恩的种子种在心中，不断传递爱的文化。

装修风格所带来的视觉冲击和体验感，使得门店极具辨识度，从激烈的商场餐饮竞争中脱颖而出，成为一个绝佳的打卡地，更利于在社交平台上进行传播，不断带来客流量。

用健康高品质的产品吸引持续复购

通过不断提升产品品质和实施标准化、精细化管理，夏日玛莉打磨出属于下沉市场的成熟餐饮盈利模型，这是它作为西餐品牌依旧受到消费者喜爱的另一个重要原因。

在产品打造上，夏日玛莉的研发团队用多年的时间进行了全国范围内的西餐调研，研发时融入消费者的口味偏好，适应度更广，同时做到了标准化出品，让门店出品管理更轻松。

在食材选择上，夏日玛莉采用了健康、高品质的食材，原料来自国内外一线工厂定制生产，并经过层层品质把关。采用优质的食材带来的品质感是消费者不断复购的关键，也是信任感不断累积的原因。

比如招牌七分熟的原切牛排，采用原肉整切轻腌制的方式，拒绝合成，无拼接。上菜时也不浇汁，切实还原肉质的纯正鲜美。

而招牌的榴梿比萨，仅有 1.5mm 厚的薄脆饼底，搭配马来西亚 D24（苏丹王榴梿）与泰国金枕榴梿，每一口都是看得见、咬得到的榴梿果肉，让人一口下去就能感受到薄脆香甜，带来满口热带风情的美妙体验。

在产品品类上，牛扒、比萨、意面、沙拉、甜品、小食等 70 多款产品，能自由搭配出更多的消费场景，无论是家长带小朋友来用餐，还是闺蜜的下午茶时光，或是上班族的午餐，还是健身达人的牛肉减脂沙拉轻食等，都能在这里得到满足。

总之，开放性极高的研发机制为品牌注入了源源不断的活力，高品质的菜品和丰富的产品品类则收获了消费者的忠诚度，这些都是夏日玛莉所坚持的产品主义带来的益处。

从高性价比的打造，到视觉体验和空间设置，再到味蕾体验及持续性的品牌活动，这一系列完整的体验构成了夏日玛莉的“产品”，丰富且扎实。这也提醒每个想要持续发展的西餐品牌不能再故步自封，而要在价格、体验、产品等方面做出改变，以满足不同地域消费者的需求，从而实现利润的增长。

30.

老字号焕新，面馆赛道的全新价值升级

近年来，面馆行业成为餐饮大热门。甚至一度发展到赛道内几乎每个单月都有 2 起以上的大额融资，资方更是不乏腾讯、顺为资本等明星投资机构，市场规模快速突破 3000 亿元大关。

被资本青睐、一手捧红的面馆新贵们也由此迎来高光时刻，尽管是在“黑天鹅”事件的冲击下，仍然能“一路逆行”，甚至有面馆品牌还跑出了单月新增 100 余家的快速拓店纪录。

然而，在过去一年里，面馆新贵们却遭遇“寒冬”。它们不仅失去了资本助力，还成为不少投资机构展图上的“隐痛”，也被消费者冠上“预制且贵，就是网红”的标签。而且，拓店速度放缓只是表象，实际上已经有部分品牌开始出现负增长甚至全面收缩的情况。

面馆新贵们似乎一下就从至高宝座跌回人间。

究其根源，面馆新贵们遇冷的关键在于其商业模型没跑通。产品相对单一，只能靠资本“续命”扩大规模，却没有高价值产品基础的支撑，结果导致品牌在短暂提速后立刻进入停滞期，甚至出现了大规模闭店的情况。

毕竟对于大众而言，去网红面馆只是为了尝个鲜，如果真的论价格和口味，自家楼下十几元一份的面条，吸引力反而比网红面馆更强。

不过，俗话说：“经济越迷茫，碳水越疯狂。”几千年来养成的饮食习惯使得面条已经成为国民饮食中不可或缺的组成部分，因此，消费市场对面品类的需求丝毫未减，甚至愈加猛烈。

变化只在于，消费者从追求“预制”到“烟火气”，从“买贵”转向了“买对”，从“追网红”转向了“追口碑”。

质价比，已经成为面赛道的核心突破口。

在这种需求转变的推动下，消费回归务实和理性，这也倒逼面赛道选手们集体回归产品，而老字号凭借对于好味道、好产品的执着与坚守占据了明显的优势。

如果老字号面品牌能够抓住机会采取措施转型，就有很大可能实现品牌的焕新，吸引更多的消费者。而 226 岁的“松鹤楼”就是面馆赛道中凭借老字号焕新策略重新快速崛起的佼佼者。

下面就以松鹤楼为例来分析面赛道老字号焕新可采取的措施。

从正餐大馆孵化小馆，并转型连锁化业态

很多老字号都因为强地域属性和强文化基因的背景，在异地扩张时遭遇多重困难，为此，老字号通常选择放慢对外发展的速度，避免陷入僵局。比如老字号松鹤楼在“苏式文化圈”外的异地扩张过程中就颇为谨慎，当前其正餐大馆模型门店仅有 15 家，且大多分布在江苏省内。

左起：百年松鹤楼、松鹤楼大馆、松鹤楼面馆。

为了突破这些制约因素，转型连锁化业态，品牌可以选择从正餐大馆孵化出具有品牌特色的小馆。比如松鹤楼就选择从老字号松鹤楼大馆中孵化出

了“松鹤楼苏式汤面”小馆。

有内部人士表示，在她看来，“松鹤楼是完美的模型”。相较于普通面馆难以通过叠加产品提高客单价的情况，松鹤楼苏式汤面小馆在百年老字号正餐大馆的基因下，拥有资本和成熟的高价值产品，同时有能力提高面馆的复购率及客单价，也有能力在短期内拓展出新的融合子品牌，延展性更好。

松鹤楼苏式汤面小馆也打着“百年松鹤楼，一碗苏式面”的口号在前两年逆势破圈，成为年轻人美食榜上的“新兴品牌”“网红心选”，如今已经在不经意间突破了 176 家门店，为老字号品牌的发展壮大起到了重要作用。

产品升级策略，聚焦品类，追求“小而精”

不同于正餐大馆餐品的“大而全”，小馆更多的是聚焦品类，追求“小而精”。比如松鹤楼苏式汤面小馆聚焦的品类就是苏式汤面。

鉴于很多网红面馆的面汤喝起来口感都差不多，为了突出自身特色，松鹤楼苏式汤面小馆还推出新主题“八鲜吊江南，红汤百年传”，更加突出了红汤的地位。从产品升级策略来看，这也是从“聚焦品类”进一步细化到了“聚焦产品、聚焦红汤”。

消费者对此也很满意，就像一位消费者评价的：“我最直观的感受是，很多网红面馆的面汤喝起来口感都差不多，但是松鹤楼的红汤，喝起来很鲜，不口干，感觉就是实打实的肉汤，没有科技与狠活。”

汤底是一碗苏式面的灵魂，“不口干”的直观感受对应的是“真材实料”。松鹤楼的一碗面汤背后，是选用“八鲜”（扇骨、鲫鱼、老母鸡、鸡架、螺蛳、老鸭、肉皮、筒骨八种食材）熬出的原汤，用真正的肉汤去冲击“预制面馆”的调和汤底。

总之，松鹤楼苏式汤面小馆聚焦红汤、主打苏式面，将面品类从松鹤楼品牌中独立出来，打造了一家经久不衰的好面馆，这也能助力未来品牌的连锁规模实现稳步增长。

结合“真国风”做宣传，攻占年轻粉丝的心

年轻人是面馆消费中的重要群体。作为地域属性较强的老字号，想要吸引地域文化圈之外的消费者，同样需要从“网红基因”入手，迎合年轻人的喜好，反向进阶成为年轻粉丝们的心头好。

首先，抓紧“真国风”风潮，选取江南四大才子作为“代言人”，发布新潮宣传片。

随着年轻人对“国货”“老字号”的关注高涨，各类国潮品牌和中式产品层出不穷，其中也有不少货真价实的“真国风”产品，这是时代赋予的挑战，也是难得的机遇。老字号品牌也可以把自身与国潮热点相结合，制作新潮的宣传片，以迎合消费者的喜好。

百年老字号松鹤楼就抓住了这波机会。在其公开的品牌宣传片中，一改往日刻板印象中的“老字号古旧产品介绍片”形式，转而巧妙地选取了江南四大才子为“代言人”。画面中，古装扮相的四大才子之首唐伯虎，开口即是热搜话题：“来我们苏州出差，肯定要尝尝松鹤楼。我刚投了这家店，现在离我加入江南富豪榜已经不远了。”

这波“圈粉式”的新潮宣传片，直接引发了一场“全民玩梗”的热潮。微博上，“深圳这家店是唐伯虎投的”“最早美食博主唐伯虎在上海吃什么档次的面”“唐伯虎的北京必吃榜”等众多话题登上热搜，总阅读量超过 2 亿，成功吸引了诸多消费者到店打卡消费。

其次，通过入驻综艺节目、进驻各主流社交平台制造话题等方式进一步圈粉年轻人。

年轻人日常对综艺及社交平台热门话题的关注度比较高，老字号品牌也可以选择恰当的时机与综艺节目进行联动，或者入驻各主流社交平台，打造相关热门话题引发讨论，从而进一步扩大品牌知名度和影响力。

比如松鹤楼就曾选择以新品上线为契机，面向全国展开线上线下的联动传播。不仅和热门综艺《主厨的荣耀》进行联动，还尝试了各类营销新玩法，进驻各主流社交平台制造话题，带动了微博、抖音、小红书等多个平台话题讨论；同

时，为了配合升级的目的，松鹤楼还采用古风的创意物料新玩法与顾客互动，希望通过门店海报、台卡及促销套餐，给消费者带来视觉冲击和耳目一新的品牌体验。宣传效果很显著，为松鹤楼的异地扩张奠定了良好的基础。

事实上，很多宣称决心要转型的老字号都因为对品牌焕新的诚意与理解不够，一面坚守着“传承”的桎梏，一面眺望着“创新”的潮流，却难以打破转型的僵局。

在面对新消费环境及各类网红餐厅、餐饮新势力的冲击时，不少老字号成于“老”也困于“老”，一颗璀璨的明珠逐渐在新时代中蒙上了尘埃。

真正想要抓住机遇，品牌必须像松鹤楼一样，既要“传承”，又要下大力气“革新”，努力面向全国，去拥抱更多年轻客群和家庭客群，将品牌文化、产品亮点，用现代年轻人能“听得懂”“听得进去”的语言和方式去传达。争取做到既能抓住年轻人的心，又能肩负起传承饮食文化或地域文化的重任，带给消费者更好的消费体验，也为品牌赢得更多发展壮大的机会。

31.

茶饮护城河，构建真正的竞争壁垒

中国的新茶饮版图，向来南密北疏。无论是消费活力，还是供应链与物流体系，北方市场如同“天堑”一样，易守难攻。

根据中国统计信息网和国家统计局的数据，北京的总面积达到 16410.54 平方千米，大约为广州的 2.2 倍，奶茶店总数却不足广州的 40%。

中国连锁经营协会发布的《2023 新茶饮研究报告》显示，广州是唯一的“新茶饮万店城市”，在新茶饮密度排名前五的城市中，并没有北方城市的身影。

然而，专注于柠檬茶赛道的“柠季”却剑指北方。柠季在北京开店，意味着正式向北方市场进军。

柠檬茶品类向北方市场拓展，时机成熟吗

从市场潜能上看，北方新茶饮市场潜力巨大，也缺少绝对的品类领跑者。

根据当前连锁品牌的开业门店数据和美团连锁化率大致推算，东北和华北地区的现制茶饮整体市场容量在 3 万家以上，单一品牌的市场容量也在 1500 家以上。

再看柠檬茶在北方市场的认知度。

不少茶饮品牌正推出新的柠檬茶产品，越来越多的餐厅菜单上也出现了柠檬茶饮品，再加上南北方之间的交流日益频繁，诸多因素让柠檬茶品类越来越被北

方消费者所接受、喜爱。

同时，年轻消费者也正需要一个好喝、富有创意且潮酷的柠檬茶品牌，他们追求不拘一格、有鲜明态度的品牌，期望有更多品牌主张的引领，提供他们所需要的情绪价值。

从市场潜能、用户认知与需求三个方面来讲，柠檬茶应该有一个不错的市场。

但为什么此前，北方的消费者对柠檬茶不感兴趣呢？

从产品细节来说，柠檬茶品类主要分布在广东。柠季在最初市场考察时发现，广东已经有了6000多家柠檬茶店，广东之外地区却很少。

考察后，分析它走不出来的原因，还是因为口味太苦、太酸、太涩，限制了口感的普适性，所以柠季在产品研发时决定调整口味。因此柠季的柠檬茶跟广式柠檬茶相比，口感上有很大的区别，柠季的口感普适度更高。

不过，说北方市场是“天堑”难越，也有一定的道理。

首先难在供应链，难在物流。柠檬茶的原材料产地主要以南方为主，如何确保北方市场的供应，成本结构和物流效率都是品牌需要考虑的问题。

其次，难在产品的扩充。

南北方不同的气候条件，造就了不同的饮食习惯。北方冬季相对寒冷，此时柠檬茶品类会面临淡季，那么就需要从柠檬茶这一细分品类向综合茶饮品类渗透，在后续研发新品的过程中向果茶、清爽奶茶等细分品类进行补充。

能否扩张成功 还要看整体运营，是否有被验证且可复制的方法提供给加盟商。

虽然预见到种种困难，柠季依然计划2024年在北京开出100家门店。北京合生汇首家门店自营业第一天第一秒起，所有店员就全情投入，最高峰时后台点单一度突破了1500杯，不少时段顾客需要排队2小时。

柠季的火爆，能否经得住时间的考验呢？

我们发现柠季在最初打造的时候就进行了深度的布局。冰山之上，是我们看得到的产品、设计及营销活动；而冰山之下则是企业的深度构建，包括数智化、供应链、组织力等重要方面，同时也包含对行业固有认知的改变，例如对供应链的一体化管理。

红海的是茶饮，而不是茶饮企业

柠季的联合创始人汪洁说："红海的是茶饮，而不是茶饮企业。"所谓的红海，其实是基于更多C端的观察。C端消费者看到的是设计、营销和产品，这其中存在很多误解。

设计误解

设计怎样才能给企业带来真正的品牌价值，而不仅仅是短暂营收数据的提升？又如何给品牌加分，而不是短暂地吸引消费者眼球？

如果品牌升级只是体现在设计端，虽然短期内会提升自身的销售额，但依然没有解决"品牌身份"的境遇尴尬，也无法关注长期的品牌资产培育，这部分资产很大程度上取决于年轻群体对品牌的情感认可度，而不能简单寄托于一次性的设计。

营销误解

作为餐饮行业，我们需要用心思考，对于餐饮业什么是最重要的，要交付给客户的是什么。当营销展示出了它极度好用的一面，带着巨大的流量涌过来时，我们不能因此就忽视那些需要付出更多努力，但对提升产品力至关重要的方面。

这其中的核心逻辑是：营销是一种递减资源，随着时间而流逝，产品力却是一种递增资源，最终累积成财富。

产品误解

我们大多习惯性地想打造一款优质产品，最好能成为爆品，却忽略了一个更为关键的因素，那就是终端门店。

茶饮终端门店才是最关键的产品。消费者通过终端门店感知品牌，包括门店的每一杯饮品、服务、人员、陈列、文案，等等。要知道，超级门店不仅可以产生超额利润，更能产生超级品牌。

当我们破解了设计、营销及产品这三方面误解后，我们才能理解，为何说红海的是茶饮，而不是茶饮企业。

茶饮企业真正的壁垒

当我们意识到红海竞争主要集中在茶饮而不是茶饮企业时，那茶饮企业应如何应对？柠季有一套冰山之下的模型，这是他们真正的壁垒：数智化、供应链及自运行组织。

数智化建设

柠季有一套自己的数智化建设，但他们并不建议所有的餐饮企业上来就盲目做数智化。

第一，市场上第三方的工具比较多，企业只要好好地研究，好好去用就行了。不需要上来就去投入，毕竟这方面的投入往往特别巨大。柠季总公司有 500 多人，其中数字化团队就有 80 多人，并且两年时间投入了一个亿。美团给柠季投入了二十几个人的驻场开发团队，这个实力是很多餐饮软件方不具备的。

第二，大部分软件都不是给企业定制的，可能有 80% 的功能大家都用不到，它也没有办法跑到业务前面来，所以我们要辩证地去看待这些软件。

柠季的数智化构建，更多是在为加盟扩张提供科学的依据和论证。

柠季整体的闭店率仅为 1.62%，在行业中算是比较低的，这其中还有一部分是因迁址而关闭的门店。去除这部分因素，整体闭店率会在 1% 以内。

因为在数智化构建中，做了一套选址系统，这个系统能够去评估加盟商在某一个特定地点开店的时候，日销售额能够做到多少，再倒推加盟商的租金应该是多少，通常是控制在总投入的 15% 以内。当房租在总投入的 15% 以内时，只要加盟商的管理和运营正常，一般门店都不会轻易闭店。

这套数智化的构建还包括加盟商全生命周期管理系统、数字化库存管理、会员管理、数字化选品，以及涉及众多第三方服务和第三方系统的中台等。

虽然并不是所有企业都能做数智化，但我们应该有一种科学构建的思维方式，为企业未来的发展扩大打好扎实的基础。

供应链体系

很多人对供应链的理解仅限于物料、原材料，整个管理过程只是进销存。其实从源头到门店，都是一体化的管理系统，远远不只是进销存管理。柠季的供应链管理从选址开始，到设计都属于供应链来管理，为加盟商提供了一体化的管理方案。

自运行组织

自运行组织总结起来就是如何找人，怎么留人和育人。

找人是一个艰巨的任务，雷军说过：创始人要花 70% 以上的时间去找人。柠季的找人也没有什么特别的方法，联合创始人汪洁说：“我的 BOSS 直聘一年 360 天在线，每天晚上 11 点到早上的 8 点，跟人聊天儿，其中有 242 天是深夜发起聊天（另外有 5 天在国外，登不上去）。“不仅要亲自找，还要亲自去面试，去闻闻味道，看看是不是你们公司的人。很多 offer 到我这儿已经是终审了，我也会拒掉，因为跟我们的节奏、价值观不太一致。”

那么，找什么样的人合适？柠季认为，用师者王，用友者霸，用徒者亡。

找到合适的人才后，应该怎么样留住呢？

柠季有几个方面特别有意思，并且值得大企业思考。

第一，人才密度。有些餐饮老板想挖其他企业的高层，但大家要想清楚一件事，是不是有一个 CTO，就能把企业的数字化做好？其实很多企业是没有土壤的，也就是人才密度不够。企业的圈层里如果没有人能够跟 CTO 对话，那么就很难理解他的指令，执行都可能出问题。

第二，充分授权。汪结曾说：“我自己有一个说明书，说明书最底下一行写的是：专业之内，你是老大；专业之外，我是老大。专业之内的事儿，我还写了一条，我有不知情权。你不要告诉我，你告诉我，我也不懂，我还给你瞎捣乱，何必呢？”

第三，成长空间。对于人才来讲，成长空间尤为重要。柠季组建了一个“培 O 班”，意思是让所有的高管站在 CEO、CHO，或者是 CFO、CXO 的角度去看问题，思考问题，解决问题。

一家企业是否适合去扩张，绝不仅仅取决于其表面上的门店数量，背后一定有一道属于企业自己无法破除的壁垒。

柠季凭借这一套数智化、供应链、自运行组织的壁垒，从招商开始，到后续的选址、设计、营建、营运和营销，柠季对加盟商的服务和赋能是无缝衔接且逐级放大的。

全然做好准备的柠季，正将一个更具潮流感、更懂年轻消费者的柠檬鲜果茶品牌，向北方的年轻消费者鲜活展开。

32.

外卖做增量，即时配送服务是破局关键

过去几年来，外卖消费经历了巨大的变化，餐饮行业遭遇了巨大冲击，但新的机会也在孕育。并且，一系列外卖消费趋势也在表明，配送在外卖服务中起到非常关键的作用。餐饮店若是能做好配送这一核心环节，不仅能支撑业务的发展，更能驱动业务的进一步增长。

因此，如何做好配送环节，让餐饮品牌在外卖平台找到新增量，是餐饮人必须要面对的问题。

尤其是那些数百万的中小型餐厅经营着薄利的生意，既要考虑流量成本和交付成本，又要维持常态化运营，还要保证消费者的持续复购。即时配送，或许就是实现破局的关键。

确保配送稳定性，满足消费者外卖刚需

如今，越来越多的消费者在点餐前，会先查看餐厅用的是哪种配送方式，消费者对外卖配送的稳定性也越来越看重。

目前常见的配送方式主要有平台配送、第三方配送和商家自配送这三种形式。

而运力储备更充足的平台配送与另外两种配送形式相比，能带给消费者更好的体验，在消费者心中是最优选择。

因此，我们认为，餐饮店铺做好平台配送将更能满足消费者对于配送稳定性的刚性需求。

因为外卖订单存在明显的波峰波谷现象，高峰期运力网络面临巨大压力，平台配送拥有庞大的运力储备和可靠的调度系统，面对高并发、大规模订单时表现更加稳定，且配送可以全程跟踪，送达时效也更有保障。

中距离订单，成为餐饮店铺新增长点

供给决定需求是经济学的第一性原理，这一点在外卖市场也不例外。

我们认为，随着即时配送网络日益成熟，餐厅的配送半径突破 3 公里限制已经具备基础。餐厅可以将半径 5 公里、7 公里乃至覆盖全城的配送服务作为标配。

一方面，这不仅可以引领消费者心智，满足消费者对餐饮的多样化需求，还使得 3 公里以上的中距离订单成为外卖市场的新增长点。

另一方面，此举也有助于餐饮外卖和到店消费的协同发展。因为一份外卖餐品，对于餐饮店铺来说，都是一次种草契机，可以吸引消费者前往线下门店进一步体验更加完整的服务，从而实现外卖和堂食的正反馈循环。

比如，上海一家网红日料店老板发现，随着旅游业复苏，送到酒店的外卖订单明显增加了，尤其是 5 公里以上的外卖订单越来越多。现在，这家餐厅接入了外卖平台的全城送服务，使得更远距离的用户也都能点到他们的外卖。中远距离订单不仅成为餐饮店铺的新增长点，也起到了营销的作用，为店铺吸纳更多的客群。

多层次即时配送服务产品组合

以往，外卖运营更多侧重于流量运营，但随着用户对配送体验要求的不断提升，如今，制订适合餐饮店铺自身业务发展需求的即时配送策略同样至关重要。

对于餐饮商家来说，根据用户画像的重要变量搭建多层次的配送服务体系，满足多元化消费需求，可以使得配送对外卖交易的促进作用更加直接有效。

以中距离订单为例，距离和时效就是一对重要的用户画像变量。

为了满足不同配送距离和时效需求，美团配送推出了适配不同距离、不同时效的服务产品组合，包括专快送、全城送等，全面覆盖不同范围的服务圈，这意味着配送服务将具备更稳定的服务水准、更清晰的服务标准和更广泛的适用性。

著名餐饮连锁品牌“外婆家”过去一直都在使用美团专送服务。为了适应品牌的拓客需求，美团配送还对专送服务升级，将餐厅的配送半径拓宽到 5 ～ 7 公里，并且继续提供 24 小时响应的配送服务，显著提升了门店的获客能力。以柳州和厦门的两家门店为例，单个门店的外卖覆盖区域提升了 15%，面向顾客的曝光流量增加了 16%，进而带动了后续环节的进店率提升、订单量提升，配送距离在 3 公里以上的订单规模更是提升 32%。

配送网络广度加快门店扩张速度

如今，大量县级城市的外卖消费习惯已经形成，对于连锁餐饮商家来说，外卖自然成为他们进军下沉市场的重要敲门砖。

外卖不同于传统电商，它具有本地化、网格化的特征，是“走一步铺一寸路”的业务。因此，对很多连锁餐饮品牌而言，其门店的拓展速度很大程度上取决于外卖配送网络的广度。

在茶饮领域，对下沉市场覆盖最成功的品牌非蜜雪冰城莫属，它在下沉市场拓客成功也证明了这一点。截至 2022 年 3 月底，它的店铺总数量超过 2 万家。据了解，蜜雪冰城旗下还有两三千家店准备上线外卖服务，他们希望“连戈壁滩深处都能送到”。

因此，我们认为，连锁品牌商家在战略布局时必须考虑把外卖配送服务作为基础设施之一。而这就需要餐饮店铺选择合适的合作对象。

在这方面，美团的配送网络已覆盖全国接近 3000 个市县，让商家几乎在任何一个城市都可以直接实现堂食外卖“双主场”，并且获得和其他城市同样水平的外卖服务，因此，美团有能力成为品牌商户进军下沉市场时值得信赖的合作对象。

星巴克是一个典型的门店覆盖广、追求极致用户体验的品牌，因此在外卖业务上，也有着多城市类型、多商圈场景、高服务品质、极致履约质量的需求。

对此，美团配送不仅完成了全国超过 4400 家星巴克门店在美团外卖的快速上线和配送保障工作，还与星巴克完成了系统对接、会员体系打通等一系列工作。项目启动 14 天后，全国超过 210 座城市的大街小巷的消费者就在美团外卖上点到了星巴克的咖啡，并且顺利完成会员积分。14 天快速落地的背后，是美团配送广阔履约网络提供的有力支撑。

除了覆盖广度，美团配送还为星巴克的“专星送”服务提供了深度定制的配送解决方案，配备了专属的配送团队，提供了更高效的驻点配送服务及多种不同的运力模式以保证送达时效。另外，平台还为骑手配发双方联名的专属工作服，使用冷热分离的外送箱，设置专属的送达问候语，来体现星巴克的品牌特色，从而让外卖用户能获得不亚于堂食同时又别具特色的消费体验。

星巴克与美团配送合作，在美团上线“专星送”，帮助其在下沉市场快速落地和扩张。

相互对称的产品矩阵激活供需两端

外卖服务一端连接着商家，另一端连接着顾客，唯有在商家和顾客之间形成整个服务链条的闭环，才能让订单不仅能够“送得出”，更能做到“送得好”。

从顾客端来看，从他们打开 App 浏览餐厅列表的那一刻起，直到餐品最终送达，每一个环节和细节都影响着顾客的整体体验感。

美团配送针对多样化的顾客需求设计了丰富的配送产品，并确保这些产品与商家侧的服务产品体系保持对称，从而使商家在运营效率得到优化的同时，顾客体验也有所提升，最终形成供需两端相互呼应、相互促进的正向循环。

例如，针对中远距离订单，美团配送在商家端推出了“全城送”服务，在顾客端也相应推出了“优享送”。当顾客在点“全城送”餐厅的产品时，如果考虑到商家距离较远，希望更快收到餐品，可选择“优享送”增值服务加速配送。

每到节假日，上海的老牌本帮菜餐厅“老吉士”的 7 家门店都会排起长队。上线“全城送”服务后，餐厅基本实现了对主要城区的覆盖，大量急于“拔草”的食客都可通过外卖尝鲜，其中不少顾客都在下单时勾选了“优享送”。

据美团介绍，一位顾客就曾在 10 天内通过全城送服务点了 3 次“老吉士”天平路店的外卖，总计消费超过 1800 元，并且 3 次均勾选了“优享送”服务，这使得配送时长从 90 分钟缩短到 45 分钟左右。

商家选择了“全城送”，从而被更大范围的顾客看到；而顾客又因为“优享送”所带来的优质履约体验，不断选择复购。这种商家端和顾客端两侧服务产品的有机组合，有效激发了外卖消费的新场景。

总体而言，更稳定的配送能增强用户的下单意愿，更大的配送范围有助于拓展客源，选择配送网络更广的平台则能加速线下门店的扩张，即时配送服务已经不单是外卖业务的下游环节，还能对促成外卖交易起到明显的反哺作用。

但正如所有坚持长期主义的选择一样，做好即时配送也没有捷径可走。对整个餐饮行业而言，即时配送市场更丰富的配送产品和更强大的配送网络，正在为餐饮商户打开新的增长空间。而如何把配送做深做透，持续发挥配送反哺外卖的价值，将是一个需要全行业共同参与共创，并在实践中不断发现新知的课题。

第三部分

营销实战

精细化运营，既要降本也要增效

33.

门店共享模式，头部餐饮企业的联动新探索

2024 年，Manner 咖啡（后文简称 Manner）与上海链家远景总店携手合作，开启了“门店共享模式”的联动与探索。

从这家新开出的共享门店来看，Manner 与链家的外部招牌“合二为一”，远看上去仿佛就是一家店铺，但内部布局上又巧妙地实现了“各自独立”。

双方组建了一个共享空间，使咖啡区域与链家区域有明显的区分，各自办公互不打扰，在区域、员工、财务、经营等方面也全部独立结算。

有网友调侃道:“拿着 Manner 自带杯去买房能减 5 万元吗？或者各退一步，我约个看房能免费喝杯咖啡吗?”也有网友分析:“这波联动就好比村头的情报站，既能分摊房租，又能分享客源，还更有噱头引人来。”

其实，这并不是 Manner 第一次尝试拓展“门店边际”。从社区店、商场店、写字楼店、校园店，到地铁店、超市店、美术馆店，再到今天的房产中介店，Manner 一直在探索不同的开店模式，而这也是餐饮品牌开店“抢地盘大战”下新思路的一个缩影。

又比如，头部咖啡品牌 Tims 天好咖啡就曾有过“咖啡 + 房地产”的探索，其与 21 世纪房地产联手开了一家“C21 X Tims Express 咖啡店中店”，还曾与中国石化易捷咖啡联动，把咖啡开进了加油站。

有很多餐饮品牌在探索生意、场景的新边界，可谓花样百出。

火锅大佬海底捞也把门店开进了“世界 500 强”的行列，与华为合作推出了海底捞的首家企业餐厅。针对这家占地近 400 平方米的企业店，海底捞还特地新增了一些场景服务，比如增设外摆区，开设书吧放松区，提供书籍外借服务等。在价格方面，也为企业员工特别提供了 8.8 折的专享优惠。

蜜雪冰城也把门店开进了邮局，和中国邮政合作推出主题邮局门店。不仅在门店装修上全部采用“邮局绿”为主题色调，还在门店内增加了各类邮局周边产品，比如雪王版邮筒、联名章戳、文创集邮等。这种门店风格直接被网友调侃为“编制版小雪”。

又比如，海底捞、益禾堂、甜啦啦等品牌抢占校园场景；瑞幸、肯德基等则把生意拓展到高速服务区；星巴克则推出“沿街取”服务，把咖啡的销售卖到每个路口。

共享模式，源于抢占点位和提升客流量需求

餐饮企业之所以如此疯狂地探索合作开店模式，一方面是因为“点位”越来越稀缺。

一是，在人才挤出效应的推动下，无数创业者开始将目光投向餐饮行业。

目前中国餐饮市场的规模已突破 5 万亿元大关，从 2023 年开始，餐饮行业的新入局者也明显激增，全年餐饮相关企业新增数量达到惊人的 412 万家。

2023 年 3 月“竹筒奶茶”爆火，一条网红街上短短几天内开出了 10 多家竹筒奶茶店；同年 5 月，淄博烧烤现象级出圈，1 天开出 20 家门店，单月新增相关注册量达到 300 家，截止到 2023 年年底淄博烧烤猛增了 750 多家门店。而库迪咖啡，更是速度惊人，一年内开出了 7000 家门店。

二是，越来越多的餐饮品牌开始开放加盟，进一步抢占市场点位。

据“餐里眼数据”App 信息显示，仅从 2023 年中段至今就已经有近 10 个餐饮品牌开放了加盟。

这些品牌看似“抢夺”加盟商的背后，其实从品牌陆续放开加盟的动作，以及不断完善的加盟政策，也能看到众多餐饮品牌正在对门店选址的新场景展开猛烈攻势。在愈发饱和的市场空间中，它们正加速“抢人”“抢地”。

基于这样的市场环境，对于餐饮品牌来说，无论是“咖啡 + 房地产”的跨界组合，还是“火锅企业店”的尝试，又或者是“奶茶邮局店”，门店共享、点位融合的模式都有利于企业在有限的市场空间中进一步扩大影响力，缓解“点位焦虑”。

另外一方面，不同行业“连锁门店的渠道优势”也能在一定程度上为餐饮品牌带来更多客流、声量与转化空间。

以蜜雪冰城和中国邮政的合作主题店为例，相较于餐饮的“万店目标”，中

国邮政本就在全国范围内坐拥 5.4 万个营业网点和 42 万个邮乐购站点。

而餐饮企业如此疯狂地探索合作开店模式，更是因为当前消费者的“需求边界”在扩张。

随着消费分级的趋势，愈发理性务实的消费者开始在“吃饱”的基础上提出更高的要求，追求更新的刺激，性价比、烟火气、情绪价值及新鲜环境一个不能少。

于是，为了满足多元化的消费需求，越来越多的校园餐饮、社区食堂、写字楼推车盒饭、火车站咖啡店、菜市场餐饮及成人小饭桌等新事物、新场景不断涌现。

总之，市场侧的挑战与消费侧的新需求，倒逼着餐饮企业在拓展思路上寻找新思路，积极探索共享门店模式。

头部品牌拓展新思路，小微企业还需量力而行

2024 年，在“抢地盘大战”愈演愈烈的当下，点位稀缺的焦虑感加重，很多头部餐饮企业开始对“异业大佬”下手，攻占其已有的优质位置，并在拓展餐饮生意边界上，把店面开到更多意想不到的地方。

以海底捞为例，该品牌在上海、青岛两地的夜市摆起了摊位；与多家露营基地进行深度合作，开出了火锅露营首家店铺；进入校园市场，在西安文理学院开了全球首家校园店；如今又在西安华为研究所开出了首家企业店。

我们认为，虽然头部品牌的拓展路径往往带有一定的引领性与前瞻性，可是对于其他小餐饮企业来说，并不能盲目效仿和跟随，还是应该结合自身客户属性、消费场景需求及当前企业发展现状，决定如何拓展店面。

毕竟，共享只是一种经营模式，还需要在店面设计、服务设计上进行相应的配套改造和创新，并且还需要投入更多的人力、物力、财力，所以对于小餐饮企业来说，采用普通开分店的方式进行店面拓展或许才是更适合的方式。

34.

节气营销，没有旺季就创造旺季

对于餐饮企业而言，冬季并不意味着生意要“过冬”，恰恰相反，善于利用节气进行营销，不仅能够让品牌快速出圈，还可以拉动销量，不断“制造旺季”。

饿了么的数据显示，每年冬至当日，诸多粥食面点的品牌外卖成交量均突破历史峰值。其中，“袁记云饺”的交易额更是突破历史峰值，稳居品类榜首，周同比增长近200%，与过去一年的冬至相比，涨幅也十分明显；“三米粥铺”冬至推出的应季新品在冬至周达到销量第一；“喜家德”冬至当日及冬至周的交易额均突破历史峰值，交易额环比增幅和周同比增幅均超过了500%。

节气营销这两年也受到越来越多餐饮品牌的关注。消费者注重节气带来的仪式感，品牌也利用节气来创新时令品类，将品牌与传统精神、节气习俗及产品特点相结合进行全新的品牌形象表达。

餐饮节气营销背后的三个餐饮消费风向，值得餐饮人关注。

从消费者角度：用户注重社交属性和仪式感

2020年秋，大部分人的朋友圈都被一杯普通的奶茶霸屏了，与此同时，其文案“秋天的第一杯奶茶”也迅速火出圈。其影响力之大，犹如电商界的“双十一”，硬是让茶饮品类收获了一个新节日。

在“冬至大如年，乡思在舌尖”的召唤下，消费者对冬至的重视和期待被再次唤醒，更多人通过点饺子或汤圆，让独在异乡的自己拥有了冬至的仪式感。

“秋天的第一杯奶茶”为何能够爆火？乔纳·伯杰指出，每一个“病毒式营销”事件的背后都拥有 6 个关键特质：社交货币、诱因、情绪、公共性、实用价值和故事。而这 6 个特征可以归纳为社交属性和仪式感。

第一，从乔纳·伯杰营销事件特质中的社会货币、公共性、实用价值三方面来看“秋天第一杯奶茶”的社交属性。首先是奶茶具备绝大多数商品无法比拟的社交货币地位，甚至早已在当代年轻人的社交中占据了 C 位。我们常说没有一杯奶茶不能搞定的关系，而这恰恰呈现出奶茶的“社交货币”属性。其次是奶茶的公共性，奶茶的价格低，几乎所有人都买得起，因此获取快乐的成本低，公共性就强。最后，奶茶的实用价值是获取“甜蜜和快乐”的因素。

第二，仪式感是最具传染性的，它包括诱因、情绪、故事三个部分。仪式感是人的思维无法拒绝的诱因，其通过自我催眠的故事来操纵情绪。人在强烈的情绪操纵之下，会付诸行动。在这场立秋奶茶的狂欢之中，人们有了一些以“奶茶”为名的行为，比如高调地秀恩爱、秀友谊、秀闺蜜情，等等，但这些行为最终的内核就是表达一种被需要的仪式感。

近两年，餐饮的社交属性被进一步放大，节气消费成为不少消费者乐于参与和传播的小节日。“以食物之名，庆祝特殊的日子”，也包括了许知远《冬至情怀》一文中的“建议冬至放一天假”能够快速出圈的深层逻辑：“关心年轻人在每一个当下的真实情绪，做年轻人真正在乎的事。”

节气与新中式养生，餐饮时令产品的创新

中国人历来讲究“不时不食”，《舌尖上的中国》第二季“时令”一集，通过捕捉各地时令美食，展现中国人对自然的依赖与敬畏之情。中国人的所有节气都有与之匹配的传统食饮，比如立春时吃春饼，伏天吃姜去体湿，头伏饺子二伏面，寒露到宜食麻以润燥……这些与节气有关的饮食，不但顺应了人体一年四季的变化，而且是符合中国人体质的餐饮习惯。

丁香医生发布的《2023年国民健康洞察报告》显示，养生正逐渐成为年轻人生活中的重要课题。

现在大部分00后年轻人拥有的不良生活习惯的占比数据显示：熬夜占比达到65%、缺乏运动占44%、久坐占41%、嗜甜占31%、不规律饮食占25%、重口味饮食占20%。这些不良习惯大大影响着人们的身心健康，比如会导致皮肤干燥、视力下降、脱发、情绪暴躁、睡眠不良、心慌气短等症状。

无处安放的健康焦虑催生了庞大的养生市场，在我国的中医饮品、食谱里有时令性的养生蔬果和养生汤方恰好为这些亚健康的人群打造了适合消费的健康饮品和食品。于是，年轻人涌入中药铺子抢购酸梅汤，喝中药奶茶，吃古方药膳，也就是在这一大环境下，大家对于传统时令和饮食的关联更为重视，“吃对”比“吃贵”更重要。

所以，时令品类一直是各大商家在布局节气营销时的重要手段。

餐饮行业中依靠时令创新的案例比比皆是——眉州东坡推出了咏春、沁夏、赏秋、煨冬四大季节菜谱；喜茶的时令水果茶早已成为业界的经典系列产品；嘉和一品则专门成立了“健康营养研究院”，根据时令选用养生食材，注重

春补肝、夏解暑、秋润肺、冬养胃，推出节气新品；甚至连烘焙品牌“爸爸糖”，也推出了“艾草吐司”这样的创意新品……

餐饮想要进行“时令”产品的创新，可以考虑将品牌特性与不同地域习俗相结合，开展区域化的种草和营销。

比如淮扬菜极其重视时令，从南京开到北京的“小厨娘淮扬菜”，春季在北京区域就上新了椒鲜河豚、腌笃鲜春笋狮子头、椒鲜春笋鱼、雪菜豆瓣青笋、素炒豌豆苗、菊花脑拌桃仁、青团爆珠豆花等产品，助力这个品牌的北上扎根。

其次，把握时令新品的可预见性，也有利于餐饮商家进行常态化上新。依循时令节气，可以帮助商家找到创新思路，避免陷入同质化、低价竞争的怪圈。

只要商家愿意多花一点心思去琢磨，让产品有了文化寄托和养生属性的双重加持，往往就可以起到事半功倍的营销效果。

从产品创新到体验创新

以前，由于物流落后、研发能力薄弱等问题限制了小餐饮商家对时令产品的巧妙设计和营销。而时令创新，以往是大酒楼、精致餐饮的专属领域，毕竟这些品牌拥有足够的资金来承担风险。

然而，随着餐饮业的不断变化发展，物流变得更加便捷，学习模仿也更加方便，再加上外卖平台的加持，如今小餐饮商家也可以巧妙地设计营销活动。他们只需在产品上或者优惠活动上进行“微调”，即可与时令挂钩，带给顾客全新的消费体验。

2023 年冬至那天，“粥员外”上线了市场上销量最好的芝麻汤圆、芹菜猪肉水饺和韭菜鸡蛋水饺三款新品，当天还推出“9.9 元 10 个水饺”的优惠活动，通过饿了么特型招贴、店内海报、天降弹窗及特型橱窗的冬至主题装修，来吸引顾客的注意力。

粥员外电商负责人杨枫坦言：“传统美食自带仪式感，比如冬至吃水饺、汤圆的观念，会让顾客主动在外卖平台搜索相关关键词。我们在这个时候主动贴合顾客的需求，也能提升我们的订单量和品牌影响力。”

三米粥铺通过一次冬至营销活动，成功积累了 2 万多个新会员。品牌负责人唐蓓蓓透露，这并不是三米粥铺第一次参与平台的活动，由于提前制订了预案，品牌方早早就布局好了营销节奏，上线了水饺、汤圆等产品，并在宣传方面，用短信送达，做到核心人群精准投放，再加上平台给予的“天降弹窗”“主视觉 Banner 露出”等支持，让冬至期间的营销活动收获颇丰。

事实上，从饿了么平台上各家商户的“丰收”情况可见，时令营销背后所体现的“时令消费”的多样性、便捷性正越来越普遍。从某个角度来说，这是传播与体验方式的进步。

中国的节气和节日从古到今都讲述了无数精彩的故事，甚至包含了《黄帝内经》所阐述的养生理论。从消费者重视社交属性和仪式感、节气与新中式养生等角度出发，以节气为基础寻找相应的故事，从故事到身体健康，给予了餐饮品牌足够多的表达空间。学会运用节气来讲故事，是品牌可以把握的一种营销增长方式。

35.

副牌策略，头部品牌的破冰之举

目前的餐饮市场正处于一个低落与机遇并存的时期。此时，各头部餐饮企业纷纷在主品类之外进行多元化探索，开始布局新赛道。2023年，据不完全统计，共有15家餐饮企业推出21个副牌，品类涉及火锅、咖啡、茶馆、快餐、烘焙等领域。

从他们所选择的副牌策略中可以发现，品牌根据自身的属性将副牌的定位分别聚焦于以下几点：利用自身的供应链优势打造不同价格带的副牌；探索新用户群体，扩大客群领域；融合新品类；创造新的消费场景。

利用自身的供应链打造不同价格带的副牌

供应链是餐饮业品牌的最大倚仗。拥有完整供应链的品牌不但可以有效控制原材料的成本，甚至还可以掌控原材料的采购量和品质，并开发出不同价格带的产品，从而适应不同需求的消费者。

就好比一个商业区里面有菜市场、超市、奢侈品店，拥有供应链的品牌也能打造不同价格带的副牌，二者有同工异曲之妙。消费者选择去菜市场消费，还是在超市消费，抑或是到奢侈品店消费，可以根据自我的消费能力做出选择。

近年来，海底捞、西贝这些掌握巨大供应链市场的品牌纷纷着手建立不同价格带的副牌，以满足不同的消费者。

在 2023 年短短数月之内，海底捞分别创建了 5 个价格区间的副牌：“嗨捞火锅”“下饭火锅菜”“囿吉山小酒馆”“焰请烤肉铺”等。2023 年 9 月，“嗨捞火锅”首店在龙湖北京北苑天街商场开业，“嗨捞火锅”客单价定位在 80 元左右。“焰请烤肉铺”于 2023 年 12 月从新一线城市西安起步，定位于中端价格带，客单价约为 120 元。

大家所熟知的西贝也在一年的时间成功创立了多个副牌，其中有“贾国龙中国堡”“龙堡”及“贾国龙小锅牛肉”。“贾国龙小锅牛肉”产品包括小锅牛肉（炖菜）、特色炒菜、营养主食、汤、酸奶、特色小吃 6 个类别。其中，胡萝卜土豆炖牛肉、番茄鹰嘴豆炖牛肉售价均为 67 元。大众点评显示，“贾国龙小锅牛肉”（磁器口新成文化大厦店）位列北京市东城区家常菜好评榜第一名，客单价为 60 元。

“贾国龙小锅牛肉”是西贝针对 60 ～ 80 元客单价段休闲正餐市场推出的新布局。

海底捞拥有自生产的预制菜体系，能够以最低的成本、最快的速度供应给所有的店面，从而确保获取利润。只有这样才能让其门下的副牌在不同的价格带上拥有了其他品牌难以复制和竞争的优势。

西贝本拥有牛肉市场的供应链，拥有自己的屠宰场和养牛的企业，所以牛肉的成本决定着其对副牌的选择。以供应链为基础来选择副牌，不但增加了西贝各个领域的消费者数量，得到快速发展的机会，甚至让主品牌进入了新生态，提高了生存力，获取了更多的利润空间。

探索新用户，扩大客群领域

在同一个品类赛道中，品牌的扩张多是瞄准该品类的高端与下沉市场。

例如，九毛九在打造怂火锅后，再次落入火锅赛道，聚焦高端餐饮，推出了人均消费 500+ 元的“赏鲜悦木”牛肉火锅。

餐厅设计围绕木元素，以“寻找自然原味”为初心，门店内设有“赏鲜种植园”和“天然实验室”，自种并调制香料，只卖 3 小时高品质鲜牛肉。赏鲜悦木实行套餐预约制，提供每位 368 元的牛肉大过瘾套餐和每位 568 元的牛肉海鲜套餐两种选择，另加收 10% ~ 15% 的服务费，据大众点评显示，其人均消费为 524 元。

海底捞则不断尝试下沉市场，开出了校园火锅的新店型，打造了“嗨捞火锅”的副牌，其社区营运中心更是成功打造了“下饭火锅菜”的快餐品牌。

“嗨捞火锅”口号为“每天都是小欢聚”，锅底只有清油麻辣鸳鸯锅和川味麻辣鸳鸯锅两种选择，菜品则以多款品质牛肉为主打，辅以小吃、主食、精酿和手作饮品等。

门店除锅底牛肉等菜品外，配菜采用自助模式，根据盘子核算费用，在附加服务上也进行了精简，如美甲、手部护理、抻面等服务并未出现。

另外，“下饭火锅菜”聚焦“一人食小火锅场景”，用“冒菜 + 饭”的组合，以 30 元左右的客单价切入市场。自 2023 年 6 月起，“下饭火锅菜”在饿了么平台上率先试水后，如今门店数已达到 260 家。

海底捞社区运营总经理此前在接受媒体采访时透露，1.0 版本的下饭火锅菜利用的是现有门店资源和后厨能力；而正在打磨的 2.0 版本将采用更为灵活的站点模式深入社区；3.0 版本将进驻商场的负一层，“下饭火锅菜”门店数将不断增加到 1000 家以上。

融合新品类

咖啡与茶饮这两个极“卷”的品类逐渐形成了一种“卷不动即融合”的趋势。咖啡与茶饮之间的联系变得越来越紧密，甚至不可分割。茶咖成为热潮。茶属于中国本土的第一大饮品，咖啡属于从西方进入中国的饮品，越来越多的茶品牌，开始尝试“西咖中做”的模式。

在茶咖领域，喜茶旗下的“喜鹊咖”便是“西咖中做”的代表，它主打潮汕单丛茶咖，产品线主要分为三大类：潮汕单丛茶咖、中式原叶茶咖啡，还有经典的美式和拿铁。茶颜悦色曾在2022年推出子品牌“鸳央咖啡”。2023年春天，瑞幸也曾推出茶咖产品，“碧螺春知春拿铁”上市首周全国卖出了447万杯。

茶百道在其成都大本营推出了“咖灰”品牌，饮品方面包含了经典系列、鲜果冷萃系列、风味拿铁系列和不含咖啡的产品，饮品SKU超过20款。

沪上阿姨也在2023年推出“沪咖”品牌，在推出初期主打鲜果咖啡，巧妙地以鲜果的清甜去中和咖啡的醇苦。其产品系列包括水果咖啡、经典咖啡和特调三个系列。

库迪则不满足于咖啡领域，决定切入新茶饮赛道。他们推出了第二品牌“茶猫”，聚焦于健康奶茶赛道。2023年12月，“茶猫”就已开始在福建屏南进行内部测试，以原叶鲜奶茶为主打，同时覆盖纯茶、鲜果茶等多个品类，首店于2024年2月2日在北京合生汇正式开业。

创造新的消费场景

市场的目标客户群体根据产品、价格、空间、年龄、气候等因素被分为若干种类，而对于新的市场机会的探索也离不开这些因素。

以上三种策略是头部餐饮业在价格和产品层面，综合客户群体的年龄消费价值进行副牌建设的举措。那么考虑到年龄跨度和空间的延展性，不同的头部品牌开始在空间选择上做出新的探索。

比如：bistro近年来成为网红，其走红的背后是年轻人追求精神悦己的投射，而氛围体验则是 bistro 消费的核心所在。

海底捞就在北京亮马桥推出了“囿吉山云贵川炭火与发酵 Bistro”，主打云贵川炭火发酵特色创意菜，人均消费在 300 元左右。这家门店酒馆整体设计以毛坯墙面和金属桌椅的半工业精致风为主，同时糅合了云贵川当地的风土特色。一层是咖啡厅，二层是餐酒馆，营业模式为“早 C 晚 A、日咖夜酒”。

这些头部餐饮品牌把心思花在了空间的改造上，成功吸引了喜欢风格差异化的消费人群，从而带动了品牌的影响力。

同样在茶饮界也有这样的案例：喜茶和奈雪的茶就同时盯上了新式茶馆，不过两者的发展方向却并不相同。

“喜茶茶坊”主打小店型和轻模式，整体装修采用新中式风格，产品分为“鲜萃 · 茗奶茶”“鲜萃 · 中式茶拿铁”“鲜萃 · 柠香茶”及“鲜萃 · 纯茶”4 个大类，产品线更加精简。

“奈雪茶院”则致力于营造慢步调消费的零售第三空间，其门店面积超过 200 平方米，主要以售卖纯茶、原叶茶、小盒茶等零售产品为主，同时也提供杯装、瓶装茶饮及茶食茶点。未来，“奈雪茶院”将成为奈雪茶叶零售业务的主力店型。

在繁华都市中，“奈雪茶院”闹中取静，开辟了一个半封闭的空间。为有需求的上班族、小企业主和一些自媒体博主创造了空间。

这两个茶饮品牌在副牌的空间消费中做出了不同的改变，喜茶以小而美的空间作为主题，而且它的几大系列的茶饮单价相对便宜。小空间、低价格、精装修的空间方案，吸引了 12 ~ 18 岁的年轻消费群体。而“奈雪茶院”选择雅静适中的门面，以推售原材料和包装精品的茶类为主，同时也提供堂食模式和会员服务。

空间副牌的建立已成为很多品牌餐饮公司未来的发展趋势。小而美、非封闭性的独立空间及高端的服务，这种新的市场探索模式，会逐渐演化出更完善的第三空间消费体系。

总之，无论品牌选择哪种副牌形式，都是品牌对品类、市场及用户的深层次探索。这不仅展示了品牌对多元化的探索和突破传统市场界限的勇气，也证明了未来品牌需要不断适应消费者不断变化的需求。

36.

“多巴胺”餐饮，玩的就是颜色营销

消费降级之后，餐饮行业真是“卷”出了天际。先是降价促销，与热门 IP 联名推出产品，不断升级研发新品，最近又玩起了“多巴胺餐饮”。其实做这些营销的目的，就是增加品牌的知名度和促进营收增长。

不止餐饮行业，各行各业各品牌都玩起了“颜色营销”。比如最近一段时间，包含“五颜六色”“青春活力”“魅力夏日”等关键词的“多巴胺穿搭”在各大社交平台蹿红，从网红博主到娱乐明星，再到交警、武警、解放军等官方账号下场参与，迅速扩散成为全民参与的“话题梗”。

不仅如此，衍生出来的“多巴胺女孩、多巴胺文案、多巴胺盲盒、多巴胺餐饮”等，热度也在以超乎想象的速度不断上涨。

目前，“多巴胺”相关搜索词的微信指数飙升超过 1 亿，抖音话题接近 100 亿次播放，小红书平台也拥有接近 200 万篇相关笔记。

“多巴胺”一时间成了流量密码，餐饮行业各大品牌都想抓住这波热度，实现名利双收。一位资深餐饮设计人此前对笔者表示，“抢占一个极具识别性的颜色，对品牌认知度的益处非常明显，‘爱马仕橙’‘Tiffany 蓝’就是最好的证明。对于餐饮这类线下实体行业，颜色就是门店最好的标识。”

但颜色营销这事也不能瞎玩。著名时尚心理学教授凯伦 · 派恩在研究报告中表示，“相对欢快的颜色，可以更大程度激发人们的积极情绪”，但同时，欢脱、积极的颜色也注定与高端、沉稳的风格背道而驰。他还说：

“餐饮圈，提起红色无非是麦肯、海底捞等快餐火锅品类，因为红色代表着冲动而热烈，这与品类的属性是相符的。试想一下，当大面积红色出现在星巴克等以第三空间为主打属性，或法餐、西餐等需要缓慢、优雅用餐的餐厅场景中，你会不会觉得坐立不安?”

由此可见，颜色营销是一把双刃剑，品牌如果用好了这一招，可以提高消费者对品牌的认知度，有利于消费者在同类产品中辨识出该品牌，引流吸粉，增加营收。如果用不好，与品牌品类、定位不符，那么在消费者心中品牌形象也会大打折扣，得不偿失。

要想玩转颜色营销，实现业绩暴涨，餐饮品牌们可以试试以下三种玩法。

“灵活版”：推出限定新品

比如刚入夏时，库迪咖啡官方就发布了新品预告，开启了夏日冰饮季，推出了“水果多巴胺”系列新品：如“紫苏东来”的多巴胺紫杨梅库可冰、拒绝焦虑的多巴胺绿茉茉粉椰、看球必备的多巴胺黄马黛茶……引得消费者纷纷评论：库迪的研发部，不仅懂饮品，还懂潮流啊！

其实瑞幸在这之前也蹭上了“多巴胺”的热度。推出了夏日限定“多巴胺”包装，一上线就在社交平台掀起了打卡潮，新品如冰咖橙 C 美式、抓马西瓜拿铁、青提拿铁、杨梅瑞纳冰等，五颜六色摩登炫酷，甚至有网友已经进行了二次创作，做出了“多巴胺”手机壳。

“硬蹭版”：单品再创新

就连创始于 1880 年的中华老字号“陶陶居酒家”，也跟上了这波新潮，在官方账号发布了“多巴胺茶点”申请出战。牛油果蜜柚酥皮包、杏香芝士南瓜卷、流沙奶黄猪猪包……高饱和度的七彩单品，不仅让人大饱眼福，也让人大饱口福，谁能说这不是“多巴胺”的魅力呢?

在“多巴胺”狂潮中，老字号也不甘示弱。

除此之外，营销小天才老乡鸡也紧跟这波热度。早在 2023 年 6 月初，当“多巴胺梗”刚在餐饮业兴起时，老乡鸡官方就直接发布了一则短视频——“五颜六色的老乡鸡，多巴胺餐饮人”。在视频中，西瓜生椰、番茄炒蛋、农家蒸蛋等经典单品齐上阵，甚至连品牌特色的工服都上镜了。

“整活版”：要玩就玩大的

比如月初刚刚在北京开业的好利来主题店，一改门店清爽冷静的简单配色，从门店整体装修到内部装潢陈列，再到员工服饰、单品、工具、包装等细节配色，都统一玩起了“多巴胺”粉色，甚至连小票都是粉色的。

还有茶饮品牌“果芭芙”也是直接突破出圈，新店选择高饱和度玫粉色，抢眼的配色一下子刺激到了年轻人的“多巴胺信仰”。有不少网友在种草评论下写道：虽然没喝过，但每次路过都会拍照发给朋友，义务做了无数次宣传大使。

不管哪个行业，抓住潮流就是抓住风口，都能顺势火一把。就像前段时间，茶饮品牌霸王茶姬的樱花季“多巴胺粉”，以一记“视觉锤”火速出圈，在一众同时期单品中极具冲击力，以“粉”吸“粉”；喜茶与 Fendi 的联名，不仅在联名层面引发热议，也在一段时间内将“喜茶黄”植入人心，给门店带来了新一波热度，实现了业绩营收双增长。

对于餐饮品牌来说，要想持续火爆，业绩稳定增长，就要有前瞻性，善于捕捉前线动态，抓住潮流，不断升级创新产品。同时，也可以根据自身品牌的品类和特性，选择适合自己玩法的颜色营销，打造有辨识度的爆款，但切忌不要瞎玩颜色营销。

就像上文所说的，虽然红色代表着冲动和热烈，能让人有激情，但要是用在西餐、法餐等需要缓慢、优雅用餐的餐厅场景中，大面积的红色或者五颜六色的氛围就会显得很突兀，也会破坏这些餐厅高端、沉稳的基调，让消费者感到不舒服，这些都会影响餐饮品牌的形象和客流，从而影响餐饮品牌的收益。

现在的消费市场是年轻消费者的天下，对于更多想要“狙击”年轻消费者的餐饮品牌而言，“多巴胺”颜色营销确实是一个好路径。在疲惫的日常生活下，褪去黑白灰、拥抱“多巴胺”是年轻消费者心境的转变，也是新的追求目标，尽管是在消费分级、回归理性的大环境中，年轻消费者依然愿意为“自己”买单、为“快乐”买单。

“多巴胺”颜色营销当前正是潮流，热度持续高涨，很多餐饮品牌都不愿错失这波热度，期望能在这波潮流中吸粉增收，这种心态无可厚非。但笔者在这里还想给餐饮从业者提出一点忠告：颜色营销固然好，确实也能带来不错的流量和收益，但并不是每一个餐饮品牌都适合用这一策略。餐饮品牌要想用颜色营销来圈粉吸流，必须审视自己的品类和定位是否与“多巴胺”相符，切勿盲目跟风滥用，以免适得其反。

37.

IP 联名，让年轻人为情绪价值买单

当下餐饮行业已经进入 Z 世代，换句话说就是年轻人掌握消费主导权的时代。现在 85% 的餐饮消费由 18 ~ 34 岁的年轻人贡献，他们正成为餐饮消费 2.0 时代的主要推动力量。新的年轻消费客群与以往的消费客群最大的区别在于，他们消费不仅是为了吃好喝好，更希望在消费中获得情绪价值，也更愿意为内容体验买单。比如，从一杯奶茶中获得人生的小确幸，在一家面包店收获简单的美好，在轻松的火锅店感受久违的松弛感，等等。

在餐饮行业加速狂奔，“内卷”现象日益严重的背景下，餐饮连锁品牌该如何精准“狙击”年轻消费世代的喜好，破圈涨粉，实现营业额增长呢？以下几点可供参考。

IP 联名，圈新粉，提销量

餐饮连锁品牌可以借助 IP 的力量，精准“狙击”那些愿意为情绪价值和体验买单的年轻人。在餐饮赛道，活跃度高、备受喜爱的国民游戏《王者荣耀》，也是餐饮的 IP 合作常客，肯德基、Tims 天好咖啡、汉堡王等品牌，每次与《王者荣耀》联名都能激起流量与销量的狂欢。

由此可见，餐饮品牌通过 IP 联名，能释放 IP 营销的强大引力，有助于圈新粉，提销量，为品牌带来客流与营销的双重增量。此外，通过联动，也有利于诠释全新的品牌形象，具有更长远的品牌意义，加上各大品牌日常投流进行新品种草、活动推广等，使消费者心智不断被占领，品牌的国民度也将大大提升。

其实，这一营销模式正是 Walk-in 吸引力营销，这是腾讯本地生活推出的营销方式。这一解决思路区别于行业传统认知中的 IP 营销，它其实是通过腾讯在内容及 IP 资源方面的整合能力，与本地赛道尤其是餐饮领域的产品进行强绑定，激活 IP 粉丝人群，以获得他们的认同感，再结合门店运营活动，将兴趣与认同转化为消费力，吸引新增用户到店，实现客流与盈利的效率倍增。

餐饮品牌要想加速连接品牌与消费者，以适配不同场景与不同目标客群喜好的优质 IP，实现营销突围，就需要有丰富的 IP 资源。因此，可以考虑与腾讯等大型视频影视平台合作。

话题、图文、短视频和直播齐发力

抖音怎么玩？

以沪上阿姨为例，其联动抖音“心动上新”活动，推出了“暗夜玫瑰绝绝紫”2.0 奶茶，这款奶茶精选重瓣红玫瑰花露和大凉山桑葚，为消费者提供“悦己”的好产品。此次沪上阿姨选择“上新首发在抖音”，通过短视频种草预热、官方直播、达人直播等组合玩法，让用户在抖音平台上“抢先享新奇体验”，上新首日预售就突破了 3 万杯，实现了出品即爆品。

如何联动抖音平台，打造一杯成功的吸睛茶饮呢？关键是为用户提供抢先享受的新奇体验。这需要对产品进行由内到外的策划，同时充分利用达人明星的流量和直播策略的全方位策划，实现出品即出圈的效果。

从产品方面来看，主要是包装、用料、价格和文案要吸睛。

首先，产品包装上要有特色，第一眼要吸睛，即给消费者提供视觉上的新鲜感。沪上阿姨在抖音首发的“暗夜玫瑰绝绝紫”2.0，通过黑金杯和玫瑰色调的设计，打造出符合主题的大女主风格，同时搭配定制的黑巴克玫瑰绑带，凸显产品的玫瑰花元素，从感官上放大了浓浓的春日氛围。

其次，产品的用料实在，价格上也很实惠，给消费者提供实在的福利和新鲜感。“暗夜玫瑰绝绝紫”2.0进行了升级——一杯内含玫瑰花露、精选大凉山桑葚、花青素……将玫瑰特调和时令鲜果进行升级碰撞，让每个消费者在三月就能品尝到第一口春天的味道。除此之外，13.8元的超级折扣价也是很多消费者蹲点购买的“心动力”。在抖音生活服务的助力下，沪上阿姨还通过完善货盘和福利款策略，满足了更多用户的口味需求。他们还在抖音直播间上架了多款“5折起”的爆款饮品，从1元喝、新人3.9元喝、买一赠一的奶茶狂欢，到送手表、

“产品＋玫瑰周边”的组合玩法，不仅好喝而且好玩，充分调动了消费者的第一眼购买欲。

香水礼盒、护肤套装的“超多免费送”福利，这一套“组合拳”打下来，沪上阿姨直播间热度暴涨，场观超过了 3.3 亿，销售额再创新高。

最后，产品的文案也要吸睛。沪上阿姨此次主题文案为“只需做自己的大女主”，注重挖掘女性本色力量，不必做附庸的菟丝草，只需做自己的玫瑰花，致敬在生活中绽放本色的每一位女性。以产品为载体，讲好品牌的主张和理念，可以提高用户对品牌的独特认同感。

从流量角度来看，达人和明星的打卡活动也吸引了大量消费者的关注和参与。

沪上阿姨新品在抖音上收获了超高的热度，抖音话题讨论度高达 2.2 亿，短视频投稿量更是高达 5.2 万。超高的热度吸引了明星和达人前来打卡。

从直播模式来看，沪上阿姨采用了“官方 + 区域门店”矩阵直播模式，合力打出好业绩。

沪上阿姨官方直播间围绕“引花入茶，共赴春光”的主题，特别打造了春日郊游房车、粉玫花墙、浪漫白窗、山野草坪，扑面而来的春日气息和节日浪漫氛围持续吸引用户关注。在直播中，沪上阿姨在现场直接开了一堂插花课，邀请花艺师用沪上新品奶茶杯进行 DIY 插花的教学，这种巧妙的“二创”玩法给大众带去了不少新鲜感。

除了官方直播外，沪上阿姨还充分联动区域门店开展联合直播，店员出镜讲解，在直播间进行门店的第一场景展示，最大范围实现活动的人群触达，以“官方 + 区域门店”的多端力量，在春天的好时节里收获了好生意。

为了扩大品牌影响力，沪上阿姨还与张杰演唱会联名合作，开拓了茶饮演唱会联名新模式，并推出了联名品——“未 · LIVE 开往 1982 双杯套餐”，“暗夜玫瑰绝绝紫”也在套餐选择中。该商品在 12 座城市的 700 多家沪上阿姨门店上架，且在抖音平台独家售卖，多城门店在上线 10 分钟内便宣告售罄。此次重磅联名开拓了茶饮品牌与演唱会 IP 合作营销的新模式。

因此，不论是茶饮品牌还是餐饮品牌，要想在竞争和“内卷”中脱颖而出，除了提供高质量的产品和优惠的价格之外，还可以尝试与活跃度高、有热度的 IP 联名合作，利用 IP 营销精准“狙击”目标用户，匹配与用户需求相符的产品，如此有望实现客流和营收的双增长。还可以与短视频平台联合，像抖音生活服务这样的平台提供了聚流量、打爆品的方式，无论是商品的上新玩法，还是货盘组合、短视频内容和直播的玩法策略，都直观地缩短了新品走向爆品的路程，实现了新品即爆品的效果。

38.

进军小红书，让用户开胃让品牌省心

近年来，餐饮行业愈发呈现出鲜明的AB两面：一面是餐饮终于踏进5万亿新时代，另一面则是行业加速洗牌仍在进行。

后者具体表现为入局者数量激增，2023年国内餐饮企业新增注册量达到了318万家，与此同时，餐饮相关企业的吊销、注销数量也高达139万，其中29万家企业“一年内成立又倒下”。

餐饮人的竞争对手越来越多，餐饮生命周期也越来越短。为了生存，餐饮行业开始疯狂地“卷”价格、“卷”联名、“卷”服务、“卷”场景、“卷”新品、“卷”加盟……

餐饮市场呈现出空前的竞相角逐，而这背后，归根结底还是消费者的消费分级在起作用。

消费者在支出方面表现出更加审慎的态度，“极致性价比”成了他们消费时追求的重要因素。

同时，年轻人的消费欲望和品位也在升级。比如喝茶要“围炉”的、进餐厅要“精致”的、服务要“花式”的。他们期待餐饮消费不仅能满足吃喝需求，更要帮助他们解压，为他们提供情绪价值。

市场竞争日益激烈，消费者对消费的期待又在不断提升。在双重压力之下，餐饮生意也越来越难做。

于是，越来越多餐饮人开始向外求索，甚至涌入小红书平台寻找新的商机。

小红书的优势很明显。一是月活跃用户高达3亿，这些用户是餐饮商家获得用户反馈，实现转化的重要基础；二是小红书能给品牌提供与用户更深层次的社区互动机会，借此助力品牌撬动新商机，实现新增长；三是在小红书平台上只要有声量波峰，就有生意高点，只要我们有意识地促成声量波峰的形成，就有机会获得高收益。

特别是，小红书还启动了“漂亮饭循环”计划，直接为品牌提供了很多实现确定性增长的机会。

所谓“漂亮饭”，是指一切能激发用户主动分享的因子，它们可以是好吃的、好看的、好玩的、新奇的、冒险的，它们的共性是能够成为社交的催化剂，引发人们的讨论和分享。

也就是说，当消费者在小红书上看到了被晒出的极具吸引力的“漂亮饭”时，会不自觉地被种草，进而产生消费欲望。在消费之后，又会自觉把自己的消费体验在小红书上晒出来，从而让更多人被种草，借此点亮“晒—看—买—晒”的涟漪式效应，形成“漂亮饭循环”。

像“疯狂星期四”营销活动形成“漂亮饭循环”后，就为肯德基贡献了超过15%的曝光和阅读波峰。在为肯德基贡献热度，让品牌收获“高声量”的同时，还提升了潜在的转化率，触发了更多潜在的好生意。

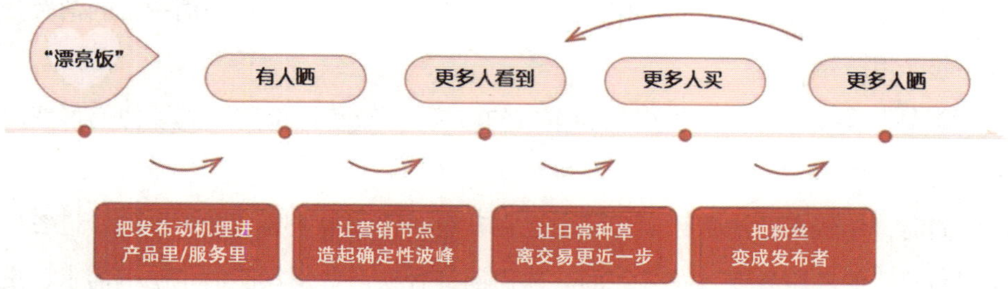

通过美食青年们的“晒”，去种草更多人的胃，并不断发布“漂亮饭”的循环轮次。

那如何形成持续的“漂亮饭循环”呢？我们可以通过小红书提供的四个模块来进行操作。

模块一：C2B 共创

在 C2B 共创模式中，小红书围绕“数据”与“达人”两个层面为品牌赋能。

数据层面，小红书会在分析大量数据后，为品牌提供适合摸索的新机会、相关热门话题及内容传播方向，同时还会模拟人群画像、寻找消费者的内容与消费需求偏好。品牌可以依据分析结果，有针对性地在产品口味、功能、包装等细节上进行调整。

达人层面，餐饮品牌可通过小红书邀请平台达人或进行用户调研，通过深度访谈的形式，更深层次地挖掘用户需求，第一时间捕捉用户的“所思所想”，这样，品牌就能“听对的劝，做对的事”，向用户示好。

例如，许多从大厂离职选择餐饮创业的年轻人，尤其在咖啡、烘焙、轻食等赛道的，都会先向小红书用户征集关于选择什么餐饮赛道、卖什么产品等方面的建议。

通过与用户互动，这些餐饮小白能更具体地感知到市场趋势和消费者偏好，也能利用用户意见反推产品创新和营销创新。同时，用户也会有种参与了养成游戏的获得感。等品牌店开启后，用户也更愿意前去光顾，对品牌也会多些包容，愿意继续见证品牌的成长。

模块二：波峰营销

利用营销节点造起确定性波峰，通过波峰营销解决模块，帮助餐饮品牌挖掘好趋势、放大好内容，冲击更高波峰。

在波峰营销中，小红书提出了“三步走式打法”，下面以星巴克为例来做说明。

第一步，通过产品热点、联名动作及有效传播的笔记等，给用户埋下主动分享的“钩子”。

就像星巴克的“太妃烤红薯风味茶拿铁”，这款产品源于小红书网友“二创”的隐藏菜单，本身自带话题度，是有趣的“漂亮饭”。因为它里面没有真的烤红薯，而是燕麦奶、红茶和太妃糖浆三者碰撞后得到的类似烤红薯的风味。用户觉得有趣，自然愿意分享传播与之相关的内容。

第二步，UGC 促产。激励消费者发布更多笔记，创造范围式 UGC 传播，冲击确定性波峰。

星巴克观察到网友的“二创”玩法后，立即与小红书深度联动，将消费者的隐藏菜单重新命名并调整材料配比推出，变成了真正的品牌新品。像“太妃烤红薯风味茶拿铁”就直接爆火，轻松实现了一周内快速在国内 7000 家门店上新的纪录式速度。星巴克尝到甜头后，继续联合小红书推出活动，激励用户集思广益，发现并推广更多的“二创”新品。这种积极的态度也激发了小红书用户的创作热情，一系列玩梗、分享的笔记也开始疯狂传播，多次登上热门。

第三步，UGC 放大。在更多 UGC 出现后，星巴克为真实的内容素材加热，一方面波峰确定性放大；另一方面也能实现资产沉淀。

接二连三的“二创新品”及“听用户劝”的做法，进一步提升了星巴克在平台上的声量，用户持续发帖，使星巴克在小红书相关浏览量累计超过 23.3 亿，笔记超过 152 万篇。

可以说，借助小红书网友的力量，星巴克成功为自己的品牌注入了全新的活力与创意。

模块三：种草 PLUS

为了让日常种草离交易更近一步，小红书通过种草 PLUS 解决模块，为品牌带来更多实质性的好生意。

在种草 PLUS 中，小红书以“种草打法 + 笔记组件”的组合形式提出了新玩法。包括更具体、可复制、强落地的 KFS 方法论（K 即 KOL、KOC、KOS 等美食种草博主，F 即 Feeds 发现页，S 即 Search 搜索页），通过可口的美食笔记完成定向种草，让消费者快速开胃。“种好草”后，再以“种草笔记 + 组件”的打法，即种草 + 门店组件、种草 + 派券组件、种草 + 团购组件三种方式，帮助餐饮品牌离交易更近一步，拉新获客，实现增收。

品牌需要提前入驻小红书，和小红书安排合作并设置相关活动，再联系探店达人、种草博主等发布相关种草帖并添加相关组件，为餐饮品牌引流。

模块四：忠粉运营

忠粉运营的目标是把粉丝变成发布者，为餐饮品牌带来更多高黏性的固定老客户，提高运营精细化程度，进一步沉淀品牌人群资产，收获高价值用户。

品牌可以借助小红书提供的科学数据来洞察品牌忠粉，用分层运营帮助品牌实现忠粉扩张。其中，小红书提供了全新的操作路径，即“识别—拓展—运营—度量”。识别是精准定义品牌忠粉，拓展是描摹忠粉画像和偏好，运营是把粉丝变成发布者并实现规模化扩张，而度量是用更具体的指标提升运营流转效率。

以上四个模块可以有效帮助品牌理清如何利用“漂亮饭循环”在小红书上推广产品、打造爆品、促成交易，助力品牌用较小的投入撬动巨大的收益。因此，品牌一定要利用好小红书。毕竟，一旦“漂亮饭循环”开启，不仅能激发用户的消费兴趣，让品牌省心，还能带来巨大收益。

39.

流量为王，让抖音成为餐饮营销的流量池

在流量为王的时代，不少餐饮商家试图抓住流量红利，为自己获得盈利增长。

抖音平台无疑有着独特的宣传和流量转化优势，不少餐饮企业也希望通过抖音营销的方式，将自己的餐厅变成吸引用户眼球的网红打卡地，而太二酸菜鱼就是其中的成功典型之一。

太二酸菜鱼通过 IP 联名、线上线下联动模式及年轻化的互动玩法，带来新的业绩，也为餐饮企业联合抖音平台开启流量营销密码解锁了新的路径。

IP 联名，激活广大网友的情绪消费

IP 带有情感特征，其优势在于消费者会因为对 IP 的认知而主动链接 IP 的相关内容，这就使得餐饮企业能够迅速链接到对 IP 感兴趣的消费群体，进而激活广大网友的购买欲望，实现购买转化。

龙年春节后，太二酸菜鱼的开年整合营销重点就是联动卡皮巴拉进行抖音主题直播，此举取得了非常好的营销效果。

太二酸菜鱼联动抖音生活服务“抖音心动上新日”，先一波抓住大众开年复工后的情绪变化，搞怪联名卡皮巴拉憨萌 IP，以逗趣直播、福利货盘、短视频种草等趣味玩法，激活了广大网友对卡皮巴拉的情感消费。

仅一周时间，太二酸菜鱼在抖音平台交易额突破 9100 万元，直播曝光量超

过 3700 万，还有 3000 多达人对短视频进行了转发和安利，站内外活动热度还在持续攀升，这期间太二酸菜鱼更是直接登榜抖音全国美食周榜热搜榜单，一举实现了新年业绩的开门红。

别开生面的主题直播间活动，还未上线就吸引了一波粉丝的关注，网友留言直呼："啊啊啊啊啊，太二和最喜欢的卡皮巴拉联名啦！"

我们认为，若要将 IP 符号变得生动鲜活，就必须要真正融入多样化的场景中。太二酸菜鱼也深谙此道：满满卡皮巴拉元素的直播场景布置，营造了"萌豚来袭"的欢乐氛围，不仅深度契合了太二酸菜鱼年轻、有趣的品牌调性，也为消费者带来了更为沉浸式的直播观感。

在直播间的具体玩法环节上，主播们以超魔性的"集体开工舞"，为农历龙年开了新局，也加深了用户对于这场直播的印象。直播间内还开启了"酸爽开橘要稳住"的趣味挑战，主播们在头顶叠橘子的玩法让不少观众跃跃欲试。此外主播们更是将新品好柿发生豆花（甜品）和联名周边玩到了极致，现场不仅有"豚门开工大赏"卡皮巴拉穿搭走秀，还设置了卡皮巴拉摊位等创意场景沉浸式展示产品，吸引了众多观众和用户的持续关注，有效拉升了直播的观看量。

通过对开年节点消费者情绪的深度洞察，以及对新品创意内核和直播创新玩法的深度挖掘，太二酸菜鱼为 2024 年营销与经营开了一个好局，这也让更多餐饮商家看到了"抖音心动上新日"IP 的营销价值。

线上线下联动模式，促进到店转化

除了玩转 IP 联名外，线上线下联动模式也成为太二酸菜鱼开年首播成功的关键要素之一。

在线上，太二酸菜鱼充分利用抖音站内和站外的优势资源。在抖音站内，除了打造特色主题官方直播外，还邀请区域达人进行直播，深度覆盖品牌核心区域的消费人群，通过便利的地理位置精准推荐，深度打透本地消费人群。

太二酸菜鱼还根据卡皮巴拉联名特色新品等进行达人短视频铺排，用优质短视频内容吸引年轻消费者深度种草新品，以及收获卡皮巴拉的活动攻略。同时，太二酸菜鱼还借助抖音站内阿拉丁开屏投放、抖音话题及官方公众号等渠道为直播进行线上引流，不断吸引用户讨论。

在抖音站外，太二酸菜鱼则深度依托卡皮巴拉的吸引力法则，通过打造主题门店，为更多到店用户带来近距离“rua”卡皮巴拉的趣味体验，并依托契合打工人情绪的“扎心文案”海报进行商圈大屏投放，激发了更多用户的情感共鸣。

站内外全方位的创意玩法，在不断撬动消费人群的同时，也夯实了品牌开年营销的流量热度。

此外，太二酸菜鱼更注重线上线下的联动：在抖音生活服务直播间推出 2024 年开年超低折扣福利、联名套餐、多种代金券等优惠，搭配线下到店说“橘利话”口令兑换公仔和贴纸、到店消费联名掏槽赠送周边等走心、有趣的互动形式，为其带来了更高的曝光度和亮眼的销售成绩。

开年首播直播间最高在线人数高达 1.3 万，开播仅 3 小时 GMV 就突破了 2000 万元，销售订单达到了 100 万，新品售出量更是超过了 3 万。

我们认为，线上线下联动的优势在于：其一，因为抖音通过算法向目标群体推荐感兴趣的视频，这就意味着能看到相关营销视频的都是目标客群，因此，从用户看到视频到最后实现购买转化的概率是非常高的。其二，餐饮商家先通过线上推出优惠找到“高兴趣”的客户，再配合线下兑换优惠的形式，可以很好地激发这些“高兴趣”客户的消费欲望，往往就能够实现到店转化的目的。

因此，餐饮企业可以采用线上线下联动的模式为自己带来更多消费群体。比如，结合节假日等特殊时期，在抖音平台线上释放诸如打折、赠品等优惠信息，吸引用户前来就餐。同时，还要利用好平台配备的营销工具，比如可以通过设置商家页面，配置团购、赠品活动详情介绍、领优惠券等营销活动，提升线上下单或预约量，促进到店转化。

用年轻化的互动玩法，触发更多年轻用户跟风消费

毫无疑问，抖音拥有大量年轻用户群体，年轻人因为对新事物的接受能力强，喜欢追求潮流，消费意识强，很容易受别人影响而产生消费行为。

太二酸菜鱼此次与抖音联动就抓住了年轻人这一消费心理，巧借年轻人都喜欢的卡皮巴拉 IP，策划了“酸爽开局 事事都稳”主题直播，在直播中推出盐帮菜和 IP 联名甜品、福利折扣、独家货盘及卡皮巴拉周边公仔，用更为年轻化的互动玩法与年轻用户玩在一起，助力其聚餐蓄能、元气复工。在实现品销双收的同时，既巩固了太二酸菜鱼产品口碑和用户黏性，又为其他餐饮商家的淡季营销提供了新思路。

抖音互动性强，能达到很高的传播率和扩散性。因此，只要能制造出一个引起用户兴趣的热点来，且视频会被大量转发和分享，就能让更多用户跟风参与。

抖音上也有很多互动功能，例如发布抽奖活动，回答用户提问等。餐饮行业可以通过抖音的互动功能，提高用户的参与度和黏性，也可以让用户在评论区留言，分享自己的用餐体验，增加用户的归属感和忠诚度。

总之，“抖音心动上新日”是品牌上新全案营销的新阵地，在品牌核心新品发布场景下，能够通过 IP 联名、线上线下联动模式、年轻化的互动玩法等手段，为更多品牌的新品营销提供从声量爆发到持续经营的全链路解决方案。

然而，这并不意味着所有餐饮企业都适合借助这几种方式去提升获客能力，而是需要商家根据自身情况和用户需求进行选择和实践。创意内容制作、营销活动策划、用户口碑管理等都是非常有效的方式，都可以帮助餐饮行业吸引更多客户。

40.

深挖快手，让餐饮人在下沉市场“掘金”

近年来，餐饮品牌纷纷将目光转向下沉市场或新线城市。

在咖啡赛道，星巴克 2024 财年一季度在中国净新增门店 169 家，新进入 28 个县级市场。县城市场为星巴克打开了业绩增长的新空间。而瑞幸、库迪等品牌也正向非一线城市发力。

在火锅赛道，不少品牌正通过打磨新店型和释放优惠条件来吸引新线城市的加盟商们，例如，后火锅就推出了“0 加盟费、3500 万补贴”的政策，把二线及以下的火锅市场视为了品牌再次激活业绩的必然选择。

在新茶饮赛道，喜茶开放加盟后扩张迅速，截至 2023 年年底门店总数已突破 3200 家，拓展到了约 210 个新城市，部分县城市场的销售增长甚至超过了 400%；奈雪的茶也在 2024 年重新调整了加盟政策，除北上广深及武汉、西安、南京、西藏外，其他城市和地区全部开放加盟并将逐步下沉到县域市场。城市范围进一步扩大，下沉趋势更加明显。古茗、书亦烧仙草等品牌则通过加盟扩充体量，在新线城市“攻城拔地”。这种方式也正在被越来越多的品牌所复制。

为什么像“规模”“体量”“业绩”“占有率”“营收”“增量”这些餐饮品牌的未来关键词都紧紧绑定着新线城市呢？

这和新线城市消费者的消费习惯变化有关。新线城市指的是三线以下城市。不同于传统印象中新线城市消费者是只比价格的“低价党”，随着消费结构的转型和新线市场消费升级，该区域的消费者画像也发生了转变。

以新线城市中极具代表性的团体“小城贵妇”为例，她们没有高额房贷与工作焦虑，有着更多可支配收入，她们会花一两个小时在城中的网红咖啡馆或健身馆、瑜伽房消磨时光。她们非常愿意去探店体验更多的生活方式。一线城市的潮流在新线城市仍鲜活荡漾着。

而在整个消费市场，女性不光是消费主体更是大部分家庭消费的决策者。由此可推断，新线城市的消费潜力巨大，消费者因为没有过高的房贷压力，消费信心也更强。第三方研究机构麦肯锡也曾预测，到 2030 年，中国个人消费规模将增长至 65.3 万亿元，其中超过 66% 的增长来自三线及以下城市为主的新线市场。

说白了，新线城市消费者既有消费能力，也有消费愿望，而餐饮市场又并未饱和，因此现在正是餐饮品牌布局占领市场、谋求快速发展的良机。

新线城市的蓝海已经显现，餐饮人该如何在蓝海显现的竞速期快速起跑，成了要考虑的核心问题。

利用快手渠道就是一个很有效的方法。

像“有间千层”蛋糕店就是利用快手渠道，迅速实现经营规模扩张——将一家原本只是开在哈尔滨偏僻角落的蛋糕店，在全国开出了超过 200 家门店。所花时间也就短短一年。

为什么快手渠道会有那么大的能量

第一，快手平台在新线城市有庞大的用户群。

快手平台的用户规模庞大，平均月活跃用户规模已突破 7 亿。

而《快手本地生活用户洞察报告》显示，新线城市用户已经成为快手本地生活的主力军。快手本地生活新线城市用户规模远超二线及以上城市，占比达到 54.5%，比二线以上城市高出 9%。同时，快手本地生活用户规模增长也很快，像 2023 年第四季度，同比增长了 23 倍，GMV 同比增长了 25 倍。

餐饮品牌如果和快手建立合作，那快手就会为品牌赋能，助力品牌将快手用户转化为消费者。毕竟快手用户群体量足够大且具有高度差异性，总能找到消费需求和品牌对口的用户。

第二，快手用户既有钱又有闲。

据统计，快手用户日均使用该款 App 的时长超过两小时，每个月在快手上购物的用户人均消费超过 1000 元。而这些有钱又有闲的快手用户一旦认可某个品牌，就有很大概率被发展为该品牌的忠实粉丝，持续为该品牌消费。

第三，快手能为商家带来巨大的增量机遇。

快手认为，“每一次新需求的诞生，都是增量”。用户第一次的新鲜体验，都是增量。快手作为短视频平台拥有海量内容，有无数的内容创作者可以创作引导用户新需求的内容，借此激发用户的消费欲望。

基于此，用户就会体验“打开快手—刷到别人探店吃大餐的场景—跃跃欲试—下单购买”的过程。不只是大餐，还有第一杯咖啡、第一次自助大餐、第一次瑜伽体验……

商家也会因此得到增量机遇，像之前瑞幸在快手的内蒙古专场活动，下单用户中有 3 成从未购买过瑞幸，快手也成为瑞幸获得新客比例最高的渠道。

为了进一步提升种草的成功率，快手还专门推出了团购模式，并喊出了“所有团购都值得在快手重做一遍”的口号。

为什么采用团购模式

站在消费者的角度，团购能让消费者以较低的价格获得需要的商品和服务，能满足消费者对极致性价比的追求。

对团购商家来说，团购价可以降低消费者被种草后的体验门槛，加上快手本地生活还给商家提供了一个低成本获客的增量经营阵地，商家只需要付出较低的经营成本，薄利多销，促使更多的消费者买单，就能获得更大的收益。

那餐饮人该如何利用快手团购提高营收呢?

在快手本地生活聚力大会上，快手高级副总裁、本地生活事业部负责人笑古首次向外披露了三个经营风向标，即好内容、好商品、好服务。关于“好”的标准，快手也给商家、达人和服务商都明确了方向。餐饮企业也可以结合这些方向适当调整自己的运营方式，再借助快手平台，获取更大的流量和收益。

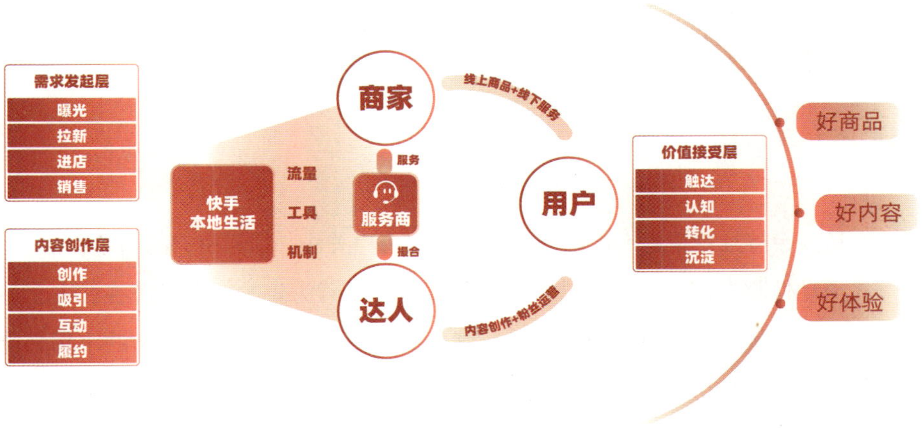

在快手商业生态下，好商家、好达人、好服务商围绕用户同向而行，构成了平台生态的核心。

好商家

好商家要同时具备极致性价比的商品和可靠的服务。

极致性价比是好商品的核心。飞瓜数据发布的《快手本地生活用户洞察报告》显示，2023 年，在快手本地生活的到店餐饮、酒旅及到店综合各项业务中，“极致性价比”成为快手用户团购的共同最强动力。

餐饮人需要注意，极致性价比并非简单的低价为先，而是要保证“同等价格质量更高、同等质量价格更低”。

同时，我们不能忽略了服务的重要性。因为中国居民的消费结构正由商品消费为主向商品和服务消费并重转变。

从 2023 年全国居民人均消费支出的数据来看，人均服务性消费支出达到 12114 元，比上年增长 14.4%，占居民人均消费支出比重的 45.2%。在美国，这个比例 2021 年就已经达到了 65.4%。城镇化演进大大推动了消费，尤其是服务型消费的增长。

在通过提供极致性价比和好服务打造优质团购商品之后，餐饮人还需要借力快手平台的相关活动把团购商品推广出去。比如，快手推出了十亿级平台补贴和千亿流量，助力打造团购消费新风口、新增量，如“爆品引燃计划”就会扶持更多具备极致性价比的团购商品。

好达人

好达人会持续勤奋地产出优质内容，吸引用户关注，加深用户的印象和信任。

在流动性相对较弱的新线城市，口口相传、口碑为先的熟人经济往往占主导地位，消费决策大多来自熟人推荐。品牌若找对了突破口，新线城市的市场必能为其敞开。

这个突破口其实可以是本地生活达人。

本地生活达人很多都是真人出镜进行实景探店，内容直观有趣，真实可信。在快手用户看来，达人相当于自己的“熟人”，会为自己“去哪儿消费”提供参考。

更重要的是，达人发布的探店内容都是用户附近的信息。而基于“附近”所产生的需求，更容易被唤醒和激发，决策链路更短，达人种草成功率也会随之提升。

餐饮人也需要和达人密切合作，因为在团购前，还有一个至关重要的前置环节——以种草导向为关键点的内容创作，促进品牌拉新。需要注意的是，这个内容不能是噱头式的，因为纯粹的流量抓手不等于好内容，也很难把用户转化为品牌的消费者。

好服务商

对于服务商而言，标准化服务、高保障履约是“好”的关键。得益于更精细化的服务商生态建设，2023 年，快手本地生活商家服务商 GMV 渗透率上升超过 28 个百分点，达人服务商 GMV 渗透率上升了近 10 个百分点。在此过程中，平台生态内也涌现出一批具备优质运营技巧、快速孵化商达能力的优质服务商。餐饮人也可以在考察完服务商的业务能力后，根据自己的需求联系服务商进行合作。

快手助力商家、达人和服务商的发展，而商家、达人和服务商在发展好了之后，也会让快手的生态愈加繁荣，形成一个良性循环。基于此，快手也在持续加码平台扶持政策，比如，快手磁力引擎会为本地的经营者提供技术、产品和服务三个全方位的“装备包”，同时也将拿出2亿元现金的广告投放大礼包，助力本地商家“起飞”。所以餐饮人在做好自身品牌建设和运营的同时，还需要密切关注、紧跟快手平台的政策动态，以便抓住风口，获取更多的增量。

41.

达人探店，餐饮老板常态化引流手段

过去 3 年，餐饮行业经历了动荡波折，增长缓慢，营收和客流遭受了双折损，餐饮人或选择躺平，以减少耗损；或选择自救，艰难求生。直到“井喷式复苏”后，餐饮人的处境才相对有所好转。

然而，在“井喷式复苏”的背后，餐饮人并没有迎来期待中真正的“报复性消费”。

经历了“黑六月”“灰九月”后，竞争升级、营收腰斩、客流阶梯式断层的情况再次席卷而来。有人开始叫苦，有人则抓紧抢客……种种动作背后，无不在提醒：全域运营时代已经正式开始，餐饮人要做的不仅是守好阵地，更要能玩转各种经营手段。

其中，利用达人探店给门店引流是餐饮人必须要掌握的常态化经营手段之一。

究其原因，主要有三点。

第一，官方及各大平台都在支持达人探店。

近年来，“达人探店引流”已经多次被官方提到台前。北京、南京等多地政府也曾明确提出“引导实体商家利用达人探店、博主种草、用户点评等方式吸引线上客流”。同时，包括抖音、小红书在内的各大平台也投入补贴，鼓励商家和达人合作，激励探店达人的创作。

因此，“达人探店、打卡”的营销方式，在官方及平台的持续加持中逐渐成为时代主流，并向规范、成熟的方向发展。为了顺应这一发展趋势，餐饮人也需要把探店引流列为自己必须要掌握的常态化经营手段之一。

第二，达人探店会极大限度地降低消费者的选择成本。

很多消费者在选择吃什么时常常会很纠结，如果这时出现一个值得消费者信任的人来推荐餐饮店，消费者就有很大可能听从对方的建议。

在短视频时代，能给消费者提供就餐建议的人，除了身边的熟人，还有那些通过实地考察和亲身尝试为消费者提供各种用餐建议和分享心得的探店达人。

因此，探店达人的种草视频成了很多消费者选择到店消费的重要依据。

比如，一位参与全聚德打卡活动的消费者普普就分享过她的消费逻辑："我就是睡前照常刷抖音，刚好看到喜欢的美食博主在探店打卡，'云体验'挺好，所以就来了。"

普普的消费逻辑正是大部分餐饮消费者在消费习惯上的真实变化：种草（短视频 / 转介绍 / 算法推荐）→搜索达人探店内容→云体验后线下打卡。

消费者通过观看达人的探店短视频，可以快速拔草或避雷，减少了很多纠结的时间，也在某种程度上极大限度地降低了选择成本。

第三，达人探店的引流效果明显。

根据调查，有火锅店老板花了大概 3000 元做探店引流试水，结果当月线下到店客流相比上月增加了三成左右；也有精品咖啡店做了达人探店引流后，月销量增长大概有 50%，最高单日出单量达到 4000 单，门店的日均单量稳定在 500 单左右；还有某区域型连锁茶饮品牌创始人也表示，现在单个门店月订单量中，大概有 25% 来自达人探店引流。

不仅如此，从抖音生活服务的数据来看，当前，达人探店短视频带来 GMV 最多的行业 TOP10 榜单中，70% 聚焦于餐饮行业；最受用户欢迎的行业探店内容 TOP10 榜单中，也有 60% 聚焦餐饮行业。"探店引流"对于餐饮商家的益处不言而喻。

同时，数据也显示，达人探店极大地提升了用户主动搜索的频率。这也意味着，一个视频背后所映射的价值，远远不止种草本身。

因此越来越多的餐饮商家，包括不少头部餐饮品牌也都开始使用"探店引流”的经营手段，通过探店达人及网红博主的势能，搭建起商家和消费者之间的信任桥梁，进而提升客流、增加营收、扩大品牌影响力。

那餐饮人该如何利用达人探店来提高品牌的竞争力，吸引更多消费者呢?

自行邀请本地生活达人

如果餐饮商家对相关平台比较熟悉，对本地生活达人的情况也比较了解，就可以自行邀请那些日常拍摄风格和品牌契合的达人进行合作，到店拍摄相关的种草视频。

如果预算足够，品牌可以分别邀请知名博主、素人博主、低粉博主等，并对他们的视频风格、视频播放量及转化率进行跟踪记录和分析，然后再选择视频播放量高且转化率高的博主继续合作。

比如，有家精品咖啡店的主理人就在和达人的合作过程中发现，有些素人博主和低粉达人的转化其实更好。因此，这家咖啡店也不再一味追求名人效应，反而选择多去挖掘那些粉丝黏性高、种草视频转化率高的宝藏素人博主和低粉达人。

由于商家自行搜索到的达人数量有限，因此商家在进行达人探店引流工作时，除了自行邀请达人外，还可以利用平台工具等多种方式来实现和达人的对接。

利用“探店宝”，解决找达人难问题

2023 年以来，抖音探店相关视频数量超过 12.7 亿，入驻抖音生活服务团购中心带货的达人增长了 289%。餐馆等中小商户通过抖音平台发布的商达订单同比增长了 98%。2023 年前三季度，抖音 58 万达人通过探店获得了稳定收入，探店为实体商家带来了 729 亿元的经济收益，同比增长了 193%。

可见抖音在“探店引流”这一板块的巨大能量。

为了更好地服务商家和达人，抖音推出了探店撮合产品“探店宝”。这是一种直接定价并指派的全新探店撮合模式平台，它建立了商家与达人的准入标准和撮合标准，使商达双方表达需求前置，即商家下单后，平台可以智能指派达人，从而使商家获得更有质量保障的视频内容。

该产品已经在全国 34 个城市上线。相关数据显示，产品上线后，商家在 7 天内成功匹配到达人的效率提升了 11 倍。

具体操作也很简单。

第一步，开通“探店宝”。

先打开抖音“来客”App，在首页点击“达人带货”，找到并点击进入“探店宝”页面，阅读协议后，双击开通。

第二步，创建计划。

在“探店宝”计划创建页面创建计划，并选择相关的达人包等级、达人包数量、期望达人推广的团购商品、佣金比例，以及可接待达人探店的门店等，再完成支付。

第三步，联系达人。

购买完成后，系统会为商家匹配达人。商家可以选择通过私信或者电话与达人进行沟通，再配合达人到店拍摄种草视频。

第四步，审核视频。

达人完成视频后，商家有 4 次要求达人进行视频修改的权利。在计划详情页或达人带货待办事项中都可以看到待审核提醒。商家可根据自己的需要联系达人进行视频修改。

第五步，跟踪查看种草视频的转化效果。

视频发布后，在计划详情页可以直接查看达人履约情况和效果数据。商家可根据相关数据确定种草视频转化率。如果转化率高，商家可以继续联系相关达人拍摄类似种草视频。如果转化率低，商家也需要及时分析原因并进行调整。

抖音平台对“探店宝”的发展很重视，还专门在商单补贴方面上出资，以提升达人接单的积极性。具体来说，就是达人接好商单后，平台给予一定金额的一口价现金补贴。这项补贴看起来是给达人的，但其更深层的意义其实是提高了商家和达人的撮合效率，增加商家推广的确定性和提高经营效率，有助于商家的长效经营。

除了抖音平台，其他平台在达人探店领域的探索也很多。比如，美团推出了“美团圈圈探店”微信小程序，为探店达人提供接单、收益结算等综合服务。小红书也在探店业态上有所尝试——招募到店餐饮商家及服务商，通过“探照灯计划”培养本地美食探店博主，还推出了首个本地生活交易合作服务平台“官方探店合作中心”，商家能够在探店合作中心发起探店合作计划。

综合来看，各大平台都在发展达人探店业务，并不断把探店业务朝着成熟、规范化的方向发展，商家也可以借助这股达人探店的东风，吸引转化更多的客流，把自身发扬壮大。

42.

高质量复苏，关键是把握住“人”

在餐饮行业，流传着“神仙难过二三月”的说法，意思是每年春节后，餐饮行业都会经历一段淡季。然而，随着政策的放开，餐饮行业从年初（2023 年）开始便持续回暖，复苏劲头强势。

放归大盘来看，国家统计局发布的数据显示，2023 年 1—2 月份，住宿和餐饮业生产指数增长了 11.6%，餐饮收入 8429 亿元，同比增长 9.2%。

我们观察分析后发现，很多餐企抓住行业复苏的机遇，实现新的增长，关键就是做到了更好地洞察平台上的“人”。具体表现在两个方面，一是积极探索新增长路径，通过新的营销手段，有针对性地拉新和激活老客户；二是将外卖作为新的增长高地，密切关注外卖平台服务，快速捕捉顾客需求，持续吸引新客户并持续沉淀品牌人群资产。

其实，近些年来，随着消费理念的变化，餐饮外卖已逐渐从“果腹之需”衍生为一种“30 分钟尽享一切美食”的全新生活方式。外卖消费场景不断增加、人群的持续普及和品类的快速拓展，都为消费者提供了更多选择，同时也拓宽了餐饮商家的盈利渠道。

把握住“人”的核心就是要深刻、细致地理解每个用户从初次尝试到复购直到成为忠诚用户的全生命周期过程，通过不断吸引新客户，激活老客户复购，才能不断沉淀忠诚用户，从而实现长效经营。

在智能化和数字化时代，能否借助工具将这些想法实现，成为餐饮企业的新痛点。

美团外卖“BETTER 外卖经营模型”以人为中心，正好满足了餐企的诉求，其核心在于让商户有方法、有工具，来满足不同人群的多元需求，从而实现可持续增长和客群资产沉淀，享受平台运营的“复利”。

“BETTER”的每个字母对应不同的用户生命周期阶段，餐企可以借此识别各个阶段的人群经营状态，并提升相应阶段用户的消费体验：

B——Base：大众，潜在曝光人群

E——Expose：发现，有效曝光人群

T——Thrill：兴趣，有效互动人群

T——Tempt：新客，首次下单人群

E——Enhance：老客，复购人群

R——Rely：忠诚，高频复购人群

实际上，有不少商家利用“BETTER 外卖经营模型”挖掘机会，并使用美团提供的工具赋能实现目标。此举可以让餐企全面了解并提升人群运营能力，持续沉淀用户资产，进而做大规模，抓住行业复苏机遇，促进高质量发展。

做好新店选址，品牌扩张第一步

要把握住“人”，最先要做到的就是知道客户在哪里，这就对餐饮店面的选址提出了很高要求。

如何精准选址？哪个商圈的中式快餐潜客最密集？消费力如何？有多少竞品？这些都是品牌在扩张开店的过程中遇到的诸多痛点。

借助美团的 AI 选址工具，可以让品牌精准锚定可最大化覆盖目标潜客的点位，并准确预测开店后的外卖销量。

同时，借助美团外卖的新店成长计划，餐企也可以加速新店运营磨合，有效缩短从新店到成熟门店的成长周期。

比如，国内某知名快餐品牌为快速区域扩张，计划进入武汉市场。通过美团的 AI 选址工具科学找到适宜的新店位置后，3 年时间，该品牌实现了逆势扩张：

顺利新开店近 600 家，实现了门店数量翻番。此外，新店启动交易额显著提升：次月销售额达老店销售额的 60%，相较行业平均水平高出 20%。

推出新品，不断为品牌吸纳新客户

外卖用户的需求趋于多元化及个性化，想要不断地拉新，就要不断跟随用户需求变化，推出新品。相应地，餐企的诉求便是如何洞察外卖平台的新人群需求，并匹配拉新策略，从而更好地为品牌吸纳新客户。

中国咖啡市场竞争激烈，某头部品牌在拥抱新增长机会、积极探索新人群时也遇到这样的疑问。

该头部品牌最终借助“BETTER”经营方法论，针对性地完成新品研发，通过茶饮新品切入年轻新人群，后续升级至核心咖啡品类，最终实现新用户的消费转化。

首先，该品牌通过使用美团数据工具“经营罗盘”洞察到进店流失人群多流向奶茶品类后，便对潜在新客的口味偏好及行为习惯进行分析，积极研发椰子、杧果等新口味饮品，并借助美团外卖“超级品牌日”的亿级曝光及营销玩法组合，实现新品销售爆发，在新品上市后，活动期实现了 20% 的月均新客增长。

其次，该品牌通过后续持续运营，将新客吸引至咖啡主品类，最终实现新客向线上线下全域消费的高价值用户转化。

建立会员体系，促活老客户实现复购

老带新是营销的一种常用手段，在注重用户口碑的餐饮业，更是一种行之有效的营销策略，据此企业可以实现零营销费用拓展新客户的效果。

如何沉淀并运营好老客户，成为餐企做好老带新营销的基础。

借助美团的会员工具，餐企可以通过 3 个动作来有效激活老客户，从而实现复购。

首先，餐企需要精准识别老客人群画像，知道他们是谁、喜欢吃什么、什么时候会下单、在哪下单等信息，进而分析出做营销和运营动作的最佳时机。

其次，识别老客后，餐企可以通过营销工具定向触达，推送“加入会员”和“加入粉丝群”的提示，一键将老客拉进粉丝群和会员系统，把人沉淀在品牌用户池里。

最后，运用会员工具，餐企可以设计不同的“促活”权益，如会员专属权益、新品推送、节日营销问候、买家秀分享赢奖品等，不断刺激复购行为。

以一家中式连锁餐饮品牌为例，其老客比例占 80%，据估算，如果老客户每月提频一次，整个品牌销量能增长 45%。正是借助美团会员工具，建立会员体系，成功促活老客户复购，在一年内，这个中式快餐品牌搭建了 150 万 + 粉丝的用户池，会员销售额占品牌总销售额的 15%。

持续沉淀品牌人群资产，才能真正实现长效经营。

做好新店选址、洞察用户推新品、“促活”老客户刺激复购都是餐企实现规模扩张的手段。而餐企行业复苏后，必将经历从规模扩张到高质量扩张的路径转变。

因此，我们认为，在餐饮步入高质量发展的时代，更需要持续沉淀品牌人群资产，这也是餐企实现长效经营的关键。

美团外卖平台还为餐企提供了一套完整的工具矩阵及针对经营表现的评估体系，并对“全城必点榜”“神抢手”及直播能力等营销工具进行升级。其中，“全城必点榜”精选 80 元以上的品质外卖，榜单纳入 15 座城市、15000 余家商户，精准瞄向“品质美食家”这一客群角色，在之前的基础上进一步体现“品质的力量”；“神抢手”将城市或商圈中最受欢迎、最有推广价值的产品，以视频等方式集中展示，用高效、聚集的模式解决消费者的选择恐惧症。这些都是为了更好地帮助餐企做好经营，实现高质量扩张。

此外，外卖平台也从人群规模、人群质量和人群趋势维度，用数字直观体现品牌客群的现状与过往趋势，让餐企快速捕捉顾客需求，同时在商品力、服务力、表现力和营销力上发力，帮助餐企赢得更多客源，沉淀更多优质客户。

总之，当前外卖平台正成为餐饮品牌线上主场的长效经营阵地，也是餐企规模扩张和高质量发展的新阵地。借助美团工具，可以助力餐企提升经营效率，实现外卖新战场的生意增长。

43.

入局咖啡赛道，新茶饮巨头多面发力

新茶饮巨头盯上了毛利更高的咖啡市场，纷纷入局咖啡赛道。像喜茶、茶百道、沪上阿姨等主流新茶饮品牌都已布局咖啡赛道，官宣推出专售咖啡的子品牌并拓出相应门店。其中，沪上阿姨的子品牌“沪咖”是做得比较好的，从官宣子品牌到现在，不足一年的时间里，门店数量已经达到了 1810 家。

“沪咖”能够快速拓张，依靠的是店中店的模式，在沪上阿姨原有的门店，划出一块区域作为开“沪咖”的档口。

这个门店增速，放在整个咖啡界都是第一梯队。门店总量增长至 1810 家后，“沪咖”的门店数量已经远超 Manner、Tims 天好咖啡等多家连锁咖啡品牌。

其实，很多新茶饮巨头的咖啡子品牌门店数量并不多，像茶百道、喜茶都只有一家咖啡门店，跟新茶饮巨头的自身门店数量及增速相比，有着质的差异。

虽然增速没有像茶饮那么快，但茶饮巨头们都不想错失咖啡这块肥肉。在开“咖啡”这个副牌上，茶饮巨头们还是很卖力的，有在菜单上做出咖啡系列产品的奈雪的茶，还有单独开店做咖啡的茶饮巨头，大家可谓八仙过海，各显神通。

茶饮巨头入局咖啡赛道的四种方式

第一种，在茶饮店增加咖啡产品线，推出相关的套餐。在菜单中增加咖啡系列的产品，这种方式试错成本低，也是品牌们最喜欢的，所以，这是早期入局咖啡赛道的茶饮巨头经常用的方法。早在之前，喜茶、奈雪的茶、CoCo 都可等新茶饮品牌都推出过咖啡系列；古茗也在几年前推出阿花田系列拿铁后，又推出冰咖小黄柠等咖啡产品。

第二种，开设咖啡档口或店中店形式。像前面提到的沪上阿姨，就用了更为讨巧的方式，在现有门店中分出一块区域做咖啡子品牌，成为店中店的形式。沪咖的产品除了经典款式的咖啡外，还有果咖系列，单杯的价格在 9 ~ 18 元。这种方式依靠品牌门店，能达到的效果跟第一种方式有点类似。“沪咖”凭着沪上阿姨庞大的门店数量，体量很快铺开了，但声量依旧没有形成。为了有声量和辨别度，沪上阿姨在上海开出了首家独立的“沪咖”门店。

第三种，收购或改造现有的咖啡品牌。在这种方式上尝试次数最多的当属喜茶，早在两年前，喜茶就入局咖啡赛道，投资了 Seesaw、“少数派”等咖啡品牌，创始人聂云宸个人还投资了深圳本地的 KUDDOCOFFEE 和“The Raven 乌鸦咖啡”。

经过多次“折腾”，咖啡的业绩还是不太理想。喜茶决定自己做咖啡，收购了“喜鹊咖”，在深圳开出了首店。“喜鹊咖”的风格定位和茶颜悦色子品牌“鸳央咖啡”类似。“喜鹊咖”在产品方面共有三大类：潮汕单丛茶咖、中式原叶茶咖及经典系列。除了美式和拿铁，喜茶和“喜鹊咖”并没有共同产品。

"喜鹊咖"在售价方面，产品定价在 9 ~ 24 元之间，目前除了经典系列均有折扣，折后价为 8 ~ 19 元，覆盖了中低价位。

第四种，自己开独立咖啡门店。比如茶饮大佬蜜雪冰城自己开的咖啡店——"幸运咖"，从开店至今，门店数量已达到 4000+，远远超过同类茶饮巨头的咖啡门店数量。茶颜悦色的"鸳央咖啡"虽远没有幸运咖门店多，但短短两年能开近百家门店也算不错。

新茶饮巨头做咖啡的天然优势

首先是在供应链方面，拥有数千家茶饮店的巨头们大多有着自己的供应链基地，冷链运输网络覆盖全国。且咖啡对于供应链的需求程度远低于鲜果茶，品牌充分利用本身已搭建好的供应链，能更快地进行布局，实现门店扩张。

其次是新茶饮赛道日渐饱和，茶饮巨头需要寻找新的出路，刚好咖啡赛道依旧具有增量优势。中国连锁经营协会发布的《2023 新茶饮研究报告》显示，目前在业的新茶饮门店总数约 51.5 万家。在过去的 3 年里，大中型规模连锁门店数量增速减缓，预计未来一年增长率为 19.7%。根据弗若斯特沙利文数据，中国咖啡市场复合年均增长率达 29.54%，并预计以 25.99% 的复合增长率继续增长，相比之下咖啡赛道的市场增速更快。

最后，品牌需要有新的第二增长曲线，高毛利和时段补充，让茶饮品牌能“两条腿走路”。沪上阿姨公共事务部总监刘欣亮在接受媒体采访时也说：“咖啡的毛利确实会相对高一点，但最主要的是对时间段的补充，咖啡的高峰是早间或者中午，而茶饮是在 12 点之后。下午和晚上，对于那些有余力的加盟商，能弥补一些时间空当。供应链可以用现有的。”

各大新茶饮品牌布局咖啡赛道，做相关尝试的时间并不短，有些都有七八年的时间。像喜茶和奈雪的茶算是最早在菜单中加入咖啡系列的，可到目前菜单上跟咖啡相关的产品，只剩下“美式”“拿铁”等几款基础咖啡作为奶茶的补充，显而易见，咖啡的订单量远不如主营产品。

CoCo 都可则将咖啡作为引流产品，活动期间一杯咖啡 3 ~ 8.9 元。

CoCo 都可营销部咖啡组副总监张仲仑说：“茶饮的客群比较广，更固定，门店数量更多，消费者复购率也比较高，我们只要在菜单上增加一些品项，就有很大的机会被看到和消费。”目前考虑到消费者口味接受度，上新的咖啡产品大多处在过渡地带。

由此可见，新茶饮品牌的咖啡子品牌或咖啡业务影响力一般，效果不是很理想，没有打出知名度。究其原因，一方面很多茶饮巨头的咖啡子品牌借助母品牌的能量延续茶饮理念，做果咖。这种方式能为咖啡业务带来一定的曝光度和产业链的赋能，但咖啡跟茶饮还是有区别的，咖啡业务能不能做好，还与产品的口味、价格及性价比有关。另一方面，茶饮品牌的咖啡子品牌缺乏有特色的产品，而且定价在咖啡市场也不占优势，不能很好地树立品牌形象。

新茶饮巨头入局咖啡赛道还要跟老牌咖啡品牌争夺市场份额。前段时间，库迪和瑞幸“9.9 元咖啡战”打得异常激烈，这场大战让消费者潜意识里有了这个认知，即“喝咖啡”和“更便宜地喝咖啡”。

其实这场价格战，好处是培养了更多潜在的咖啡用户，让咖啡的基本盘有了进一步的扩大。但对想要再入局咖啡赛道的品牌来说，着实是不小的压力，品牌推出低价的咖啡，新茶饮巨头想要做咖啡，价格势必也要下降。

因此，新茶饮品牌的咖啡子品牌要想抢占咖啡市场，需要脱离茶饮思路，逐渐调整定位以迎合潮流趋势，在价格上要推出一定的优惠策略，风格上可以向时下流行的新中式等风格靠拢。这样的调整在短时间内可能会限制门店的扩张，但从长远来看，其更有利于咖啡线的长久发展。

44.

单品引流，搭乘网红产品流量快车

在餐饮“内卷”日益严重的背景下，各品类都在寻找自己的新出路。

2023 年，快餐店做起了咖啡生意，面包店开启了自助模式，诸如竹筒奶茶等各种网红单品层出不穷，也的确给餐饮店铺带来了新的营收。

我们总结了餐饮界一些创新形式及盈利模式，或许能给想要搭乘网红流量快车的餐饮企业带去一些新的启发。

满足猎奇心理，在形式上不断创新

人们都喜欢新奇的东西，我们发现，越是普通的食材，越有可创新的空间。比如，以往很寻常的街边烤红薯，通过加料及造型上的转变就能满足大家的猎奇心理，成功俘获消费者的心。

在大多数人的记忆中，红薯属于廉价的街头小吃，往往是大爷大妈推着车，沿街称斤售卖。然而，当这一质朴的小吃以五花八门的样子重出江湖时，反差感十足，立刻掀起了一股“二创”风暴。诸如黑糖珍珠红薯、芝士红薯、焦糖糯丸子红薯、奥利奥红薯、焦糖红薯冰激凌等创新产品成为消费者的新宠。

其实，所谓升级版烤红薯可以简单理解为将奶茶或者甜品中那些黏稠的、糯糯的小料盖在了红薯上，奶茶界有“奶油顶”，红薯界也有“薯顶”。

很多茶饮、甜品、冰室小店都将原有的食材资源与红薯进行重组混搭，形成新的产品。

比如，成都望平街的手工冰激凌店“喜艾 gelato”，把冰激凌和红薯合二为一，打造出了潮流爆品。现制酸奶饮品品牌茉酸奶上新推出的“烤蜜薯猪猪酸奶奶昔”，在原有酸奶的基础上新增了红薯泥、猪肉脯，成为一道新甜品。

还有红薯拿铁，其做法就是把红薯挖个洞，倒入咖啡后再拉花，能同时满足爱喝咖啡和爱吃红薯的人的需求。

除了茶饮、甜品、冰室小店在尝试“红薯 +”，还有红薯与地方菜系相结合的例子。比如四川的折耳根红薯，就是在红薯上面盖一层折耳根；长沙则把红薯和辣味相结合，即在红薯上抹上一层厚厚的蒜蓉，再加上红彤彤的小米辣，让喜欢辣味的人无法拒绝；重庆甚至出现了红薯自助，5 元钱一个红薯，可以随意加小料。

被玩出花的红薯，彰显了餐饮人无尽的脑洞。满足人们的猎奇心理，在形式上不断创新，或许就能成为下一个餐饮热点。

就连人均消费千元的米其林、黑珍珠双榜餐厅“山河万朵”也在北京王府中环这样的中产级商圈建了个快闪车，招牌产品就是“焦糖红薯冰激凌”，48 元一份，其做法是把红薯做成像花儿一样的造型，内含碧根果曲奇冰激凌、茉莉花茶奶油、焦糖红薯，外加一片枫叶作为装饰，把最火的“美拉德色系”巧妙地嫁接在了街头小吃上，无论是外在还是内在都很吸睛。

因此，我们认为，越是普通的食材，可控性越强，越百搭，售卖形式也更灵活，更容易被玩出新花样。

搭乘网红产品快车，找到新的盈利点

我们认为，迎合网红产品或热点，在一定程度上可以给店铺尤其在淡季带来不错的营收。

比如，红薯爆火之后，全国各地随之开出了很多烤蜜薯专门店，甚至有些冰室在夏季过后，转型做红薯生意，也取得了不错的营收。

上海的苏潮花式烤红薯专门店就有好几家连锁。沈阳也有专门的烤红薯店，大约 10 个 SKU 的花式红薯售价在 20 ~ 25 元不等，营收情况不错。

成都青羊宫附近的一家网红冰室的老板是个 90 后，在裁员风波后辞职返乡创业。冰室成立于 2023 年夏初，店里大约有 40 款冰品，价格在 18 ~ 24 元。

盛夏快到尾声，成都的风开始变凉，周边的小店也一批一批倒闭重装修，老板意识到，在没有暖气的城市，自己的冰室要撑过漫长的冬天很难，如果不加点“料”，可能难以维持。

于是，他火速上新了炸物和烤物系列，包括炸鸡柳、炸鸡块、炸薯条等，以及烤肠、烤红薯系列。红薯一共有 6 款，最普通的是 10 元，其他加上豆乳、芋泥、奥利奥、肉松等小料的，卖 15 ~ 20 元。相比其他单价在 10 ~ 12 元的炸物，红薯的售价并不低。

运气好的时候，能接到公司 10 份冰加 10 个花式红薯的外卖团单，加起来也是不小的收入。花式红薯不仅丰富了店内的 SKU，更是在一定程度地缓解了经营层面上的压力。

无独有偶，据《现代快报》报道，南京雨花区一家网红烤红薯的小店，上了一款花式红薯新品，销量一直不错，因为海报就摆放在收银台旁边，一般顾客看到海报都会点一个尝尝。团购平台上该产品也很受欢迎，年销量超过5000单。

总之，不管是连锁店铺还是个体店铺，瞄准烤红薯的新商机，能在一定程度上缓解经营压力，也再次证明，“只要在风口上猪都能飞一会儿”。

积极拥抱网红产品，带来话题流量

越是唾手可得的美食，越容易引发话题讨论。

当红薯从具有饱腹感的小吃变成一道甜品之后，原有的饱腹感和厚重感就变弱了，这种形式也给一些餐厅提供了提升流量的新思路。不少火锅店、烤鱼店、烧烤店、江湖菜小馆选择积极拥抱花式红薯这一网红产品，给门店带来新流量。

比如，火锅、烤鱼、江湖菜这类重口味的餐厅，需要搭配一些甜口小食中和咸辣口，这个时候花式红薯就派上用场了。此外，成本低廉，有话题度，顾客可以拍照打卡宣传，也是让众餐饮商家盯上花式红薯的原因。

又比如，“呷不穷 · 长沙市井菜”一口气上新四款红薯，22元一份任选。“傻辣椒压锅鱼”用花式红薯自助作为限时秒杀的引流产品。在大众点评上搜索关键词“花式烤红薯”，率先跳出来的往往是一些网红餐厅。

这也告诉我们，食材的呈现形式改变了，甚至属性定义改变了，都有可能碰撞出更多的火花和新意，也为原本的餐饮店面带来更多的新流量。

从质价比上下功夫，避免昙花一现

虽然形式上的创新满足了消费者的猎奇心理和味蕾体验，也能给餐饮企业带来新的商机，但从目前售卖情况来看，网红产品虽赢了噱头，却输在了性价比。

笔者盘点一圈后发现，花式红薯的定价基本上从9.9元起步。餐饮店用来作为引流单品时，价格还相对亲民一些。街头小店版烤红薯若加奶茶料，价格基本也能控制在20元左右。但如果在无印良品（MUJI）、意大利手工冰激凌这样的店铺中，给红薯标明产地，再附上精致的摆盘，从“论斤卖”到“论块卖”甚至“论片卖”，单品卖到 40 ～ 50 元也就不在话下了。

无印良品普通的烤红薯定价 16 元，烤红薯配冰激凌 25 元，被网友吐槽“还不如买个地摊烤红薯，再扣个蜜雪冰城甜筒”。也有人晒出“教你三步做出 MUJI 同款红薯冰激凌”。小红书上，更有不少人感慨“不是 MUJI 吃不起，而是路边摊更有性价比”。

这不禁让人想起那些名噪一时却逃不过“短命”魔咒的网红产品。比如，之前的竹筒奶茶，“一条街 10 家店”“单店单日流水超 4 亿”等数据将其捧到顶流交椅上，但仅仅 2 个月就因食品安全问题“翻车”了；又比如，之前的围炉煮茶，在“中毒”的争议中一路跌跌撞撞前行，尽管后来衍生出罐罐烤奶、围炉冰茶等多种形式，但始终没有跑出一个成熟的商业模式来。

现如今，很多消费者已经对网红一词产生了“抗体”，越来越多的餐饮也对网红的标签从追捧变成忌讳。归根结底，这源于理性消费的浪潮开始向更多人蔓延。即便是对新鲜事物敏感的年轻人，也不再盲目追风，顾客对于餐饮的消费和选择都更回归本质。

因此，我们认为，依靠炒作造起来的风口，没有实质产品和沉淀下来的流量，最终都会被质价比过滤掉。“短命”网红产品背后是其定价脱离本质，品类相对单一，最终带来难以维持高复购率的结果。

所以，虽然搭乘网红产品流量快车的确可以带来新营收，但要警惕成为一时流量，还要从质价比上下功夫，产品形式要更加多样化，满足不同消费者的需求，同时，定价也要回归餐饮本质。这是维持高复购率的根本，也是让餐饮企业在“内卷”之下越走越宽广的根本。

45.

文化赋能，砂锅品类借助文化基因起飞

砂锅，这个沉寂了数年的品类，近年来伴随部分品牌的出圈走红，再次成为餐饮圈顶流。在社交平台上，砂锅类相关话题的创作越来越多，讨论量持续增长。至今，小红书平台已经有超 112 万条“砂锅”相关笔记，抖音上“砂锅”相关话题播放量更是累计超 100 亿。

这其中的原因不乏在预制菜盛行的今天，砂锅品类以其“慢工出细活”的特点，给人“讲究”“被重视”的感觉。此外，砂锅“上下翻滚沸腾”也很符合人们当下对烟火气的需求。

嗅觉灵敏的品牌早已洞察到趋势，欲将“砂锅”元素和品牌有机融合。比如，“郭铁柱”用“炭火 + 砂锅”的形式，让产品更有老火锅的味道；“福苗小骆驼烧烤”在菜单上新增“油泼辣子砂锅”系列，成为其招牌产品。

牛蛙赛道的头部品牌“蛙小侠”也在深圳宝安壹方城的全新升级门店“蛙小侠 · 沸腾砂锅”推出了新品“小霸王甲鱼砂锅蛙煲”，将砂锅业态作为一次全新的品牌升级尝试。门店正式开业后，拥有 30 多桌台数的壹方城店，最高日排队数竟达到了 470 桌。

蛙小侠的成功在于它紧跟消费者喜爱砂锅品类的趋势，同时延续自身东方美学的品牌文化内涵，做到将砂锅与文化相结合，从产品、模式、文化、体验四个维度进行了全方位升级。

产品维度：将东方饮食文化和砂锅属性相融合

产品创新是刺激消费的关键，也是餐饮品牌长期发展的关键。能够结合自己的品牌优势及餐饮趋势进行创新，无形之中可以强化品牌记忆，顺应消费者的味蕾，可谓一举两得。

从食材上看，蛙小侠融合经典的东方食材甲鱼，推出了开创式王牌新品“小霸王甲鱼砂锅蛙煲”。我国食用甲鱼历史悠久，《诗经》中便记载：“饮御诸友，炰鳖脍鲤。”蛙小侠此次从中国传统文化出发，挖掘美食文化，并与产品有机结合进行创新：甲鱼“Q弹”紧实、蛙肉鲜辣嫩滑，湘式鲜辣中又带有草本的清香，再加上一整根人参，既下饭又有养生滋补的功效。这一创新打破了牛蛙品类长期以来以紫苏牛蛙为招牌的局面，成为行业中独具特色的又一王牌产品，也成为门店引流的爆点。

从食器上看，除了保留几款排名靠前的经典铁锅牛蛙外，全新升级门店的其他牛蛙产品都使用了砂锅器皿，更凸显了烟火气。砂锅是中国饮食文化中富有代

这次蛙小侠在产品维度的创新就是延续品牌中蕴含的中国传统文化基因，并与砂锅属性相融合。

表性的器皿。传说约 5000 年前，尧帝发明了砂锅，其具有传热快、散热慢的属性，能更好地释放食物本味，体现烟火气。之后，砂锅被不断改良，沿用至今。

模式维度：拓宽大单品边界，提高门店抗风险系数

牛蛙品类餐厅走大单品路线，优势在于把招牌菜品和品牌联系起来，使其在消费者心中固化这一等式，更具标签化和记忆点，也更容易出圈。但大单品路线也有“消费疲劳”“审美疲劳”的潜在风险，且抗风险系数也较低。

因此，我们认为，在建立消费者对于品牌的认知后，可以进一步尝试拓展单品类餐厅的产品边界，规避单品类餐厅受品类影响重的风险。

在新门店模型中，蛙小侠走的是拓宽大单品边界的路线，即在沸腾砂锅牛蛙的基础上，开发出全新砂锅菜、特色小吃与手作甜饮，满足了顾客对产品的多样化需求，也大大拓宽了品牌的客群。

砂锅菜与小吃、甜饮的销量比明显提升，淡化了品牌多年来固有的产品模式标签，让产品结构变得更加多元，更具包容性，也提高了整体门店的抗风险系数。

总之，引入砂锅元素，能在创造全新工艺王牌的基础上丰富产品线，使其既能发扬大单品餐厅高识别度、有记忆点的优势，也能弱化过于依赖单品的风险，有利于打造门店竞争力。

文化维度：深入挖掘东方文化特质，提升品牌辨识度

文化是一个餐饮品牌发展的根基所在。文化定位，也指引着一个餐饮企业的发展方向。

这与蛙小侠的品牌理念不谋而合。

2015 年，蛙小侠品牌创立时，就确立“文创 + 餐饮”的经营模式。蛙小侠前瞻性地洞察到品牌文化的重要性，在重视产品主义、深耕所属牛蛙赛道的同时，也同样重视品牌文化的塑造。

通过多年来的深耕及不断升级创新，蛙小侠不仅品质和口味在行业内处于领

先地位，其独特的品牌文化也在市场上拥有显著的辨识度。

这次门店升级，蛙小侠继续延续品牌一直以来的国风、东方美学的整体调性，在门店装饰及非遗文化联动上，又深入挖掘“侠”文化和东方文化特质，促进品牌文化的传播。

在门店装饰上，全新升级的门店以正红色为主色调，具有高识别度，彰显大气典雅的中国美学特色。

在与非遗文化的联动上，蛙小侠和被誉为“中华一绝”的非遗文化华县皮影戏进行联动，在店内呈现皮影戏元素。

比如，在入口附近展示蛙小侠的人物 IP 形象，即一只戴着斗笠、非常具有武侠气息的蛙，画面背景中，还有祥云、青山、松柏等传统国画元素；还有专业的皮影师傅进行限时的皮影戏表演，并和非遗皮影戏联合推出纪录片《侠影流长》，通过蛙小侠官方账号及门店传播皮影文化，深入挖掘“侠”文化。

此外，店内每张餐桌上都有一个二维码，顾客可以在就餐时扫码在线观看皮影戏与宣传片，实现美食与文化的完美互动，在就餐中深刻体验东方传统文化。

总之，蛙小侠通过新门店空间及皮影戏等中国传统元素的表达，赋予品牌创立以来的“侠”文化和东方美学新的内涵，促进了中国传统文化的传播，提高了品牌的辨识度与品牌力。

体验维度：升级 V+ 服务，打造舒适惬意的就餐体验

在更加注重餐饮品质感的今天，消费者把就餐环境也当成消费体验的一部分。迎合消费需求，让整体的就餐环境更加舒适惬意，也是吸引消费者的有力手段。

蛙小侠全新升级门店也深谙此道，为消费者多方面提供 V+ 升级服务。

首先，在装修造景上，融合东方古典美学与现代美学，让环境美观舒适。空间主题使用了红色品牌色与东方榫卯结构，再以藤编和竹编的元素进行点缀，文化传承结合现代美学，配合“自然香”的产品概念，形成了具有松弛感的自然氛围。

其次，在厨房设计上，门店采用了明档明厨设计，顾客进店后即可看到菜品烹饪的过程。冒着蒸腾热气的砂锅“川流不息”、井然有序，可视化的出品让顾客安心、放心。

再次，在品牌服务上，从顾客等位开始，就提供品牌全新升级的 V+ 服务。

在等位时，蛙小侠在门店入口处打造了“小侠茶铺”，营造“喝茶看戏”的自在氛围，为顾客提供多款采用特色茶种和制茶技艺的非遗中国茶，包括横县茉莉花茶、寿宁高山红茶与咸阳茯茶。

在就餐时，蛙小侠承诺顾客按下服务铃后一分钟内必响应，餐桌上放置装有免费湿巾、发绳、眼镜布等辅助物品的百宝箱，细致入微地满足顾客在就餐期间的需求。

总之，当前餐饮竞争依旧“惨烈”。在竞争激烈的状态下，更多入局者趋于保守，持围观状态。但餐饮市场依旧有新潮流、新热点，砂锅品类便是其中之一。

砂锅品类的优势在于：一是消费需求稳定；二是易标准化，能够有效控制人工成本；三是有显著的性价比优势，在有限的人均消费中能实现更丰富的消费体验。

因此，连锁化砂锅品牌在扩张上具有一定的优势，加之整个赛道入局者总量规模不大，品类增速也保持着一个非常平稳的态势，对于投资者来说，现在也许是进入这个市场的好时机。

对于如何进行自我迭代升级，提高企业竞争力，蛙小侠给出了一个可借鉴的范本——透过持续性升温的行业趋势，洞察消费者的真实需求，通过“砂锅 + 文化”的尝试，将消费者对于砂锅品类的需求和企业文化进行有机结合，或许是餐饮品牌搭乘砂锅品类需求列车，实现弯道超车的新出路。

46.

“餐 + 饮”，现制饮品成餐饮门店流量金矿

近几年，餐饮行业持续“内卷”，头部餐企不断扩大规模，业绩翻番，展现出强者更强态势和抵御风险的能力；反观中小连锁餐企，虽然数量很多，但大多举步维艰，业绩亏损严重，稍不留神就可能消失在激烈“内卷”的红海市场中。

公开数据显示，2023 年新增餐饮品牌注册量达到 318 万家，其中注册资本在 100 万元以内的占 98.3%，但是“注 / 吊销量”也高达 139 万家。面对日益严重的“内卷”现状，光是维持生存对很多中小连锁餐饮来说就很不容易，怎么创造新的营收，让企业不仅能活下去还能做大做强，是中小连锁餐企亟待解决的问题。

中小连锁餐企大多实力有限，要想另创新的营收，只能在自身所在空间做增量，缓解增长焦虑，这样才有机会快速成长并不断扩大规模。

有业内人士说：“饮品是高毛利产品，如果餐厅能把饮品做好，这将是一个盈利增长点。”

“餐 + 饮”成为新型餐饮潮流

很多年轻的顾客在进店用餐前会直接到附近的连锁茶饮店买一杯自己喜欢喝的果茶或奶茶作为吃饭“搭子”，甚至有顾客在餐厅排队等位时，先点上一杯外卖奶茶。

为什么年轻的顾客喜欢外带饮品而不点店里饮品呢？究其原因，一方面，很多餐厅的饮品都是大众化的瓶装饮料，有些饮品虽是现做的，但味道不好喝且价格还高，这些饮品已无法满足新型消费者的需求。另一方面，随着新茶饮市场的爆发，年轻消费者对现制饮品的需求日益旺盛，喝杯奶茶已成为逛街吃饭的一种时尚和潮流。

据弗若斯特沙利文报告显示，2023 年，中国现制茶饮店的市场规模达到 2473 亿元。从市场现状来看，很多茶饮连锁品牌纷纷入驻商场，有些茶饮品牌甚至直接搬到了火锅、湘菜、川菜等门店的隔壁。比如，LINLEE 柠檬茶店就开在了酸辣粉餐厅的隔壁，一边是清爽可口的柠檬茶，一边是酸辣口味的小吃快餐，搭配起来毫无违和感，一碗酸辣粉加一杯柠檬茶成为最强搭配。

现制茶饮与餐饮相融合，不仅方便顾客在用餐前打包一杯奶茶，满足顾客的用餐场景，还能带动茶饮店的饮品销量。

由此可见，高颜值和高品质的现制饮品与餐饮相结合已成为趋势。中小餐企可以利用现制饮品丰富产品体系，给门店引流增量，同时还能凭借高毛利饮品给餐厅带来附加值，带动门店营收增长。如果能运用好现制饮品这一营收利器，中小连锁餐企也能快速走出“内卷”，成为建立竞争壁垒的中坚力量。这也提醒餐饮人士，门店上新现制饮品的日程要加速了。

特色现制饮品是“流量金矿”

其实，各大头部餐企已经开始频频尝试“餐＋饮”模式，这也逐渐成为门店增收和行业增长的新趋势。门店和现制饮品深度绑定，现制饮品已成为餐饮营收的第二条增长曲线。

比如，海底捞曾推出“9.9 元奶茶自助”店型，在多家门店售卖茶颜悦色同款奶茶，最近还增设了“茶水铺”；朱光玉火锅馆（后文简称“朱光玉”）推出的一款特色暴打柠檬茶饮品，在热销时节的点单率为 120%，人均 1.2 杯；更早之前的凑凑、呷哺开设的茶米茶现制饮品档口，如今依然做得风生水起。

火锅赛道的众多品牌为了引流增量，不断推陈出新，他们或是研发饮品新菜单，或是直接在店内增设现制饮品区域，就是为了打造品牌差异化。除此之外，快餐、炒菜赛道的品牌也结合菜品纷纷上新现制饮品，力求从中获取红利。

比如全国小炒肉大王费大厨，在门店推出大王冰柠檬茶，据说是每桌必点的现制饮品。爆辣的辣椒炒肉配上一杯清爽可口的柠檬茶，想想都觉得很过瘾。其实早在之前，费大厨就和喜茶联名推出过辣椒炒肉 cp 组合——超解辣杨梅冻，一度引发消费者追捧。

有顾客称赞“流水的配菜，铁打的组合，大王柠檬茶 + 辣椒炒肉是绝配”，更有网友戏称“费大厨最好吃的竟然是柠檬茶”。

还有中式快餐的代表老乡鸡，也开设了“老乡茶咖”并推出多款极具网红风的饮品，比如山茶花鲜牛乳茶、栀子生椰雪顶、祁门鲜牛乳茶等，有网友调侃道“起猛了，老乡鸡在奶茶圈儿的边缘疯狂试探”。

餐饮品牌纷纷盯上现制饮品，主要是因为饮品有高毛利率，可以助力餐厅利润增长，还能广泛吸引受众客群，提高顾客忠诚度；同时在激烈的行业“内卷”中，有利于树立自己的品牌形象，建立竞争优势。

菜品和饮品既要匹配还需创新

利用特色的现制饮品吸引消费者，实现餐厅营收增长，是“内卷”压力下的另一条出路。这条路对头部品牌来说容易，但对中小连锁餐企来说却很难。究其原因，现制饮品并非餐饮品牌的专长。

餐厅增加现制饮品，不光要面对饮品研发端的考验，还要面临开辟新的饮品区、增加饮品设备、安排员工制作饮品、提高出品效率等一系列问题，而且这些都是额外成本。这些投入对于大部分品牌来说都是不小的成本，而且充满不确定性。

品牌们想要增加且做好现制饮品，可以从以下四个方面入手。

第一，门店的现制饮品口味需与品牌定位和店里的菜品结构相匹配，满足消费者需求。

以湘菜连锁品牌“兰湘子”为例，门店上新的“兰檬”维 C 柠檬茶和“湘橙”蜜柚爆汁橙两款饮品，在市场中得到一致好评，北京某门店试营业业绩显示，每种每天大约能卖出 120 杯。兰湘子主打湘菜品类，考虑到顾客在用餐时需要解辣、解腻的饮品，结合柠檬茶市场热度高、解辣解腻解热功效明显的特点，两者真是绝配。此外，蜜柚爆汁橙饮品，既能做热饮，也能做冷饮，出品相对灵活。

第二，产品设计和命名上要有差异化和新鲜感，能引起消费者的关注并拍照分享，这样才容易成为爆款。还是以兰湘子为例，其在杯子包装上标注品牌元素，将“兰檬、湘橙”的名字和“解辣伴侣”等字眼搭配，加上柠檬片、橙子等色彩元素，形成视觉冲击。产品刚一上架，就成了消费者争相打卡的饮品，热度不断。

第三，人员的选择、出品的标准化和效率化、设备的选购均提前准备，尤其人员尽量不要频繁变动，以保证饮品的品质和口感稳定。

头部品牌海底捞，为了饮品出品效率高，对水吧做了升级改善，操作动线从原来的 104 秒变成现在的 40 秒，效率提升了 61.5%。

第四，为了促进店里现制饮品销量，可以将菜品与饮品做固定套餐搭配。这样做一方面方便门店快速备餐出餐，另一方面能为餐厅引流增量，提高点餐量和顾客点餐体验感。通过提高订单销量，满足顾客对用餐质价比和超值体验感的追求。

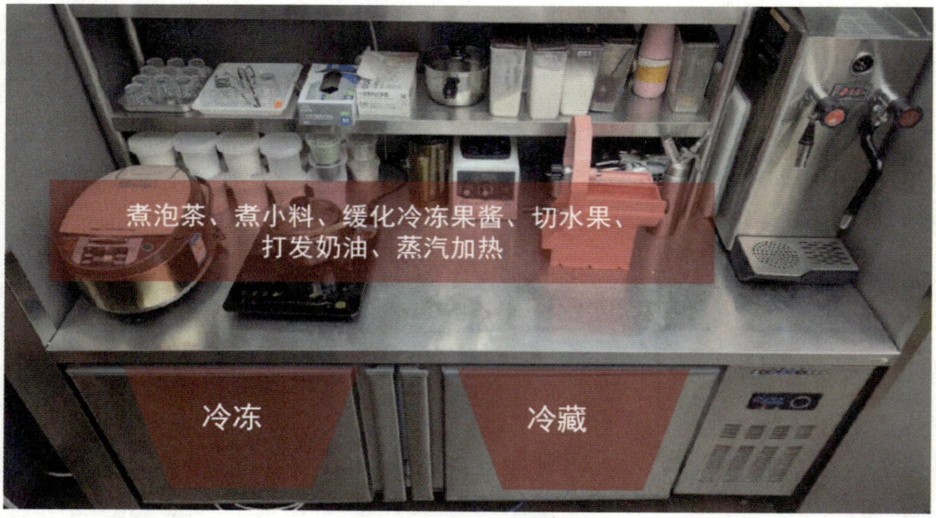

动线的调整使得制作一杯饮品的时间从 104 秒缩短至 40 秒，大大提高了出品效率，提升了顾客的用餐体验。

高品质的饮品供应商是关键

现在消费者对食品的健康和安全尤为注重。不久前，老乡鸡在公开菜品溯源的同时，还直接公示了食材原料供应商的信息，其中不乏中粮、联合利华、李锦记、海天、双汇、正大、伊利等头部供应商企业。这也表明，在优秀连锁餐企的背后，是一群优质专业的供应商在背书。

面对饮品带来的红利，中小连锁餐企要想持久做好现制饮品并从中获利，就需要找到一个专业且提供饮品原料解决方案的供应商。高品质的饮品原料供应保证，是打造差异化现制饮品的开端，也决定着差异化爆款现制饮品的诞生，而且稳定批量的原料供应，可以帮助餐饮品牌减少成本投入，降低成本压力。

很多头部餐企利用现制饮品实现了门店业绩的暴涨，究其原因，是他们都有自己长期稳定的供应商，不仅货源稳定，而且品质也有保障。由此可见，中小连锁餐企要想做好现制饮品，就必须跟高品质的饮品原料供应商合作，大品牌供应商提供的不仅是货源，更是品质保证。

不论是头部餐企，还是中小连锁餐企，要想运用好现制饮品，实现营收增长，就需要了解市场潮流，将现制饮品与品牌定位、菜品结构相融合，不断升级和创新，给消费者带来新体验感和高附加值。“餐 + 饮”的模式只有做出差异化，提升自己品牌的竞争力，品牌才能脱颖而出。

47.

门店分化，堂食店和卫星店的科学匹配

外来湘菜品牌在北京落地开花，始于 2022 年“全国小炒肉大王”费大厨进京。2023 年之后，陆续又有不少湘菜代表品牌进京，比如“农耕记”“辣可可”“湘辣辣”。到 2024 年年初，现象级品牌兰湘子开进北京城，再次掀起了一股“湘菜热”。几乎每个湘菜品牌进京，都掀起了不小的波澜，门店排队现象持续不断。

湘菜爆火，原因诸多。比如，香辣刺激且容易上瘾的菜品一直是人们喜欢的口味，“下饭菜”打开了人们的味蕾，人们不用专程到湖南就能吃到正宗的湘菜。此外，新鲜食材、锅气现炒的具有浓厚烟火气的场景，店内设置鲜切明档，门口摆放调料和食材，以及“湖南山里菜，北京城里卖”的口号，都是吸引消费者的重要原因。

依托“堂食大店 + 品牌卫星店”双层布局

湘菜能够在一线城市开花，最为重要的是经营上采用“堂食大店 + 品牌卫星店”的双层布局模式。具体来讲，就是堂食门店打出品牌口碑，提前布局品牌卫星店点位，建立选址优势。

品牌卫星店往往是过去在线下深耕多年、有品牌资产积累的餐饮品牌，再基于线上消费场景（外卖）重新设计菜单、定价、获客方式。

品牌卫星店的优势是面积更小、出餐效率更高，能够满足用餐高峰期高订单量的需求，能够覆盖更广泛的消费群体。相对于湘菜餐厅动辄几十甚至几百平方米的大店来说，品牌卫星店无论是房租、水电还是人工成本都相对更低，回本周期快，是专注于线下堂食品牌很好的新增长模型。

而头部餐企之所以能够布局品牌卫星店，一方面是有品牌势能做背书，继续用堂食大店来做品牌效应；另一方面是通过增加品牌卫星店的密度，为未来的品牌开店布局打下选址基础。

以农耕记为例，先在北京望京南开设品牌卫星店，充分挖掘和吸收线上流量，美团外卖数据显示，其部分品牌卫星店月销量 2000+，有的甚至高达 6000+。之后，又在北京朝阳大悦城开出堂食门店，并很快登上点评热门榜的第一，单日翻台均为 7 ~ 8 轮，盛况超预期。截至 2024 年 4 月底，农耕记在北京共计开出堂食门店 3 家，品牌卫星店 11 家。

不只有农耕记，辣可可等湘菜品牌也陆续采用“堂食大店 + 品牌卫星店”双层布局。

如今，农耕记能够实现进京之后“快跑”，覆盖更多人群，并迅速站稳脚跟，其“大店做品牌，小店做销量”的卫星店模式的成功，给其他餐饮品牌的卫星店布局选址带来了一些思路。

品牌卫星店的三种门店分级类型

餐饮企业在激烈的市场竞争中想要取得成功，不仅需要具备优质的产品和服务，更需要建立科学的管理体制。对于餐饮门店来说，分级管理可以优化经营管理流程，增强企业竞争力，最关键的优势就是打破单一门店模型的增长壁垒，为餐饮企业带来更多盈利。

因此，品牌卫星店还可以根据实际情况布局为不同店型，这样更能充分发挥不同类型卫星店的优势，带来更多盈利。

门店分级做得好的星巴克，其商业布局就是采用“两条腿”模型，一条腿是体验空间，满足消费者沉浸式五感体验需求；另外一条腿是外卖，即买即走，满足消费者刚性需求。

在具体的门店类型上又分为城市主题店、旗舰店、标准店、档口店四种，充分发挥各自店型的优势，形成一个互相依托和支持的门店系统。

农耕记的扩张战略与此类似，一方面是采用堂食门店，在全国甚至海外市场进行探索；另一方面，快速拓展200多家品牌卫星店。

在卫星店分级类型上，依据选址不同，我们大致可以总结农耕记的三种开店类型：美食城（写字楼）A类商圈C类位置、入驻集合厨房、临街店。

第一种类型：美食城集合店。位于美食城（写字楼）A类商圈C类位置，典型的为望京南店。

即选址位置通常在核心地段的非核心区域，一线商圈的三流位置，面积基本在20平方米左右，大幅度降低了租金成本和运营成本，在保证食材品质的基础上，可以把价格做到更便宜，主打高性价比。

比如，望京商业区开出的这家品牌卫星店，位于望京小街商圈某写字楼的地下一层。这家门店隐藏颇深，在大众点评上没有任何信息，需要在百度地图或美团外卖上才能查到；且并未与该商圈的其他堂食品牌、外卖档口相邻，位置较为偏僻，员工仅2～3人，没有严格意义上的门头，但可通过外围的绿色围挡辨识出品牌，围挡上显示“现炒外卖”字眼。

事实上，这个选址很有考究。它在望京小街商圈，周边3公里内分布有大量大型企业和跨国公司，聚集了世界500强企业、涉外企业数百家，其中包含以西门子、戴姆勒—奔驰为代表的德国企业，而在望京数10万常住人口中，外籍和海外背景高端人才占比不少。这家小小的农耕记外卖专门店，在一定程度上承载了这一商圈的“湘味”需求。

同时，产品上做了简化，去掉了高价值菜品、蒸品等不适合外卖场景的产品，主推更适合一人食的经典且出餐快的湖南土菜小份菜，以及现炒盖码饭，既有对主品牌“土味湘菜”的继承，又保留了烟火气和锅气，在品类上也做了创新。人均消费在35元左右，如有平台满减优惠，价格还会更亲民。

第二种类型：位于集合厨房内，多家品牌外卖聚集开店。

集合厨房的模式是商家不提供堂食服务，只做外卖，且不支持顾客线下支付和到店打包，营业时间为24小时。一般来说，在商家出餐高峰期不允许非工作人员进入，其他时间可以过去参观，但是后厨不允许进入。

店内分为餐品分拣区和外卖取餐处。分拣区设置了一排类似于传送带的装置，各个品牌厨房将现做的餐品直接放置于传送带上，“0 接触”运送至分拣区，再由工作人员打包整理。午餐高峰期，该店所在区域的楼下已经坐满外卖小哥，基本上每个外卖员的手中都拎着农耕记的外卖。外卖员一次性可取走多个订单，提高了配送效率。

第三种类型：社区周边临街店。

在北京朝阳区的惠新西街南口，农耕记的品牌卫星店就属于街边店，这种类型的卫星店不能堂食，顾客可以点外卖或者线下打包带走。

从营业和配送时间来看，该店营业时段集中在 9：00—14：00、16：00—21：00。在惠新西街南口区域周围，聚集着社区、医院、学校，以及地铁交通枢纽大站，消费人群相对集中，但是用餐时间更加规律，这也是这家卫星店只供应午餐和晚餐的原因。

在供应产品上，此类型卫星店同美食城集合店类似。此外，为保证卫星店的食品安全，农耕记品牌卫星店还采用全程视频监控模式，可以在平台上看到后厨的卫生情况，依托农耕记原来的品牌形象，让顾客更放心地点单购买。

门店分级需要机遇和自身的扩张节奏

纵然，农耕记“堂食大店 + 品牌卫星店”双层布局、卫星店门店分级的探索和尝试取得了成功，但并不是每个餐饮企业都适合尝试。

其实，门店的分级需要时间和机遇，前提是自身品牌的堂食门店具备一定规模，拥有成熟的经营模式及稳定的流量客源，同时也具备开启分级门店的能力。

就像农耕记，创立品牌之后，其在很长时间里都停留在深圳，主要是因为创始人定下了规划——50 家店之内、5 年之内不出深圳，要夯实基础。6 年后，农耕记才开始走出深圳，在北京、上海、香港多地开店，选择这时扩张门店，是自身发展与外界机遇碰撞下顺理成章的结果。

其实，在布局北京市场之前，农耕记早已在深圳开出品牌卫星店，无论是在品牌势能还是业绩销量上，都有了成功的落地探索和实战经验。随后，农耕记才开始进京并进行全国布局。

因此，餐饮企业想要尝试门店分级模式，不能盲目跟风，而应该抓住外界机遇，更重要的是要跟随自身的发展扩张节奏。

48.

品牌卫星店，探索降本增效新模型

过去一段时间，餐饮消费风向彻底吹向两极。

一边，以绝对数量压制的主流消费群体，不断高声呐喊极致性价比。同样的质量下，消费者更加倾向于选择更低的价格，这背后是新消费需求回归理性务实的写照。

因此，如何在保证可观利润的基础上，既满足当前消费需求，又能以不“侵占”消费者所得来降低综合成本，成为餐饮人面临的新问题。

另一边，不少知名连锁餐饮品牌纷纷开启卫星店。比如，某快餐头部品牌在北京宣武门外大街开了一家新店，该店面积约 125 平方米，上线 3 个月余，目前单月流水近 80 万元，营收非常可观。

海底捞也针对外卖业务成立“海底捞·下饭火锅菜”外卖专营店。和卫星店类似，这批店铺是海底捞借助现有门店资源，在外卖平台上开出的“分身”，定位为海底捞旗下快餐品牌，它们通过火锅菜搭配饭的组合，用高频、低客单价的快餐模式重塑传统火锅业务。

与常规门店模型不同，以外卖业务为轴心的店铺，装修成本更低，消费触达效率更高。

从火锅、烤肉、中式小炒，到早餐、快餐、小吃、奶茶，不同品类、不同赛道的连锁餐饮品牌，都围绕卫星店探索自己的效率模型，从目前的盈利情况来看，他们的确成功了。

效率更高、模型更轻、更满足消费需求

卫星店之所以能够流行，是因为与传统餐饮店面相比，它的确具有更显著且更适合当下消费形势的优势。

第一，卫星店的效率更高，更容易实现规模化。某资深餐饮专家坦言，确保卫星店的运营其实只需要关注三点：一是有顾客需求，能承接订单；二是有骑手能顺利接单；三是食品安全有保障。除了第二点外，另外两点对于一个有着过往从业经验的餐饮品牌来说很容易做到，而 AI 技术的出现又将第二点变得更科学合理（将在后面详细介绍）。

第二，卫星店成本结构更优，模型更轻。相较于传统门店模型，卫星店在选址、装修、投入使用等各个环节都能够简便处理，不需要过多重资产投入。大部分卫星店的店铺面积保持在 100 平方米以下，甚至部分可以压缩至 15 平方米左右，这大大降低了品牌在租金方面的成本压力。例如，某快餐头部品牌的一家卫星店，面积大概 80 平方米，月流水却能做到 60 万元。

第三，卫星店基于上述两点所带来的综合性成果红利，更适应当前的消费环境。效率更高，更易实现规模化的卫星店对餐饮品牌来说，也意味着能够更快速高效地提高市场占有率，打响品牌。而叠加上结构更优的模型，也意味着卫星店回本周期更快，获利压缩的空间可以被更好地释放。

与此同时，这样的品牌红利，能够提供更实在的性价比，在某种程度上也是让利消费者，是餐饮品牌在面对消费需求和行业“内卷”时巧取平衡的机会点。

虽然卫星店具备成功的天然基因，但如今的成功都源于“从 0 到 1”的艰难探索。做好卫星店，也着实是餐饮企业经历苦苦试错和探索的结果。

只做外卖店消费者难以买单，还需以品牌作依托

事实上，不少大牌餐饮企业和连锁头部品牌自 2018 年开始就积极探索品牌门店的多元化结构模型，但好景不长。

比如，某快餐头部餐饮品牌探索打磨新的动线与新的产品结构，把原有的线下产品移动到线上，餐饮业内最早出现的一批规模化纯外卖店，在某种程度上十分契合当时的消费需求，确实为堂食店带来了新的增收途径，但一段时间后发现，消费者对此不再热衷。

一是因为堂食消费者的体验需求与外卖消费者的效率需求存在天然差异，无法同时满足两种客户的需求。对于堂食消费者而言，消费触达过程中的整体体验是首要考虑的，包括但不限于门店环境、装修风格、用餐形式，甚至座椅舒适度，等等。但对于外卖消费者而言，即时消费的效率与性价比更重要，他们追求的是送得快、吃得好、价不贵。

二是因为无论堂食消费者还是外卖消费者，在体验、效率与性价比的基础上都开始注重健康及品质，消费需求走向“只买对的，不买贵的”，也就意味着消费者不仅关注价格，更看重品牌。而这些纯外卖店虽然专注于规模与利润本身，但大多不设堂食、不打品牌，在这种背景下，第一批探索外卖店的餐饮企业因为无品牌门店的支撑，出现了大面积关停与倒闭现象。

这就意味着，脱离品牌的外卖店并不受欢迎，卫星店还需品牌作依托。于是，以连锁餐饮品牌为代表的，受益于品牌影响力与企业意识，逐步打磨出的 2.0 模型——卫星店，正式登上餐饮舞台。

AI 工具让门店选址和选品更精准高效

不可否认，卫星店运营成功的一个必要条件就是有骑手能顺利接单，这就需要进行科学、正确、合理的选址。

以往，最早尝试卫星店的餐饮品牌更多考虑的是店面在所处商圈的合理性与门店布局情况，但经过一段时间后发现，自己选址的门店可持续经营的能力明显不够优秀。

因为卫星店和传统门店的选址逻辑截然不同。对于卫星店来说，成功的选址核心在于外卖骑手的可接近性，以及门店 5 公里范围内的订单量。

此外，开设一家卫星店还涉及诸多的选址细节，包括配送面积、配送时间、起送价、配送费、周边订单量等，这需要商家做很多调研与数据分析，而这背后的统计数据，并非餐饮品牌能够轻易获知。

可以说，选址逻辑的错误及选址细节的难度，着实让餐饮企业在门店多元化结构模型的尝试中走了一段弯路。而美团“BETTER 外卖经营模型”中的 AI 选址工具的出现，很好地解决了这个问题，给商家提供了很大的帮助。

AI 选址是美团外卖推出的运营解决方案，它通过 700+ 品牌数据特征和区域数据特征，以及上万条数据量建模，来预测门店外卖上线后的次月单量，从而有助于品牌选出外卖经营效果更好的门店位置，也能提前帮助商户预判风险，让选址更有效率，更有效果。

某快餐头部品牌的卫星店，在前期投入时就与美团外卖合作，利用“BETTER 外卖经营模型”提供的 AI 工具完成了选址的具体细节，从而让项目实现更快速、更精准的落地。

此外，AI 选址还能提供更专业的线上经营诊断与培训。在与美团进行 AI 选址合作后，某连锁品牌的卫星店经营数据明显提高，对比同城其他新店来说，其首月数据就高出 74%。

除了 AI 选址，“BETTER 外卖经营模型”中还包含更多工具，比如 AI 选品。某快餐头部品牌在与美团 AI 选品工具合作后，上线的 3 款随心选套餐组合菜品，月度 GMV 累计超过 1500 万元，3 款菜品平均新客占比对比其他新品高出 9.3 个百分点，3 款菜品平均复购率对比其他新品高出 6.6 个百分点。可见，AI 工具在选址和选品上降低了选址决策的风险，还提高了决策的精准度。

此外，“BETTER 外卖经营模型”可以把过去的新客和老客细分成 Base（大众）、Expose（发现）、Thrill（兴趣）、Tempt（新客）、Enhance（老客）、Rely（忠诚）六大人群类型，这让品牌可以更加有针对性地通过不同组合工具去促进目标人群的转化，挖掘新的增长点。

总之，美团“BETTER 外卖经营模型”的 AI 工具是先找到消费需求在哪里，再找到需求中符合标准的目标用户在哪里，最后根据客群的消费偏好，给出综合性分析。这不仅让选址效率大幅提升，也降低了商家的试错成本，最终效果也非常精良。

如今，AI 技术的快速发展让各行各业都感到震惊，越来越多的行业和品牌开始涉足 AI 领域，餐饮业也不例外。在“万物皆可 AI”的时代，AI 也为餐饮创业赋能，AI 能力也成为关键竞争力，能否运用好这一工具，在某种程度上就意味着能否实现快速扩张。

当前，消费主流趋向于极致性价比，餐饮品牌的获利空间被持续压缩，只有让每一分钱都用得更有效、更有价值，最大限度提升资金效率，才是制胜法门，卫星店也是在这一趋势下应运而生的。

对于餐饮品牌而言，一切行动与升级变革都应该围绕客群来展开，这是最稳妥也最高效的办法。总结好前人的经验，运用好 AI 工具，进行门店多元化结构模型的尝试，无疑是一条不错的出路。

第四部分

风向洞察

创新经营思路，打破利润焦虑

49.

网红小吃，警惕沦为“一次性生意”

网红小吃一直是节假日的热门品类，但不知从何时开始，网红小吃变得越来越贵。

在小红书收藏的高赞打卡攻略里，一杯奶茶的价格已经让人望而却步，如果再加上印着城市名的杯子，奶茶花销直奔50元，而其他网红小吃也清一色地被网友认为“不便宜”。

之前4～6元一个的热奶宝，涨价到十几元、二十元一个；大热狗披上华丽的外衣后身价大涨，同样从个位数升至两位数；之前，“冰雪大世界一个烤红薯卖38元”还登上了微博热搜；比火炬冰激凌还要大块头的烟囱冰激凌，接近40元一个。

目前，当理性、务实的消费理念充斥餐饮赛道时，传统网红小吃的价格却一涨再涨，相对来说会给销量带来更大的阻力，再加上产品创新力不足，高价的网红小吃很难被消费者一致认可。

可以说，在追求质价比的今天，消费者的跟风购买或许能为网红小吃带来一次流量，但如果不想让网红小吃沦为“一次性生意”，则需要不断提升竞争力，让网红小吃物有所值，而不是徒有其表。

网红小吃商家可以通过场景迭代升级、分量不断加码、营销持续发力等方式，让网红小吃不只是消费者跟风打卡购买的品类，也能凭借扎实的产品力和较高的性价比俘获消费者的心。

场景迭代升级：从流动地摊，到专门店、集合店

不只是网红小吃本身的价值，就餐体验的附加值也是刺激消费者为其买单的重要原因。因此，网红小吃商家可以通过场景迭代，给消费者更优越的就餐体验感，既可以增加用户黏性，又能将一次性的尝试转化为长期的购买习惯。

小吃品类在早些年间多是出现在街头、地摊上，由三两商贩挑着扁担进行售卖。因为能够就地取材，并且反映当地的一些风俗文化，消费者往往不是奔着“吃饱”而是“解馋”的目的去购买，因此区别于正餐，取名为“小吃”。

经过多年的发展，小吃慢慢从地摊、街头、夜市等场景开始进驻餐饮店或被含蓄地纳入菜单。如今，有的已把网红小吃搬上店招，作为门店的主打之一；有的甚至“海纳百川”，开了小吃集合店，卖各种各样的网红小吃。

比如，分米鸡上了烤猪蹄单品，火锅店里卖烤苕皮，炸串店还有肥肠卷大葱……这些店家多是以网红小吃为卖点，将食客“引导”到店中。哪样小吃正当红，哪样小吃就竞争上岗。

如今，想要让网红小吃独当一面，商家可以尝试入驻商场，开专门店、集合店，如热狗品类有 LICKING DOG 美式热狗、脏脏狗美式热狗店等；辣子鸡店有老韩煸鸡、万麻子煸鸡等。

网红小吃也可以通过消费场景迭代，实现品牌跃迁。

分量不断加码：用充足的分量提高性价比

物美价廉一直是让大众餐饮消费者产生购买欲望的主要原因。想要网红小吃长红，就需要提升其性价比，可以从分量上下功夫，将整体的分量做扎实。

比如，可以在每个产品的个头上做到极致，也可以适当添加小料。

个头上做到极致可以走两条路线。一是极致大，走巨无霸路线，比如烟囱冰激凌，分量大到足够两人合吃，这样均摊下来，人均消费价位也就降下来了；二是极致小，走迷你路线，但要在售卖方式上尝试多种组合，这样就用极致小换取了体验的丰富度，也可以实现高性价比。

除了在产品个头上做文章，也可以适当添加小料，给网红小吃裹上更加丰富的外壳。比如，芝士、海苔碎、酱料、糖霜都已经是非常基础、常规的小料，新兴的网红小吃添加的小料更加特别，也更复合。

比如烤红薯里加的奶茶“珍珠”（木薯粉圆子），黑糖珍珠红薯、芝士红薯、焦糖糯丸子红薯、奥利奥红薯、焦糖红薯冰激凌等。苕皮里面包万物，咸、酸、辣口的配菜皆可往里加，如鸡爪、小龙虾等，通过这种添加小料的方式，也可以让消费者感觉物有所值。

营销持续发力：产品包装体现地域性

实践表明，消费者之所以跟风购买网红小吃，不只是钟情食品本身，包装的新奇感、设计感、年轻感也是消费者对其青睐有加的重要因素。

因此，想要让小吃成为贵价网红小吃，离不开能够满足消费者审美需求的包装设计。这既包括帮助网红小吃更好“凹造型”的产品异形包装，更包括营销方面的包装。

说到产品异形包装，可以采取不同地区不同包装的方式，让消费者产生一种归属感，并且愿意持续购买。比如，上海一家烤栗子店，就给不同的烤栗子标注产区，掀起“溯源”风潮。

此外，在营销包装上持续发力，也是网红小吃抓住消费者心理的重要方式，最常见的营销发力方式就是“蹭热点”。最出名的当数“我在××地方很想你”，大大小小的内容遍布小吃街，有的是路牌，或规规矩矩地放在门店外边，或立在门店里面，甚至有的在二楼，主打一个错落；有的是路牌造型的钥匙，或者冰箱贴，还有做成竹签的。当然，文字上也有创新，例如改为“我在××地方很想暴富”等吉利话。

产品创新力：不断释放消费新活力

无论是小吃场景迭代升级、分量不断加码，还是营销持续发力，网红小吃看似不断在外表上创新，实际上都是其在定位上的转型，即从“正餐外”转型为“餐本身”，这些当然是提升网红小吃性价比非常重要的手段。此外，网红小吃还是要保持产品创新力，才能不断满足消费新需求，不断释放出消费新活力。

回头看曾经的网红小吃，无论是爆红的竹筒奶茶，还是只火了几天的罐罐烤奶，对于不少消费者而言，网红小吃似乎已变成全国统一的产品，难说有什么特色。在讲究“质价比”“性价比”的今天，只是简单地改头换面似乎无法满足消费者的需求。

因此，可以说，随着市场竞争的日益激烈，产品创新不仅是保持企业竞争力的关键，更是推动企业持续发展的动力，对于网红小吃商家来说同样如此。要想让网红小吃不再因为消费者的跟风购买而火几天，那么在消费者高度追求质价比的时代，就要在产品力上下功夫。

比如长沙臭豆腐，其在口味和形状上做到了持续不断地创新。例如“董顺桃小粒臭豆腐”，在保留老长沙经典口味的基础上，创新了肉酱味型、酸辣味型臭豆腐，为消费者提供了更多的味型选择；在形状上，为了方便食用，把经典的大片臭豆腐改良成小粒臭豆腐，解决了咬食臭豆腐时汤汁溅出的问题。此外，小粒臭豆腐的形状规则，每一面都能得到充分油炸，吃起来也更酥脆。通过这一系列的产品创新，消费者的购买热度得以高居不下。

总之，部分具有生命力、创新力和差异化的小吃品类伴随着专门店的开出在不断崛起，但更多的网红小吃在本质上并没有改变其底层逻辑，也因此陷入发展桎梏。

所以，在经历了场景、分量、营销等各项突破后，网红小吃还需要依靠产品创新，不断满足消费新需求，不断释放消费新活力，从而打破“一次性消费”的魔咒。

50.

自助模式，极致性价比时代的新动能

2023 年，自助餐翻红。市场上涌现出各种形式的自助餐，比如面包自助、甜品自助、酒店自助年卡、19.9 元自助餐、3 元自助早餐、小火锅自助、火锅午市自助等，并受到了空前的关注和青睐。

这一趋势背后的推动力是多元的。而自助模式正是通过其多样性和灵活性，以及相对更低的价格，满足了消费者对餐食的期待。其他商家其实可以在保持成本效益的同时，借助这一模式引流聚客，提高服务效率，再扩展到全时段营业，实现营业额的提升。

那么，在这些自助模式的探索中，怎么做才能避免让“自助”沦为一时的营销噱头，而是真正取得显著成效呢？结合不同的自助品类，下面为大家提供一些可探寻的发展路径，或许可以给不同餐饮企业带来新的生机。

烘焙甜品打造全新消费场景，提升顾客体验感

对于初创的烘焙品牌，仅靠单一的面包经营，难以在与连锁烘焙店的竞争中脱颖而出。而面包自助不失为一种提升竞争力的手段，不仅能创造出新的消费场景，还能吸引到更多流量。

北京的“黑眼圈烘焙”和成都的“胖虎打面团”作为面包自助的先行者，以 48 ~ 68 元的价格，提供各类面包畅吃，加之复烤和咖啡服务，大幅提升了顾客

的体验感，为门店带来了更多的客流量。

黑眼圈烘焙的主理人董研曾说，将面包打造成自助餐的形式，除了能让消费者用最少的钱尝到最多的品种，更重要的是打造了一个全新的消费场景：面包不再只是匆忙间果腹的食品，而是可以坐下来悠闲品尝的食品。

相较于面包单品，“复烤 + 自助 + 咖啡”的形式十分具有吸引力。

此外，咖啡和茶饮的强烈冲击，加之部分火锅品牌的甜品畅吃也在分食这门生意，使得甜品品类选择通过自助模式为自己带来大幅客流量增长的方式，来应对竞争压力。比如，满记甜品在 2023 年 6 月开始尝试 35 元畅吃的甜品自助，随后将价格调整为 48 元，并逐步推广到 100 家门店。该自助餐需要提前线上预约，一个账号最多可以预约两位，自助时间为 10:00—13:00，12:30 停止点单，13:00 后需要按实际售价另行支付，周末不开放。

据满记甜品 CEO 金国超透露，10:00—13:00 原本就是满记甜品营业额的低峰时段，而开放自助后，早间客流增量超过 10 倍，这是非常大的增量，能够大幅度提高门店平效。

当然，值得注意的是，无论是烘焙门店还是甜品门店，虽然自助模式能带来新客源，但发展还在于回头客经济。因此，打造经典产品的魅力，在固定区域稳固好老客群才是重中之重。

自助早餐无限续杯打法，以价格战取胜

在极致性价比时代，更多早餐品牌也将自助内嵌到自己的业务中，以更加亲民、平价的形象面对消费者。

济南的品牌“包子客”应该是最早开始提供 3 元粥品自助服务的商家，全时段供应一日三餐：5 款包子 +3 元粥品无限续 +6 元一盘小菜，顾客每单消费价格在 10 元左右。

2022 年初，太原的“顺溜刀削面”也开始升级 5.0 门店：充值一定金额成为会员后，米、面、粥免费加不限量。粥品 3.6 元、面品 6.6 元起，凉菜 4.6 元拼，还有 4 款小吃免费吃，8 种小料免费调。

2023 年中，南城香开启 3 元早餐自助模式，八宝粥、皮蛋瘦肉粥、豆浆、牛奶等 7 种早餐 3 元无限量供应。如果消费者不想吃个“水饱”，需要一些“干”的食物搭配，可以沿着自选通道额外购买馄饨、油条、三明治等食物。

南城香的 3 元自助模式引发了更多品牌跟进，尤其是早餐时段做粥与豆浆的品牌。

永和大王在 2023 年 12 月底推出了 3 元豆浆和粥的无限续服务，20 款品质早餐 3 元任选，谷连天八宝粥在 2024 年 1 月也推出了 3 元早餐。2024 年 1 月浆小白推出了带有堂食业务的 2.5 代店，也在早餐时段推出了 3 元无限续的粥和豆浆。3 元早餐自助已经掀起波澜，如今这股自助风有蔓延到全时段的趋势。

有必要提醒一下，虽然“无限续杯”的确能够带来非常可观的流水增量，但不要让“无限续杯”成为营销噱头，作为商家，归根结底要在性价比上做好功夫，才能既确保客流量，又能获得高盈利。

酒店自助以单餐低价位，带来新营收

2023 年，酒店自助餐年卡频频登上热搜。有消费者花了 12888 元购买自助餐年卡，折合一天只需 35 元，称得上非常划算。这一极具吸引力的定价策略，对于那些日常生活忙碌、不愿意或无法自己烹饪的人群，尤其是对于那些工作地点靠近酒店的上班族而言，几乎等同于拥有了一个顶级的社区食堂。

而对于大多数酒店来说，餐饮收入在整体收入中有着举足轻重的地位，面对市场上高端餐饮的兴起，星级酒店的独特餐饮优势正逐渐被稀释。近几年的“618”和“双 11”期间，不少地方的五星级酒店也扎堆推出限时限量的自助餐年卡活动，不再局限于已有客群，而是尝试拓展客群。但有一些酒店“变卦”并修改了使用规则，如限制年卡用户点选龙虾、海参等高价值“个吃”，这一变化引起了部分持卡顾客的不满和抗议。因此，要想让酒店自助既可以成为拓展服务范围的方式，又能满足年轻人高品质的饮食需求，则需要通过拓展餐品选择的范围及保证用餐时间的灵活性来保持酒店自助的长期吸引力和持续性。毕竟服务质量才是让自助模式发展下去的前提和基础。

小火锅自助更具灵活性，极大地丰富了选择

小火锅的消费需求是存在的，但过去的小火锅模式已经无法很好地满足当下消费者的需求。

现在的年轻人更追求个性化和交流感，自助火锅就很好地契合了这一需求。不仅适合为众多的人士提供饮食，可以较好地处理众口难调的问题，同时还促进了宾客之间的交流。而一些区域性的回转小火锅，靠着回转台的设计，可以给消费者极大的丰富感。

因此，在消费分级日趋明显、消费者价格敏感度上升的大环境下，自助火锅通过提供明亮通透的空间、年轻时尚的就餐环境和固定价格下的无限畅吃，成功塑造了清新、时尚、经济的品牌形象，赢得了更多消费群体，特别是年轻食客的喜爱。

通过观察和分析可以看到，当下自助火锅凭借高性价比赢得年轻消费者的喜爱。比如，郑州起家的“农小锅”，33 元一位，锅底另收费 5 ~ 7 元不等，毛肚、肥牛卷、肥羊卷则需要单点收费。在青岛诞生的“龙歌自助小火锅”进店 59.9 元一位。一些三四线城市的自助小火锅品牌，人均价格甚至可以低至 20 元 / 位，除了牛羊肉和饮品，几乎全部菜品都是无限量自助。

从未来发展来看，我们认为，自助模式还需要在满足消费者需求上下功夫。在产品策略上不必局限于涮品，还可以增加很多饱腹性极强的产品。比如，“龙歌自助小火锅”有蛋糕、蛋挞、鸡排、鸡柳，农小锅还有炸鸡、水果和涮菜。

另外，小火锅自助也可以扩展到快餐店中，打造不同消费场景，以带来更多客源。比如，南城香推出了 29.9 元的羊肉单人火锅套餐，鲜蔬、米饭无限自助畅吃，如果不吃肉，还有低至 19.9 元的蔬菜小火锅。

优化经营时段，让餐饮焕发生机

“内卷”之下，传统火锅生意难做，自助火锅可以满足消费者“占便宜”的心理，这对于身处经营困境的餐饮企业来说是一个很好的出路。

我们认为，除了平价小火锅自助和高端的海鲜自助，中端火锅更可以尝试自助模式，打造极致性价比。

比如“谭三娘”鲜切牛肉自助火锅，不到一年时间就开出了 108 家门店。午市价格为 88.9 元 / 位，晚市价格为 99.9 元 / 位，锅底 38 元，油碟 6 元 / 位。并且标明无限量。人均百元左右就能让顾客吃到吊龙、胸标、里脊、五花趾、匙柄等不同口感、高性价比的牛肉火锅。“哥老官”也将上海的部分门店改为“新哥老官 · 畅吃 123 · 美蛙世界”，只需 123 元就可以畅吃 150 多道菜品小吃和甜点（活动价 108 元，另收锅底 38 元），用餐时间在两小时内。

此外，自助餐一般都有固定时段限制，用餐时间的选择上大多集中在晚餐时间，要想让自助真正助力餐饮焕发生机，还需要优化经营时段。

比如，2024 年 1 月，“鸿姐老火锅”在上海成功试水了延长午餐时段的经营模式。即在万体馆后上线了 99 元午时自助（后涨价为 118 元），锅底另外付费，每日 10 点开始放号，共 150 个号，有不少消费者 9 点就开始排队。

总之，自助模式正在成为餐饮业的一大创新动力。不同类型的餐饮商家积极地融合自助模式，或围绕自助模式重塑业务。这一趋势不仅拓展了服务范围、优化了时段经营，还极大地丰富了消费者的选择，成功地引领了市场的新趋势。

这一切，既是对当前复杂市场环境的积极响应，也是对成本控制与效率优化的深入探索，更是对提升顾客体验和满意度的持续追求。随着自助模式的不断发展和创新，其势必能够为餐饮业带来更多的机遇和可能性。

当然，随着这些创新的出现，价格战的争议也随之而来。如何持续创新和优化，确保自助不会成为短期的营销工具，而是能持续提供价值，成为品牌和业务发展的长期驱动力，是每个想要尝试做自助模式的餐饮企业应该认真思考的问题。

51.

“超级夜市风”，新设计、新体验的门店全面升级

在新市场环境下，通过新场景、新产品、新设计、新空间、新体验等五个维度进行餐饮品牌新店型的打造，实现符合现代年轻人都市烟火气的新品牌形象，会对提升门店流量起到很大的作用。

广州正佳广场“蛙来哒”首家6.0版本“超级夜市风”门店试营业的成功也印证了这一想法。

门店开业当日排队2600多桌，单门店全网曝光量超过1800万……试营业15天入围广州市湘菜热门榜第一名，环境、口味、服务三项均达到4.8分，门店实现5星级登顶，正式开业时跃升广州市全城美食榜第一名。

从“超级夜市风”门店创下的优秀数据来看，新设计、新体验的门店的确可以让品牌的受欢迎程度更上一层楼，并且创造超越以往水平的成绩。

我们拆解了“超级夜市风”门店的具体做法，给大家在门店升级中提供一些参考。

品牌定位升级：强化“品类第一”印象

我们通常说，消费者对餐饮品牌的第一印象决定了顾客的留存度，而门店的设计是决定消费者对门店，甚至对餐饮品牌印象的关键因素。

我们认为，通过门店设计，强化“品类第一”印象，可以在第一时间俘获消

费者的心，打造独属于自己的品牌，形成自己的核心竞争力。

蛙来哒的店面升级就是强调牛蛙品类第一的印象。目前，蛙来哒已经成为牛蛙美食的符号，无论是在市场规模还是品牌口碑方面，均处于遥遥领先的位置。

2022 年 12 月，弗若斯特沙利文认证蛙来哒为 2022 年中国牛蛙餐饮行业蛙锅销量第一、2022 年中国牛蛙餐饮连锁企业规模第一。据蛙来哒官方数据，截至 2023 年年底，蛙来哒签约门店已经达到 450 余家，领跑行业，是当之无愧的品类第一。

此次，蛙来哒超级夜市门店在升级时注重强化品牌定位，强化消费者对蛙来哒品类第一的印象，将新定位“吃蛙就吃蛙来哒，全国门店 400 家”在门店中的显眼位置反复展出，助力门店形成强有力的竞争力。

产品模式升级：聚焦紫苏品类，提升品牌价值

我们认为，从消费者洞察中进一步发现自己特有的品牌价值，在店面设计中给予体现，突出品牌特色，升级产品模式，对于提升品牌价值有重要的作用。

蛙来哒这次店面升级的成功也很好地印证了这一观点。

蛙来哒是湖南起家的品牌，紫苏在湖南菜里的地位有点类似于咖喱在东南亚菜里的地位。无论做什么食材，可能都会放一点点紫苏。紫苏不仅是一种特殊的香料，也具有一种有个性、有辨识度的味型。

从经营实践反馈来看，虽然之前没有特别宣传紫苏，但在全国 90 多家门店中，紫苏牛蛙一直是门店爆品。可见，虽然很多人没有吃过紫苏，但凡是吃过了以后都会很喜欢。同时，紫苏牛蛙也是蛙来哒首创的，这一点也得到了弗若斯特沙利文的认证。

因此，蛙来哒此次，把紫苏牛蛙作为自己的强力品牌进行重点打造。在升级门店的设计中，蛙来哒超级夜市门店有一个明显的特点，就是在菜品设计和店内装饰中聚焦紫苏品类，突出紫苏元素。

蛙来哒通过聚焦紫苏品类，提升了品牌价值。

在菜品设计上，除了一直以来的门店爆品紫苏牛蛙以外，蛙来哒还新增了紫苏饮品和紫苏虾滑。在店内装饰上，也可以找到大大小小的紫苏类装饰物，还有“万物皆可紫苏”的项目标语。

视觉形象升级：选择“东方波普风”，拥抱年轻人

蛙来哒联合创始人罗清曾提道：“品牌要秉承长期主义，需保持与年轻人对话，在产品口味、空间设计、文化塑造等方面不断创新升级。”

蛙来哒此次客户体验升级的本质就是为了抓住年轻人群体，这也是五个维度升级的核心。

视觉形象和空间场景的升级变化是最先被消费者看到的，所以，这次 6.0 版本的“超级夜市风”门店在视觉形象升级上，通过年轻潮流文化和“东方波普风”的结合，塑造全新的潮流视觉冲击，从而更直接地体现现代年轻人的生活态度。

蛙来哒的“东方波普风”设计，既使用了波普艺术独具代表性的红、黄、蓝3种颜色，明朗亮眼、绚丽夸张，又融入了品牌符号，突出东方化；同时，也改变了品牌2.0版本以往的水墨logo，修改为更立体的艺术字体，更具时尚感和光影感。

此外，蛙来哒还全面更新了IP形象，推出了一个瞳孔是多种闪电造型的红色牛蛙；也根据聚焦紫苏的产品模式，做了很多紫苏类形象的产品设计。事实证明，“东方波普风”的确受到年轻人的喜爱。

空间设计升级：打造具有现代都市烟火气的夜市风

蛙来哒每年都会做场景升级，新开相关主题门店，超级夜市风门店就是一次从视觉到场景的全方位升级。

蛙来哒超级夜市门店，是从商场和夜市中各取所长，既有商场店的新潮与明亮，又有夜市店的热闹与自由。

新店还用了很多玻璃元素，让店面极具现代感，透明玻璃也让室内外的界限感变得模糊，消费者在店内能清楚地看到外面，增添了夜市氛围感。

此外，在超级夜市门店中，蛙来哒首次采用明厨明档，能让消费者看到门店各种品类菜品的制作过程，感受到店内的新潮与烟火气。

为了让消费者感受到夜市店的热闹与自由，蛙来哒在桌椅上也选择了简单且反光效果较好的板材材料，给消费者创造放松、开心享受美食的环境，同时也降低了门店的建店成本，让店型更加轻盈。

客户体验升级：优化风格、升级服务

体验式消费是近年来比较火热的概念，已有不少餐饮品牌在推行体验式消费。

具体来说，一方面，更注重服务，以拉近与消费者的距离。比如，怂火锅设置了“抓住KPOP人之魂”、每天两场舞蹈表演、不定期穿插花式生日歌等服务模式。又比如，“破店肥蛤”有驻唱点歌、现场live表演等。

另一方面，更注重互动感，以使消费者记忆更加深刻。比如，肯德基的六一儿童节玩具系列，会“动”的那款成为社交平台的话题王，也是消费者最想得到的一款。

此次升级后的蛙来哒超级夜市门店是体验式消费的又一优秀案例。

蛙来哒超级夜市门店创造了场景，让同为年轻人的服务员和消费者快乐交流。消费者从进店开始，就能感受到身旁每个服务员身上自带的快乐气氛，点单、上菜等需要和服务员沟通的时候，更能体会到这种感觉。服务员的才艺表演，也让消费者的就餐体验变得有记忆点，特别、轻松的体验，还能给美味的饭菜加分。

此外，蛙来哒超级夜市门店显著聚焦年轻群体，注重互动感。商家不仅增加了很多互动装置，比如门店外的抽奖系统，也以时下年轻消费者最潮流的话语体系作为品牌表达，让年轻消费者迅速辨识出“这里是我的舒适区”，进店后能开心享受，并且愿意进行二次分享传播，带来更多新客源。

总之，蛙来哒在6.0版本的门店中，创造了让服务员和消费者自然、开心互动的场景，收获了消费者的喜爱。同时，也给品牌加盟伙伴做了很好的赋能，通过产品、服务等全方位的优化升级，给加盟门店提供了长远的支持。

当然，好的就餐体验离不开食物本身的口味，蛙来哒一直以来都在严加管控食品安全。

蛙来哒是行业首个建立牛蛙餐饮企业标准的品牌，其中清晰地规定了原材料的采购规格要求、制作工艺流程的标准规范等。这份标准已经被政府相关机构评审，成为牛蛙餐饮行业中许多品牌借鉴、选用的标准。有了这样的行业规范，消费者不管在蛙来哒哪一家门店就餐，都能吃到有一定水准的、好吃的牛蛙。

总之，蛙来哒超级夜市门店的成功再次告诉我们，年轻消费者更喜欢充满生活气息的东西，希望能在有烟火气、放松的场景中就餐。可见，主动迎合年轻消费者及全新的市场需求，对于品牌长远发展具有重要作用。

既在设计上凸显品牌价值和特色产品，又在体验上迎合年轻人心理，注重互动感，是蛙来哒攫取消费者内心的重要因素，这也给其他店面升级的餐饮品牌提供了参考。

52.

品类红利，北上广深的湘菜崛起

过去一段时间，湘菜的净增长率跑赢了川菜和江浙菜，成为黑马品牌。

比如，在北京朝阳大悦城商场开店的费大厨辣椒炒肉、农耕记湖南土菜，北京首店开业的湘辣辣等湘菜品牌，都备受欢迎。

在上海这个人们印象中不太能吃辣的城市，也掀起了一波湘菜热。据 DT 商业观察调查，当你站在上海的南京西路地铁站，打开大众点评搜索“湘菜”时，会发现在半径 1 千米的范围内，囊括了 54 家湘菜馆。在广深更是不必多说，各大街道和商场都遍布湘菜馆的身影，部分商场甚至挤下了十几个湘菜品牌。

最初，湘菜霸榜北上广深各大商圈，深受顾客喜爱。但随着发展，湘菜陷入了有菜系、无品牌的窘境，甚至出现同质化越来越严重的问题。

如何打造品牌竞争力，做好经营，吃透品类红利，持续带来更多营收，成为摆在每个湘菜品类餐饮企业面前的现实问题。

突破同质化瓶颈

选品红利加速消失，餐饮门槛高攀不起。10 年前的餐饮机遇是所有品类都值得重做一遍，10 年后的挑战是所有品类都必须重做。品类重做就意味着从产品开始，要完整地搭建起消费者对于品牌的认知，这份认知往往从一个突出的记忆点开始。

即需要餐饮企业做好细分品类，主打差异化竞争，通过增强某个突出的记忆点，提升消费者对品牌的认知度。

湘辣辣之所以能够成为湘菜品类的领头羊，就在于它做好了现炒黄牛肉的细分品类，主打牛肉这个记忆点，并在牛肉品质上下苦功夫，提升顾客对品牌的认知度。

用不同部位来区分食材，一方面突出了湘辣辣选用牛肉食材的优异性，另一方面将选择权交给顾客，更强化了品牌的记忆点。

第一，将潮汕火锅精分牛肉部位的做法融入湘菜中。根据吊龙、嫩肉、五花趾三个不同部位，湘辣辣延伸出了三道现炒的黄牛肉招牌菜，不同部位的牛肉口感各异，消费者可以按自己的喜好进行选择。

第二，对于每一片肉的尺寸、炒制时长都非常讲究。湘辣辣跳出传统湘菜的框架,每一片小炒牛黄肉都由专业老师傅根据部位的不同采用不同刀法切割而成。和传统切法相比，牛肉更大片，成品肉感十足，肉香醇厚并带有少许肉筋的弹牙口感，攻陷了消费者的味蕾。

第三，强大的供应链物流支持，保证了食材的绝对新鲜。湘辣辣招牌菜品所用牛肉均来自中国优质良种黄牛。为了保证门店爆款小炒黄牛肉系列中核心牛肉的鲜度，所用牛肉均为当天凌晨屠宰，每日中午、晚上分两次直接送到门店，全程不进冰箱，且保证当日就全部销售完，绝不隔夜。

在这个“酒香也怕巷子深”的时代，湘辣辣对于小炒黄牛肉品质的展示毫不吝啬。湘辣辣专门设置了观景大外窗和讲解环节，强化顾客认知。每一家门店都有一面巨大的落地玻璃窗，窗内，师傅用分割刀熟练地切分牛肉，把一头牛身上最爽弹、嫩滑的部位吊在铁环上，向顾客展示食材最新鲜时的样子。在上菜时，服务员也会热情地向顾客介绍牛肉的产地、部位、口感等信息，极限突出菜品优势。

正是因为湘辣辣聚焦单品，进行品类细分，打出差异化品牌认知这张牌，所以能够斩下“全国现炒黄牛肉大王”的荣誉称号，并且成为湘菜品类的头部品牌。

吃透品类红利

一时热门或许是运气，能够做到一直热门才是餐饮企业经营之道的体现。湘菜品类餐饮企业要想做到吃透品类红利，一方面，要在质与价中找到平衡；另一方面，要向性价比要品质，满足消费者最基本的需求。

近些年，有越来越多的餐饮品牌喜欢给自己贴上“下饭”标签。比如，巴奴旗下的“桃娘 · 下饭小火锅”、海底捞“下饭菜”等，都主打“下饭”属性。而湘菜自带香辣成瘾的属性，更能够体现“下饭”这一特点。也正因如此，大部分湘菜品牌做的都是快餐小店，这就注定了在提升性价比、追求物美价廉的同时，带给顾客的体验感并不高。

而消费者的需求是品质性价比，即“好吃 + 吃好”。所以，想要留住基础客群，湘菜品类餐饮企业最需要做的就是通过多方面努力，既满足消费者“好吃”的需求，也满足顾客“吃好”的需求。湘辣辣在顾客体验感上功夫，充分让消费者体会到了好吃、吃好，值得借鉴。

在环境上，湘辣辣经历了四次迭代，以求给顾客营造更舒适的环境体验。1.0 版本以橙白色作为主色调，明亮、活泼，整体风格偏快餐感。随后，融入绿植，加入暖色灯光的是升级后的 2.0 ~ 3.0 版本。现在的 4.0 版本是最新升级版，以“牛舍”为主题，醒目门头之下就是全落地玻璃的“牛肉工坊”，顾客可以亲眼看到鲜切现炒的过程。引入的红砖、原木、古铜等自然质朴元素中点缀着热情的橙色元素，营造出简洁、明快的就餐氛围，使顾客置身于高品质的社交餐饮场合。

在食材上，湘辣辣保证新鲜现杀。其牛蛙、鱼等食材都是由供应链每日新鲜配送，且厨房内还设置了专门的养殖区，在顾客点单后直接新鲜现杀。

在价格上，湘辣辣保证了 80 ～ 120 元的客单价，这在一众休闲正餐中显得格外清奇，丰俭由人，消费者可以按需选择。

湘菜品类餐饮企业想要吃透品类红利，还要向品质要效率，以满足消费者更高层次的需求。

除了满足消费者最基本的性价比需求，湘菜还有高体验感、高品质的门店，如“许爷”“芙蓉楼”等都可以满足消费者高品质体验的需求。但对于大部分都市客群来说，因为出菜速度相对较慢，湘菜只能作为休闲正餐，而难以作为日常工作饮食，但湘辣辣很好地解决了这个问题。它虽然定位为休闲正餐，但从出品到翻台，效率都有所提升，这也得益于其背后强大的运营体系，在人员培训、动线设计、分区客服上的精心设计，保证了品质和效率。

为解决制约湘菜品牌规模化发展的现炒难题，湘辣辣和新东方烹饪学校深度合作，每年会引进一批好苗子到门店，再由门店老师傅进行传帮带教学。每个厨师固定负责 2 ～ 3 个 SKU，最大限度保证出品。由此，湘辣辣向顾客承诺，20 分钟上齐所有菜，如超时没有上齐，则免费送。

正因如此，湘辣辣能够完美覆盖当下家庭小聚、朋友小聚、白领小聚等各种小聚场景，并且做到高效出餐。

总之，湘辣辣凭借自身品牌化打造、组织力建设、门店模型标准化等，做到了向性价比要品质，满足消费者最基本的需求，更做到了向品质要效率，满足消费者更高层次的需求，迎着湘菜的红利乘风而起。

毫无疑问，湘菜正逐渐成为餐饮品类中值得深耕的蓝海，入局者也在不断增加。当然，能抓住机遇的是智者，但想在湘菜赛道里扶摇直上，还需要不断修炼内功，才能成为强者。做好细分品类，主打差异化竞争，提升消费者对品牌的认知度，在质与价中找到平衡，吃透品类红利，才能在湘菜的赛道上持续保持热度和活力。

53.

品类黑马，融合快餐的“快”和正餐的“质”

水煮鱼具有大众化的属性，在市场需求的推动下，这道广受欢迎的菜品已走向全国，发展成为一个品类，并培育出覆盖全国多个地区的连锁品牌。

但由于同质化危机，水煮鱼品类迟迟没有跑出一个绝对领导者，这一细分赛道也在快速发展后进入平缓期。

我们发现，水煮鱼的同质化主要体现在以下两方面：

一是产品口味同质化。谈及水煮鱼，许多消费者的第一印象仍是单一的“麻辣”，新口味也往往局限于番茄口味，相对单一。

二是品牌定位同质化。经营水煮鱼的餐厅分为两类：一类是定价在20元左右、以快餐形式做水煮鱼的档口店，主要集中在食堂内部、购物中心的美食街区等。制约它们发展的最主要因素是以夫妻小店模式经营，缺失连锁门店的经营意识，消费者难以形成品牌认知，导致形成了“有品类、无品牌”的局面。另一类是定价在百元以上、以正餐形式做水煮鱼的餐厅，主要集中在购物中心、街边门店等。这类餐厅同样面临挑战：随着追求健康的风潮兴起，消费者对重油、重辣餐食的选择更为谨慎；随着预制菜概念的提出，水煮鱼被认为是预制菜成熟单品，容易给人价值不高的印象。

因此，走出一条差异化的创新之路，是突破水煮鱼赛道的关键。

在众多水煮鱼品牌中，“渔是鱼事”一跃成为水煮鱼品类的黑马，正是因为其很好地解决了口味同质化和品牌定位同质化的问题。渔是鱼事不仅在口味上创新，同时，兼具快餐和正餐的优势，既确保翻台率，又保证品质，以极高的性价比脱颖而出。我们总结出渔是鱼事的破圈成功源于以下三点。

懂得结合自身优势做创新

能够捕捉并满足消费者的需求，属于创新的初级阶段；而能够引领消费者心智，才是更高级的创新。

渔是鱼事便做到了后者，这也是它走出差异化创新之路最关键的一步。

市场上做得比较成熟的水煮鱼品牌已经足够多了，想要做出差异化，尤其是让市场买单的差异化并不容易。

渔是鱼事背靠的大食代集团经过团队头脑风暴、深度思考后，结合市场和自身所长，创立出以冬阴功风味为特色的水煮鱼口味。

冬阴功是东南亚菜系中一个独具特色的味型，识别度高，且有较为广泛的消费者群体。将水煮鱼做成东南亚风味的做法打破了人们对于酸辣和番茄口味的常规认知，令人耳目一新，渔是鱼事也因此一炮走红。目前，该品牌已经在上海几大热门点位开了 5 家门店，店店火爆。

为了更好地引领消费者需求，大食代团队还邀请有着 20 余年水煮鱼制作经验的老师傅和来自新加坡的冬阴功风味专业大厨共同研发菜品，并精心挑选最优产地的好食材，让两地美食更好地融合。

冬阴功风味水煮鱼在口味上是正宗泰式冬阴功的酸甜辣口，辣度适中、易于接受，又添加了椰奶、香茅等配料，找准了清爽和浓郁的平衡点，深受消费者的喜爱。此外，其他主流口味的水煮鱼也可以在店内找到。

品牌装修设计也契合冬阴功的颜色，助推品牌传播。外墙是亮眼的橙黄色，招牌是富有内涵的墨绿色，可直接让人联想到冬阴功汤的颜色。

渔是鱼事的品牌创新实例告诉我们，瞄准自己擅长的领域做创新，可起到事半功倍的效果；做好品牌宣传，方能引领消费者的心智。

整个外墙兼具设计质感、辨识度，在一众快餐店里分外醒目，给人轻松舒适的感受，吸引多元人群。

建立凸显品质感的快餐餐厅模型

快餐的特点毫无疑问就是“快”，但往往以忽略就餐环境、菜品质感为代价；而正餐虽能保证就餐环境和菜品品质，相应地，短板就是出餐率和翻台率低，这些在一定限度上会影响店面客流量，进而影响营收。

渔是鱼事试图打破快餐和正餐的边界感，将快餐的“快”和正餐的“品质”相融合，建立起一个凸显品质感的快餐餐厅模型。

为确保快餐的“快”，满足快餐消费者的时效性需求，渔是鱼事团队经过前期研发设计，完善了各环节的 SOP，使操作简单且容易复制，并且将水煮鱼的熟成时间控制在 30 秒，确保鱼肉细腻润滑、口味鲜美。在减少顾客等待时间、提高翻台能力的同时，又保证了高品质。

为确保正餐的“品质”，渔是鱼事在保留档口店型的同时，新增独立餐厅店型，将快餐的消费场景升级为一个重服务品质和可以小聚休闲的社交场所，扩大了消费群体。创意菜品及产品名称设计也别出心裁，提升了有效传播。

除了主打的水煮鱼菜品外，渔是鱼事在甜品、炸串系列、当季时蔬、自制饮品等方面也为消费者提供了丰富的选择，并能承接不同需求。

渔是鱼事选择“泰酷辣”“想你辣”“不想辣”等与年轻人产生共鸣的网红出圈语录作为产品的名称，且这些产品名称都和产品有紧密联系，易于记忆，显示出品牌与网生代消费群体的紧密连接，也增加了有效的传播记忆点。

通过服务和体验提升附加值

高质价比是渔是鱼事破局的另外一大利器。

在提高品质方面，渔是鱼事在店内环境和菜品品质上对标精品餐厅，并参考一些做得很好的大餐饮专业，学习其附加体验，力求创造和同价格餐厅相比更优质的体验和服务，以实现高附加值。

在价格方面，渔是鱼事保持人均大约 50 元的消费价格。在寸土寸金的高档商场，这样的价格的确是比较接地气的，可以增加消费频次。

此外，渔是鱼事能在短时间内单店月销售额超过 100 万元且 5 店齐开，离不开背后的智囊团——大食代集团。

俗话说，背靠大树好乘凉。渔是鱼事是大食代匠心钻研的水煮鱼自营品牌，这棵“大树”为其供应链、人才管理、品牌上新等各个环节都提供了强有力的支撑。

渔是鱼事能在各个环节有着完善的 SOP，操作简单，容易复制，这一点和大食代有着强关联性。大食代自身的资源能够给各品牌的扩张与经营带来很多赋能与帮助，从招商到建立自营品牌，再到开拓加盟模式，每一个领域都能帮助到加盟者。

对于水煮鱼品类而言，走出差异化道路是赢得市场的关键。不仅要用口味创新引领消费者的心智，更要保证品质，以高性价比俘获消费者的心，这样才能在激烈的竞争中获取一片红海。或许这也值得其他想要扩张的餐饮品类去尝试。

54.

地摊经济中，“地摊风”门店的未来在哪里

对于地摊小吃，无论是经营者还是消费者，都有一种既爱又恨的心理。

在消费者看来，地摊小吃意味着便宜实惠，有烟火气，可食品卫生安全又让人难以放心；而对于经营者来说，地摊小吃是一种小成本的创业之举，可留住消费者却是个大难题。种种原因导致地摊小吃几乎一度销声匿迹。

近几年，地摊小吃重新走入人们的视野，并且带动了地摊经济。

地摊经济为何会蓬勃发展

前些年，国家鼓励并出台地摊经济政策，比如允许设置临时占道摊点摊区、允许临街店铺越门经营、允许大型商场开展占道促销、允许流动商贩贩卖经营、允许互联网租赁自行车企业扩大停放区域等。这一系列政策的出台推动了全国各地的地摊经济强势复苏和发展。

在政策的鼓励下，许多人的创业激情被激发。一些年轻人纷纷投身此行列，晚上下班后，在小区楼下或地铁口摆摊。这样的新奇创业方式带动了人们的创业热情，纷纷寻找合适的品类去摆摊。即使是小成本创业，也是不易的，但也有人在选对品类、产品有特色、成本可控、市场需求大、性价比高、经营方式正确等前提下，把生意经营得红红火火。

之前网上爆火且备受年轻人追随的罐罐烤奶（一个罐罐、一袋纯牛奶，拥有

红茶、绿茶、茉莉花茶等不同口味，再加上一些点缀）就能引来许多网友疯狂打卡，这跟它的价格便宜、模式新颖、适合拍照打卡不无关系。拍照发的朋友圈就能带来自发流量。

还有许多人都喜欢吃的螺蛳粉也是网红爆品。近日，来自杭州萧山的一家螺蛳粉摊在小红书上非常火，有人甚至驱车一个半小时又排队一小时，只为吃上这碗有味道的粉。当然，不可否认，这爆火的背后也有夸张的营销成分在。

地摊小吃的烟火气也是地摊经济兴起的一个重要原因。在地铁口、夜市、大集等公开场所，不管严寒酷暑，经常能看到摆摊工作者的身影。他们推着电动车、三轮车摆摊卖烤红薯、糖炒栗子、自制糕点、冰糖葫芦等。

尤其在寒冬的深夜，坚守在街头的地摊给一些上班族的身心带来了慰藉。吃一份自己喜欢的小吃，就是给奋斗了一天的自己最好的福利。前不久，一位广西的网友称，他在凌晨三点的街边，吃到了一碗地摊螺蛳粉。

在这样的热潮下，一些看似高冷的食物，如烧鸟、关东煮、法式牛排等，也纷纷加入地摊阵营中。众多消费者喜欢吃的串串、麻辣烫也积极从门店搬到了外面，让消费者感受到了浓浓的烟火气。

政策的鼓励，为小本经营者的创业提供了更多的支持。地摊经营者的热情和创新精神也给消费者带来了新的用餐体验。这股强势的地摊经济正逐渐成为市场关注焦点。

地摊经济的火热，让餐饮品牌吹起了“地摊风”

在这股热情的带动下，许多餐饮品牌直接把地摊搬进了门店里。

首先，从装修风格开始，做起了情感营销。近几年，餐饮品牌中兴起了一阵地摊风、破店风、市井风的装修风格，还有一些餐饮店铺打造复古风格，以突出差异化。

这种地摊风有意为消费者创造新颖的用餐场景，基于消费者的猎奇心理来引流增量，尤其吸引年轻消费群体，寻找儿时的味道。对于年轻消费群体来说，他们其实是体验一种没经历过的生活方式，长辈们曾经的生活环境，对他们很有吸引力。这种经历更偏向猎奇，而不是怀旧。

其次，地摊风促进了商业模式的创新。随着社区餐饮的发展，获客难度提升，更多餐饮品牌把门店开到社区周边，甚至把火锅店、烧烤店开进菜市场，主打食材新鲜，采购方便，努力靠近社区和消费者，把最接地气的餐饮店开到家门口，让消费者心动。

品牌通过模仿地摊元素吸引消费者，提升了消费者的用餐体验，也确实获得了更多的经济收益。

当然了，餐饮品牌也在利用地摊风努力给予消费者高性价比的体验感，比如，“小桌子 + 马扎”的用餐方式开启了地桌烤肉、地摊烧烤、地摊火锅、小炉子烧烤、地摊打边炉等。近日，全国各地似乎都支起了小炉子吃烧烤，在小红书平台，有关“小炉子烧烤”的相关笔记达到3万多篇。一位烧烤店老板表示：“秋冬季是烧烤品类的淡季，生意会慢慢变差，而小炉子烧烤模式却恰好给人们提供了在冬季吃烧烤的满足感。”

最近，一家名为“乐趣小炉子烧烤”的品牌集中在北京开了超过30家店。它属于室内DIY烧烤，烧烤爱好者可以动手自烤。如今这种模式以常态化、规模化在全国遍地开花，袒露出真正的烟火气，满足了人们社交、聚会的要求。

在口味上，品牌餐饮更强调产品新鲜和口味正宗的概念，而在人们的意识当中，推崇口味正宗的更多是老店，为此地摊风、破店风引起人们的关注和兴趣。但地摊风却不意味着价格便宜，一些地摊风餐饮门店为消费者提供高品质和正宗口味的产品，价格更高。

“地摊风”终会冷却，地摊经济何去何从

地摊经济对餐饮品牌的创新推动让我们看到了行业的繁荣和多样化。然而，正如所有新兴趋势一样，地摊经济也面临着一系列挑战。

据企查查数据显示，近一年内成立且在业、存续的地摊餐饮相关企业有3000多家。

有业内人士指出，“地摊风餐饮，简单理解就是餐饮品牌创新的一种装修风格，不可以和地摊经济混为一谈，这两者毫无关联”。

越来越多的门店曾以“地摊”为噱头，因后来者跟风居多，使这种风口渐渐消退。毕竟物以稀为贵，如果只是简单地赋能门店一种地摊风模式，消费者会逐渐失去兴趣和新鲜感。没有真正的实力，必然无法留住消费者。如何不断创新以维持吸引力，对于餐饮品牌来说，是一个值得思考的问题。

那些抱着猎奇的心理体验长辈生活的年轻人也不会持续关注地摊风。现在的消费市场已经逐渐由00后接盘，这些生长在新世纪互联网时代的孩子们不一定会一直喜欢20世纪七八十年代的破店风，他们很难产生共情。

物极必反，经济终归会触底反弹。经济一旦复苏，大家就不愿意总在“破”

的地方过“破”的日子。地摊经济的发展，尤其在提供更高质量的产品和服务方面还有很长的路要走。

地摊风火热的背后，餐饮经营者应清楚一点，那就是做连锁餐饮品牌时，地摊风只是吸引消费者的一种营销方式，真正能留住消费者和增强复购率的是品牌力和产品力。如何在竞争激烈的市场中保持优势，强化品牌和产品力，这才是真功夫。

有人坦言，这种地摊风快要吹到头了；当然，也有人认为，地摊风不会马上消失。“虽然讨论度和热度下来了，但我觉得它和时装周更像。它只是不在舆论的C位了，但只要没有下一个风口或者话题出现和形成，那这阵风就会一直在吹。就像最近虽然没有新的火锅品牌出来，但不代表没人做火锅生意了。”

地摊风只是不在C位，但并不代表它已消失。有些门店已经开始尝试新的风格，尤其是增加唱歌、跳舞的氛围组，年轻人更愿意去体验，如怂火锅的精湛舞蹈表演似乎更懂年轻人，“姚稷大铁锅”则直接在店里上演东北二人转。

地摊经济的兴起让我们看到餐饮业进入了一个充满创新活力和创业热情的新阶段。这种注重用餐体验和社交互动的“氛围风”转型的方式，也许给地摊经济的进一步发展提供了新思路，展示了地摊经济多种可能的转型方向。

55.

小吃赛道，
用数字化、供应链、产品力赚钱

在投融资市场异常冷静的时期，“夸父炸串”累计获得5亿元融资，成为近年小吃连锁总融资额最高的品牌之一。这不仅引发了空前关注，更引发了大众对小吃品类的热切期望。可以说，小吃品类正处在爆发前夜，进入快速发展的新阶段。

当把小吃品类放在餐饮周期这个维度考量时，我们不难发现它像极了2018年的卤味、2020年的新茶饮，或是我们刚刚经历的百舸争流的咖啡赛道。

2020年，是新茶饮品牌开始加速开店，不断完善供应链和数字化建设的一年。据华经产业研究院的数据，2020年中国现制茶饮行业CR3（指业务规模前三名的公司所占的市场份额）仅有29.5%，品牌格局走向分化，分化的格局延续至今。蜜雪冰城、茶百道、古茗、沪上阿姨等公司已向港交所递交了招股书，一批头部品牌加速开店。这背后是产品力、供应链、数字化等多项能力的共同支撑。

可以说，如今小吃赛道进入了快速发展新阶段，在赛道利好、模型精准的大前提下，小吃品类能否呈现规模性爆发，在于品牌与加盟商之间能否保持良性关系，也就是品牌方的支持与服务是否到位，服务颗粒度是否够细。这一切同样离不开数字化、供应链、产品力等多项能力的支撑。

完善数字化建设，给予加盟商全程指导

数字化能力是未来餐饮企业的重要竞争力之一，它可以让决策和经营更科

学、高效、规范。我们认为，小吃赛道想要拥有更多加盟商，解决门店经营烦恼，就需要在选址、运营和反馈渠道等方面给予数字化支撑。

提供选址工具，解决加盟商的选址痛点

笔者走访了一批小吃赛道的加盟者，大家关注点各不相同，但有很多想要开店的新手小白虽选好了品类，却在选址问题上犯了难。

俗话说，选址不对，啥都白费。无论是餐饮小白，还是资深从业者，都会遇到选址难题。

夸父炸串一直以大数据选址著称，他们在 2024 年向加盟商开放了选址工具“去哪儿选铺子”，可以帮助加盟商更快锁定目标商圈，及时了解每个商圈的门店距离和落位动态，避免大海捞针、扫街式的低效操作。同时，该选址系统还拥有外卖热力图，能够预估出所选点位外卖营业额，准确率已经高达 90%。通过选址工具“去哪儿选铺子”，加盟商能够更详细地了解城市规划和街铺模型，从而完成现场签约。

给予运营指导，帮助加盟商高效挖掘平台红利

运营难题也是加盟商顾虑的重中之重。对于加盟商来说，平台多、渠道多，玩得通、玩得好，那么自己学习的时间成本就太高。如果加盟商能得到运营指导，会起到事半功倍的效果。

在外卖平台，夸父炸串组织了近百人的团队贴身服务每家门店，做到非工作时间也能及时响应。代运营也是零收费的，外卖能够为多数门店提供 30% 以上的营业收入。

夸父炸串还在不断加强在线运营的覆盖能力，通过完善策略分析和活动运营等组织能力，实现“聪明外卖”，帮助加盟商获得更多边际利益。这也成为门店业绩同比持续增长的重要渠道，承接新品在全网营销的流量转化。

此外，夸父炸串也在持续深耕抖音平台，2023 年 7 月和 12 月的直播交易

额都达到了行业高峰，通过有效的运营，逐渐成长为该平台的标杆案例。夸父炸串致力于吃透抖音本地生活的平台红利，无论是新品营销、爆店营销，还是城市营销、事件营销等，都让抖音成为门店订单占比超20%的全新业绩增长极，实现了真正的“品效合一”的品牌增长方式。

建立反馈渠道，让加盟服务更精细化

过去很多加盟商的问题只能通过督导逐级反馈，导致要么信息传达不准确，要么失去时效性。

为了实现问题的快速反馈和响应，2023年1月，“夸父商家”App端就上线了一个加盟商直达总部的反馈通道。有了这个反馈通道，很多问题将得到更快速、更有效的解决，例如人手不够的时候，总部会立即派人到现场帮忙，实现更细的服务追踪。

总之，从开店选址再到运营的种种细节，夸父炸串提供的完善服务所依赖的是强大的数字化能力，全链路数字化更是帮助加盟商切实解决了问题，这些都是加盟商经营的底气。

强大的供应链建设，让加盟商省钱又赚钱

在夸父炸串创始人袁泽陆的理念中，先让加盟商赚到钱，品牌才会值钱。

为了让加盟商赚到钱，2024年夸父炸串发布了“3亿盟想家计划”：1亿元加盟补贴；2亿元营销预算；外卖运营和冷链物流服务继续执行“0运费”政策。尤其在供应链建设方面，夸父炸串极尽所能地让加盟商省钱又赚钱。

夸父炸串拥有自建工厂，2个超1万平方米的CDC大仓和11个RDC区域仓，以及覆盖2800个城市的配送能力。其产品全部自研，绕开中间环节，没有中间商赚差价。能给加盟商提供物美价廉的原材料，给消费者的产品自然也是具有高性价比的。例如，夸父炸串的淀粉肠、年糕串等产品标价为3元，这样的价格在三四线城市依然有竞争力，且能为加盟商留出足够的利润空间。

仓配环节也不额外收物流费，直接送货到店门口，加盟商不用自己费心费力去进货。对于这样的服务，夸父炸串已经坚持了 5 年，持续补贴加盟商。

夸父炸串还推行了货损先行赔付机制，门店如果发现了产品质量问题，拍照提交，即可立即获得补偿。这种方式类似于很多电商平台的“仅退款”，让加盟商既安心，又放心。

中间环节少，成本低了，产品价格自然就降下来，竞争力也就上来了，加盟商自然就能赚到钱了。

锻造产品力，满足加盟商更多细分场景的需求

我们认为，在产品力打造方面，可以理解为点、线、面，也就是新品爆破、产品品类扩充、场景扩容，这就需要小吃品牌满足加盟商不同场景的产品力需求。

首先是“点”，也就是新品爆破，这里不得不提夸父炸串最成功的新品生炸鸡腿——一款重要的心智产品。不同于西式炸鸡的裹粉做法，其采用生炸工艺和炸串形式相结合。上线后，该产品在两个月内销售了 671 万份，无论是堂食还是外卖，都有不错的表现，真正的出道即巅峰。产品上线前后，店效平均上升达到 27%。

这背后是产品研发思路的调整，从过往精心设计计划式思维，转变成大浪淘沙、逐级测试的市场式思维，通过优胜劣汰的方式去炼金。瑞幸首日销量 131 万杯的生酪拿铁其实也是这样的思路，在多轮测试阶段就从上市产品池中脱颖而出。

夸父炸串在发布会上提到，首先实现“月月上新”，再到“月月上十款”，2024 年共有 80 款产品上线。

其次是“线”，即产品品类的扩充。梳理夸父炸串的产品线时不难发现串串香炸串化→烧烤炸串化→炸鸡炸串化这一完整的拓展线。

从原汁原味的乐山炸串，逐步拓宽到鱿鱼、鸡翅等烧烤热门品类，再到 2023 年开始的 3.0 升级，夸父炸串将研发重点瞄准炸鸡品类。炸串与炸鸡的结合，让产品不光能解馋，更能满足饱腹的需求。

再次是“面”，即场景扩容。产品品类扩充的背后，是对更多消费需求的积极回应，扩大了消费客群，由线到面地拓宽了夸父炸串全时段场景的覆盖。

夸父炸串在发布会上公布了 7 大店型，包括商场、街边、社区、景区、食堂等，场景的细分提升了投资回报模型的准确性。

在品牌投入部分，夸父炸串向三个方向发力，分别是爆品、爆店、爆城。爆品，是打造类似生炸鸡腿的产品，持续、足量地推出单品，帮助门店创收；爆店，是聚焦打磨城市地标店，树立品牌形象；爆城，是在此前 20 个核心城市的基础上，进一步扩大经营区域。三块发力点均将投入全网级的营销资源。

总之，小吃品类若想像饮品那样借助发展的东风持续爆红，就需要品牌方给加盟商提供所需的支持与服务，尤其是在数字化、供应链、产品力等方面，应充分解决其后顾之忧。

56.

县城美食，反向旅游带来的泼天富贵

近几年，去县城旅游成了年轻人旅行的新潮流。就拿2024年的五一小长假来说，县城旅游的热度显著上升，流量的风反向吹到小众景点，年轻人纷纷逃离网红景区、繁华都市，前往宝藏小城。

据同程旅行平台数据显示，五一假期上半段，全国三线及以下城市的景区及酒店客流量涨幅，显著高于一二线城市。携程平台数据也显示，小长假期间县域市场酒店预订订单同比增长68%、景区门票订单同比增长151%，增速高于全国大盘。

县城旅游能够火爆出圈，一方面是年轻人厌烦了快节奏的都市生活，想体验一下慢生活；另一方面与当地的特色美食也有关系。据马蜂窝统计的出行数据，近年来，美食已跃升为年轻人选择目的地的主要影响因素之一，“小众美食目的地”的搜索热度涨幅达133%。餐饮美食成为驱动全新旅游格局的重要推手。

本地美食透明化和规范化，餐饮住宿一条龙服务

近些年，旅游景点的饭店饭菜难吃且贵，有些菜品价格不透明，宰客现象频现。旅游景点菜品和小吃价格的透明化和规范化已成为趋势。

陕西省礼泉县袁家村不仅在小吃价格上透明，就连原料也是透明的。走在袁家村的小吃街上，你可以看见餐饮店门口都挂着醒目的价目牌，清晰标注着各类小吃的价格，比如锅巴土豆10元/份、油糕10元5个……

与众多景区内单价高达几十元的小吃相比，县城小吃的价格显得诚意十足，据称只需百元，就能尝遍整条街的美食。

为确保游客饮食的安全，耿直的西北店主甚至在门口显眼位置悬挂公示牌，好让顾客安心。这些公示牌主要涵盖三类核心信息：产品所选用的原材料；店家的郑重承诺；店家的照片及门店监督人的联系方式。

为了让游客真切体验关中小吃的独特风味，感受现场制作的魅力，不少门店都主打现做现卖的产品。店内身着粉红格子衣的村民头戴传统帕帕，佩戴口罩。有人在专心和面，有人在细心调配佐料，还有人在负责浇汤，大家在后厨各司其职、井然有序。

袁家村为了延长游客的停留时间和提升消费额度，除了增加各个地方的特色小吃外，还开设了许多很有特色的民宿餐饮，比如民宿私房菜，就是以独家私房菜品来吸引顾客。它们的共同经营策略是以美食吸引客流，以民宿为盈利核心。这样的民宿餐饮主要服务于那些希望在村内多停留一两天的游客。

袁家村餐饮的透明化和规范化让人们吃得安心，吃得放心。餐饮住宿一条龙服务让都市人在享受美食的同时，还能体验村里的生活，这也是袁家村能火的重要因素。

下沉市场餐饮的撒手锏——好吃不贵、烟火气息

从上面袁家村的案例可以看出县城美食的一个特点是好吃且不贵。不止袁家村这一个地方，很多县城景点美食都具有此特质，而且店多人多，让人感受到浓浓的烟火气息。但很多产品同质化严重，没有差异性。

小长假爆火的还有邯郸广府古街。广府古街的特色小吃包括酥鱼、缯肘、驴肠，在古城内，有不少餐厅标注“专门店”，很多门头挂着“百年老店，央视推荐”的牌匾，让人一时迷了眼。市区随处可见“实惠”“便宜”的字样，还有不少小火锅店，甚至一条街就有两三家。

名气最大的当数“宋海饭店”，一份拼盘只需 45 元左右，一次可以体验到 3 种特色小吃。一张烙饼卷起入口即化的酥鱼，虽是热量炸弹，但因口味独特，依然不断有顾客前来品尝。店里团客和散客不断，前店后厂，也做礼盒零售的生意，整个小长假前来购买的游客络绎不绝。

县城旅游的火爆带火了本土小吃。有些餐厅因推出有独特风味的本土小吃而成了网红餐厅，吸引众多游客前来打卡。

“春满园邯郸菜”即是网红餐厅之一。这家店的特色是汇聚了邯郸下属县、镇的各种小吃，而且只此一家，别无分店，价格也很实惠，一两百元就能品尝地道的邯郸美食。很多来邯郸的游客都要来这里打卡，感受地标网红餐厅的魅力。一到节假日，等位大厅就是人山人海的盛况。在社交平台上有人抱怨中午 11:15 分等位排上第 1 桌，但是到 12:15 分还没有坐下。这里不仅有很多年轻游客扎堆儿来打卡，还有不少 70 岁以上的老人，甚至坐着轮椅、拄着拐杖也要过来等位。

同样火爆的还有福建的漳州古城，小长假单天客流峰值达到 20 万人次。因客流爆满，一些日常小吃如蚵仔煎、五香面、四果汤等一夜之间就成了本土网红小吃。

漳州古城台湾路上一家小吃店的店长表示："我们已经在古城开店 4 年了。近年来，古城人气越来越旺，营业额翻了好多倍。游客大部分来自广东和福建其他城市，有一半左右是从线上平台找到我们店的。"

"建国蚵仔煎"是一家 30 多年的老店，五一小长假期间，一天能卖出 1000 多份蚵仔煎，一份的价格为 16 ~ 25 元。

地域美食与知名连锁餐饮品牌结合，打造新的餐饮潮流

县城美食的火爆吸引了知名连锁餐饮企业的关注，很多网红餐饮品牌开始下沉市场，在县城景点布局。连锁餐饮品牌入驻县城景点与本地美食结合，在提升饮食品质的同时给游客带来不同的体验。

分析唐山河头老街的美食布局，可以总结为如下三个方面。

第一，景区聚集知名连锁茶咖品牌，可提升景区品质感。河头老街里面，销量较高的品类主要是茶饮、咖啡，这类连锁品牌门店比较多。其中有喜茶、沪上阿姨、甜啦啦等连锁茶饮品牌，还有 K 咖啡移动餐车、春莱 · 老挝冰咖啡、咖啡邮局。除了饮品小店、超市、雪糕零售店、摊位外，在快餐品类方面，还有众多寿司店和其他面馆。

第二，特色小吃摊儿分布在景区里的各个角落，主打现做现卖。跟很多网红古城一样，河头老街也有自己本地的特色小吃，胜在现做现卖。如唐山特色小吃棋子烧饼采用的门店是档口形式，顾客站在档口外面就能看到烧饼的制作过程，老板边做边卖，假期里前来尝鲜的顾客排起长龙。

古冶老太太冰糕、河头捞面等都采用摆摊或档口的形式，主打干净、安全；除了本地小吃，还有其他城市的特色小吃，如武汉热干面、老北京炸酱面、港式牛杂面、围炉锅盔、驴肉火烧等；网红小吃，如拇指生煎包、竹筒奶茶、壹米大薯条、烤包子、鞋底儿肉饼等；满足饱腹的主食小吃，如大饼、酸辣粉、肉蛋堡等。

不用去全国各地，来河头老街就能尝遍天下美食。

第三，有特色十足的水上市集。水上市集位于一座拱桥上，拱桥两侧聚集着各种美食店，比如老街拌粉、打糕、猫耳馄饨、吊炉烧饼、烤红薯、冒菜、玉米菜饽饽等。逛市集途中还能欣赏舞蹈、戏曲、乐器节目表演，吸引了众多游客驻足。

河头老街的美食布局与其他古城既有相似之处，也有自己的特色。我国的大江南北饮食文化差异巨大，每个县城都有当地特色的小吃美食。在社交媒体的带动下，更具本土特色的、更有烟火气的县城美食有效拉动了游客的“味蕾游”。本地的地标餐厅，或是本土网红小店的打造，对县城旅游有更强的双向导流作用。

总之，县城旅游的崛起是连锁品牌餐饮布局下沉市场的重要机会。连锁餐饮因品牌效应强、标准化管理等优势，能够迅速抢占县城旅游景点的空白餐饮市场，快速打造品牌认知。同时，连锁品牌餐饮的下沉也给本土市场注入了强劲的活力。一些曾经流行于一线的品牌也成为县城居民的打卡餐厅。

本土餐饮要想脱颖而出，就要避免同质化，突出自家餐厅与别家餐厅的差异，紧跟时代潮流，不断创新，形成自己的特色，建立独特的竞争壁垒，才能继续走下去。

57.

配方开源，现制饮品迎来透明时代

前不久，茉酸奶突然在网上公开明星产品原创牛油果酸奶奶昔的配方和原料，成为现制酸奶行业首个公开产品配方和原料的品牌。其实在现制饮品行业，公开产品的配方和原料早已不是新鲜事，之前喜茶、霸王茶姬、奈雪的茶等知名茶饮品牌都相继公开了产品的配方和原料。

在新消费时代，口味更加多元化、个性化的现制饮品受到了越来越多消费者的青睐。在行业蓬勃发展的同时，现制饮品是否健康、营养、安全等问题也成为大众关注的焦点。如何让消费者买得明白、喝得放心，已成为现制饮品行业实现可持续、高质量发展的重中之重。

现制饮品的透明化和规范化

茉酸奶公开的配方信息显示，原创牛油果酸奶奶昔（中杯）中，大约有 6% 是优质的牛油果盖顶，用了约 1/4 个牛油果；58% 是牛油果与冰块搅打后的牛油果冰沙，用了约 1/2 个牛油果；最后搭配上 17% 的有机酸奶和 19% 的醇臻厚乳以及 100% 的牧场牛乳。同时，茉酸奶表示，上述产品的热量约为 363 千卡 / 杯。

茉酸奶不仅对外公开产品配方和原料，还在各门店设立透明橱柜，对外公开食材原料。据网友分享，现在茉酸奶的很多线下门店内的透明橱柜都堆放着牛油果和杧果等新鲜水果。

产品透明化的配方和原料，可让消费者在购买时能根据自己的需求进行选购。看到真材实料的产品后，消费者更乐意买单。

茉酸奶的做法，一方面表明品牌对自身产品品质的自信；另一方面也是为了保护消费者的知情权，让消费者能够安心购买，从而提升其对品牌的信任度。

公开产品配方和原料以赢得消费者的信任这一举措，是现制饮品行业多个细分赛道的龙头企业认为可行的办法。有业内人士表示，不管是从供给端和需求端的新变化，还是行业发展的需求来看，现制饮品企业公开配方和原料的做法已是大势所趋。

现在的消费者更加注重选择健康、安全的饮品，在选购产品时，不会再轻易被商家“忽悠”，而是注重自身对产品的知情权，所以更愿意选择真诚、透明的商家。

茉酸奶率先将产品配方和原料透明化，这一举措不仅加速了现制酸奶行业的升级，也说明了产品配方的透明化和标准化已然成为现制饮品行业的新趋势。

有位业内人士说：“真诚是赢得消费者信任的关键，公开配方或者供应链可以让相关品牌在市场竞争中获得先机，同时，这也是相关品牌自身实力的体现。跟不上行业趋势和消费者需求的品牌必然会被淘汰。”

现制饮品健康、安全的关键

茉酸奶敢于公开配方和原料，源于它强大的供应链。茉酸奶之前就在网上公布过自己的供应链。冰激凌原奶用的是星洲康派克公司的产品，牛油果采购自肯尼亚、秘鲁等地。资料中另附多家企业的相关资质认证及进口货物报关单等凭证。

茉酸奶在网上公开供应链及相关凭证，一方面是向消费者证明自己原料的真实性；另一方面也是告知消费者自己的实力足以保证原料的健康、安全。

此外，茉酸奶还与头部乳业品牌君乐宝达成战略合作，君乐宝斥资战略入股茉酸奶品牌，持有该公司 30% 的股份。双方还将在乳制品原料供应、新品研发及食品安全和经营管理等多个领域开展深度协同与合作。君乐宝将在张家口坝上草原的 38 万亩草场上设立茉酸奶专有牧场，旨在确保茉酸奶获得高质量乳制品的原料供应。

其实这种合作模式在现制饮品行业中也不少。前段时间，“茶百道与霸王茶姬合资成立新公司”的话题登上热搜，随后它们又成立了另一家科技公司。之前，茶百道在成都投资 100 亿元建设供应链总部及智能生产基地，霸王茶姬也在深圳、成都等重点城市布局了成熟的仓储、配送等体系。现在两大品牌合作后，实现了供应链的互享，保证了原料的供应量和品质。

在新消费时代，消费者回归理性，不再盲目追求新鲜，而是更注重健康和安全。品牌之间的强强联合打造了稳定且强大的供应链，从而保证了现制饮品原料的高质量。只有健康、安全的原料，才能保证产品的健康、安全。

健康成饮品新竞争点

从现制饮品的细分赛道来看，不论是茶饮、咖啡，还是现制酸奶，都在讲究健康、新鲜。每个赛道都在“卷”健康，究其原因，就是如今的消费者除了关注口感和颜值，更关注饮品是否健康。

比如，茉酸奶最近新推出了醇臻厚乳。所谓醇臻厚乳，其配料表首位还是生牛乳，不含消费者所关心的植脂末、人造反式脂肪酸及香精等成分。与此同时，茉酸奶还宣布原料升级，在原来“0 植脂末、0 氢化工艺、0 人造反式脂肪酸”基础上的醇臻厚乳的生牛乳含量提升至 42%。这旨在告诉消费者，茉酸奶的产品含奶量很高、很健康，大家可以放心购买。

除此之外，茉酸奶还宣布率先使用有机酸奶，将与君乐宝旗下的牛奶品牌“悦鲜活”携手，在线下门店联名共售产品。茉酸奶还将筹备全新的有机鲜牛奶系列产品，为的是给更多消费者带来健康、美味，富有营养的酸奶。

很早之前，喜茶就公布了产品的配方原料和溯源信息，并配上了三方检测报告，涉及超 40 种真原茶、真水果、真牛乳、真蔗糖等原料溯源信息。不仅如此，喜茶还公开了产品原料的具体源头信息，其中涵盖产地、品种、风味、生长周期、加工工艺、检测报告等。这其实就是在告诉消费者自家的产品有多健康。

各大品牌不断打出健康牌，足见“健康”已经成为当下饮品行业一个很重要的竞争点。各个品牌为了健康，在原料采购、制作工艺、营养价值方面下足功夫，力求做出更美味、更健康的饮品。

现制饮品从之前的“卷”产品、“卷”联名、“卷”价格，到现在的“卷”健康，各大品牌都想通过差异化来打造品牌知名度，让自己成为爆款，稳居网红位置。可是市场潮流变化很快，总有新的网红产品代替旧的网红产品。

总之，现制饮品要想长久发展，安全、健康是核心，公开配方和原料是品牌对消费者传递健康理念的一种方式，让消费者能更直观地看到品质，有助于增强消费者购买的信心。品牌在保证产品健康、安全的同时，还需不断进行创新和升级，从而为消费者提供口味更好、品质更优的产品。

58.

破局重塑，湘菜如何掀起全方位变革

湖南省湘菜产业促进会罗秘书长曾对媒体说：“湘菜是近几年来全国菜系里面发展最快的一个菜系。从数据上看，在门店加速与雇用员工数方面，湘菜已经超过了川菜，成为第一大菜系。”尤其在广深一带，湘菜已经遍地开花，甚至形成了一条街上几步一店的特色街景。

为什么湘菜会发展得如此迅速？

第一，湘菜是南下的湖南打工人的家乡菜。异乡打工人想家却回不去，自然就想吃点家乡味道来缓解乡愁。湖南打工人的群体庞大。根据第七次全国人口普查数据，湖南省大概有 1879 万人外出务工，占湖南省总人口的 28.3%，是全国外出打工者第三多的省份。随着人口的流动，数以千万计的受众群体将对于湘菜的旺盛需求带到了全国各地。

第二，湘菜用料上讲究实惠，口感上注重香辣、香鲜、软嫩，菜品油重、色浓。这些都与打工人对于一餐饭“好吃下饭、价格不贵”的需求非常契合。

如此看来，湘菜市场消费者众多，发展前景势必会很好，但只有身处湘菜品类之中的餐饮人才知道湘菜赛道的发展依旧艰难。

究其原因在于三方面的制约：首先，是地域性强，难以标准化。湘菜一直有烹饪方式繁复、制作工艺冗长的特点，难以标准化。其次，是连锁性弱。据统计，在全国的湘菜品牌中，门店数在 50 家及以下的品牌占比接近 90%，而门店数在 100 家以上的湘菜品牌占比仅有 3.1%。最后，是品牌客单价定位集中的问题。在为数不多能到全国开店的湘菜品牌中，大多数品牌把客单价锚定在 90 ~ 110 元，做休闲正餐的品牌过于集中。

要想打破制约，必须破局重塑，提高效率，进行一场湘菜的大改革。好在有品牌已经率先进行调整，还取得了优异的成绩，可为行业的改革提供指导性的参考。

这个品牌就是兰湘子，其凭借 60 元客单的正餐“性价比之王”以及 25 分钟上齐菜品的极致效率两项优势，仅用 3 年时间就把门店版图扩大到 52 个大中城市，还取得了 4 年开店 200 家、276 家门店 0 闭店的成就。兰湘子凭实力解决了湘菜面临的正餐拓店速度慢、快餐难以在全国多点位布局的困境，引领了整个湘菜品类，打破了湘菜赛道“有品类、无品牌”的尴尬局面。

接下来我们就以兰湘子为例，详细讲解如何实现一场对内、向外的全方位湘菜“效率革命”。

面向内部团队

湘菜的烹饪方式繁复，制作工艺冗长，出餐速度慢，很难适应快节奏的都市生活需求，因此内部需要组织研发团队，摒弃复杂工序，调整产品结构。

兰湘子组织的研发团队对菜品的 SKU 进行层层把关，在多次试验后，摒弃工序复杂，耗时长的煨、炖、煮类型菜品，对菜单进行最大限度的精简，兼顾荤素、丰俭，合理搭配出 28 道菜和 4 道主食与小吃，从产品结构上保证上菜效率。

除了菜品上的调整，内部团队还注重对人才的培养。兰湘子不但领着员工走出去，参加业内外各种高质量的培训班，也把专业的机构和专家引进来，到公司总部、门店进行现场培训。

对于湘菜这种烹饪方式繁复的品类，厨师显得尤为重要。兰湘子的厨师团队曾邀请湘菜大师张小春先生莅临指导，而且所有新进厨师都在接受严格的培训后，再到门店实习，最终还要通过研发中心的实操考核和产品 SOP 考核后才算合格，人才储备做到了前置化。

值得一提的是，兰湘子内部的组织建设并没有按传统餐饮行业模式设置，而是向互联网企业学习，在成立之初就建立了整个线上业务一体化流程，确保内部沟通的高效。

这也给我们提供了如何调整内部结构的启示。新建立的企业可以考虑直接复制，老企业则可以朝这个方向循序渐进地调整。

面向 C 端客户

C 端客户是餐饮企业发展壮大的根基，所以我们需要从客户的需求出发，优化服务，让客户满意，借以增强自身的市场竞争力。

措施一：精准做好时间管控，提高排队等位效率

湘菜的顾客群体主要是打工人，而“上菜快、排队等位高效”是所有打工人的刚需。因为午饭时间不能无限延长，工作餐虽然没有几分钟内必须吃完的极致性时间压迫，但也需要高效解决，所以打工人可以接受排队，也可以接受排队时间稍长一点，但是时间管控必须精准，排队等位的效率必须要高。

为此，餐饮企业需要为顾客呈现极致效率。兰湘子就承诺 25 分钟内菜品全部上齐，超时就免费赠送，同时，就餐后的高需求——打包盒，也全部免费，顾客可以根据需要自主选择。兰湘子在付出少量成本的同时，大幅减少了人工操作时间。

措施二：控制客单价格

打工人的收入不同，消费水平也控制在对应的区间范围。餐饮企业需要先精准定位顾客群体，再有针对性地定价。

兰湘子在品牌创立之初就有着清晰的客群定位——白领。白领对于一餐饭的需求是什么，兰湘子便提供相应的产品和服务；白领对于一餐饭的价格预期是多少，兰湘子便将客单价控制在同样的价位——60 元。

此前的湘菜赛道中，这一生态位一直处于空缺状态，直到兰湘子以快餐的效率、正餐的品质，再加上 60 元的客单，一举成为“打工人之光”。

措施三：组织相关活动，强化消费者对品牌的印象

在这个“酒香也怕巷子深”的时代，品牌宣传不可或缺。宣传形式除了传统的打广告，还可以组织相关活动。兰湘子在北京、武汉、苏州、西安、郑州 5 地推出了“兰湘子干饭节”主题快闪活动。在短短的几天时间里，这 5 家快闪店仅在线下就聚集了超 10 万名“干饭人”。通过各种和“下饭”相关的活动设置，这批参与者自发在线上发布视频或笔记，形成不间断的传播效果。

兰湘子通过线下活动，在线上取得了亮眼成绩，“兰湘子干饭节”的话题仅在抖音端就曝光 4500 多万次。

当然，从某种意义上来说，“兰湘子干饭节”其实颇有些讨巧的意味。因为湘菜品类用了十几年的时间已在顾客心中建立起“湘菜 = 下饭”的强绑定关联，而兰湘子的五城联动干饭节在此基础上更是将“兰湘子 = 下饭品牌”联系在一起，根植在消费者的潜意识里，让人提到湘菜，就会联想到具有“下饭”标签的兰湘子。宣传效果非常显著。

当然，宣传虽然有效，但并不能解决企业在发展中遇到的所有问题。特别是当市场留给腰部和尾部的品牌越来越小的生存空间时，湘菜赛道的“马太效应”日渐突出。大小品牌对未来的需求与规划也有了明显差异。

小品牌若想求生，可以先集中精力对一家店进行调整，之后再复制经验，扩大规模。

而对于大品牌来说，自身优势已经比较明显，要更进一步求强、求壮大，发展策略也可以和兰湘子的未来计划类似，分三步走：第一步，深耕根据地市场，在整个西北和中原的市场继续深耕、下沉；第二步，发展增长中市场，在类似武汉、江浙市场的增长市场中寻求突破；第三步，尝试“攻占”像北京这样的扩张战略市场，在不同区域建立不同的开店模型。

长此以往，湘菜企业必能实现发展、壮大的目标。

59.

登堂入室，
街边小吃如何变成商场顶流

一直以来，炸串、炸鸡腿、炸鸡架、炸鸡排、炸鸡柳、烤鸡爪等都被称为不健康的路边摊小吃。这几年，路边摊“炸物”品类大爆发，甚至整条小吃街都搬进商场，辅以小店和档口的模式，备受消费者的欢迎。

以北京几座购物中心的美食街为例，几乎都聚集着五六家炸物小吃档口，场内弥漫着炸物品类的味道。其中不乏夸父炸串、正新鸡排、咏巷老北京炸鸡等炸鸡炸串连锁品牌，还有区域黑马临榆炸鸡腿，以及新晋网红品牌满巍明生炸鸡架、阿芮烤鸡爪、鸡柳大人等。

企查查数据显示，截至目前，国内在业或存续的炸鸡企业超 8 万家，近一年新注册量达到了 1.37 万家。全国炸串企业约有 3.37 万家，近一年新增 7883 家。

2024 年伊始，夸父炸串完成近 5 亿元 B 轮融资，一个街头小吃成长为坐拥 2000 多家门店的连锁品牌，而且遍布各大商场。新晋商场网红顶流满巍明生炸鸡架，截至目前全国已经开出约 430 家店。蜜雪冰城跨界卖炸串的新闻也持续登上微博热搜。

除了炸物小吃，商场里诸如卷饼、卷凉皮、地摊串串等主食小吃档口店也多了起来。以卷饼品类为例，新晋品牌“集庄乡烤肉卷饼”已于近期完成融资，投资方信良记创始人李剑高度评价，称“‘集庄乡’品牌从名字到经营模式都有着中国版麦当劳的潜力”。

事实上，消费者对于这些路边摊品类的确愿意买单。据美团外卖订单数据显示，2023 年炸物小吃品类的订单量年同比增长达到 102.7%。但这般热闹的景象能否长久尚未可知，或者说，街边小吃进商场这种经营模式能否长久还有待观察。

因为过去餐饮界的诸多案例证明，简单的复制并不能长久经营，若想实现持续经营，还需要在产品和场景营造上做创新。

小吃品类的基因属性弊端

街边小吃升级进商场的情景并不罕见，早在 10 年前，就曾掀起一阵小吃品类疯狂进商场的浪潮。当时，很多煎饼、烤冷面品牌纷纷开出多家店面，带来煎饼、烤冷面等大单品的爆发期，实现短期内营收的迅速增长，但结局却是快速关店。

比如，2012 年，煎饼品牌“黄太吉”横空出世，在一个仅仅十几平方米的小店，一年营收近 700 万元，这个“现象级打造”离不开创始人的互联网基因。“黄太吉”前后累计融资超 3 亿元，巅峰时期的估值达到 25 亿元。然而短短 5 年间，品牌在一夜之间崩塌，资金链断裂，裁员千人，批量关店。

2016 年由九毛九推出的煎饼品牌“2 颗鸡蛋煎饼”在 2022 年被出售。这个品牌主打传统煎饼果子的改良升级产品，增加了年轻人喜欢的口味和元素，比如海苔、芝士、小龙虾等，且门店多开在商场，这个看似完美贴合时代的年轻态煎饼品牌最终也以失败告终。

除了煎饼品类，烤冷面进商场也曾火过一阵，比如跟着食宝街一起火起来的“四环冷面王”，最初也很火热，开启了很多门店，但目前只有 10 家左右还在营业。

为什么这些品类只火爆一阵，却最终没能逃脱冷清收场的命运呢？经过分析不难看出，煎饼、烤冷面进商场失败的核心在于品类基因属性的弊端。

第一，品类市场小，活跃度低。

煎饼本身归于早餐行列，但在越来越丰富的早餐品类中，诸如咖啡吐司、油条豆浆、包子鸡蛋等的搭配更方便消费者在繁忙的早晨快速找到。相比之下，煎饼往往是消费者最后才考虑的，窄小的用餐场景注定其在早餐市场中的需求不会太大。

第二，煎饼品牌的连锁化十分困难。

要实现品牌化运营，首先要面临成本和管理的问题。煎饼的制作效率低，每张都要现做，非常考验操作技术，且性价比不高，如在北京一张普通的煎饼已经卖到 9 元了。面对餐饮行业激烈的价格战和“内卷”境况，如南城香、和合谷都推出了早餐自助无限畅饮，煎饼小店的盈利空间和选择优势持续被挤压，也就没有了竞争主动权。

路边摊变商场店，需要产品创新和适配运营

10 年前，以煎饼、烤冷面为代表的街边小吃虽然红极一时，成为流量代表，但在品牌连锁道路上几乎都以失败告终。而眼下，街边煎饼摊、夫妻小店档口生意虽然相比之下更稳、更好，但难免也会面临同样的困境。因此，当前街边小吃若要改写结局，实现品牌连锁化，还面临着很大挑战。

不可否认，有些街边小吃的确跑出了一定规模的连锁品牌，如酸辣粉、地摊串串等街边小吃，因为本身具有面类快餐的优势，比煎饼、烤冷面、卷饼的市场容纳度更高，业态创新空间自然更大，更容易实现品牌连锁化。近两年，同样是从街边摆摊起家的魔都三兄弟酸辣粉，成为全国百家门店连锁品牌之一。

但对于其他街边小吃来说，这并不是一个可以简单复制的生意。

街边小吃进商场开店，虽然初期可以凭借产品和门店的特色取胜，引来年轻消费群体来尝鲜，但也更能被竞争对手轻易复制和模仿，长此下去，一旦没有了产品优势和差异化，消费者会迅速失去新鲜感，商品的热度自然也会消失。

所以，街边小吃进商场，想要实现长久经营，持续保持对消费者的吸引力，在激烈的市场竞争中更胜一筹，需要做到以下两个方面。

第一，找对开店场景和顾客群体。

街边小吃走进商场，既要契合商场经营场景，也要和商场里的顾客群体定位相匹配。如果不能满足这两点，那么最好从源头上掐断进商场的想法。

具体而言，路边摊的升级既要契合商场场景，又要迎合商场顾客群体消费体

验的升级。比如，同样一款煎饼或者烤冷面，从顾客角度来说，他们对路边摊或者夫妻店档口的要求只是满足好吃、管饱即可；而在商场小吃门店，他们更注重产品品质，还有用餐体验感、服务等。如果煎饼或者烤冷面不契合商场用餐场景，自然生意也不会做得太好。

而炸物小吃品类还要考虑是否和商场的客流定位相匹配。因为小吃品类本身的体量和销量决定其进驻商场开店后，只能以档口或小店的姿态低调入局，却要面临高成本支出，因此，想要实现盈利，必须依靠高定价和高销量。

只有全面升级，才能既完全区别于街边小吃形态，又可以和商场内的其他门店配合，打出特色和差别。

第二，小吃品类的重塑要基于产品逻辑，而非套路式营销。

目前来看，许多进驻商场美食街的小吃档口带有网红属性，大多凭借单品网红爆品角色走入顾客视野，顾客只为图个新鲜感。在夜经济和地摊经济的驱动下，这类小吃其实更适合出现在路边。而经营者看到的是生意的火爆，便陆续跟风在商场开店，甚至有品牌直接在社交平台分享加盟信息。

必须指出，如果想做短期网红，这样的重塑只可能是悖论。因为不是所有品类都适合做品牌开门店，做连锁品牌则考验的是品类属性、产品创新能力、供应链能力、门店营销能力和服务能力。

妄想用相似的产品超越成千上万竞争对手，脱颖而出，靠走捷径的方式让自己一炮而红，显然不会长久。唯有选对更具前景化的小吃品类，通过产品思维去进行品类重塑，打造出爆品、新品，才能走得长远。

其实，任何品类都值得重塑，但前提是要基于产品的逻辑。商家要自愿付出时间和成本去打磨新模式、新品牌和新产品，从产品口味、形态，到门店管理运营、门头设计和品牌名字，以及营销传播都要全面升级。

总体来说，小吃品类进商场，凭借其快餐基因属性，可能红极一时，受到顾客的喜爱，但若要实现品牌的长久发展，则要在产品上下功夫，更要在消费场景设计和商场匹配度上下功夫。只有基于产品逻辑做营销，才能走出一条差异化、可持续发展的道路。

60.
“一人食”，小火锅的突围之路

近年来，各类小火锅大行其道：有像“青岛锅小友”“济南杨桂桂”等开在小城的平价小火锅；也有一众人均 30 ～ 40 元的旋转火锅、地摊串串；还有一些均价 20 元左右，只是在锅底加热就打着火锅擦边球的夫妻小档口。

头部品牌如南城香、海底捞也进入了小火锅赛道。全国还出现了不少无实体门店，以外卖档口为经营模式的下饭小火锅品牌，如“庆小年下饭小火锅”“祥合福重庆小火锅”等。这些品牌以小店模型的加盟模式快速扩张，一时间抢占了不少写字楼、美食广场的铺面。

在爆发性的激增过后，小火锅赛道进入困难阶段。同品类竞争对手多到有时在一个商圈，直线距离不到一百米的地方就有四五家风格、价格、产品类似的小火锅品牌争抢客流。加上小火锅大都走的是低价、低质、同质化的路线，与其他食品品类相比短板明显，还被顾客吐槽体验感不如大火锅，味道不如冒菜，便捷度不如麻辣烫。这也导致昔日火爆的小火锅接连倒闭，就连巴奴也放弃了费心经营 3 年的“桃娘 · 下饭小火锅”。

难道小火锅市场就这样凉了？

当然不是。也有品牌找准方法异军突起，如海底捞“下饭火锅菜”就集合资金、资源、供应链等优势，小步快跑，诞生不到一年的时间，就已经发展了超过 500 个点位。

说白了，虽然最佳红利期已过，但小火锅品类还是大有市场的，只是运营小火锅品牌的方式需要调整。下面就借海底捞“下饭火锅菜”的案例来做说明。

瞄准“一人食”

曾经，大家对“一人食”的印象是凑合吃。但随着越来越多的人开始追求质价比，“一人食”群体也不再因独自吃饭而敷衍了事，转而期待花小钱就能吃到质量上佳、出品稳定且能保证食品安全的餐品。

有“一人食”需求的群体很庞大，有宅在家里无心做饭的，也有因上班忙而没时间准备饭的……由于纠结去哪家吃饭会耽误很多时间，所以一旦找到信赖的品牌，大多数人很可能会一直消费下去。

因此，有针对性地满足顾客“一人食”的需求，打造值得信任的“一人食”品牌，就成了小火锅品牌发展的新契机。

海底捞抓住了这个机会，把“下饭火锅菜”作为一个全新的副牌重磅推出，瞄准“一人食”场景，把一份套餐的价格控制在30元出头，同时依托颐海、蜀海供应链保障品质，为小火锅赋能创新。

“下饭火锅菜”上线后深受消费者的喜爱，订单在3个月内就实现了超100%的增长。海底捞对这个板块也很看重，甚至预言“下饭火锅菜”还有50亿~100亿元的市场空间有待开发。

打造核心产品，不断迭代创新

现在的消费者并非只一味追求低价，而是低价优质，即在低价的基础上，选择品质最好的，既要吃饱，也要吃好。

海底捞为“下饭火锅菜”专门组建了产品研发团队，一开始推出的核心产品是“多口味火锅菜＋主食”组合，包括澳洲和牛肥牛午餐肉冒菜套餐、安格斯牛板腱冒菜套餐、七只蝴蝶虾冒菜套餐等近10款冒菜套餐，并提供牛油麻辣锅、番茄锅、奶嘶锅等3种汤底口味进行选择。

后来，海底捞“下饭火锅菜”SKU增加了冒烤鸭冒菜套餐及非套餐产品钵钵鸡。

产品研发团队在推动产品的更新上不断迭代、创新，逐步丰富 SKU。如推出更多辣口味的延伸产品，例如冬阴功汤底；考虑到消费者喝汤的需求，推出了可以喝的麻辣牛奶锅底；考虑到有些消费者的素食需求，推出了菌汤锅底；或是根据消费者所在地，推出了对应的区域菜单。上述之外，海底捞还准备推出酸辣粉、卤肉饭等非冒菜产品。

要想让顾客吃好，小火锅需要为顾客提供有特色的产品，并不断迭代更新。

送餐效率迭代，提升客户体验

在当下Z世代“夜宅经济”形态的影响下，外送业务依然为各餐饮企业重点发力的业务板块之一。外送业务的目标除了提供美味的食物外，还要保证送餐效率，尽可能减少用户的等待时长。

为了更快完成配送，小火锅门店在选址布局时，尽可能做好动线规划，选择外送覆盖范围更大的位置。同时要注意，门店网络的理想规划是两千米一家。因为从理论上来说，门店点位周边两千米范围内的顾客，可以实现下单后最快30分钟订单送达的目标。

海底捞“下饭火锅菜”的门店在设置时就基于此采用了以下两种形态。

第一种是挂靠店。借助自身原有的餐厅周边成熟的动线规划，海底捞在部分餐厅中专门拨出一片区域，布局“下饭火锅菜”外送业务。

第二种是专门为“下饭火锅菜”布局的全新门店模型，即规模更小的纯外送业务卫星店模型。目前，“下饭火锅菜”卫星店已经在成都等城市布局，这些门店主要位于核心商圈的非核心点位（也称A类商圈C类位置）。

海底捞的覆盖范围是周边8～10千米，海底捞火锅外送的覆盖范围更大。为提高时效性，布局卫星店是海底捞打造“下饭火锅菜”网络门店的重要手段。

当然，产品和服务的不断迭代也要求组织持续思考和调整在整个城市中搭建架构的问题。

持续跟踪，优化服务

小火锅品牌想要快速发展，需要具备两大核心能力——品牌力和组织力。

品牌力会直接影响消费者对品牌的信任度，决定了消费者是否愿意为其买单。组织力可以持续赋能品牌堂食及外送业务，优化品牌运营效率，增强品牌力。

在小火锅赛道，大品牌海底捞的入局本身就有强大的品牌背书，将顾客以往对海底捞堂食的品质信任感延伸到“下饭火锅菜”这一新业务上，但是新品牌就需要从零开始做好产品，建设好前台、中台[①]，赢得消费者的信任。

在餐厅堂食，消费者可以直观体验到菜品和服务，有需求或不满时也会在餐厅这个前台场景中解决。因此，餐厅属于“大前台、小中台”的模式。

外送业务流程如下：消费者下单→餐厅出品→三方平台最后一千米履约→消费者收到餐品→享用餐品→收拾包装、丢垃圾。这套流程中，只有餐厅出品属于前台环节，其余流程必须通过中台的设计和反馈。因此外送业务属于“大中台、小前台”模式。

外送业务需要大中台持续寻找、跟踪这套流程中的用户触点，以提升顾客满意度为目标来持续优化每一个点。这个过程既涉及创新，也关乎复制。

海底捞外送专门设置了一个 360° 的顾客意见搜集系统，组织把各个平台收集的反馈意见汇总到后台，大数据找出其中有共性、能复制的点，然后推向全国门店。因此，某个地方的创新案例被迅速复制到全国门店网络，整个环节即可以不断进行优化。

如能实现上述良性循环，外送业务则能和品牌堂食业务相互赋能。品牌在堂食火锅业务的深耕，为外送业务提供了品质背书；外送业务为品牌吸引潜在堂食顾客，丰富了会员体系，实现了以高频场景（快餐等）带动低频场景（火锅）的目的。两者的相互成就会促使品牌得到更大发展。

① 前台指餐饮业务和消费者接触的部分；中台是通过数据采集和分析，对用餐流程进行归纳、总结，指导前台业务的部分。

61.

麻辣香锅，困难重重下转型创新

麻辣香锅是一个广受欢迎的餐饮品类。在社交媒体上，抖音话题“麻辣香锅”的播放量为 78.5 亿次，在小红书上有 35 万 + 篇笔记，麻辣香锅全年平均微信指数是 900 万（淄博烧烤红火的时候，是 527 万）。虽然麻辣香锅没有创造出短时间的爆炸性流量，却展现出更稳定和持久的关注度。

按理说，麻辣香锅拥有稳固的市场基础。但在餐饮市场上，却没有麻辣香锅这个品类的领军品牌。

自诩为香锅界开拓者的“香锅年代”，曾经风光无限，最鼎盛时期，门店数量超过 200 家，年营业额达到 6 亿元，如今却已经销声匿迹。还有“一麻一辣”，成立于 2007 年，曾宣称在全国范围内拥有近 70 家门店，到现在，门店数量已缩减至 56 家。

据“餐里眼数据”App 统计，全国麻辣香锅品牌的门店数前三名分别为“爱尚麻辣香锅”“魔锅坊麻辣香锅”“汉库麻辣香锅”，但这些品牌的门店规模也仅为两三百家。

在社交媒体上拥有高关注度，在实体门店的扩张和品牌建设上却面临挑战，同时呈现出分散性并缺乏领军品牌。为何麻辣香锅这一品类会出现这种情况呢？

“价格刺客”认知

麻辣香锅品类面临发展瓶颈，其背后的影响因素是复杂多样的。

有一个重要原因，是麻辣香锅陷入了“价格刺客”的旋涡。

市场上主流舆论认为，麻辣香锅是“价格刺客”，因为有的自选麻辣香锅折算下来，荤菜部分的售价高达上百元一斤，锅底还要另外收费。于是市场上就出现了“月入过万，不敢点麻辣香锅”的声音。

“价格刺客”的认知源自一部分商家对食材的高定价策略。菜单上标注的是 50 克或 100 克的计量单位，商家利用消费者对重量的不敏感，让消费者掉入价格陷阱，实际价格超出其预期心理价位。

“拿渡麻辣香锅”就曾因为一斤素菜 65 元而登上热搜。门店标价素菜 13 元 /100 克，荤菜 23 元 /100 克，锅底费还另需要 28 元。这被一些网友称为“明码标价式宰客”。

另一个被人吐槽的点是视觉上分量少。麻辣香锅在炒制过程中会有水分的流失，出品时还大多采用宽口容器盛装，也会显得分量少了很多，从而引起消费者对价格和分量的双重不满。

一些品牌在经营麻辣香锅时，还会同时经营麻辣烫和冒菜。虽然这样会获得更多流量，却弱化了“新鲜现炒”的标签。麻辣烫和冒菜相对麻辣香锅的操作难度低，容易导致消费者对麻辣香锅品类在认知上产生混淆。食材高度类似，且多为自选，虽然烹饪方式不一样，但部分消费者难免会将二者进行对比。相比麻辣烫和冒菜，麻辣香锅的价格更高，消费者会感受到价格上的差距。

仔细分析麻辣香锅市场后我们发现，多数品牌的客单价实际上是在 30 元以内。而那些市场售价较高的麻辣香锅，如果价格在合理范围内，产品和服务质量也与之相匹配，消费者也是较为认可的。

但这样的“价格刺客”认知在一段时间内让消费者对麻辣香锅的认可度较低，这是品牌难以扩张的一个重要原因。

麻辣香锅的困境

麻辣香锅品牌的扩张受阻，还在于制作流程也有难以克服的困境。

第一个困境，在于麻辣香锅过于依赖厨师，流程长导致出餐时间长。

麻辣香锅的制作流程在表面上看似简单，实际上对厨师的技艺和经验有着极高的依赖性。操作过程涉及一系列复杂的步骤，每一步都需要小心把控。

预处理食材时，时间上难以同步。顾客选择的食材称重后，有些食材需要煮制，有些食材需要焯水，有些食材则需要炸制和过油，处理不同食材时花费的时间不一，即使不同顾客选择同一食材，也无法同步制作。

假定食材已经标准化，但每个顾客选择菜品的重量不一，也会增加复杂度。这需要厨师凭借经验来判断，难以借助炒菜机器人辅助制作，否则食材如出现欠熟或过度烹饪的情况，会影响麻辣香锅的品质和口感。

也正因此，麻辣香锅的整个制作流程被拉长，时间成本降不下来，效率就提不上去。

但如果刻意简化制作流程、降低对厨师的依赖，又会让麻辣香锅产品上的独特性和竞争力降低，甚至让消费者产生不如自己居家烹饪的体验。

居家烹饪的便利性提升，是麻辣香锅品类的第二个困境。

首先，是食材和配料容易被取代。在零售渠道，麻辣香锅的调味料随处可买，食材更是随处可见，各种生鲜电商和社区小店里样品齐全，生鲜净菜、牛羊肉禽、菌菇丸滑应有尽有。其次，是烹饪方法的普及。社交媒体上有大量“有手就行”的教学帖。这些都极大地提升了麻辣香锅居家烹饪的便利性。

在口味上，麻辣香锅的创新性比起火锅和麻辣烫相对保守，甚至还不及烤鱼有微辣、中辣、重辣、变态辣、酱香等丰富口味。麻辣香锅在食材上对于原产地和新鲜程度的讲究也不及火锅。种种原因叠加起来，让麻辣香锅的可替代性极大。

尽管在味道和质感上，家庭自制的麻辣香锅可能难以达到专业厨师炒制的水平，但是性价比当前，许多消费者会觉得这种差异并不足以影响在家烹饪的选择，甚至觉得自己亲手所制的比 80% 的麻辣香锅外卖要好。

不管是制作流程的烦琐，还是居家烹饪便利性带来的冲击，都是麻辣香锅现在正面临的发展困境。

麻辣香锅的新出路

那么，麻辣香锅面临着诸多困境，是否就意味着麻辣香锅赛道没有出路呢？

实际情况告诉我们并非如此。既然麻辣香锅最初集火锅、干锅、香辣菜的特点于一体，为什么不重新学习火锅和干锅的优点呢？

已经有餐饮品牌在进行这种尝试了。作为海底捞副牌的“苗师兄炒鸡”悄然迭代成为“苗师兄香锅”，增加了鱼、蛙、虾等品种。近日，海底捞在财报和业绩会中正式披露了这一变动，并宣布小规模的拓店计划。

苗师兄香锅的转型，向市场和餐饮行业展现了麻辣香锅品类的创新空间和发展前景，这也再次证明，麻辣香锅是一个有发展潜力的大品类，还有着值得深入挖掘和改造的空间。

首先，实行产品多样化战略。苗师兄香锅从最初的单一炒鸡产品，逐步扩展到把鸡、鱼、虾、蛙列为四大香锅，满足了不同消费者的口味需求。这种多样化丰富了菜单，扩大了消费者的选择范围。

其次，创新了产品的形式融合。苗师兄香锅借鉴了干锅的单一主荤特点，同时又保留了火锅涮菜的元素，创造出一种新的香锅品类。这种结合使得该品牌在市场上具有了鲜明的特色。

再次，产品流程的标准化保证了菜品的一致性和品质。苗师兄香锅实行标准化食材和标准化重量，配菜预处理的长流程得到大幅优化。

技术的应用也是苗师兄香锅成功的因素之一。通过引入智能设备，苗师兄香锅减少了对厨师的依赖，出餐过程更流畅，显著提高了出餐效率和翻台率。

为了让消费者看到性价比，苗师兄香锅提供了具有明确量感和价值感的产品，价格仅为火锅的一半，却兼具了快餐的效率和正餐的品质，让消费者切身感受到实惠，自然也就赢得了市场口碑。

除了苗师兄香锅，市场上还有其他创新尝试，如使用更优质的食材，开发更具特色的口味，以及推出便携的香锅杯、健康的全素产品，这些都是提升品牌竞争力的有效策略。

这些努力让我们看到，通过产品创新、流程标准化、技术应用以及市场创新等多方面的努力，麻辣香锅品类有望走出当前的困境，迎来新的发展机遇。

虽然麻辣香锅的创新之旅还远未结束，但我们可以期待未来有真正可以代表麻辣香锅的大品牌出现，让品类重现增长态势。

62.

进击的虾滑，火锅大单品开启 2.0 时代

据艾媒咨询《2024 年中国火锅行业发展与消费行为监测报告》的数据显示，2023 年，火锅行业市场规模达到 5966 亿元，预计 2025 年市场规模将达到 6689 亿元。

而常年位居“火锅必点前三”的招牌配菜之一的虾滑年销售 8000 万份，甚至在两年前的食品市场规模就高达 100.6 亿元，预计 2026 年将达到 173.1 亿元。

为什么虾滑会有这么大的市场需求量呢？

第一，虾滑深受消费者推崇。

目前消费者主要有两大消费逻辑：一是高性价比，即“向上趋优，向下好省”，人们对品质、性能、体验的要求越来越高，却希望所付出的成本相对走低；二是“情价比”，消费者既要该省省，也要该花花，尤其是在能让他们有认同感和产生情绪价值的事物上更舍得花钱。

换句话说，站在消费者角度，他们既需要安全、好吃又实惠的高品质菜品，又需要用高颜值来满足情绪价值和体验感。

就虾滑而言，在口味上，虾滑本身就很鲜，是由虾去头、去壳、去虾线后，简单加工而成的生制品，营养成分不会流失，味道更鲜美；虾滑在造型、颜值和摆盘上也更有可塑性，深受顾客推崇。比如，苏州一家火锅店就因一款比足球还大的虾滑出圈，吸引了众多博主打卡并在小红书等社交平台分享，网友直呼“活久见！离大谱！但吃起来爽呆了”。

虾滑在口味上契合了人们对高品质菜品的消费需求，在造型上还有着众多可能性，是很好的打卡单品。

第二，虾滑是火锅门店必不可缺的流量大单品。

虾滑的利润空间大，可塑性也强。虾滑搭配出的不同造型的菜品颜值高、味道好，不仅能吸引顾客到店消费，而且还能加深顾客对品牌门店的好感度，促进品牌的口碑建设。

比如被称为“火锅界的优衣库”的熊喵来了火锅推出的黑金黑虎虾滑、滑滑姐妹花，一年在全国爆卖超 386 万份。

还有海底捞的招牌菜大颗粒虾滑、“吼堂老火锅”推出的五拼虾滑系列、“大龙”的火焰虾豆花等虾滑爆品，很多消费者都是先其造型吸引到店打卡，后来又被虾滑本身的味道征服，进而成为铁粉。

第三，虾滑作为餐饮百搭单品，早已不局限于火锅场景。

一方面，以手打虾滑为更细分的品类逐渐成立品牌，开出新店，比如，成都的“虾圆圆 · 手打虾滑”开出近 150 家门店，长沙的“李喜欢 · 手工虾滑”也有近 160 家门店；另一方面，“虾滑 + 品类”的产品出现在中西餐厅，比如虾滑 + 米线、酸辣粉、牛腩煲、冒菜、麻辣烫，虾滑狮子头、虾滑汉堡等。

可见，虾滑虽然诞生于火锅赛道，但它的发展却不仅仅局限于火锅赛道。

而品牌想要短期内在饱和且竞争激烈的火锅市场中杀出一条血路，就要专注一个类似虾滑这样的赛道，深耕细作。

“逮虾记”就始终聚焦虾滑品类，把虾滑从火锅食材的单品拓展成大品类，跑出品牌并获弗若斯特沙利文双认证。甚至两年前，其单月销售额就已经破亿元，年产能上万吨，企业整体规模达 10 亿元级。安井、三全、思念等巨头企业早已入局虾滑赛道。另据锅圈招股书显示，目前其青虾滑产品总收入超过 7 亿元，在产品结构中占比 4.5%。这意味着虾滑的消费需求量越来越大。

餐饮人该如何抓住机会入局虾滑赛道，开启虾滑的 2.0 时代呢？

我们认为，要从两个方向来努力：C 端做品牌，渗透市场，建立品牌和产品的认知度；B 端规模化，从产业供应链起步，巩固好大后方。

渗透 C 端市场，建立品牌和产品的认知度

虾滑在 2010 年左右就凭借高品质和良好的口感受到消费者的青睐，逐渐成为火锅店必备的核心食材之一，但在之后的 10 余年间，一直处于“有品类、无品牌”的状态。

想要抢占虾滑品类的先机，就要利用独特的口号、符号、IP 形象、色调视觉风格等建立鲜明的品牌认知度，再通过重点宣传旗下的王牌产品，强化消费者心智，让大众一想起虾滑就会联系到这个品牌。

比如逮虾记在这方面就做得很好。

因为虾滑所含的蛋白质高、脂肪低，营养价值高，而且还能适配煎炒烹炸、涮烤煮酿等各种烹饪技法，所以逮虾记提出了“大户人家，爱吃虾滑”的口号，旨在攻占消费者心智，让消费者意识到虾滑应该出现在家庭用餐的场景中。

同时，逮虾记还抓住王牌产品九五纯虾排，5 分钟即可吃到一顿虾滑大餐的优势，不断在广告里告诉消费者自家产品不考验厨艺、操作特别快，省时省力且

好吃健康。进一步将品牌形象与家庭烹饪时代的需求紧密结合，塑造出一个深受大众喜爱的品牌形象。

除此之外，品牌还可以通过内容种草和口碑传播等方式触达C端消费者。比如在抖音、小红书等平台广泛种草，或者和知名主播大V合作，让产品在直播间上架等，借此宣传品牌和产品，建立更高的客户认知度，也利于品牌今后的发展。

B端规模化，从产业供应链起步，巩固好大后方

要想保证品牌的发展，除了渗透C端市场外，还需要从产业供应链起步，巩固好大后方。

根据制作方式，最初虾滑主要包括手打虾滑和工业成品虾滑。据公开资料显示，2015年，在全国约50万家火锅店中，手工虾滑与工业成品虾滑的使用比例持平，但在2020年，工业成品虾滑的使用比例高达90%，手工虾滑则大幅下降至10%。

这意味着餐饮行业对工业虾滑产品的需求大幅增加，同时对虾滑的供应链提出了更高要求——如何保证虾滑品控供给的稳定性、高性价比，以及虾滑的差异化价值。

如果品牌刚开始创业，条件有限，还没打开知名度，则可以采用直销方式，把虾滑产品从工厂直送火锅店，既省去了中间环节，又能让火锅店拿到高性价比的工厂虾滑。

为了快速打开市场，品牌还可以组织专门的团队搞市场转化——把团队分成若干小队，要求一个时间周期内跑遍一个片区并将本区域内的所有火锅店登记入表，然后再逐一对接，了解他们是否有虾滑产品、使用什么类型的虾滑、如何出品、菜单如何设计、有无营销推广、销售结果如何等，再通过不断深入转化以达成合作。

这种"打巷战"的方式虽然很苦、很累，但也很容易出成绩。逮虾记就曾组建了一个这样的团队，最高纪录是1个队员1天新建8家客户。凭借这样的方

式，逮虾记稳扎稳打，赋能全国超 5 万家品牌门店。

为了更好地保障产业供应链的运转，品牌可以在适当的时机扩大生产规模。因为只有扩大了生产规模，才能保证采购、生产、销售等环节的正常运转，从而提高生产效率，降低生产成本，进而给 B 端和 C 端提供高性价比、适配多样化场景和更方便体验的高品质虾滑产品。

逮虾记在虾资源更丰富、更优质的广西北海，斥资 5 亿元自建了 88 亩（1 亩≈ 666.7 平方米）虾滑智造工厂，还表示会继续根据餐饮品牌和消费者的需求，在原料、厂房、研发、设备、资金上进行投入，助力推出高市场共鸣度的产品，进一步促进品牌的发展。

随着餐饮业的蓬勃发展，很多传统餐饮品类市场已经趋于饱和，赛道竞争也趋于白热化，品牌再难出头。在这种情况下，与其死磕，不如尝试重塑该品类，另辟蹊径，做好产品结构优化、品牌差异化。

毕竟，只有真正把握住时机、率先冲出的实力派选手才更有机会在赛道里面长期领跑。

63.

火锅新势力，创新火锅的突围之战

据研究数据显示，2020—2025 年，中国餐饮市场的总规模预计将以 14% 的年复合增长率增至 7.6 万亿元，其中餐饮市场占比极大的火锅，市场规模将以 14.2% 的年复合增长率增至 8501 亿元，并逐步向万亿级靠拢。

对于这样一个拥有巨大市场前景的饮食品类，历来市场竞争激烈，其中川渝火锅占据了超过半壁江山（约 60% 以上的市场份额）的火锅市场。创新成为品牌突破和开拓传统市场的关键，从冒烤鸭发展至冒烤鸭火锅，再到人均 25 元的下饭小火锅持续走红，众多品牌纷纷通过自家的爆款产品，拓展出一个个细分品类，火锅市场逐渐走向多元。

火锅行业的创新不断涌现，众多品牌各自以独特的方式满足消费者对新奇体验的追求，推动行业的向前发展。

火锅品类创新不断，新物种特色各异

首先是口味上的创新。酸辣的火锅味型一直是火锅品类中小众且长久的味型。如海南的糟粕醋火锅主打的就是酸辣味型，此外还有泰式火锅中的冬阴功锅底。

最近火锅的新品类之一是带有民族特色的酸汤火锅。上海出现了主打贵州风味的酸汤火锅，以及主打云南风味的酸菜牛肉火锅。成都也有“野番茄”“毛辣果”“顾少棠”等酸汤火锅品牌。

上海张江的“旺福贵州酸汤”主打红汤酸汤火锅，汤底用贵州特有的毛辣果腌制而成，看起来红彤彤一片，上面飘着酸萝卜丝，用三到四人食用的小锅架在卡式炉上。

另一家滇牛云南酸菜火锅，同样因为小众而备受追捧。红彤彤的锅底中加了酸萝卜丝与腌菜，将锅底的酸辣风味发挥到极致。

这些火锅新品类的出现不仅丰富了火锅的口味，还为消费者解锁了更多味蕾体验。

其次是食材搭配上的创新，比如有料鸡火锅的新演变就用上了“生蚝＋榴梿＋花雕”的组合。

在有料火锅的发展历史中，鸡火锅是当之无愧的主角，从打边炉到地锅鸡，从肥肠鸡、牛蛙鸡到美容养颜的花胶鸡，如今这个品类还在不断创新。

例如生蚝鸡煲火锅，鲜美的鸡汤冒着热气，下入肥美的生蚝，鲜味加倍。

生蚝鸡煲的原型是广东湛江的名菜，用清远鸡和官渡生蚝以砂锅干焗的方式烹饪，之后逐渐演变成火锅的形式。

除了普通的鸡煲外，还有药膳鸡煲及加了花雕酒的醉鸡煲，给消费者增加了更多选择的可能性。

对于鸡煲加火锅的组合，大众接受度较好。榴梿配鸡煲的组合个性十足，非常吸睛，跑出了深受年轻人喜欢的网红品牌。

开在深圳的“榴小鸡”“禄满捞”，开在上海的“醉东庐”，都主打榴梿鸡煲，人均消费 110 元左右，一锅鲜美的椰汁鸡汤上盖着三四块榴梿肉，随着锅底不断加热，榴梿肉慢慢融入鸡汤中。

当然，也有一些创新的鸡煲店将这些新品类集合在一起，打造出更复合的鸡煲店。

鸡煲，也就是有料鸡火锅，在潜力值上，绝对大于其他“新物种”；在品类的接受度上，鸡煲也有着更为广泛的消费客群。

在品类宽度上，鸡火锅明显更宽，其已经通过叠加演变出了多样新品类，包括猪肚鸡、花胶鸡、椰子鸡、肥肠鸡……这一特性也能让不少品牌先通过爆品策略“杀”出来，再通过产品拓展获得持久的竞争力。

食材搭配上的创新让鸡火锅品类焕发新生，并不断突破传统界限，为消费者提供更多选择。

除此之外，还有“多巴胺”视觉创新。伴随着“多巴胺”风潮，这股视觉上的创新风也刮进了火锅圈，之前浓郁红番茄锅底的浪潮还未远去，全国又陆陆续续开出了黄番茄火锅。

开在深圳的“爆番番”就是主打一锅金黄诱人的黄番茄锅底。在银川，则有主打能捞起柿子肉的“黄柿子养生火锅”。

这些火锅“新物种”让我们深切体会到，行业正经历创新与多元化的变革，既有对传统风味的深入挖掘，也有对新食材、新口味的不断探索与融合。它们的出现不仅丰富了火锅市场，也为消费者带来了更加丰富的味蕾体验。

精准定位融合地域特色，做好供应链保障

广大从业者不仅要看到口味或食材的创新，更要把握其背后的律动，获得更

多市场的创新启示。

首先，定位精准。比如酸汤火锅，虽然受众面变窄了，却依然能吸引不少无酸不欢的消费者。如开在上海张江的“旺福贵州酸汤”，虽然位置不够中心，但仍有大量顾客特意前往。店面不大，下午 5 点之后就要等位了。

对榴梿火锅的评价更是两重天，讨厌的人连店都不会进，喜欢的食客则大加赞美。“榴梿很新鲜，需要煮一会才能更加入味，鲜鲜甜甜，一点也不突兀。”“刚上来的时候有一股飘香的榴梿味，汤底也很浓郁。”火锅品类在创新时要能够洞察市场广泛的消费群体和多样化的需求，推出具有针对性的产品和服务，精准定位有助于提升顾客满意度，从而让品牌在市场竞争中脱颖而出。

其次，文化与地域特色深度融合。火锅作为一种具有深厚文化底蕴的餐饮形式，浓郁的地域特色是吸引消费者的独特因素。酸汤火锅用贵州特有的毛辣果腌制而成。云南酸菜火锅更是将云南特色发挥到了极致，涮品有云南鲜黄牛肉、德宏芭蕉花、薄荷等，小食有炸乳扇、拌菠萝等，特色饮品不仅有酸角汁，还有奶白酒，将“坚持不改云南味道”展现得淋漓尽致。这种将地域文化与火锅创新相结合的做法，不仅能够丰富火锅的口味和形式，还能让消费者感受到文化的熏陶。这种深度融合的策略有助于增强品牌的文化内涵和市场竞争力。

最后，优化供应链，保障产品品质。不少酸汤火锅品牌只开出了一两家店，尚未有连锁品牌。此外，坚持民族特色的酸汤火锅还有供应链端的问题需要解决。

与之相对应的是鸡肉火锅，鸡肉具有成熟的供应链，供货稳定。鸡的生长周期短，比如全球排名前十的白羽鸡，最快 45 天就能出栏。鸡肉加工的标准化程度也很高，在麦、肯等巨头的推动下，鸡肉链条已经打通，可以快速实现规模复制，从养殖、屠宰再到运输，供应链配套流程已非常完善。目前，就连清远鸡也有了比较完备的供应链。在 2022 年年底，《清远鸡创百亿产业行动计划（2022—2025 年）（征求意见稿）》出台，明确了清远鸡的产业布局，推动了清远鸡全产业链的发展。

优化供应链是确保食材的新鲜度和品质的基础，同时有助于降低成本，提高效率，为品牌带来更强的议价能力和市场适应性，保障其在激烈的市场竞争中保持领先地位。

创新要顺应变化，也应深入市场研究

在看到火锅“新物种”亮点的同时，我们也应看到创新路上并非一帆风顺。

如黄番茄火锅，它的原料黄番茄多产自内蒙古巴彦淖尔市，在口感上比红番茄更沙甜可口。但也有不少消费者反映：“在社交软件上刷到时感觉很诱人，但到店后很失望，主打的番茄锅的味道和其他火锅店没啥不同。”这给予了我们启示：餐饮品牌的创新要深入研究市场，真正了解消费者的需求，确保创新产品能够满足市场需求。

在巨大的市场浪潮中，有不少火锅店都是昙花一现。天眼查最新数据显示，从 2023 年年初到 9 月中旬，火锅相关企业新增注册 2.3 万余家，注销、吊销数量却达到 1.1 万余家。不少火锅新手入局后仅仅 3 个月就草草收场，生命周期极其短暂。

不断涌现的火锅“新物种”都会一一经历市场考验，只有真正成功突围的才能跑出品牌、跑出规模。

当下消费者越发理性，社交媒体的大范围推广只能转化为消费者的初次尝试，产品、服务、场景的综合体验才能吸引消费者复购。要保持产品的长盛不衰，品牌需要持续学习，在产品和服务上不断创新，才能满足市场的变化和消费者的需求。

火锅界这些新鲜蓬勃的“新物种”，正是各火锅品牌在面对市场不断变化的探索与发展，展现出的火锅行业的强大生命力。火锅“新物种”用持续的创新推动了市场发展，帮助品牌在激烈的市场竞争中保持领先地位并实现可持续发展。

相信在未来，随着消费者需求的不断变化和技术的不断进步，火锅市场必将展现出更多的创新潜力。

64.

正餐简餐化，砂锅品类的发展空间

近两年，砂锅品类的热度持续升高。

据企查查显示，一年内注册的“餐饮和住宿业”相关的砂锅企业共有11747条结果，同比增长28.1%；全国砂锅相关企业存量超7.8万家，同比增长6.7%；过去4年间，与砂锅相关的企业存量年复合增长率为4.5%；小红书上搜索的关于“砂锅”的笔记共有100多万条；抖音上关于砂锅的话题更是接近40亿次的播放量……

砂锅爆火，既因为砂锅充满了烟火气，用餐氛围让人放松，还因为砂锅本身具有极高的适配度，不同的食材和菜系组合能碰撞出丰富的饮食体验，让人流连忘返。

基于此，有业内人士预测，2024年砂锅品类将迎来全面爆发。实际上，连锁品牌的确频频出现惊人的营业数据，以排队王“罗妈砂锅”为例：位于北京双井的110平方米的小店，只需要13个员工，却能做到日翻台超过18轮，在人均消费30元的情况下，日营业额超过3.1万元。随着入局者的增多，砂锅赛道的竞争势必变得更加激烈。要想脱颖而出，就必须紧跟砂锅品类发展的方向——平价化、多样化、品牌化。

罗妈砂锅就是紧跟品类发展方向的受益者。从品牌创立起，罗妈砂锅就以把正餐简餐化的思路和30元左右的人均消费杀入市场。在成都九眼桥的第一家门店开业首日，罗妈砂锅并未多加宣传，只是打了8.8折，就换来了很多复购的食客。第二周翻台就达到了 8 轮，半个月后翻台达到 10 轮。如今，成都几家直营店的翻台率平均达到 15 轮。之前曾述，其旗下的北京双井店更是成绩斐然。罗妈砂锅的发展势头十分强劲，成立不到一年，已开业和待开业的门店加起来就有近 200 家。

推崇正餐简餐化的砂锅细分赛道有很大的发展空间。

餐饮人该如何在这个赛道发展呢?

因为做了正餐简餐化调整的砂锅售价偏低，所以要想获得更多的利润，需要压低成本，尝试简化每个能调整的环节。需要注意的是，这种简化不是品质上的简化，而是操作维度的简化、运营效率的提升以及培训体系的优化。

以下以罗妈砂锅为例，从四个方面详细分析。

产品定价和研发

当前的消费市场中，客户群的消费力在潜移默化地分层。早几年，简餐的单价可以做到 50 ~ 60 元，但现阶段则不太可能。因此，把目光放在 20 ~ 30 元的赛道，这样的定价策略既可以满足正餐的丰富性，又可以满足快餐的便捷性，覆盖人群更广，也更符合当下大众的消费需求。

基于此，品牌需要组织专门的研发团队，针对客户群的饮食习惯、用餐偏好等进行追踪研究，持续开发出优质且实惠的菜品，让消费者可以真正实现“20 块吃饱，30 块吃好”。

罗妈砂锅团队在调研的时候发现毛血旺很受消费者的欢迎，但市场上毛血旺的售价多为 50 ~ 100 元。团队就想办法把毛血旺融入砂锅模式中，在保持产品质量的同时又保证了高性价比，每份只卖 29 元。消费者对这道菜的满意度也很高。

除此之外，产品研发团队还在产品的呈现感方面下功夫。罗妈砂锅研发的油泼系列的吸睛点是，把辣油浇在砂锅中的食材上，“嗞啦”一声，食材实现了二次沸腾，翻滚的食材一热抵三鲜，烟火气和视觉冲击力十足。目前，油泼系列菜品包括油泼毛血旺、油泼虎皮肘子、油泼冒烤鸭等，都深受消费者的喜爱。

需要注意的是，研发团队需要保证产品的不断更新迭代，确保品牌门店每个月或者每个季度都有上新。因为菜品的多样化不仅会提供给消费者更多选择，也会吸引更多消费者前来尝鲜。

菜品加工流程减半

菜品加工流程减半并非要降低菜品品质，而是想办法在保证菜品口感的前提下，在菜品制作的操作维度上进行简化。

对此，品牌可以尝试把产品加工模型、出品标准和流程做得更加“小白化”。

如果品牌旗下有食品加工厂，也可以把一些专菜、专配的流程放到工厂，在不影响菜品质量的情况下，由中央厨房对部分食材进行提前切配、腌制，形成半成品，门店只需进行焖、炒等工作。这样既可以提高门店的储存效率，又能降低对门店员工的初加工技术要求，更有利于门店的运转和成本的控制。

另外，品牌可以像罗妈砂锅一样，依托完善的冷链供应，在确保安全、稳定和效率的同时，不仅保证全线特色菜品的标准化出品，以及全国各地门店稳定的产品质量，还能提高出餐效率，降低人员成本——通岗即可完成操作，10 分钟左右即能出餐，店里也不需要安排大厨。罗妈砂锅通过流程简化的方式，实现了生产流程上人力成本的下降。这主要体现在：初加工岗位的员工减少 2 人；技术岗的员工薪资级别下调、人数减少 1 人。

采用小型门店

过去的砂锅门店对于面积和位置要求很高，人力成本也比常规的快餐店要高。但在真正推进时我们发现，与其去争抢愈发稀缺的门店资源，还不如打磨好自身模型，用更小型的店型适应更快的节奏，以便更精简地用人。

罗妈砂锅采用的就是这样的小型店型，把装修成本降到了 800 元 / 平方米，并在后厨动线上进行优化，减少操作半径，让员工伸手可拿、转手可取。在日营业额稳定在 1.5 万 ~ 1.8 万元的情况下，全店员工也可以从之前的 13 ~ 14 人压缩至 10 人，保证门店的正常运转。

这样一来，开店的成本被成功地打下来了，品牌也更具适应性和盈利能力。下沉市场也可以尝试布局开发，顺势发力连锁、快速复制，最后形成规模效应，让人一提起砂锅就想起相关的品牌。

优化员工培训体系

餐饮员工培训一直是提升企业竞争力和客户满意度的重要因素。

在传统的餐饮员工培训模式中，那些难度较低的，比如入职培训、服务培训等还可以直接在门店进行，但难度较高的技术集训多由品牌召集一些优秀员工到总部或者其他地方统一进行。

统一集训的优点是能迅速提高学习效果，缺点则是训练成本较高且能获得集训资格的人员数额有限。标准化流程的网络教学则完全可以在保留优点的同时弥补缺憾。比如，在罗妈砂锅提供的网络教学课堂中，每一个动作、每一份原料的操作都有标准视频演练，员工通过线上学习可以随时随地反复查看关键点，几乎很难出现理解偏差，也能降低训练成本和试错成本。这样的培训方式更利于品牌标准化模式的快速复制。

其实，罗妈砂锅案例的意义并不仅仅在于提供给我们助力品牌发展的具体方法，更重要的是，给了我们品牌如何获得更长生命周期的启示。

罗妈砂锅的经营者认为，所有的品类都值得用产品的思维、技术的逻辑重做一遍。前提是“产品的思维”，而不是营销的思维。“如果只是想踩中风口、追赶潮流，那么一个品牌的生命周期必然短暂。罗妈砂锅的诞生不是因为想要做一个单品王，而是由于关注到市场消费分层的必然，以及基于杨记誉诚集团的中餐连锁化基因。”

总而言之，品牌要想更有竞争力并得到好的发展，单纯靠踩中风口和追赶潮流是远远不够的，还需要结合市场消费分层的必然趋势选定目标客户群，再尝试把目标品类用产品思维、技术的逻辑重新梳理一遍，摸索出一条适合自己的路。这样一来，品牌才更有机会脱颖而出成为品类黑马，甚至跻身头部赛道。

65.

汉堡品类破局，关键是品价比

肯德基盯上了榴梿，新推出的榴梿芝士肉霸堡引得一众顶着“榴梿脑袋”的网友纷纷打卡；汉堡王也不甘示弱，牵手芋泥，与“功夫熊猫”联名推出芋见系列汉堡；华莱士更有创意，玩起了“早春多巴胺”，桃花季新品推出全粉汉堡、饮品，满满的春天气息。新品频出，从小众食材的创新，到色彩新搭配的情绪价值，汉堡品类又火热，又“内卷”。

近几年，汉堡大品类同质化严重，很多汉堡连锁品牌经营业绩不佳或被迫关店，被称为“汉堡界爱马仕”的哈比特汉堡在上海的门店已全关，国内门店也仅剩 1 家。与此同时，也有强势跑出的黑马品牌塔斯汀，从堡胚入手进行创新，推出的现做中国汉堡堡胚一举爆火，如今门店已经超过 7200 家。

麦当劳、肯德基则着重做本土化，在内馅与配菜部分不断创新，鱼香肉丝汉堡、酸笋汉堡等接连卖爆。

由此可见，汉堡品类的创新不仅体现在风味和内陷上，更是对汉堡的结构做了深入的拆解，从堡胚、内馅到配菜，再深究至风味、价值。众多汉堡连锁品牌围绕汉堡产品线的创新越来越多元化。

从堡胚、内馅、配菜到风味的全面创新

据餐饮风味策划专家“味好美”与“饿了么”联合发布的《2024 汉堡风味

趋势观察报告》数据显示，过去一年宣称新式堡胚的汉堡 SKU 数量同比增速高达 31%。其中比较火爆的有塔斯汀的现做中式堡胚、贾国龙中国堡的空气馍堡胚，以及各类网红贝果堡胚等。

西式快餐品牌的堡胚创新，一方面，是在传统碳水堡胚的基础上加入新的中式、西式元素，比如烧饼、米饼、贝果、可颂堡胚等，重新塑造汉堡的外形与口感；另一方面，注重改变堡胚的结构，在堡胚里面加入更多蛋白质，减少碳水，打造蛋白质堡胚，比如牛油果堡胚汉堡、鸡蛋堡胚汉堡以及牛肉饼、鸡肉饼堡胚汉堡等，这种堡胚更适合当下消费者追求健康饮食的理念。

除了堡胚的创新，内馅也在不断变化。鸡肉、牛肉一直是汉堡内馅的核心食材，除此之外，汉堡内馅开始向小众细分食材进军，从猪肉、鱼肉、虾肉、鸭肉，再到巧克力内馅、鱼香肉丝内馅等，汉堡内馅不断转向多样化。

堡胚和内馅都在创新，配菜当然也要跟上步伐。如今的汉堡配菜不单单是生菜，而是各种各样的奇思妙想，比如“蔬菜组合拳”。肯德基之前推出的爷爷农庄系列——荤素多多卷，就用了 10 种以上的蔬果作为汉堡配菜。汉堡配菜中还有水果，其中最受欢迎的是菠萝，荔枝、金橘、龙眼等水果也深受汉堡粉丝的喜爱。

除此之外，腌制蔬菜也成了汉堡品类创新的重头戏。麦当劳在老品的基础上创新风味，推出了节节高酸笋风味板烧鸡腿堡，一上架就卖断了货。

随着汉堡品类不断“内卷”，为了破圈，很多连锁品牌选择在风味上创新。

一方面，是本土化风味的创新。爆火的淄博烧烤和国潮风味的崛起让汉堡品牌找到了创新点，如麦当劳推出了桂林酸笋风味酱汉堡，它被网友们戏称为螺蛳粉口味汉堡。其他品牌也推出了酸风味、烧烤风味、辣风味的汉堡，这些相关产品的销量同比增速很快，其中以辣风味增速最快，而酸风味与烧烤风味也分别达到了 258% 与 603%。

另一方面，西式汉堡的传统风味再创新。最近几年，东南亚菜系、日韩菜系等异国风味在国内受到追捧，泰式甜辣风味汉堡等产品销量的同比增速高达 411%。

汉堡品类想要破圈，实现销量暴增，在风味创新上要紧跟市场风味潮流，本土化风味既可以细分到区域，也可以在传统西式风味上再做创新，提供多种风味的汉堡，满足更多消费者的需求，实现业绩增收。

比起低价格，消费者更看重汉堡的品质

当下的消费者开始向理性、务实回归，很多西式快餐行业出现价格带的下探趋势。比如塔斯汀，单人豪华套餐只需 19.8 元，含一份鸡腿堡、一份鸡块、一杯可乐。而同样品类的单人套餐在肯德基、麦当劳的价格通常在 40 元上下。凭借极具竞争力的产品价格，塔斯汀在西式快餐赛道极速扩张，成为汉堡品类的黑马品牌。

随着 9.9 元、13.9 元、19.9 元的中国汉堡异军突起，汉堡行业巨头肯德基、麦当劳和汉堡王等也在不断推出低价优惠活动，而西式快餐行业低价“内卷”现象更突出。根据《西式快餐品类发展报告 2024》，我国西式快餐人均消费在 40 元以下的消费者占比超九成，20 元以下的消费者占比为 63.5%。可见，平价消费已成为主流趋势。

虽然消费者喜欢低价，但他们对品质的需求并没有缩减，相反更旺盛，要求也更复杂。据饿了么数据显示，过去一年以黑松露等高价值食材为主的汉堡相关产品的销量同比增速达到 289%。黑松露一直是食材里面的奢侈品，汉堡加入黑松露的创新，不仅将汉堡提升到了一个新的高度，也给消费者带来了惊喜和满足。

与此同时，汉堡品类中也开始出现众多围绕鹅肝、和牛等高价值食材的产品出圈、爆火。由此可见，消费者除了价格外，更注重产品的品质。只要产品食材好、品质高，哪怕价格高点，消费者也乐意为此买单。

汉堡品类要想在“内卷”中突出重围，汉堡新品要成为爆品，除了掌握市场风味潮流外，产品的品质、价格和其所能够提供的情绪价值是关键因素。

这就要求汉堡品类的品牌要采购优质食材，除了向高价值食材做尝试，保障产品的品质，还要不断从内到外创新，给消费者带来更多新鲜感，提供情绪价值，同时价格要做到在同类产品中最实惠。高品质、能提供情绪价值、合理的价格，这样的产品突显了汉堡品类的高品价比，也是汉堡品类破圈的重要武器。

66.

轻食突围，西式轻食与中式轻食齐发力

早在2015—2018年，中国市场就迎接过一波轻食浪潮，当时新涌出很多轻食品牌，诸如“沙绿轻食”“新元素”“甜心摇滚”等，主推的轻食产品都是沙拉。以至于在很多人最初的认知里，都把轻食等同于沙拉。而沙拉在大多数消费者的印象中，基本都是贵、难吃、分量少。

从2015年开始，轻食赛道至少有10亿元的资本进入，超过10家的独立轻食品牌获得超千万元融资。其中，“甜心摇滚沙拉”和“gaga鲜语”就获得上亿元的融资，其他品牌如“米有沙拉”“沙绿轻食好色派沙拉”等也都获得百万级乃至千万级的融资。

但好景不长。轻食单量受季节波动的影响比较大，加上西式轻食本身口味比较单调，在热潮过后，很多轻食品牌终以惨淡经营收场。

从2018年开始，轻食尤其是以沙拉为主的西式轻食，再难以拥有大量消费者。2021年年底，在中国做了19年的网红轻食餐厅“新元素”宣布破产清算，这位中国轻食简餐先行者的命运被认为是轻食行业落寞的标志。

如此看来，轻食行业面临着比较严峻的现状。那么，轻食行业该如何突破瓶颈，迎来新生呢？

中式化或成轻食绕不过去的挑战

西式轻食在中国遭遇水土不服，除了以沙拉为主的轻食本身的限制性特点外，最主要的还是因为没有做到足够的本土化。也就是说，西式轻食可能并不适合中国胃。

所以，品牌要围绕“轻＋食”的发展思路，回归“食”的本质。轻食中式化、日常化、全品类的趋势明显，中式轻食或许更符合国人饮食习惯。近年来，中式轻食品牌的涌现使轻食的概念得到进一步扩充。做足了本土化改变的轻食终于不再和沙拉画等号，这是轻食行业的一个重要发展方向。

一位从业者断言，西式轻食已经在吃存量市场，而中式轻食则刚开始其增量市场。

中国连锁经营协会和美团外卖发布的《2023 年外卖服务健康消费机会点洞察报告》显示，相较于西式轻食，中餐健康家常菜成为外卖用户的新选择。2019—2022 年，美团外卖中式健康餐订单量呈现爆发性增长，订单量年同比增速相当惊人。

轻食的理念在于健康、均衡、营养。相比口味单调、同质化高、季节限制明显的西式轻食，中式轻食在这几个方面都做得更好。因此，中式轻食有着更多发挥和创新的空间。

第一，中式轻食烹饪方式多样而且食材丰富。中餐的很多烹饪方式其实都非常适合健康餐，如蒸、煮、炖、焖、拌等，食材也比西式更加宽泛和丰富，如娃娃菜、杏鲍菇、胡萝卜、豆芽等。

第二，热食不受季节性影响。和中餐一脉相承，中式轻食一般以熟食和热食为主，所以中式轻食受季节性的影响不大，淡旺季的概念没那么强烈，几乎可以覆盖一年四季。

就拿盒马的温沙拉来说，根据官方数据，该系列产品热销时间往往持续到 12 月底，并且每月销量翻番；永和大王的唬吃唬吃（原大王早餐公司）也没有季节性的淡旺季，销量最好的产品线是轻卡蛋饼，采用了中式口味融合西式均衡搭配理念。

第三，科学配比创新空间大。从创新空间上来说，中式轻食完全可以搭配出科学配比更全面、更营养的美食。

大力菠菜轻卡蛋饼　　海苔松松轻卡蛋饼　　低脂鸡胸肉轻卡蛋饼

在传统中餐的基础上做创新，几乎是一件随手拈来的事情，甚至在消费者顾虑的高热量上，中式轻食的品牌也进行了改善。

此外，参与行动的不只有餐饮品牌，还有外卖平台。如饿了么联合食极星将营养评级数据化，从餐品的食材用料、食材鲜度、营养价值及保留、烹饪方式、调味品及添加量、食材供应链等多维度入手进行评测，让餐品营养层面有了更客观的说明。

可以说，不管是中式轻食，还是中餐轻食化，都是轻食行业的一个全新的挑战，或许能成为其突破瓶颈、推动增长的一种方式。

轻食的突破在于多元化创新

与此同时，轻食行业要面临的挑战还有很多。面对严峻挑战，轻食品牌还要注意自身经营的多元化创新。如被收购的 Wagas、北京起家的“超级碗”“沙拉食刻”等轻食品牌，都进行了大胆的尝试，并取得了一定的成绩。

被安宏资本收购后，Wagas 就在闷声干大事。它虽然是一个轻食品牌，但轻食并不是它的全部，更准确地说，Wagas 更像是一个西餐品牌和一种生活方式的代表。

相较于以往的轻食，Wagas 的创新在于：一是菜品、饮料的可选择种类大幅增加。轻食菜品除了常见的沙拉和三明治之外，还上新了能量碗以及意面、西点、蛋糕等，饮品也几乎一应俱全，给了消费者更多选项。二是全时段的餐品供应。Wagas 的餐品供应涵盖了早餐、早午餐、午餐、下午茶和轻晚餐，消费者完全可以在 Wagas 解决一日三餐。

除此之外，Wagas 也紧跟时代，尝试直播、团购等宣传方式。可以说，作为轻食界的老品牌，Wagas 在轻食创新这条路上一直在努力，市场也给予了 Wagas 良好的回馈——门店在稳健扩张，从 178 家增至 226 家。

被消费者视为 Wagas 平替的超级碗，也有着自己的品牌创新特色：

第一，有非常便捷、顺畅的动线选餐设计。消费者进入门店后，沿着非常明确的动线进行选餐，依次选取碳水或沙拉 + 辅助碳水，蛋白质，植物纤维，莎莎（调味小菜）、碎碎（坚果或果脯）和酱料，这样的动线节省了门店和消费者的很多时间，整个取餐过程非常顺畅，尽量确保了消费者能够在 30 秒内取到餐品。

第二，热轻食更符合中国人的饮食习惯。在产品上，超级碗试图用好吃的热食来重新定义轻食，单是蛋白质产品就包含了日式七味豆腐、蜜汁鸡腿肉、番茄牛腩、香煎三文鱼、果木烟熏鸡胸、泰辣虾仁等，并且经常轮换菜单，努力让消费者有更多的选择和尝试。

而比 Wagas 和超级碗走在创新更前端的是沙拉食刻，它的定位就是全供应链科技型餐饮，采用标准化规模化工业化生产 + 冷链配送 + 智能机器人无人售卖的商业模式。

同样是利用中央厨房当日制作，主打数字化健康新快餐的“维小饭”的解决方案则更为简单。除了外卖配送和到店自取外，还在便利店、咖啡店、食品店等社会化终端门店中设立“店中店”来实现交付。

此外，“沙野轻食”“暖柠轻食”“沙拉拉轻食”“共禾之约”等众多轻食品牌中的一部分也正在通过共享厨房如熊猫星厨等进行快速扩张，门店规模已达数百家。

这些对于轻食行业来说是创新也是变革，只有这样，不同品牌才能尽快寻求到市场立足点。

另外，值得一提的是，结合咖啡馆这样的轻食消费场景，将咖啡和轻食或简餐搭配在一起，也是争夺白领午餐市场的典型方式，这对咖啡馆的出餐能力和供应链水平都有着极高的要求。

总而言之，轻食行业如果想要在中餐的场景中继续生存下去，找到更加本土化的创新出路是必要的。中式轻食更适合中国胃，但仍然会存在发展局限，这些都有待接受市场和消费者的验证。

但毫无疑问的是，无论什么行业、什么品牌，保持多元化创新能力，才是未来市场竞争的制胜法宝。

67.

酸辣粉进阶：从线上到线下，从小吃到连锁

作为大众小吃之一，酸辣粉兼具麻、辣、鲜、香等滋味，口感特别，又极容易“上头”，所以一直深受消费者的喜爱。全国各地随处可见酸辣粉的店面。

在企查查平台搜索关键词“酸辣粉”且“在业、存续”的国内企业超1.4万家，其中近8000家是开业5年以上的老店，多以苍蝇馆子的形式遍布全国各地，尚未连锁化。

但近几年，一些包装酸辣粉品牌纷纷现身，如“豫道”“嗨吃家”“麻六记”“食族人”等，十分受消费者喜爱。作为方便速食的热门品类之一，桶装和袋装酸辣粉销量肉眼可见地增加，成为线上平台直播带货的主要商品之一。

如今这些包装酸辣粉品牌已经不满足于线上零售，线下也在慢慢开辟疆土。前有上海魔都三兄弟酸辣粉进京开店，嗨吃家酸辣粉大王的门店倍增，后有麻六记全国首店在成都网红打卡点春熙路开业，酸辣粉品牌线下门店不断增加。

2024年1月，麻六记酸辣粉全国首店在成都春熙路开业，品牌创始人在其官博分享：“酸辣粉作为我们零售类的主力产品之一，线下实体店也应运而生，提供三款酸辣粉、两款小面、几道小菜。”

由于选址优势大，老板又自带流量光环，双加持下的麻六记酸辣粉首店在市场上迅速走红。

据了解，这家麻六记酸辣粉门店面积不算大，店铺装修属于古色古香风，富有巴蜀文化特色；桌位不多，菜单相对精简，定位是成都小吃集。从目前来看，

最受推荐的菜品是酸辣粉、酱肉包等，比如作为招牌的酸辣粉团购价为 9.9 元一份，是高性价比的实惠餐品。

至于经营者为何落地酸辣粉实体店，有业内人士直言：“大概率是想开放加盟吧！”也有人认为麻六记酸辣粉想要打头阵，打通酸辣粉餐饮连锁化市场等，当然，也有人质疑酸辣粉实体店是否只会是昙花一现。

但不管怎么样，我们能肯定的是，酸辣粉品牌化、餐饮化、连锁化、规模化的势能正悄然而起，正在走进快车道。

酸辣粉本身具有的品牌化特征就是其爆发式增长的最大优势。

小吃品牌化

酸辣粉的零售属性处于强势发展阶段。随着市场教育的成熟化，人们对酸辣粉有了深入的认知和巨大的日常需求量，酸辣粉品类逐渐覆盖不同年龄段和多消费场景的顾客群体。这赋予了酸辣粉餐饮品牌入局赛道、老品牌准备扩张门店规模、做堂食餐饮连锁的空间，意味着酸辣粉在市场中的角色更加多元化，凸显了特色小吃的品牌化。

酸辣粉在品牌化和餐饮化这条路上，确实具备了比较有竞争力的优势：

第一，“酸辣粉 +”的产品搭配早已成熟化，丰富了菜品结构。

川菜馆、粉面馆、小吃快餐门店到处可见酸辣粉，酸辣粉已成为许多餐厅里最稳定和长期供应的套餐核心产品搭配。

在大众点评的北京酸辣粉菜品榜上，西少爷的鸡骨浓汤酸辣粉位居前列。如果说肉夹馍系列是西少爷的招牌，那么酸辣粉就是其灵魂所在，鸡骨浓汤酸辣粉和肉夹馍是长期绑定的黄金 CP。酸辣粉的出餐速度更快，在一定限度上加速了门店翻台率。

“凉皮先生”在门店招牌上增加了酸辣粉、肉夹馍和米线，意在扩充产品线，丰富消费者的点餐选择，很多单品和酸辣粉成为固定的套餐搭配。

第二，酸辣味型独具特色和记忆点优势。

酸辣，在中国一直是独特且永恒的存在，可以轻而易举地得到消费者的青睐。从贵州酸汤火锅到云南酸菜火锅，两者陆续在全国开店和出圈，可见，酸辣味型是人们追求的最爱风味之一，酸辣粉受欢迎或许离不开这一要素。

第三，以单品为切入点进军粉面快餐赛道。

酸辣粉品牌虽然从名字、门头凸显了酸辣粉的特色，但依然可以将其归为粉面赛道，以酸辣粉命名做门店大爆品和招牌单品，从而切入粉面快餐，酸辣粉更像是一种引流手段。

在大部分酸辣粉门店，产品不只有酸辣粉，还有各类小吃和饮品，或是米线、小面、肉夹馍等主食。如麻六记酸辣粉店里，既有经典杂酱、川味酸菜鱼、肥肠杂酱鸳鸯等不同风味的酸辣粉，又有酱肉八包子和甜品等。嗨吃家实体店的产品体系也格外丰富，像是所有小吃主食的结合地，除了酸辣粉，还有米线、拌面、汉堡、炸鸡以及饮品等。

丽星食品旗下“汤粉郎肉酱酸辣粉”品牌郑州首店虽然主打酸辣粉，但在其产品结构上还有特色拌面、嗦粉系列、小吃饮品等，也是快餐、简餐的定位模式。

毕竟，若非单纯做个网红餐饮店，就要明白餐饮经营的长久之计是什么。

小吃餐饮化

以酸辣粉如今的架势，入局餐饮连锁化是必然的。但若说起小吃品牌化、餐饮化，酸辣粉并非首个案例，在这条路上，酸辣粉等小吃品牌还有更多需要做的事情。

高性价比才能留住消费者、提高回头率

2018 年曾经火爆全国的“泡面食堂”就是一个反例。在当时，有的品牌一年开店超 500 家，有的品牌拿到千万元融资，只是这类品牌存活不到三个月便销声匿迹。泡面本就属于方便速食零售，做连锁餐饮几乎没有可能，在人们追求快节奏生活和高性价比的时代，一碗原本不过 3 元的方便面竟被卖到 80 元一碗，几乎没有消费者能接受。“泡面食堂”可谓快速收割“韭菜”的短命网红品类。这样一个伪赛道的结局必然是被行业抛弃，也不会有回头客。

大众点评数据显示，酸辣粉的人均客单价为 10 ~ 15 元，在有些小店中甚至最低只要 5 元，酸辣粉的价格一直保持着最初记忆中的样子。

其实，小吃类食品从一开始就决定了它们要走的是亲民路线，过高的定价会让消费者望而却步，其也就失去了原本的优势。

高品质赢得口碑才能赢得持续发展

虽然酸辣粉的制作方式简单且出餐效率高，但对于一家堂食餐饮店来说，要把酸辣粉单品真正做好，就必须在口味、品质、口感等方面做足功课，而非简单泡制一桶酸辣粉就直接端上桌。

在务实理性消费的主旋律下，消费者追求的是极致性价比，是低价的基础上更高的品质。

如位于成都小吃快餐热门榜第一的“薯会酸辣粉”，在品质上就一直坚持记忆中的老味道。相关人士表示，新鲜、健康是薯会酸辣粉的基本原则。每一碗粉

都会最大限度地还原正宗成都酸辣粉的风味，这包括：拒绝机制粉条，采用纯手工红薯粉；拒绝冲泡汤底，每一碗汤都是选用大骨用小火慢熬成的高汤……

正因为如此，薯会酸辣粉才能够从成都的苍蝇小馆火成品类黑马。这一点，也是小吃品牌化和餐饮化始终要坚守的重要部分。

所以说，高品质和高性价比的产品才是小吃品牌长久、持续发展的根本原因。奠定了好的口碑基础，复购率也就提升了。

酸辣粉专门店也需要特别注意优化产品组合和产品结构，打磨和完善正确的盈利模型，形成高效且能够复制的可持续盈利的门店。

小吃餐饮化和品牌化需要时间与市场的长期验证，而行业市场是动态变化的。酸辣粉等小吃品牌的餐饮连锁化最终会走向什么样的结果，我们可以持续关注。

但唯一不变的是，高品质和高性价比的爆品永远都是消费者心中的首选。

68. 比萨翻身，产品创新带动店面爆发

比萨作为外来面食进入中国市场已有 20 余年，却似乎一直不受国人待见。其表现也是不温不火，甚至有些地方的比萨店因经营不善而关门大吉。

达美乐财报显示连续 3 年亏损，亏损累计达 9.27 亿元。消息传出，很多餐饮巨头纷纷撤回投入比萨市场的资金。

可是万万没有想到，2023 年年底，众多比萨品牌却迎来了欣欣向荣的春天。达美乐在长沙的门店单日销售额纷纷突破 20 万元！从亏损到单店单日销售额连续破世界纪录，用惊悚形容也不为过。

达美乐从 2020 年开始便维持百余家的新增开店量，2023 年更是达到近 200 家的增长量。尊宝比萨在 2023 年新增 667 家门店，较之前几年超过了 300 家新增量。乐凯撒在 2024 年 1 月开放特许经营，推出单店特许经营和区域特许经营两种模式，已在全国开出近 200 家直营店。

从数据来看，比萨的爆发是从量变到质变的过程。直营店的增加只是爆发的表象，想要知道真正的内涵，还要回归产品的本源。

深耕以面食为主的北方一线城市

比萨作为一种面食，其受欢迎程度与中国人吃面食的地域差异类似，在北方常常被当成一种主食，而在南方则只能算一种零食。

通过调查我们发现，一线城市对外来食品的认知程度和接受程度更高。因此，我们认为，比萨在地域上选择以面食为主的北方一线城市为最佳。

达美乐长沙店和西安店销量的对比也证明了这一想法。

达美乐长沙首店，即国金街店，开业当天直接突破了一个西区纪录：门店单日销售额破 20 万元。该店成为达美乐在西区市场开业首日业绩最高的门店。开业第 2 天，生意更爆了，日销售额猛增到 30 万元，打破了全球单店单日销售纪录。

正当大家感叹长沙人惊人的排队能力和消费能力时，西北地区传来捷报：达美乐在西安开出的西北首家店的单日销售额创造全球纪录，达 32 万元。一周后，西安店营业额达到了 37 万元，再次刷新了全球纪录。

可能有人会说长沙的消费能力不如西安。可根据国家统计局调查队数据显示，2023 年，长沙居民人均生活消费支出为 41584 元；同年，西安居民人均生活消费支出为 27414 元。

福布斯发布的“2023 年福布斯中国 · 消费活力城市榜”中，排位顺序为北京、上海、广州、重庆、深圳、成都、杭州、武汉、长沙、苏州、南京、宁波、西安、天津、青岛、合肥、佛山、无锡、郑州、东莞。长沙和西安分别位于第 9 位和第 13 位。

从榜单和数据可以看出，长沙的消费能力是西安的两倍，消费活力也领先于西安，但比萨的销量却远逊于西安，这反映出比萨品牌合理的地域选择在很大限度上会影响销量。

此外，不同地域的消费水平不同，在比萨的价格上也要有所反映。

比萨刚进入中国市场时，6 寸比萨卖 45 元以上，9 寸的卖 58 元以上，12 寸的卖 79 元以上，甚至有些特色比萨的卖价达到三位数。

6 寸比萨的大小相当于肉夹馍，而肉夹馍的价格是 8 ~ 10 元。对于爱好面食的西北人来说，一个比萨的价格可以购买 3 ~ 4 个肉夹馍，略显价高。

于是，发现微小变化的比萨品牌很快在价格上做出调整。早前乐凯撒就通过其微信公众号宣布降价，部分产品降价幅度为 20% ~ 25%。例如，核心的“一人食”从 49.9 元降至 34.9 元起，主力二人餐由 149 元降至 99.9 元起。

还有同样从广东冲出来的尊宝比萨，2024 年更是在 30 元左右的客单上推出了 8 寸比萨 19.9 元的活动。

适合的消费价格区间带动大部分消费者的认同感，消费者也渐渐增加。

年轻一代成为比萨消费主力

早在 20 余年前，消费人群主要为 60 后到 70 后，对西餐不太接受。如今，80 后、90 后、00 后开始成为社会主力消费人群。他们的思维活跃，渴望新鲜事物，对西餐的接受度和包容度更高。随着生活水平的提升，购买比萨也成为其日常生活中的一种习惯。

消费群体对比萨认知度的提升，同步提升了市场的潜力，正适合各大品牌布局全国市场。从门店数量上来看，2023 年，比萨品牌的前五名无一不在快速增长，这也是这五大比萨品牌门店数量增长最多的一年。

增长最为明显的便是达美乐，从 2020 年开始它便维持百余家的新增开店量，2023 年更是达到近 200 家的增长量，改变了之前在中国市场中不温不火的状况，并顺势提出了 2024 年年底完成设立千店的目标。

尊宝比萨靠着社区定位和超高性价比，2023 年新增 667 家门店，较之前几年 300 多家的新增量增速飞快。

目前，乐凯撒已在全国开出近 200 家直营店，选址主要位于一线城市核心购物中心。

如今的比萨市场处于“百家争鸣”的时期，自然是因其符合消费者的消费观。可以看到，消费观的变革给比萨品类餐饮企业的发展带来新的动力，或者说，推动餐饮企业发展的动力之一就是消费变革。因此，捕捉消费者的需求、迅速调整经营策略是餐企发展的重要抓手。

做好品牌宣传与产品营销

达美乐中国 CMO 王总曾表示：“基于不同市场消费者的不同需求，我们在新一线城市、二线城市的选址、门店设计和宣传重点上会有所调整。如在二线城市，我们在门店选址上会侧重于更优的城市核心位置，门店面积在设计上更偏堂食，也会应用更新的门店设计风格。宣传侧重点上自然会相应有所不同。”

毫无疑问，店面的布局是品牌宣传和产品销售的关键，毕竟客流量绝对与销售量成正比，客流量大，自然带来销售量的增长。

达美乐跳出原有半径，到更多一线、新一线、二线城市开出门店，广袤的店面数量无疑可以提升品牌的宣传度。

此外，达美乐不断推出各种优惠措施，做好产品宣传。例如，2024 年达美乐在某城市开设首家店时，推出 9 寸比萨免费升级为 12 寸等优惠活动，加深了当地消费者对达美乐的记忆与好感度。此外，还推出较为简单的固定折扣活动“接二连三”（指每逢周二、周三，比萨为七折），这引起了消费者的关注，并刺激了消费者的购买欲望，带动消费者自发进行传播和推荐。多个首店效应的叠加也为达美乐带来众多热点。

在产品方面，不同的夹心馅，比如芋泥、燕麦、奶黄流心、咸蛋黄流沙等增加了中餐元素口味，还有小龙虾酥香嫩鸡比萨、金沙咸蛋黄嫩鸡比萨、奥“荔”

给嫩烤鸡腿比萨等。此外，经典中餐炒饭也出现在达美乐的菜单上。

达美乐的成功翻盘告诉我们，不能只从产品本源出发，而要从消费者的观点入手，将市场布局、品牌宣传和产品营销等都处理得合乎情理，才能助推餐饮企业更好发展。其实，通过观察比萨产品的发展过程，我们可以窥斑知豹、举一反三，毕竟整个市场的产品都具有相通的特性。

69.

县城咖啡，当咖啡遇上小镇青年

近两年，咖啡品类竞争激烈，咖啡赛道的发展压力越来越大。对于咖啡品牌来说，在激烈的竞争中寻找新的经营空间，开拓新市场变得尤其重要。

除了积极挖掘海外市场，头部品牌扎堆下沉市场的现象也格外明显。瑞幸咖啡自 2023 年开始放松加盟限制，重点扩张三四线城市门店。库迪咖啡拥有近 7000 家门店。在三线及以下城市门店的数量几近占据半壁江山。据星巴克 2024 年财年第一季度报告显示，其新进入了 28 个中国县级市场，官方还曾表示“最近几年，星巴克在县城的新店表现和盈利能力优于一线城市”。另外，主打下沉市场的“幸运咖”也新开近 1300 家门店。

中国食品产业分析师朱丹蓬表示，连锁咖啡品牌经历了近 5 年的跑马圈地，在一二线城市的饱和度已经达到一定峰值，商业资源较为枯竭，品牌业绩的增长也到了一个天花板级别。在此节点下，深入下沉市场是很好的破顶策略，小镇青年的消费力不容忽视。

根据《2023 年咖啡与茶消费洞察》数据，在 2023 年度咖啡消费中，县域市场的人均消费金额增速比一线城市人均增速高 26%，已成为各级市场中人均增速最快的市场。

可以说，在近两年头部品牌的加速下沉和返乡年轻人的推动下，县城咖啡可谓风生水起。

当头部品牌的下沉之战愈发激烈时，我们从县城咖啡品牌的经营表现中可窥得县城咖啡发展过程中的新特点和趋势，希望给想要在县城开咖啡店的个体或企业提供一些帮助。

产品打造上需迎合消费者对于甜味的需求

有报道指出，据外卖平台数据显示，江西南昌进贤吾悦广场附近的古茗、茶百道、霸王茶姬三家奶茶品牌的线上月销量在1000多杯，而星巴克、瑞幸咖啡、库迪咖啡三家咖啡品牌的线上月销量却不足300杯。

这种明显的差异说明，在口味上，大多数县城消费者并不喜欢苦味，仍喜欢偏奶、偏甜的口味；在功能上，大多数县城消费者没有太多提神醒脑的需求，只是把咖啡当成一种休闲的饮品。

一位县城咖啡主理人表示，近两年他每半个月都推出一款新品，添加奶、果汁、预调酒或花果茶等多种配料，只是为了增加一些风味咖啡的品种，以吸引消费者。事实上，当地消费者也很愿意买单。

一些头部连锁咖啡也在疯狂“内卷”中不得不创新口味。不论是星巴克、瑞幸咖啡，还是Manner，这些咖啡品牌都以销售奶咖为主，其占比均超过50%。星巴克甚至有40.74%的产品不是咖啡，热销产品大多是一些茶拿铁，其实和奶茶并无本质区别。

刚需重点是不同消费群体的空间需求

据报道，上海一家星巴克咖啡馆常被一群大爷、大妈级别的棋友围得水泄不通。星巴克这一打着“第三空间”招牌的国际连锁咖啡馆，正陆续被广大群众开发出千奇百怪的使用场景。

这也说明，不同于大城市对咖啡产品本身的刚需为主，县城咖啡的消费者对咖啡馆的空间消费已成为新的刚需。

县城咖啡馆既要满足平日里年轻人休闲、交友聊天的空间需求，又要满足节假日猛增的聚会需求，尤其是年轻人在吃完年夜饭后愿意来咖啡馆跨年的仪式感需求。当然，也不乏很多年轻人把咖啡馆当作有品位的相亲场所。

咖啡品牌在下沉市场的本土化过程中，“去苦”这项工程更为迫切，为了满足消费者的口味需求，咖啡品牌还需要进行奶咖、果咖、茶咖等口味的改造。

实际上，在消费习惯多元化的中国县城，所有咖啡馆都需要在装修上花费一番心思，以满足县城消费者对于空间消费的刚需，吸引那些对咖啡认知不高的顾客驻足，从而增加流量和提高留存率。

比如，湖北十堰有一家手冲咖啡店“熹里咖啡”，其店老板表示，店面只有 16 平方米，没有员工，不期待每天卖上百杯，只希望能留住回头客。为此，咖啡店老板着重于给顾客提供情绪价值，知道店里哪里拍照好看，不忙时就会帮忙拍照。

此外，一些县城咖啡店还会在店内或附近设置一些网红打卡地，如设置玫瑰花、秋千和碎灯等场景，顾客可以随时拍照，为咖啡店引流。

低价是县城咖啡引流的主要手段

县城咖啡的大部分消费者都是 20 岁以下的年轻群体，一般来说，只要价格合适，就会有不少初高中生捧场。

然而，县城年轻人因为消费能力有限，且大多是在尝鲜情绪及对流行的追赶下才去购买咖啡，而非源于对品牌的忠诚度。因此，这群人不会执着于选择某一款咖啡或某一个门店，而是会选择价格更能接受的咖啡和门店。

不少咖啡连锁品牌店员也提到，多数顾客会优先考虑店内的特价产品，他们“只把咖啡当饮料喝，太贵就不会来了”。

这也意味着，县城终究不可能成为像一二线城市那样的市场，两者在消费习惯、价格敏感度和咖啡消费文化等方面都截然不同。

县城咖啡品牌唯有通过低价策略才可以有效提升消费者的活力。

因此，县城咖啡品牌除了在口味上迎合消费者的甜味需求外，也要对应产品进行打造，在价格上要更加亲民，才能够培养出消费者忠诚度，维持县城咖啡的长期发展。

机遇和挑战并存，开店仍要谨慎

如今县城咖啡的热闹，无疑有助于为中国咖啡市场培养出一批更宽泛意义上的消费者。我们看到了县城消费者被激活后的巨大潜力，但也存在更多挑战。

我们发现，2024 年春节期间的县城咖啡市场跟 2023 年相比有很多不同。2023 年，人们希望有更多的咖啡品牌下沉县城；而在 2024 年，人们更希望在喝到咖啡的基础上，喝到好咖啡，这也对县城咖啡品牌提出了更高要求。

一方面，对于突然暴增的订单，大部分县城咖啡店似乎并未做好准备，门店的出单速度很受影响，不少消费者反映体验感大打折扣。因此，咖啡店的经营者还需要规范运营，在保证品质和高性价比的基础上，提升出单速度、运营效率，给消费者带来更好的体验感。

另一方面，春节过后，不少县城咖啡店的订单量出现了大幅回落，甚至有的门店至少减少了一半的订单量。这是因为在返乡青年的支撑下，咖啡店在春节期间生意火爆，而打工人回城后，门店动辄单日数百上千的销量也在回落。甚至有数据显示，2023 年咖啡赛道已关闭了近 3.5 万家门店。在小红书笔记中，也有太多关于咖啡店闭店的相关笔记。因此，当前在咖啡品类下沉市场开店仍需谨慎。

虽然回县城开咖啡店成为许多年轻人逃离大厂的出路，但不管是连锁咖啡品牌，还是独立咖啡品牌，对于县城消费者而言，新鲜度过后的复购率还有待验证。

所以，想要开店，需找准自己的发力点。想要做好长期生意，要看品牌和商家们的各自招式，比如可以在产品上苦下功夫，可以优化加盟政策，培养消费者的忠诚度。因为只有提升消费者的忠诚度，咖啡在下沉市场中的发展才会稳定。

70.
自热火锅，品类红利消失后的机会

当前，最受欢迎的餐饮品类之一莫过于火锅。一群人围坐在一起，在繁忙的工作之余，卸下一身的疲倦，享受涮火锅时的轻松氛围。火锅已在全国各地开枝散叶，不同地方也形成了自己独具的火锅文化。

火锅如此受消费者的喜爱，其原因细细想来是以下三点最为突出：便捷、自由、丰盛。

便捷：各种食材被扔进锅里一块煮，摆放整齐的鲜嫩肉卷放进锅里瞬间变色，静等两分钟就可以品尝。

自由：一个小小的火锅中融入了各种食物，搭配各种不同口味的汤底料，满足了不同人的味蕾需求。

丰盛：菜品多样，荤的、素的，生的、熟的，几十种涮菜随意选。

火锅一度以大而多、热闹而丰盛作为其鲜明的品类特征，但随着时代的不断发展，空巢老人、独居青年也越来越多，加上人与人之间的边界感逐渐变强，“一人食”经济兴起，火锅的容量也开始变得越来越小。

最初演变出来的是旋转小火锅，主打一个人也可以吃，甚至陌生人也可以扎堆儿吃出火锅的热闹感，还减小了社交的压迫感。还有真正的“一人食”火锅店，比如呷哺呷哺，即使一个人吃，也可以吃得很丰盛。

这些年，火锅品类商家在不断顺应消费者的多场景需求，在火锅品类的细分赛道上也不断发力，以期探寻更多盈利的新模式。

如很多餐饮品牌积极推进“单人下饭小火锅”，这种模式甚至进入外卖赛道。比如海底捞推出了“下饭火锅菜”，以外卖“一人食”火锅的模式进军市场。快餐平效黑马南城香也推出了自助小火锅系列，以“肉类 19.9 元”“蔬菜 9.9 元”的亲民姿态猛扎市场。此外，市场上还出现了一大批“下饭小火锅”的专营店，共同分食“火锅变小”这个细分赛道的“蛋糕”。

“宅家经济”催生消费场景

近两年受到“宅家经济”的影响，方便、快捷的自热火锅横空出世，就餐场景从餐厅扩展到了家里，更是扩展到火车、客车等移动场景中。

自热火锅既不用火，也不插电，主要由食材、食材锅、锅盖、外锅和发热包组成。其加热原理是发热包内的物质与水接触后释放出热量，上层食材锅内的食物吸收热量后迅速升温，这种设计方式无疑更加快捷，保留了食材最初的美味。

自热火锅归为方便速食赛道，丰富了方便速食的种类和体验，特别适合户外、独居、消夜、旅途等场景。

自热火锅品类也从最开始较单一的火锅，进一步丰富和拓宽到其他品类，如自热煲仔饭、自热麻辣烫、自热粉丝、自热关东煮和自热米饭等。

技术不断革新

据《健康时报》报道，自热米饭里的米不是真的大米，而是“重组米”，重组米是以大米、小麦为主要原料，按一定的比例配制加工煮熟，粉碎后经挤压膨化加工而成的。重组米从外观上和日常所见的大米有所区别，食用时口感黏度大，米香味较淡，相对缺乏嚼劲。但重组米的加热时间大大缩短，只需 10 ~ 15 分钟便可食用。

后期很多新生的自热火锅品牌纷纷涌出。据电商平台数据显示，销量和排名靠前的便是“自嗨锅”和“莫小仙”。甚至很多大牌火锅店也纷纷推出自热火锅，比如海底捞、小龙坎、大龙燚、蜀大侠、德庄等，并在电商平台、线下便利店和商超里面售卖。

事实证明，自热火锅不仅受消费者的青睐，也曾成为赛道顶流，经营自热锅的品牌亦成为资本的宠儿。

比如，自嗨锅创立于 2018 年，在 2020 年 10 月完成 5000 万美元 C 轮融资时，估值金额达到 5 亿美元（约合人民币 35.9 亿元）。2019 年“双 12”当天，自嗨锅在某知名直播间 10 分钟内就卖出了半个亿元人民币的销售额，彼时是自热锅赛道的巅峰时刻。其母公司金羚羊的估值也曾一度高达 75 亿元人民币。

莫小仙从 2020 年 5 月到 2022 年 8 月陆续完成来自金鼎资本和亚洲食品基金的超亿元人民币的三轮融资，2022 年创下销售额破 10 亿元人民币的亮眼成绩，更创造出在一次快手直播中 2 分钟卖掉 30 万盒产品、销售额达 350 万元人民币的战绩。

自热火锅的品类短板

可以说，过去几年，自热火锅是真正的网红爆品。可如今，自热火锅这种模式在实体餐饮的创新和迭代渐渐失去了优势，主要是因其自身存在明显的品类短板。

一是上游供应链不够成熟，食品安全问题频出。互联网上涉及自热食品的纠纷不断，常常被爆吃出异物、不好吃、品控有问题等。如有的消费者反映风干肠没洗干净，还有的消费者反映自热火锅的食材已变味，甚至有人在食用后出现中毒现象。

二是对预制菜的负面评价导致产品陷入舆论困境。按工业化模式生产的自热火锅为了延长食材的保质期，在食材中添加了防腐剂等物质，且不同品牌的品质参差不齐，在价格方面也没有很强的竞争力，导致很多顾客在尝鲜过后不愿意复购。

三是自热火锅走的是烧钱营销的网红路线。首先，在微博平台因被众多明星试吃而走红；然后，凭借赞助综艺、电视剧等方式进行品类宣传；最后，通过 KOL 等进行种草引流，将品类推向高峰。集中在线上进行宣传的模式让消费者缺乏触手可及的真实性，同时因缺少信誉度，在出现很多问题后，自热火锅在消费者中的口碑不断跌落。从这个角度来说，餐饮品牌推举的自热火锅须具备一定的品牌背书优势，才能在这场淘汰赛中坚挺到最后。

虽然自热火锅品类不像以前那么火热，且从数据看，营收也在削减，其流量红利也在消失，一些品牌在迎来短暂的高光之后早已陷入困局，但据我们观察，目前自热火锅品类的市场需求还有，发展空间尚存，只是当前这条赛道已饱和，很难再出现新热度。随着消费需求的变化，自热火锅已面临优胜劣汰的自然选择规律。

从品类角度看，随着外卖的发展和餐饮头部品牌的零售跨界发展，自热火锅发展空间变得越来越狭窄。并且前几年，无论是自热火锅线上品牌，还是火锅餐饮品牌，纷纷进军自热火锅赛道，已将这个品类的供需平衡打破。

从品牌角度看，虽然入局自热火锅的品牌不少，但垂直自热火锅赛道的品牌却不多，在头部餐企接棒后，在垂直经营自热火锅的领域中新玩家已很难入局，品牌之间的竞争十分激烈。面对已经基本固化的格局，未来中小品牌的发展空间将被进一步挤压，很难再跑出黑马。

从消费者角度看，人们虽对自热火锅方便、快捷的优势有了深入的认知，评价却褒贬不一。关于自热火锅的争议主要集中于有安全隐患、菜品品质和口味不佳、价格高等问题。有人坦言花，四五十元买一个自热火锅，还不如去餐厅吃一顿麻辣烫，或者小火锅更划算。当然，对于习惯吃自热火锅的人们来说，他们的购买频率和复购率都很高。

总之，由传统火锅“变形”的自热火锅的发展窘境显而易见。产品代工、线上起家、依靠流量的时代已经过去，唯有在产品品质、菜品种类、性价比方面找到突破口，才能让该品类重新焕发生机。

而对于整个火锅品类来说，不管未来如何演变，还是要在供应链品质上严格把关，在技术上不断革新，让火锅变得更加快捷、高效，当然，更要确保食材的新鲜和安全。在捕捉消费需求变迁的同时坚持高性价比，才是火锅品类未来发展的方向。

71.

东北菜的春天，
从文化破圈到地域破圈

2023 年年末至 2024 年年初，哈尔滨旅游一度爆火，全国各地的游客都冲向东北，带动东北餐饮的需求量大大增加，东北餐饮一时之间成为旅游新名片。一位烧烤店老板表示，他的店内基本上每天都爆满。有的餐饮店铺甚至不得不高挂“免战牌”，申请休假。

随着哈尔滨火爆出圈，这阵风也吹到了隔壁的沈阳、长春、大连、齐齐哈尔等北方城市。吸引人们打卡的东北美食，也从最初的冻梨摆盘，延伸到烧烤、烤肉、麻辣烫、铁锅炖、锅包肉等品类。

为了表示对外地游客的诚意，东北人把游客宠上了天。如张亮麻辣烫哈西店推出了免费吃麻辣烫的活动，省外顾客到店堂食结算金额在 66 元内，即可享免单优惠。

或许，哈尔滨的爆火正是东北餐饮发展的契机和缩影，属于东北餐饮的时代正在来临。但我们认为，如想借助这波流量，让东北餐饮未来得到更好发展，还要从因时因势创新、深挖东北文化基因、走高性价比及连锁品牌发展上下功夫。

产品结构因时因势而变

携程数据显示，2024 年元旦假期，哈尔滨整体旅游订单量同比增长 158%。

其中，来自上海、深圳和北京的异地客群占比为 75%。

这意味着东北餐饮不能再继续以满足北方客群的需求为主，而要随着外界形势的变化，更好地服务外地客群。“老菜新做”就是一个不错的建议。

比如，哈尔滨餐饮中最先出圈的是东北冻梨切块摆盘，其没有延续以往东北餐饮量大的特点，而是针对外地尤其是南方客群，做出了创新性改变，比如演变后的冻梨刺身、冻梨鸡尾酒、冻梨花下午茶等。东北特色下午茶更是增添了心里美萝卜蘸白糖、油滋啦、酸黄瓜配红肠、咸鸭蛋配大碴粥等东北特色浓郁的“新”菜品。有网友调侃称：“谁说东北菜不精致，精致起来要人命。”

以量大、豪爽著称的东北菜原来也可以很精致。

值得一提的还有齐齐哈尔烤肉。2024 年，黑龙江省首趟哈尔滨—齐齐哈尔“烤肉专列”启动。或许不久后，齐齐哈尔烤肉也将迎来一波热度。

此前公开资料显示，齐齐哈尔烤肉已入选齐齐哈尔市非物质文化遗产，全产业链规模突破 200 亿元，全国齐齐哈尔烤肉门店已达 2.1 万家。一家烤肉餐厅负责人介绍，他所经营的品牌烤肉餐厅正在探索“烤肉 + 咖啡”“烤肉 + 西餐”“烤肉 + 露营”等模式。跟随时代步伐进行的不断创新，是为了更好地满足不同地域消费群体的需求。

纵观能够成功俘获全国消费者的品牌，它们共有的特点都是具备持续创新的能力。所以，深入了解不同城市顾客的需求，适当调整产品结构和服务方式是东北餐饮欲赢得全国消费群体青睐的重要策略。

深挖东北文化基因

东北文化在全国已流行多年，具有东北特色的喜剧、小品、二人转都是东北文化基因的体现。东北餐饮，必须建立在东北文化的强大生命力之上。

提到成都、重庆，人们自然就会想到又麻、又辣、又烫的火锅美食名片，而在哈尔滨，东北美食代表铁锅炖、杀猪菜、马迭尔冰棍等深受游客欢迎，各大早市、菜市场甚至出现排队等位现象。

因此，东北餐饮要快速发展，东北文化中豪爽、喜感、接地气的特点就必须传承下去。

比如，东北菜中最大热门铁锅炖的爆火，不仅仅因其历史悠久，更因其菜品丰富、社交感强。铁锅炖菜品丰富，在一定限度上满足了“千人千味”的需求，就像东北人性格里的包罗万象。铁锅炖类似火锅，社交感极强，尤其是在严寒的东北冬天，一群人围着冒着热气和香味的大铁锅侃侃而谈，豪爽、接地气的氛围就出来了。此外，门店装修强调的东北元素也让消费者沉浸式体验到东北文化，氛围感拉满。

所以，东北餐饮想要火爆，就要继续深挖东北文化基因，因为这是东北菜区别于其他菜系最基本的特质，也是任何其他菜系无法替代和比拟的，更是其实现差异化发展之路的根本所在。

保持极致性价比

在消费者都在追求高性价比的当下，东北菜以分量大、单价低颇得消费者喜爱。

比如，荣登新晋顶流之一的东北盒饭，便宜实惠、量大丰富，成为许多“南方小土豆”的必打卡项目之一。东北盒饭的价位一般都非常亲民，只要花上15元左右，就能够吃到几十种“东北名菜”。这也吸引了众多美食博主打卡探店。其中铁锅炖因分量大、单价低，早已成为东北餐饮火起来的撒手锏。凭借高性价比出圈的火锅黑马熊喵来了火锅不但在东三省遍地开花，全国也已开了200多家门店。

实际上，从东北走出来的餐饮连锁品牌不在少数，早已布局全国甚至走向海外。相比铁锅炖，从东北走出来且具有东北文化基因的连锁大牌，从品类上看都凭借巨大的消费者基数和市场认知度在快速成长，如麻辣烫、饺子、烧烤等领域的知名品牌都是东北连锁餐饮品牌，以性价比优势打出差异化。

比如“老戏骨”品牌代表、已发展20余年的杨国福麻辣烫，已经在全球开出超6300家门店，分布在全国32个省、市、自治区和直辖市及海外9个国家和地区。

东北麻辣烫双雄之一的张亮麻辣烫，拥有近6000家门店，并与某著名食品公司完成战略合作，进一步在新品研发、产品服务、品牌推广等方面深入布局。

至于东北“饺子王”喜家德的影响力和实力自然不必多说，前不久喜家德全球总部落户苏州，超800家门店布局在全国各地，从一二线城市到下沉市场，该品牌感知力早已深入顾客群体。

因此，走品牌连锁之路，实现极致性价比，是东北餐饮持续获得消费者喜爱的关键。

打造品牌力

懂得创新，菜量大且便宜，餐厅环境和价格足够接地气，是东北菜火爆的原因。但我们也要看到，品牌分散、供应链不成熟、连锁化程度不高等因素也在阻碍东北餐饮走出北方市场。

东北餐饮想要拓展市场，关键要打造品牌力。

正因为餐饮品牌意识的增强，在新生代品牌代表中，来自东北的“西塔老太太”“米村拌饭”的市场扩张步伐相对轻松。

西塔老太太泥炉烤肉于2020年开出首店，到2023年全国门店已超过350家，目前尚未开放加盟店。该品牌总店是开在沈阳西塔的20多年老店，2023年，该品牌在香港的门店开出。有“东北麦当劳”之称的米村拌饭在全国的门店超过1000家，最近开启了合伙人招募计划，其或将在新一年又一次狂飙，以3千米内设6家店的规模集中火力攻入消费群体，打造品牌影响力。

再看铁锅炖品类，近期陆续有新店和铁锅炖连锁品牌登场。如“山河屯”铁锅炖已超过240家，这家铁锅炖总店位于哈尔滨民安店，大众点评显示其已经被收录11年，可以说是当地更有代表性、更正宗的铁锅炖了。另外，“黑土风情”铁锅炖达80多家，“王老六”铁锅炖鱼超过70家，近期在北京开设2家的“村职书”铁锅炖目前在全国的布局有近60家。

尽管如此，铁锅炖仍没有出现规模较大的连锁品牌，原因之一就是其处于有品类却无品牌的阶段。此外，品类相对较小，产品同质化，甚至口味不正宗等因素也会降低顾客好感度。

综上，想要走好东北餐饮的扩张之路，就要既有品类，也有品牌。

虽然哈尔滨爆火带动了整体东北餐饮业的发展，但这并不意味着东北餐饮品牌可以盲目扩张，它们也很难覆盖整个东北餐饮的消费群体。

还是那句话，做好当下更重要。只要保证品牌力、产品力、经营和服务等方面不差，东北餐饮的生命力是能够得以持久的。而东北餐饮想要成功走出去，则需进一步提升品质，提高性价比，在融入本土特色的同时不断创新，这些才是东北餐饮长红的关键。

72.
县城品牌，强势崛起靠的不只是性价比

一线城市的房租、原材料、运输费用、人工成本都在增加。为了降低成本，餐饮品牌开始寻找新的出路。蜜雪冰城、华莱士、塔斯汀等连锁店依靠更快的拓展速度建立起强大的规模优势，门店遍布中国的下沉市场，无论在三四线城市，还是在县城小镇，都能看到它们的身影。

我们看到，依靠运营多元化、深度数字化，外卖店的扩张以“农村包围城市”的方式向一线城市进发，县城品牌强势崛起的路径已非常明显。

不求黄金铺位，稳扎稳打深耕下沉市场

过往餐饮人在选位置时，不惜支付高租金以争抢“黄金地段”的“黄金位置”。但在当下降本增效的主旋律之下，不少餐饮品牌主动放弃黄金铺位，以更多元的经营模式来对冲“高人流的缺失损失”。

为了生存，餐饮人开店时的选址更为灵活，如扎根在社区、菜市场、小摊位等，过往单一的选址模式逐渐向多元化转变。这种门店位于商业区的边缘区域，省去了黄金地段高昂的租金成本。

租金低廉是保持产品低售价的首要保障，为此，餐饮业要改变每个店都是旗舰店的模式，而采用大城市仅设一个旗舰店再加无数卫星小店的方式。

起初，蜜雪冰城和塔斯汀以 20 平方米的小店模式在三四线城市或者县城

铺开后，又占领了大城市的街道、学区、社区等，以网状的形式构造出外卖 5 分钟即可送达的消费区域。

2020 年，蜜雪冰城成为茶饮行业的首个“万店”品牌；塔斯汀门店数量超过了 6600 家，仅在 2023 年就开出 3000 多家门店。此类小店的产品口味上乘，外卖服务周到，配送速度快，深受年轻人的喜爱。

餐饮业不再以旗舰店的到店消费为主，而是利用使用频率更高的线上平台创收。这种“省”不光是成本的节省，而且更省力气，并能精准地找到消费者，带来从流量到销售的转化。

进入县城经济之后，深耕数字化经营

“性价比 + 互联网”是当前新的消费需求。为此，在运营模式上，县城品牌要依托数字化工具，开启更灵活的拓展模式，这是其快速扩张、强势崛起的关键。

目前，品牌通过团购、外卖等方式扩大经营规模，摊平综合成本，促进餐饮企业的发展，增强竞争力；种草、点评、团购、外卖等模式的普及，也有效降低了堂食对于门店面积的要求。

2023 年，美团等本地零售平台为门店上线了直播功能。塔斯汀负责人接受采访时曾表示：“我们想培养消费者去直播间主动找我们的消费习惯，做到从流量到销售的转化。”在塔斯汀的美团直播间里，两个汉堡只要 12.9 元；汉堡 + 粗薯 + 可乐的组合，只要 13.9 元；四个汉堡、四份小食和四杯可乐的四人餐只要 59.9 元，人均 14.9 元。在价格优惠的同时，创新的中式汉堡也更适合中国胃，两者叠加后，自然受到年轻人的热烈追捧。

北京某蜜雪冰城门店员工在接受采访时表示：“线上展示比线下租金要便宜，所以能保证产品的价格优势。”

据美团数据显示，2023 年 1 月至 11 月，闯入一线城市的县城头部餐饮品牌平均增速成绩亮眼，订单和用户数的平均增速都超过了 50%。

可以说，团购和外卖等新营收方式正在有效优化成本和营收结构，让县城品牌的性价比之“剑”更加锋利。

迎合市场变化，抓住外卖店的扩张趋势

随着互联网工具和外卖等业态普及率的进一步提升，餐饮品牌对“黄金地段”的获客、营收的依赖性大幅降低。

一边是外卖占餐饮营业额的比例持续提升的情况大幅降低了堂食对于门店面积的要求，餐饮企业营业面积规模的增速显著放缓；另一边是老乡鸡等头部品牌开始重创外卖专门店，外卖卫星店成为餐饮品牌新店型，餐饮双主场进入竞跑阶段。

“店开在哪儿?”这个问题的答案将非常多元，但更难的问题则是如何通过团购、外卖等方式，快速调整结构、降本增效，提升营业额。

县城品牌以线上加外卖的形式迅速从县城包围了一线城市，如上海成为拥抱县城餐饮品牌最为积极的一线城市。上海的各方面表现在四大城市中均位列第一——平均门店增速为225%、平均订单量增速为102%、平均用户数增速为94%，以及平均交易额增速为85%。

中国餐饮的消费潜能正不断被挖掘，餐饮人面对更多的挑战，也给一些国际品牌造成巨大的冲击，使其压力骤增。在运营模式上，国际连锁品牌也顺势不断施展新动作，开启了更灵活的拓展模式。

如咖啡品牌 Tims 天好咖啡正通过店中店、合作小店等多种模式覆盖超市和加油站等，并通过外卖、团购等服务消费者，线上、线下合力，展开更广阔的服务图景。

不论是对于县城品牌，还是对于其他深耕一线城市的连锁品牌而言，采用更多元、更经济的经营模式，提高数字化运营能力，迎合市场变化，紧随外卖店不断扩张的趋势，都是值得借鉴的发展路径。

73.

早餐经济，“咖啡 + 早餐”如何摆脱利润焦虑

早餐，是打工人的刚需。这几年来，很多咖啡店瞄准早餐客群，相继推出“咖啡 + 早餐”的高性价比套餐。这种搭配切中了“早八人”的痛点，满足了“餐 + 饮”的需求，消费者不必再跑两个地方分别买早餐和咖啡，在一个消费场景里即可一站式解决。当然，具有竞争力的价格使“咖啡 + 早餐”这种模式深受“早八人”的喜爱，也为咖啡店带来新的盈利点。

我们认为，要想做好“咖啡 + 早餐”品类，还需要从营业时间、品类组合和售卖形式及产品研发上下功夫。

营业时间要和“早八人”通勤时间对等

“时间就是金钱”这句话在餐饮领域无疑就是真理。“咖啡 + 早餐”品类想要获得更多盈利，营业时间尽量要和消费者的早餐时间对等。

事实上，越来越多的咖啡店已将营业时间提前，靠时间来抢占先机，就是想与白领的通勤时间高度契合。

最早一波的咖啡店基本上 6:00—6:30 就开始营业。连锁咖啡品牌“银流咖啡”（Sliver Coffee）更是把营业时间正式调整为 5:40，成为上海最早营业的咖啡店。浏览外卖平台时会发现，其他几家咖啡店的介绍页面也写着 6 点开始营业。

许多开在写字楼下的星巴克咖啡的营业时间变成了早 7 晚 7，跟打工人的工

作时间基本同步。杭州一家星巴克更甚，每天早上 6 点半开始营业，至晚上 10 点才打烊，一天营业时间长达 15.5 个小时，被称为“杭州最勤奋的咖啡店”。

在大众点评上搜索后发现，在一二线城市中，除了前面提到的星巴克，Tims 天好咖啡、Manner、瑞幸咖啡等多个主流连锁咖啡均已开设“早间档”。

不少定位为小众精品咖啡的主理人将营业时间往前提，调整为“早 + 中”，目的自然是抢占客群。

打造多种品类组合

除了将营业时间提前，为了吸引消费者，咖啡品牌还需要在品类组合和售卖形式上发力。这样既能满足消费者的细分需求，又能提高出餐率。

一两年前，一些咖啡店已经开始引入传统中式早餐，但模式相对比较单一，主要靠标新立异的套餐博得消费者眼球，比如“油饼包烧卖 + 咖啡”“肠粉 + 咖啡”“咖啡 + 传统中式面点”等。如今，各咖啡品牌在套餐设计上更多元，也更接近刚需。这里，我们为咖啡 + 早餐品类从业者提供几种可参考模式。

类型一：正价咖啡 +× 元，加一个烘焙产品，提升出餐率

正价咖啡 +× 元，加一个烘焙产品的方式可以大幅提升备餐率。这种套餐大多是基础价位，后期即便替换价格和产品，消费黏性依然存在。

星巴克是咖啡品牌中较早开始做早餐的。早在 2020 年，星巴克便在上海做试点，推出“15 ~ 19 元限时套餐早餐特惠”。15 元套餐主要为面包甜品（冷食）+ 奶，19 元套餐则包括三明治（热食）+ 奶。此外，消费者也可以在正价购买任意咖啡的基础上，另加 5 ~ 9 元选购三明治、可颂等烘焙产品。后来，这些套餐逐步覆盖全国，被网友称为星巴克“性价比之王”。

从 2023 年 2 月开始，星巴克下架“15 ~ 19 元限时套餐早餐特惠”，但保留了正价选购咖啡后加 5 ~ 9 元选购三明治、可颂等烘焙产品的组合折扣。

相较于先前的早餐套餐，现在在星巴克购买同样产品，价格有所提高。加 5 ~ 9 元选购的菠萝包、三明治等烘焙产品，和门店按正价零售的烘焙产品，虽然是同一个名字，但是体积更小。不过，或许是得益于先前消费习惯的养成，消费者依旧不少。

以北京某写字楼下星巴克为例，在早高峰开始前，店员会提前将早餐套餐中曾出现的特定几款餐品都准备一些，在烤箱中加热后打包、装袋，并在这些纸袋里提前放上咖啡托。门店收到早餐套餐订单并做出咖啡后，再将咖啡放到相应的纸袋里，完成打包工作，提高出餐率。

类型二：套餐价格浮动，多款咖啡和多款烘焙随意组合，满足不同消费者的需求

多款咖啡和多款烘焙的不同组合更能满足消费者的需求，他们可根据自己的消费水平，选择不同搭配。

Tims 天好咖啡是另一个在早餐场景特别突出的咖啡连锁。贝果、咖啡两条

业务线齐头并进，使该品牌发力早餐场景具备天然的优势。在 Tims 天好咖啡的点单小程序中，早餐套餐分为四类，基础价格也从 19.9 元到 50 元不等。

Tims 天好咖啡主推的烘焙产品是贝果，还有碱水结等其他产品。相对来说，在烘焙产品细分类目上 Tims 天好咖啡是做得最精细的。贝果可以选择是否加热，也可以选择其中奶油、芝士的分量与类型，说明是一份或是两份，原味还是减脂。

类型三：套餐价格固定，咖啡和烘焙固定搭配，少量餐品可以选择

如果套餐价格相对固定且亲民，则可吸纳消费水平对等的客群，并且让消费者有更多的自主选择权。

麦当劳中国隆重推出全新 15 元现磨咖啡早餐组合，并表示该价格套餐将长期执行，3300 多家"麦咖啡"门店已上新。

15 元现磨咖啡早餐组合提供了多种搭配选择，包括两款"麦咖啡铂金豆现磨咖啡"（铂金奶铁、铂金美式）与三款"麦满分"（吉士蛋麦满分、大脆鸡排麦满分、火腿扒麦满分）。早餐时段通过麦乐送平台购买 15 元现磨咖啡早餐，还可享受配送费优惠。为了助推这一套餐，"麦咖啡"还在上海静安寺开出快闪店，且在直播电商平台大力发放相关优惠券。

综合来说，"麦咖啡"这种一锤定音的套餐定价方式其实更贴近大多数消费者对套餐价格的理解，也是咖啡品牌做早餐套餐时比较常见的一种模式。Seesaw、Grid Coffee、Lavazza 等品牌都采用固定价格、有少量餐品可选择的模式，区别在于推出的套餐数量各不相同。

类型四：采用零售方式，放弃套餐，咖啡和烘焙都可单选

并不是所有咖啡店都必须采用咖啡 + 早餐的形式，也可以给消费者自由选择的空间，尤其是给那些某天不想喝咖啡的人提供一种早餐方案。

比如 Manner 旗下分为两种店型：普通门店和包含烘焙产品的烘焙店。烘焙店产品略有差异，一般供应 6 ~ 8 款烘焙产品，每周会对产品做一定的调整。烘

焙店中有一个专门展示烘焙产品的柜子，顾客可以单点，即拿即走的模式使得 Manner 更像是一个零售面包店 + 咖啡店的拼凑店型，也提供给那些不想喝咖啡的消费者多一种选择。

相对均价来说，Manner 的烘焙产品的定价并不高，单品价格多在 5 ~ 8 元。一个杏仁可颂为 5 元，一个法式香肠面包为 5 元，一个海盐卷为 8 元，这些都深得“早八人”的喜爱。

美味和品质是复购的关键

随着咖啡店的营业时间越来越早，也从侧面反映出咖啡品牌对于增长率的焦虑。

星巴克 2024 财年第一季度财报显示，截至 2023 年 12 月 31 日的前 3 个月，星巴克中国的营业收入为 7.35 亿美元（约合人民币 52.78 亿元），同比增长了 18%，但星巴克的平均客单价却同比下降了 9%。

星巴克中国王董事长表示，一方面是消费者的消费选择更加谨慎，高价产品的购买率下降；另一方面是星巴克正在进行有针对性的促销以提供个性化优惠，这有助于优化其销售额。

已经拥有万店规模的瑞幸公司也有着同样的利润焦虑。在瑞幸公布的全年业绩上，我们可以看到 2023 年第四季度的营业利润率为 3%，低于 2022 年同期的 8.5%，这一数字反映出“9.9 元价格战”已经影响到瑞幸的利润率。

毫无疑问，中国咖啡市场中发生的异常激烈的价格战，无论对参与者还是未参与的咖啡品牌，都造成了强烈冲击。

我们认为，咖啡品牌向早餐迈进，在找到适合自己的“品类组合 + 售卖形式”基础上还需要在产品力上做文章，具体如下：

一是更切合消费者的细分需求。目前，因为切中“早八人”一站式早餐需求的痛点，咖啡店早餐业务已经逐步走向成熟。但根据对调研人群画像，“早八人”从大学生延伸到打工人。“早八人”作为早上生活习惯相对固定的群体，必将成为品牌的重点沟通对象。所以，事先了解不同打工族的消费需求，针对打工人群做好细分品类的准备工作很重要。

二是做好咖啡产品和价位的平衡。以往，咖啡是精英白领的昂贵消费品类，而如今，随着很多品牌抢占早餐市场，咖啡变得更加普及。2023 年开始的瑞幸咖啡和库迪咖啡的“9.9 元大战”之下，中国的咖啡市场进一步扩大。截至 2023 年 9 月，小红书上的“早八人”相关种草笔记已达到 30 多万条。调研笔记内容品类关键词中“咖啡”“冰美式”“拿铁”等词高频出现。

对于“早八人”来说，通常既要体验咖啡带来的身份感，又不想太过奢侈。对于提供“咖啡 + 早餐”的商家需要来说，努力平衡好产品品质和价格的关系，做好产品细分，通过打折让利打造“复购力”等，是持续赢得“早八人”青睐的关键。

74.

无人餐厅，创业投资需谨慎

近年来，全国各地出现很多无人餐厅，诸如北京地铁的煎饼机器人、成都首家 24 小时无人面包店 PIEPIE PIECE 以及无人饮品店“肆季糖水”。无人火锅店也悄然兴起，包括川式火锅、韩式部队锅等。此外，无人咖啡店、无人泡面馆也已面世，甚至在北京、成都等地还出现了不少自助茶室。

其实，无人模式运用在餐厅并不稀奇。多年前，就曾有商业大佬跨界做无人餐厅，进店、落座、点餐、结账全程智能化。虽投入不小，盈利却并不乐观。究其原因这些只是科技公司的试水，把主角视为科技而非餐饮。

因此，我们认为，创业者在尝试无人餐厅这种形式时，要明确虽然需要高科技进行技术支持，但主角应该是餐饮。“无人”不应该成为餐饮界的噱头，而要真正从方便消费者的角度出发，不断优化和改进，才能持续为消费者提供优质服务。

适合零售属性较强且制作流程简单的品类

无人餐厅的运营模式主要依赖于智能化技术和设备，实现从点餐到取餐的全过程自动化。有鉴于“用工荒”加剧、厨师难招的现状，这种模式的确可以在一定限度上缓解用工成本高的问题，这也是吸引创业者跃跃欲试的重要原因。

但我们认为，并不是所有餐饮品类都适合开设无人餐厅。

相比较而言，经营零售属性较强的品类时，比如面包店、糖水铺等更适合做无人餐厅，产品丰富的餐饮品类并不适合开设无人餐厅。如无人火锅店就曾被顾客吐槽“每点一道菜品，都需要扫一次付款码”且“需要自己收拾餐盘和桌子”，这些都给顾客带来较差的消费体验。

另外，制作流程复杂的品类也不适合开设无人餐厅。如咖啡类饮品在调制时，

创业者想要尝试无人餐厅，需要先选好餐饮品类。零售属性较强且制作流程简单的品类更适合这种模式。

在无人的状态下，顾客容易陷入操作困局。如某无人咖啡店内写满了店长对顾客的“叮咛”，如牛奶糖浆在冰箱，用后请清洁蒸汽棒，餐具放置处……光是把这些操作流程看完就会消耗尽顾客的耐心。

为提升体验感，人工服务作为补充必不可少

不可否认，除了可以提高服务效率，对于社恐人群及“一人食群族”等不希望和服务员面对面接触的人群来说，无人餐厅的体验非常友好，全程自助的模式解决了不少年轻人对于社交恐惧的烦恼。无人餐厅大多可实现 24 小时不间断经营，这也给夜晚觅食者提供了极大的便利。但大多数人还是比较注重用餐时的人情味和烟火气。

我们认为，即便科技再炫酷、自助操作再流畅，也比不过餐饮店里前厅店员一句热情的“欢迎光临”。无人餐厅并不是真的无人，因为餐饮业本质上离不开人工。所以，无人餐厅需要做好人工服务的补充，以增强顾客就餐的互动感和体验感。

比如，无人餐厅可以提供现场指导或通过监控进行远程协助，这样当顾客因为操作不熟悉而遇到困难，或者设备出现故障导致顾客无法用餐时能够妥善解决问题。当然，门店最好配备一名店长，并安装服务铃，顾客遇到问题时按响服务铃，店长就能够迅速赶来帮助处理。

食材原料的补充同样需要人工参与。如在北京出现的煎饼机器人尽管可以自动制作煎饼，但依然需要人工补充原材料；成都的肆季糖水需要人工每天上午 11 点前铺货 30%，下午 5 点前铺货 70%，一天进店整理 2 ~ 3 次。

而像火锅这类对食材品质要求不低的品类，小料台的清洁、突发情况的解决等都需要人工的及时参与。

因此，人工服务的补充不仅能够维持无人餐厅的正常运转，还会让顾客在感受科技的便捷之余有更好的就餐体验。

缺失的服务需要用价格来弥补

在无人餐厅里，顾客通过智能点餐系统自助点餐、支付和取餐，避免了排队等待和人工点餐的烦琐过程，使得消费者对这一新兴形式颇为青睐。

但站在创业者角度，无人餐厅却往往陷入“看上去很美”的境地。机器的故障、制作“翻车”时产生的食材损耗等都是不可避免的，这些都可能影响消费者再次购买的欲望。

不少无人餐厅因 SKU 多、操作烦琐，最终沦为鸡肋，痛点就在于只是理想化地考虑了经营者的方便，而没有考虑顾客的真实需求。

其实，对于顾客来说，产品、服务、空间这几个餐饮要素都非常重要，既然与传统餐厅相比，无人餐厅已经缺失人工服务了，那必然要在其他方面进行弥补，才能吸引顾客前来就餐。

通过观察发现，顾客对无人餐厅的价格其实更敏感。如果无人餐厅餐品的价格和传统人工餐厅餐品的价格接近，也会影响无人餐厅的复购率。因此，要想弥补无人餐厅服务的不足，就需要用低价来平衡。最起码无人餐厅的餐品价格要低于传统人工餐厅餐品的价格，顾客才会愿意买单。

比如，目前不少无人咖啡厅的咖啡定价都在 9.9 元，明显低于传统人工餐厅，几乎和便利店的咖啡价格接近；无人火锅店的人均消费基本为 60 ~ 80 元；糖水铺则是统统 5 元的售卖模式。

当然，这需要创业者权衡成本、价格和利润之间的关系，以保证在满足消费者需求的同时也能获得盈利。

发挥无人餐厅优势，解决消费者痛点，才是长久运营之计

为了避免投资无人餐厅成为创业者的“自嗨”行为，我们认为，投资者首先要想清楚：“无人餐厅的优势是什么？它解决了顾客的什么问题？”

一方面，餐饮的“无人”模式要用在刀刃上。比如，用机器人解决后厨效率低的问题、食品安全问题，“无人”模式解决这些问题时会更有效果。

另一方面，可以节省时间并提高服务效率是无人餐厅的优势，因此无人餐厅更适合早餐消费场景。因为早餐的餐品相对简单、套餐固定，且可以提前备餐，顾客只需要完成点餐和扫码支付的操作，短暂等待即可拿到餐品。

比如最近餐饮圈的新网红——北京地铁站里的麦当劳无人餐车，解决的就是帮助地铁“社畜”节约宝贵的早高峰时间的问题，既方便了顾客，快餐又能更快地触达目标客群。橙红色的 Mini 无人餐车面积小，成本也相对较低。早餐只有 A、B、C、D 四种套餐可以选择，涵盖了咖啡、油条、汉堡等，套餐零售价格为 12.5 ~ 20.5 元，与门店基本一致，支持微信和支付宝。目前，该餐车仅在几个地铁站有试点，吸引了不少人前去打卡。

移动互联网时代，智能机大大改变了各种领域的消费习惯，餐饮是最避不开的刚需。我们认为，“无人”的概念没有错，也是未来的趋势，但对于餐饮行业来说，顾客对餐饮的要求在发生质的变化，他们需要便捷、个性，更需要精细化服务。无人餐厅仍然存在不少痛点，要解决这些痛点，真正实现无人餐饮，还有很长的一段路要走，创业者需要谨慎考量。

第五部分

扩张蓝图

连锁路径与品牌终极，系统输出下沉出海

75.

跨界开店，
放大优势的同时精准定位产品

近些年，各行各业竞争激烈，为了寻找更多机会，品牌们纷纷瞄准“跨界”，希望在新赛道中找到更多商机。毛利高的新茶饮成为众多品牌争相入局的新赛道。前有娃哈哈奶茶店，后有中国邮政跨界开“雪糕邮局”（Post Gelato）。

如今老牌乳品企业完达山也进军茶饮界，跨界开了奶茶店“乳此新鲜”。在北京开的第一家店开业没几天就迅速登顶饮品热搜，店里两款网红产品的销量更是暴涨。

“乳此新鲜”品牌由完达山创立，所有原材料由北大荒完达山直营店发送。目前有数十家门店分布在哈尔滨、北京、上海等地。完达山从零售界跋山涉水来到茶饮圈，从目前的结果来看是成功的。

我们分析完达山的跨界成功经验，希望能给想跨界的餐饮同行一些启发，以便在跨界新赛道时发挥自己的优势，避免走弯路，闯出自己的一片天地。

专注优势，定位精准，定价有侧重

2022 年 8 月，完达山就曾对媒体表示，由于行业对高寒生态牧场的判定标准较高，因此完达山所拥有的高寒生态牧场成为其独特优势。完达山开始打造高寒生态奶品类，为品牌开辟全新行业赛道增势。

一方面，完达山专注自己的品牌优势，把高品质牛奶作为自己的卖点。

“乳此新鲜”店里主墙上挂着“高寒生态奶，完达山直供”“始于 1958 年完达山”“不添加一滴水的冰激凌”等标语。

另一方面，完达山侧重以牛奶制品为主的产品——牛乳饮品、冰激凌、炒酸奶。例如，从饮品菜单内容可以看出，虽然产品包括饮品、鲜奶冰激凌和炒酸奶三大类，但类别之间的定价各有侧重。

饮品类中，牛乳茶的定价稍高于果茶。果茶均为 6 ～ 16 元，而牛乳茶是其中定价最高的品类，达到 18 ～ 22 元。和饮品类比起来，以牛奶为主要原料的鲜奶冰激凌和炒酸奶的定价则偏高，达到 20 ～ 30 元，网红款茶缸冰激凌、烟囱面包冰激凌的售价为 45 ～ 50 元。

“乳此新鲜”北京店店长表示，最近社交媒体上传播比较广泛的 1.5 斤茶缸冰激凌和烟囱面包冰激凌这两款网红产品的销量确实不错。“单款日销量几十个。卖得最好的是冰激凌，饮品‘草莓鲜奶厚乳’和‘山茶花厚乳茶’卖得也好。工作日虽然人少，但周末有排队现象。”

完达山知道自己跨界做茶饮，跟茶饮巨头拼果茶、奶茶肯定拼不过，于是发挥自己“高品质牛奶”的优势，主打以牛奶为主要原料的鲜奶冰激凌和牛乳茶等产品，销量都不错。由此可见，想在跨界赛道快速走红，就要充分利用自己的优势，打造专属于自己的产品。

消费者通过 1.5 斤茶缸冰激凌和烟囱面包冰激凌这两款网红产品快速认识完达山。

在产品形态、地域、消费者、价值四方面强调“新”

第一方面，完达山产品形态的“新”，表现在它不断布局产品创新。从最早打造高端的高寒生态奶到在哈尔滨开设旗舰店卖奶茶、冰激凌、炒酸奶，不断翻新品牌形象。

第二方面，完达山没有局限于东北，而是试图走出去，实现地域“新”。负责“乳此新鲜”品牌的完达山新零售事业部蔡总经理表示，未来，“乳此新鲜”计划在一线和超一线城市开出 11 家连锁样板店，同时建立完善的供应链体系，并且继续布局东北、华北市场和南方部分重点市场的繁华商圈，计划在 5 年内连锁店规模达到 2000 家。在北京的市场，“乳此新鲜”将继续深耕，目标为两年内开设 100 家以上的加盟店。

第三方面，完达山奶茶店的产品适合各个年龄段的消费者，消费者群体“新”。很多奶茶店的产品只适合年轻人，而完达山与其他茶饮品牌不一样，其产品适合任何年龄段的人，既有老年人喜爱的健康纯奶产品，也有年轻人酷爱的潮流和轻甜产品，以及小孩爱吃的纯酸奶。

第四方面，完达山价值“新”，实现了从产品价值到品牌价值的转化。完达山作为一个拥有 60 余年历史的老乳品企业，品牌影响力逐渐减弱的原因是完达山以前在经营上重产品、轻品牌。意识到这个问题后，在布局全国茶饮店时，完达山把品牌一直以来专注打造的高品质牛奶产品价值转化为加入高端牛奶的饮料和冰激凌的高口感价值，尝试打造“高端、健康、零添加”的品牌，向着新的方向出发。

事实证明，完达山在产品、地域、消费者和价值这四方面强调的“新”，为完达山奶茶店的快速扩张集聚了力量，让“乳此新鲜”奶茶店一开业就收获了一波流量，快速登上饮品热门榜单，吸引消费者前来尝鲜打卡。

目前来看，“乳此新鲜”门店正处于快速增长期，未来前景相当不错。可是“乳此新鲜”门店运营模式、管理方式及品牌营销模式都与完达山之前的零售模式完全不同。高品质产品固然是品牌的显著优势，但从茶饮赛道来看，“重视健康和口味”早已不是什么新颖的卖点，各个茶饮品牌通过公布配料等方式，竞相展示自家产品的健康程度。

“乳此新鲜”要想在茶饮界持续火爆，就需找准产品差异化焦点。参考同为区域性品牌的飞鹤，“更适合中国宝宝的奶粉”是对产品品牌塑造的绝对清晰的差异化焦点，在很大限度上形塑了消费者的潜意识。而“乳此新鲜”与其他茶饮品牌的产品差异化焦点就是“不添加一滴水的冰激凌”。

“乳此新鲜”给所有想跨界的餐饮同行的启示是：要想在跨界赛道中爆火，首先要明白自己的优势所在，并利用自己的优势对产品进行精准市场定位，同时产品的品质要高，也要对产品不断创新，找准产品的差异化焦点。对于这样的产品，消费者会不断复购，品牌也能持续、长久地发展下去。

76.

万店连锁，
肯德基的创新、供应链与数字化能力

不少连锁品牌老板和投资人都将“万店目标”挂在嘴边，这是其追求的发展目标，但要做到绝非易事。

2023 年年底，肯德基京杭大运河餐厅在杭州武林门码头盛大开业。这家餐厅的落地，标志着肯德基在中国正式进入“万店俱乐部”，这对于肯德基乃至国内连锁餐饮市场来说，具有重要的意义。

肯德基成为首个在中国实现万店连锁的海外品牌。

肯德基强势增长背后的底气来自创新驱动的策略、敏捷的供应链，以及端到端的数字化能力建设。其连锁扩张的成功经验或许也可以给中国本土餐饮企业在实现万店目标的过程中提供一些借鉴。

在产品、门店模型等方面持续创新

百胜中国首席执行官屈翠容女士表示："以万为始，我们即将迈入下一个快速增长阶段，期望到 2026 年，能让肯德基的美食和服务覆盖中国超 7 亿消费者，人群规模实现 50% 以上的增长，让更多人轻松享受到方便快捷的美味，让肯德基成为大家触手可及的每日餐饮首选。"

肯德基计划通过 3 年时间，从拥有 4 亿会员到覆盖 7 亿顾客群体，这就是肯德基速度，也是品牌对未来发展的承诺。

事实上，即便在过去略显疲态的消费市场中，肯德基依然保持强劲的增长态势：2022 年前三季度系统销售额同比增加 21%，经营利润同比提高 54%；2023 年前三季度净新增 823 家门店。

不管是扩张速度还是增长势头，肯德基的底气来自其始终以创新作为可持续发展的动力，这主要体现在以下两个方面。

在产品方面，遵循高性价比和创新的原则，打造出以吮指原味鸡、蛋挞、秘汁全鸡、牛肉汉堡等为代表的畅销产品，不断增加"一亿美金俱乐部"（年销售额超过一亿美金的单品）新成员；大力探索并发展包括"K咖啡"在内的新业态，持续迭代扩容，以响应日常化、刚需化的消费新浪潮。

百胜中国发布的 2023 年第三季度财报显示：肯德基的秘汁全鸡和牛肉汉堡在第三季度的销售占比合共超过 6%，销售业绩更优于吮指原味鸡。

此外，充分发挥规模优势，不仅推出"19.9（元）三件套"等一系列高性价比之选，而且从早餐到正餐，全面提升餐品性价比，以服务更广泛的人群，满足更高频次的消费需求。

另外，肯德基发布了 AI 食物创造平台——MENU X，该平台率先将数字化与产品开发环节相结合，并邀请消费者自由打造食谱，以创造出更多符合消费者口味需求的新产品。

在门店模型方面，迭代升级出“多种模式 + 多种功能块”模型，以提供更多消费场景。

目前，肯德基拥有四种门店模式，分别是标准店、未来概念店、迷你店及下沉市场餐厅，并且延展出 To Go（外带）、肩并肩、咖啡车、小站等多种功能模块，这些模块可以灵活地组装在任何一种新店模式之上。

不同的组装，适合不同的加盟商及匹配不同的选址，这种灵活多变的门店策略，不仅可以加密一二线城市的门店网络，还能够在下沉市场中满足各种场景和人群的需求，形成强有力的品牌竞争力。

由此可见，产品及门店模型的不断更新，可以让品牌保持灵活性和韧性，从而实现更长远的发展。

世界级的供应链和数字化管理

1987 年，肯德基在北京前门开出中国第一家西式快餐连锁餐厅，开创性地为中国消费者引入西式快餐，同时也把标准化的连锁餐饮模式带入中国。随后，作为中国餐饮行业的领航者，肯德基一直在拓宽边界，成为潮流趋势的风向标。

诚然，肯德基的产品及营销策略是非常值得学习的，也的确为很多类似品牌所模仿，但肯德基敏捷的供应链及端到端数字化能力，才是其难以被复制、能够实现万店扩张并区别于其他品牌的最核心因素。

肯德基一直致力于建立世界级的供应链，推动品牌实现产品创新和成本优化，从而在激烈的市场竞争中保持极具竞争力的价格和成本优势。

此外，依托强大的供应链，开店也变得更加划算。比如，与 2014 年相比，2022 年平均每家肯德基门店的资本支出降低了 50%。即在 2014 年开设一家新店的平均投资为 300 万元，而在 2022 年这一数字则为 150 万元。可以说，供应链建设加速了肯德基在中国市场尤其是城镇下沉市场的门店扩张。

而强大的数字化能力则帮助肯德基在运营效率方面有了大幅提升。目前，肯德基已经将人工智能应用在多个场景中,实现了个性化的App和小程序用户体验。此外，人工智能技术也助力私域运营、点餐履约、客服支持等方面，帮助品牌不断打造智慧餐饮。

总之，对于想要实现门店扩张的餐饮品牌来说，敏捷的供应链、端到端的数字化能力建设必不可少。

更新价值观，做有温度的品牌

企业要想持续发展，一定要在追逐商业价值以外，增加一些人情味。因为，人性化的企业，才可以获得消费者持续的青睐。

肯德基通过不断更新品牌价值观，以保持与消费者的情感温度，这次万店发布就是有力的证明。其主要围绕回馈消费者、关爱员工及社区公益这三大新举措展开。

第一，开启以“万店同庆”为主题的系列促销活动，通过发售限定大神卡、抽取喜礼、全家桶诚意回归59元等方式，邀请广大消费者一起共庆万店开业，以此回馈消费者，感恩消费者的支持。

第二，特别邀请服装与生活方式品牌GOODBAI，共同打造全新员工制服，将肯德基经典领结图案重新进行更加简洁、现代化的演绎，为品牌形象注入时尚基因，以收获更多年轻消费者的喜爱。

第三，支持中国乡村发展事业，向中国乡村发展基金会捐款，其中部分资金已用于支持乡村儿童关爱和灾害救援项目。肯德基以全国线下餐厅网络为支点，逐步完善了品牌公益体系，包括历经20多年发展的“三对三青少年篮球赛事”，进入全国100多个城市的“食物驿站”，惠及全国20几个省份儿童的小候鸟基金，以及10余年来坚持为残障员工提供就业发展的天使餐厅等。

对于任何一个餐饮品牌来说，万店都是一个辉煌的里程碑。但对于肯德基品牌来说，万店时代的到来，并不是终点，而是开启新征程的起点。正如肯德基中国品牌总经理汪涛先生所说：门店网络的扩张、新品类的开发、价值优化是品牌接下来的三个重要方向。

对于那些想要扩张的连锁餐饮品牌来说，肯德基给到的启示便是：坚持创新，注重供应链和数字化建设，并且保持品牌情感温度，这样才能够持续赢得消费者的青睐，从而更好地助力门店扩张和品牌发展。

77.

连锁加盟，品牌方要冷静面对爆发式增长

头部餐饮品牌纷纷放开加盟，引领着中国餐饮进入新一轮增长浪潮，像“九毛九”“珮姐”等知名品牌纷纷行动起来，甚至连一直以直营店著称的海底捞也放开了加盟。

从行业层面来看，一方面，越来越多的直营品牌通过加盟获得新的增长空间，比如喜茶开放加盟后，迎来爆发式增长，在短短一年时间内其门店从 800 多家猛增至 3200 多家。公开资料显示，百胜中国预计在 2024 年开设 1500 ~ 1700 家净新店，计划两年之后达到 2 万家门店。其中，加盟店的占比目标是 15% ~ 20%。

另一方面，在餐饮品牌的连锁狂奔之下，餐饮加盟市场正从野蛮生长阶段转向理性成长阶段，整个行业进入高质量增长周期。其中，头部餐饮企业手握资源优势，其管理模式、连锁化发展能力和供应链建设都更为成熟。在这种背景下，企业规模往往能够通过加盟的触角延伸，实现国内市场和海外市场的多地开花，典型的代表如小龙坎、西少爷、蜜雪冰城等。

有业内人士分析指出，进击的餐饮行业正立上潮头，谱写真正的“万店时代”篇章。未来餐饮行业将迎来“大品牌、大连锁、出海潮”时代，连锁品牌和创业者将“双向奔赴”，形成加盟市场的井喷式增长。

那么，当连锁加盟进入万店时代，加盟投资人最关注什么？

随着餐饮行业竞争日益白热化，越来越多的餐饮创业者意识到加盟创业比自

已创业更容易，也是更优的创业选择。加盟投资人在加盟前考量的因素则趋于均衡化，除了盈利模式、回本周期、行业发展前景这三个因素外，总部的研发能力和支持力度、总部的供应链建设情况、培训体系、数字化水平、门店总数、知识产权保护情况等都受到了关注，这也是影响加盟投资人决策的重要因素。

总结下来，加盟投资人在加盟前主要关注的是品牌的加盟模式、产品力、总部的供应链、组织力和品牌价值这几方面。餐饮品牌要想加快连锁门店的扩张速度，也需要从这几方面入手。下面以小吃品牌正新鸡排为例，对其进行深入剖析，揭秘其是如何成为小吃快餐品类中首个门店规模突破一万的品牌，并在连锁赛道上处在领先位置的。

“强加盟”模式降低加盟投资的风险

正新鸡排的“强加盟”模式，指的是无加盟费、无品牌使用费、无管理费，并且由公司承担装修费、设备款、进货款，目的是让有加盟意愿的客户“找到一个合适的商铺后，即可轻松实现‘拎包’创业”。对于创业者来说，和传统的餐饮加盟模式不同的是，“强加盟”不需要加盟投资人一次性投入很多成本，有效降低了自身投入的风险，同时在准入门槛上表现得更为灵活宽松。

正新鸡排相关负责人坦言：“现在餐饮行业竞争激烈，原有的普通加盟模式，是加盟商先期一次性投资，对于普通创业者来说还有一定的准入门槛。对于计划进入餐饮行业自主创业的伙伴来说，‘强加盟’模式就是集团先垫资、先赋能开店，同时集团会把控选址。”

从 2023 年开始，正新集团在江浙沪等地试行该模式，陆续开出了 10 多家加盟店。正新集团敢于推出这样的模式，说明公司对品牌力有信心，此举也让加盟投资人对公司和行业发展前景有了信心。

强大的供应链为连锁加盟门店赋能

正新集团历经 20 多年的发展，已经成功建立起成熟的食品连锁经营体系和冷链物流体系，其业务涵盖食品研发、生产加工、包装包材、物流供应链等领域，并为超万个加盟商搭建了创业平台。可以说正新集团是“全产业链经营模式的实践者”。

在原料采购方面，正新集团的首个自有加工基地在 2014 年投产运营，如今已在全国配套布局了 10 多个生产基地。在物料配送领域，正新集团拥有自有品牌——圆规物流，专门提供贸易和物流服务，并在全国范围内建设有 40 多个仓储物流中心。正新集团不光打通了工厂、物流等关键环节，就连装修等各个环节也已打通，这就是它敢于采用“强加盟”模式的原因之一。

正新集团创始人陈传武曾公开表示：“前端扩张带动后端发展，而后端发展则为前端提供了强有力的支持。”从总成本领先的战略角度来看，集团无疑具备较大的优势。

正新集团强大的供应链为加盟商提供了强有力的保障，这也是门店能快速突破万店、在连锁赛道领跑的关键因素。

不断更新升级产品模式，提升产品力

这几年，小吃快餐品类赛道“内卷”现象严重，产品力已经成为企业的核心竞争力。为了顺应市场消费趋势，正新集团依托其供应链优势，在门店上新了散称炸鸡、金锤翅根和生炸大鸡腿等具有极致性价比的爆款产品，广受消费者欢迎。据悉，目前正新集团的新品从研发到正式落地，一般在一个月左右。

除了主品牌之外，正新集团还推出了“森林计划”，该计划依托集团 20 余年搭建的生态平台，成功孵化和发掘出“大鼓米线”“正烧记现捞卤味”“茂掌柜螺蛳粉”等新品类子品牌。它们裂变成众多和正新鸡排一样的连锁优质项目，积极响应市场需求，通过寻求和更新产品模式，为品牌注入新的活力。

正新集团正是依靠不断升级创新产品，开发新品类，更新产品模式，提升产品力，来确保加盟门店在同类品类赛道中拥有竞争力，以实现营收增长。

连锁门店管理制度不断完善，组织力赋能

投资人在决定是否加盟一个餐饮品牌时，还会看品牌的支持力度、门店数字化水平和品牌对门店的管理。在餐饮行业中，门店的食品品质和卫生管理尤为关键。

正新鸡排为了解决各门店的食品品质和卫生管理问题，建立了后台监控系统，并在新店引入 AI 监控，每家店要安装 1 ~ 2 个摄像头来确保食品安全。此外，公司的食品安全队伍会对门店进行专项管理，如定期上门督查，以认真分析、解决消费者投诉等问题。

除此之外，正新鸡排会对所有加盟门店的服务人员和管理人员进行定期的产品知识、服务技能和卫生知识培训，还会进行市场推广，旨在为加盟投资人提供全方位的支持，让加盟投资人快速上手，尽快实现盈利，缩短回本周期。

升级品牌标志，增强品牌价值

正新鸡排为了凸显其“鸡王”的地位，联合华与华，挖掘出品牌“鸡王”的超级符号。对于餐饮品牌来说，街道是货架，门头是包装，而门店就是最大的自媒体。正新鸡排的“鸡王店”，运用货架思维打造，从外立面到前台区，均进行了重新规划，以提升门店的辨识度和顾客的购买欲；同时红、黄、白色调的品牌标志突出了“鸡王”图像元素，使其更加醒目和利于传播。

2023 年，正新鸡排已经完成了 3795 家全新“鸡王店”的形象升级工作。通过这次升级，正新鸡排吸引了更多顾客的关注，在餐饮行业中塑造出了其独特的形象。

正新鸡排升级品牌形象，特色的红、黄、白色调的“鸡王”图像，让门店有了更高的辨识度，吸引了更多的顾客前来购买，增加了门店的客流和营收。

正新鸡排除了在国内增加连锁加盟店以提升品牌知名度外，还在国外市场开了很多加盟店。2023 年，正新鸡排的海外签约门店新增 34 家，分布在越南、泰国、老挝、马来西亚、印度尼西亚、日本、美国、澳大利亚、新西兰等国家。

由此可见，餐饮品牌要想快速实现连锁加盟的万店规模，就必须致力于提升品牌的知名度，更新加盟模式，不断完善供应链，优化组织力，并持续提升产品力和品牌价值。

78.

类直营模式，为品牌规模扩张提供了新方向

2024 年，餐饮业一大批头部品牌、品类黑马品牌，陆续官宣开放加盟。

坚持直营模式长达 30 年之久的头部餐饮品牌海底捞，突然宣布正式引入加盟特许经营模式；曾多次在公开场合强调直营品类、4 年间门店直营规模达到全国第一的“珮姐”重庆火锅，也突然宣布再次全面放开加盟……

有资深餐饮行业专家表示，2024 年或许将成为餐饮行业“告别直营，全面拥抱加盟”元年。

这一转变标志着品牌发展进入了一个全新的阶段，然而，餐饮市场呈现的是多生态发展态势，面对这波“加盟热”，一些品牌选择了另辟蹊径，探索新的经营模式——类直营模式。

什么是类直营模式

所谓类直营，本质上是对过往直营和加盟两种模式的迭代，但在类直营体系中，直营门店将承担更多的试错成本。换句话说，类直营模式相当于直营门店“以身试毒”后，只将更完整、更成功的经验传授给加盟门店，以最大限度地保证加盟门店的存活率与利润。

“马路边边串串香”（后文简称“马路边边”）就是这一探索形式的先行者，它采用了“以直营为本，以加盟为基”的类直营体系。这种类直营模式，类似于

华莱士的员工合伙制，即由公司总部充当创业平台，并从内部员工及外部合作者当中挑选合作伙伴。以该品牌在新加坡的串串香门店为例，它位于新加坡的“城市心脏”地带中的福南商业综合体，开业仅 55 天，总营收超过了 240 万元，最高日营收突破 10 万元。这就是在实行了类直营模式后，“马路边边”给市场交出的成绩。

这一创新模式初绽光芒后，吸引了市场的广泛关注。据了解，“马路边边”类直营门店数已达 15 家,其中 2023 年共新增了海内外类直营门店 5 家。2024 年，“马路边边”预计完成多家类直营店的签约和落地工作。

品牌完全开放给加盟商，仅收取加盟相关费用，这是绝大部分连锁品牌在扩张时首选的模式。

“马路边边”也曾走过从直营到加盟的路线。

早在 2017 年，即串串香爆发元年，“马路边边”就获得了“第一波吃螃蟹”的红利。“马路边边串串香”牢牢吸引了消费者的目光，成功占领市场，在逆势中不断拓店，短短半年就实现了 600 多家门店的惊人扩张，成为同品类中唯一一家门店数量突破千家的品牌。

如今，“马路边边”已在全国 30 多个省份、340 多个城市开放加盟店，全国店面签约数量超过 1300 家，覆盖各大中小城市。同时，在海外也开设了加盟店。

那么，这样一个对“爆”颇有体会的品牌，为何逆市场而行，做类直营模式呢?

实际上，对于很多餐饮创业者而言，快速扩张、开放加盟的背后，往往潜藏着被“割韭菜”的风险。当品牌将更多精力放在加盟扩张上时，市场上就很容易出现一些更本质的问题。

比如“贤合庄火锅”曾经凭借明星流量势头，在短短一年内快速扩张 800 多家门店，却因在随后两年内接连出现食品安全、管理、运营等多重问题，最终全面崩盘。

考虑到市场的快速扩张对于品牌发展而言可能是一种“短视”行为，在 2024 年，“马路边边”决心放慢脚步，重点打磨类直营体系。从理论上来讲，“马路边边”的类直营模式是将西方的股权期权激励制度与中国本土的员工管理方法融合在一起，并进行了优化迭代。该模式统一了基层员工的责、权、利，从产权和战略层面对门店进行了顶层设计。

这种模式的本质是投资上的合伙关系与管理上的直营模式的结合。此举克服了资金短缺的问题，降低了投融资的风险，更为重要的是，管理上的直营，实现了管人、管钱、管物，确保了品质的可控性，提升了品牌价值，提高了市场份额。

完善可操作的类直营模式，如何做

先验证再推广，降低加盟商试错成本

在产品的推出上，“马路边边”采取一种新的策略，即先验证再推广，以确保产品在推向市场之前，已经过市场和消费者的反应测评。

具体来说，就是“马路边边”对产品的推广持更加谨慎及追求完美的态度。比如对于定期研发的新产品，“马路边边”会安排其先在类直营门店中推出，目的是让新产品与消费者进行直接的“亲密接触”，从口味、品质、消费认可度等多个维度来获取消费者的真实反馈。随后“马路边边”会根据类直营门店的消费者反馈对产品口味进行改进，同时也通过消费情况来合理制定产品的价格，待验证成功后再推向加盟门店，以确保加盟商获得的是经过验证的成功经验。

这种策略大大降低了加盟商的决策失误及试错成本，既是对加盟商负责，也是对品牌长期发展的战略投资。

深入市场核心，提供定制化加盟发展规划

在市场端，“马路边边”正通过类直营店深入市场的核心，精准把握市场脉动。

具体来说，“马路边边”要求品牌团队不仅仅是观察者，更要作为深度参与者投身于市场第一线，快速感知消费者的需求，增进对竞品的了解。

通过这种深入市场、快速响应并制定切实可行方案的方法，“马路边边”可以为加盟商的经营策略起到保驾护航的作用。

培养人才，向加盟店输送人才

餐饮业的人才管理一直是一个难题，据某些公开数据显示，餐饮业的店长选拔成功率不超过 30%，管理层不超过 20%。为了实现人才的快速成长，很多连锁品牌，包括一些加盟商老板，往往只能通过不断花大价钱在培训学习上，但效果却并不明显，而且还可能存在外招的人才在经营理念上与品牌有较大的分歧等问题。

在“马路边边”的类直营门店，员工合伙制的采用则很好地解决了人才的培养与留用问题，为加盟店输送包括但不限于管理、营运和培训等多个领域的优秀人才。

这样的人才培养和输送策略，能够构建一个稳固的类直营体系团队，为加盟门店提供专业的管理支持，有助于提升整体的运营效率和市场竞争力，是对品牌持续创新和长期发展的有力推动。

这一系列策略的实行，从产品、市场和管理等多个维度发力，把加盟门店的利益与品牌的发展深度连接，最大程度保证了品牌的一致性和长期发展，也让我们看到了餐饮品牌对市场的高度探索精神和创新能力。

当整个行业都在高歌猛进时，适当的慢，才是真正的快。行业及观望者在这场大浪潮中，若能够放慢脚步，或可重新审视和深入理解加盟模式的意义。

加盟的本质是扩张，但健康有序的扩张才是每个品牌的初衷。连锁品牌在扩大规模的同时，提升单店盈利能力仍然是不可忽视的重要一环，只有规模而没有盈利，企业容易根基不稳，或许类直营模式能给所有品牌的扩张加盟提供新的思路和方向。

79.

开放加盟，对一个直营品牌来说意味着什么

回顾近些年的餐饮市场，越来越多原本做直营的餐饮企业开始拥抱连锁加盟。从茶饮咖啡，到西餐快餐，再到火锅中餐……越来越多的头部品牌躬身入局。

有人戏称，餐饮行业出现了一波“报复性加盟潮”。为什么越来越多原本做直营的餐饮企业开始拥抱连锁加盟了呢？

餐饮行业、品牌商和创业者的三重得利之选

开放加盟，对一个直营品牌来讲是餐饮行业、品牌商和创业者的三方共赢之选。

首先，开放加盟可以提高餐饮行业的整体抗风险能力。小微企业抗风险能力较弱，在“内卷”的当下洗牌严重，大多数公司都会考虑分散风险和成本压力，引入加盟商、联营合伙人无疑是最直接的方式。而对于有资源、有组织力优势的头部企业来说，更是如此。加之中国餐饮的品牌化与连锁化的日趋成熟，加盟品牌的增长已成为行业发展的必经之路。

其次，对于已经达成万店规模的品牌来说，开放加盟可以较快地扩大规模，优化现金流，从而寻求新增长。同时，也可以通过优化加盟模式，让品牌走得更远。

以重庆火锅代表“珮姐”为例，该品牌传承 10 多年，发展态势稳定，已成功走向了北上广深杭，成为全国直营门店数量最多的重庆本土火锅品牌。为了寻

找更多目标一致、实力相当的伙伴，让重庆火锅品牌走向更远，在时机成熟时，“珮姐”选择了走直营转加盟之路。

同样，在经济回暖、行业升温、餐饮连锁化经营不断壮大的背景下，海底捞也选择了加入餐饮市场“加盟潮”。因为海底捞坚信，直营之外适时引入加盟特许模式，不仅有助于稳固品牌现有的市场布局，更能充分利用品牌势能和门店规模，为品牌带来持续的增长动力，推动利润的稳定增长。

最后，从创业者的角度来看，不断涌入的创业需求，以及越来越专业的创业者，势必对加盟品牌有着新的筛选标准和需求。创业者们需要一个更专业成熟的餐饮体系，而品牌方在产品研发、运营模式、供应链支持等维度拥有更加专业的储备，因此在创业者看来，作为加盟者，他们能够事半功倍。

比如，从市场反馈和营业数据来看，“珮姐”加盟店的营业额一店高过一店，给予了创业者丰厚的回报：杭州店单店月营业额可以达到 400 万元，年营业额突破 4000 万元；深圳打造的门店标准模型，三家门店月平效超过 1 万元；上海门店每日翻台维持在 5 ～ 6 轮，最高翻台达到了 12 轮……可以说，在一个健康的生态下，加盟商既是品牌们连锁狂飙的建设者，也是规模扩张的受益者。

餐饮企业直营转加盟并实现长久盈利须具备的条件

虽然直营转加盟对于餐饮品牌和创业者来说都是一件好事，但并不是任何一个直营企业都能够实现，因为这要求直营店必须具备非常强大的运营能力。主要表现在直营店要在品牌上展现出绝对的标准化优势，在出品管控、门店运营、供应链保障方面做到对加盟店的强有力管控。

具体来讲，直营店要将精细化运营理念贯彻到每一个门店中，确保加盟店和直营店做到零差异。下面从品牌力、管理力、产品力、供应力、组织力、执行力、人才力等阐述品牌对加盟商提供的强有力支持。

品牌力：指覆盖全国的品牌影响力。比如，“珮姐”重庆火锅传承人颜冬生为了提升品牌影响力，在全国各地高速扩张时，以壮士断腕的决心作出了“暂停加盟”的决定。虽然暂停了新的加盟，但“珮姐”并没有放慢发展的脚步，而是以10多年以来的积累，不断夯实自己的品牌地基，为自己储备加速奔跑的能力。当品牌和品质有了双重保障、加盟店和直营店实现了零差异的时候，“珮姐”才决定重新开放加盟，把这份重庆老火锅味道带给更多人。

管理力：指全面化的餐饮5S管理体系。餐饮企业为了实现健康、可持续的长远成长，需要对门店提出更高的要求，管理更严格，规划更规范。“珮姐”早在2017年引进并学习了后厨5S厨房管理标准系统后，从存放、清洁、标准、修养、整理这5个方面对后厨进行了全面升级，以让门店的后厨面积占比缩小、门店效能提升。

产品力：指自主产品研发与食品安全保证，这是餐饮企业安身立命的根本，也是与其他餐饮品牌形成差异化的关键。比如“珮姐”在产品研发上始终坚持重庆火锅的本味，坚持使用百年家传工艺，保证了重庆老火锅的口感，并且口味稳定性极强，即使涮几个小时，味道也不会变。

供应力：为了让顾客在任何一家店吃到同样的味道，“珮姐”坚持当日从屠宰场直送毛肚、鸭肠等招牌涮品，保证每天供应新鲜高品质的食材。从2020年至今，“珮姐”已连续3年与重庆金佛山景区合作，并把景区独供的高山鲜笋每日空运直达门店。

对于品质和背后供应链建设的坚守，也是餐饮企业实现直营转加盟的强大基础之一。

组织力：指专业、高效的管理团队。即在继续保证管理水准和顾客体验的基础上，增强营运能力，引入更多优质资源，以提升加盟店的营运效率，助力品牌扩展至更多城市，为更广泛的顾客提供服务。

执行力：即打造标准化门店的开放流程。直营转加盟，不是直营店给予加盟店简单的品牌授权与模式复制，而是由品牌总部团队依托品牌完善且强大的后台管理系统，为加盟店直接提供全程管理与实时监控，加盟运营管理模式与直营店保持同步，以确保品牌与品质上的双重保障。比如，“珮姐”重新开放加盟，加盟商、加盟门店是由总部进行全直营管理的，“珮姐”还投入了更多的人力、物力去全面统一管理店铺形象、统一门店运营和统一产品服务，并进行全方位规范化、品牌化、系统化的升级。

人才力：意味着实现全人才库输出。一方面，众多行业“人才挤出”，加上所谓的“餐饮低门槛”认知，导致众人纷纷涌入餐饮行业，客观上形成了井喷式的加盟需求和加盟商资源。另一方面，直营转加盟的餐饮品牌并不拘泥于餐饮行业的原有从业者，而是积极寻找“事业合伙人”，把有志于投身餐饮行业的各界人士聚集起来。

毫无疑问，直营转加盟给餐饮品牌发展带来了新的机遇，但本身这一模式的实现还需要餐饮品牌首先练好内功。正如“珮姐”宁愿放弃短期利益，也要不遗余力地在锅底、菜品、后厨、供应链等各方面再次提升品质。正是因为练好了内功，“珮姐”才得以成为重庆火锅门店直营转加盟的成功案例之一。

总之，对于餐饮企业来说，有品质但没有品牌，不会走太远。但如果只追求品牌而忽视品质，最终也会难以立足，品质和品牌相辅相成，两者都很重要。所以，不论是直营还是加盟，产品主义和长期主义始终是餐饮企业应当坚守的生命线，同时，稳步高效地将门店拓展到全国经济实力较强的城市市场，是每个餐饮企业长远发展的必由之路。

80.

加盟的进化，不断更迭的模式与条件

品牌为了提升知名度和市场价值，往往采取快速扩张和提高市场占有率的方式，而实现扩张和提升市场占有率的有效途径之一是招募加盟商。

比如喜茶从直营转加盟，仅用短短一年的时间将门店数量从800多家飙至3200多家，其中事业合伙门店超过2300家，门店规模同比增长280%。很多品牌都陆续放开加盟，但快速扩张的背后也有很多隐患。

例如，库迪咖啡虽然实现了门店的大规模增长，但其加盟商却反映不赚钱。这是因为，库迪咖啡的饮品单杯毛利低，以致单日出杯数要达到400杯才能达到盈亏平衡点。钱治亚（现库迪咖啡董事长兼CEO）在周年庆的一封内部信中写道："门店爆发式的增长，给库迪咖啡的供应链体系、运营体系和技术体系带来了巨大的挑战。"

与以往的传统加盟不同，现在的餐饮加盟关系已经在持续进阶和变化，加盟模式和条件也在不断升级和变化，以推动品牌和加盟商双方实现共同成长与进步。

加盟模式更加细分

随着市场竞争日益激烈，品牌商抢夺加盟商之战越演越烈。为此，品牌商设计的加盟模式也变化多端。

比如，瑞幸咖啡为了更加适应市场，采用了多点多面的加盟方式，包括带店加盟、新合伙人加盟、定向点位加盟等。

带店加盟这种加盟方式适合那些已经有店面的投资者，其优点在于投资少，投资者仅需借助品牌效应就能获得利润分成。

新合伙人加盟方式要求新合伙人投入一定资金，并享有规定比例的合伙企业利润。这种加盟行为要求店面归个人和品牌所有，但是对半负担风险，管理上则由品牌商执行，这种方式适合无管理经验、无市场经验的投资者。

定向点位加盟这种方式适合如学校、医院、景点等以往难以进入的区域，品牌商通过这种加盟方式能对特定的场景和人群提供定制化的加盟方案。

再如，乐凯撒推出单店特许经营和区域特许经营两种模式，通过运用这两种模式将门店网络延伸至新一线、二线城市，同时开拓社区型门店，从而进一步扩大品牌的市场广度。和府捞面则宣布未来 3 年将寻求“5000+ 事业合伙人”进行联营，以拓展多线市场；同为面馆“新贵”之一的“陈香贵”也推出了合伙人制，放开加盟。

瑞幸咖啡加盟方式的演化于加盟商而言，降低了投资的成本，减轻了投资负担，而对于品牌来说，则能够快速地提升市场占有率，提高品牌的价值。

深耕下沉市场和小店模型

一线城市的餐饮市场是各种品牌的战场中心，每天都在上演“内卷战”，比如价格战、产品战、质量战，等等。在这种极其“内卷”的商战环境中，再想通过打入内部来增加加盟商，无非是在同一块蛋糕上继续分蛋糕，是在损害自身的利益。

国泰君安证券的研究报告显示：除了一二线城市的3.9亿人外，三线以下城市、县镇与农村的人口规模将近10亿。这些地区城市众多、人口基数大，为广大创业者提供了广阔的市场空间和新的发展机遇。

小城市、小县城也充满商机。品牌商已逐渐改变以大价钱占领大城市的策略，转而实行小成本策略，开发下沉市场，以求做出千店万店的规模。

在城乡一体化政策，以及县域经济发展的推动下，城乡居民的消费需求和习惯趋于一致。在消费表现上，县域大量“有钱有闲”的居民，他们的消费水平紧追高线城市。种种迹象预示着这片沃土还将吸引、滋养更多的餐饮品牌、物种在这里生根发芽和成长。

过去，头部品牌按照城市等级和人均消费数据，给加盟商配置店面方案的很少，大多采用统一店型，这很可能在下沉市场中遭遇水土不服。

现阶段品牌方开始有针对性地进行调查和摸底，以为特定地区配置特定的加盟方案。如大品牌们纷纷缩小店型，以便更迅速地占领下沉市场。

奈雪的茶在2022年的财报中提到，几乎所有新开茶饮店均为PRO茶饮店，且现有的标准茶饮店也将陆续转为PRO茶饮店。奈雪的茶PRO店型面积更小，去掉了中央厨房，将面积缩小至130 ~ 140平方米，降低了单店投入与租金成本。

乐乐茶也改变加盟策略，宣布加盟开启2.0时代，并推出了比直营店更精简的小店模型，主打街铺小店概念，强调小面积和高平效。这种轻量型的加盟方式使投资金额更低，有利于增强乐乐茶在加盟市场中的竞争优势，为未来品牌的下沉路线奠定模型基础。同样以小店模型为加盟店型的还有Tims天好咖啡，其小店模式就是捷枫店（Tims Go）。

小店模型之所以被推崇，其模式轻、投资小、管理难度低、回报快是加盟商入局的重要吸引点，对于品牌来说，小店模型是其能够快速走出规模效应的有力抓手。

数据显示，在三线及以下城市，2021 年餐饮门店数量环比 2020 年增长 10.1%，而 2022 年环比 2021 年增长 0.9%，堪称近些年餐饮业中难得出现的逆势上扬。

理性开放加盟，审核条件严格

品牌在开放加盟，追求规模扩大的同时，要注重稳健经营，毕竟这关乎品牌与加盟商的共赢。因此，品牌在筛选加盟商、合伙人时，需要保持理性和谨慎。

瑞幸咖啡表示：他们不会随便挑选加盟商，而是经过调查和审核加盟商的背景后，优先选择那些有管理经验、在当地区域资源雄厚的加盟商。

Tims 天好咖啡也表示：总部的审核条件极其严格，每位加盟商前后需要历经 1 个多月的加盟评估审核过程，其中包括总部面试、资质审核、经营管理能力评估等环节。Tims 天好咖啡经过严格筛选、专业评估及面试洽谈，首批符合要求且完成签约的优质合伙人仅有 20 位。

喜茶在 2023 年共面试了 7700 多位潜在事业合伙人，成功开出了 2300 多家事业合伙门店。其中有超 65% 的喜茶事业合伙人已开出 2 家及以上的门店，甚至有合伙人在各自区域开出了 10 家以上门店。

有的品牌在做加盟这一决策时，表现得更为谨慎。

老乡鸡在开放加盟初期采取的是内部孵化策略，虽然风险更低，但是对亟待开拓市场和拥抱资本市场的他们来说，这种策略没有带来拓展速度。截至 2022 年 6 月 30 日，老乡鸡在全国范围内仅有 102 家加盟店。

从 2023 年老乡鸡开放的加盟区域来看，这更像是一场极具市场认可度的地区重点招商活动，主要围绕安徽大本营，向外延展至江苏、浙江、湖北、河南等省份的地级市，但暂时没有放开乡镇加盟。对于华北、华南的新市场，老乡鸡还不敢让加盟商贸然进入，这或是对品牌供应链覆盖能力、知名度和竞争优势有所考量。

加盟商的素质和财力是如今头部品牌严格审核的条件。加盟商的素质高低决定着品牌是否能够延续并发展壮大，而财力则是市场布局最有力的资源。一个优质的加盟商意味着品牌能快速占领市场，扩大品牌的影响力。

未来，可能会有更多的品牌选择直营转加盟，在取得规模效应之前，更考验品牌在产品、经营、管理、团队、供应链等全方位的实力。毕竟对于专业加盟商来说，他们在当地拥有资源和实力，选择优质品牌进行合作，才能实现双赢。

81.

加盟快跑，新茶饮的“新战事”

近期，新茶饮加盟领域出现了门槛“腰斩”的现象，各大品牌纷纷放出狠招，狂飙补贴：

奈雪的茶提供了一种性价比更高的加盟合作模式——在保留茶饮和烘焙两大优势的前提下，把咖啡列为可选项，减少相应的面积、硬件、装修投入，借此把单店投资预算从 98 万元下调到了 58 万元。而且，上半年完成签约的加盟商还能享受 6 万元的营销补贴。

茶百道则实施签约减免措施，新加盟伙伴开店总计减免 4 万 ~ 27 万元；老加盟伙伴开店总计减免 9 万 ~ 18 万元。此外，还开启了点位减免、物料返点、高租金返点等多个优惠政策。

而书亦烧仙草直接推出“0 加盟费、0 服务费、0 合作费”政策；乐乐茶也宣布全面实施门店加速计划，只需 35 万元可“兜底”开设一家不超过 50 平方米的门店；挪瓦咖啡则提出了千万级别补贴计划，意图再开 1000 家店；喜茶推出合伙人最新优惠政策，Q1 签约的新店合作费全免……

为什么各大品牌的加盟门槛一降再降，同时还推出了那么多的费用补贴和优惠政策来吸引加盟商呢？

其实，是因为新茶饮陷入了“三急”的困境。

第一急：急加盟

餐饮加盟的黄金时代正在来临，感受到危机的新茶饮品牌们不得不放低门槛与其他品类“贴身肉搏”。

纵观整个餐饮赛道，优质加盟品牌正迎来增长春天。一些原本坚持直营的品牌，包括海底捞、九毛九、老乡鸡这样的头部也开放了加盟，甚至在老乡鸡的发展计划中，未来加盟店与直营店数量将各占 50%，可见品牌对于加盟的看好及进军“万店”行列的野心。

不仅直营品牌开始转变策略，原有的一些加盟品牌也频频放出“狠招”。比如后火锅就在推出 0 加盟费的同时，豪掷 3500 万元用于补贴新模型和加盟商。

新手不断登场，劲敌又异常凶狠。面对“狼多肉少”的加盟新格局，新茶饮品牌面临的压力很大，因此也就不得不放下身段，用更优厚的条件吸引加盟商。

第二急：急增长

近些年，新茶饮甚至整个餐饮赛道都面临轻资产化的增长焦虑。

2023 年被视为新茶饮的爆发之年。壹览商业曾经做过调研，长期跟踪的 20 家新茶饮品牌以 32.5% 的增速，从 2022 年的 78324 家扩张到 2023 年的 103783 家门店，其中，2023 年第三季度的增长数量甚至超过了 7000 家。入局者的激增可见一斑。

为了最大限度地适配不同身份、背景的创业者，同时与传统餐饮的重投资模式形成差异，新茶饮品牌们开启了自身的盈利模型优化，意图实现“轻资产”的增长。

新茶饮品牌先是尝试“减人”。比如“麒麟大口茶”开始探索一人店模型，而乐乐茶也将核心价格带下调至 15 ~ 18 元，缩小服务面积，进而减少服务人数，降低对应的人力成本。之后是尝试副牌，新茶饮品牌一直在努力开辟类似茶饮做咖啡、咖啡做茶饮的副牌，并不断探索新业态，比如当小茶馆开始流行后，奈雪的茶、茶颜悦色、喜茶等品牌就纷纷入局尝试。

各大品牌种种尝试的目标是让加盟的模式更轻、投资更轻、运营更轻，借此降低加盟门槛，吸引更多的加盟商。毕竟，当轻资产化的盈利模型跑起来后，品牌需要更多加盟商的入局才能以量取胜，获得更大的收益。

第三急：急资源

手握丰富资源的专业加盟商在未来会变得非常抢手，成为“万店时代”的稀缺资源。

当前新茶饮市场已经趋于饱和，门店数量的增长已经有了明显的“天花板”。不仅是客户端，就连加盟端也陷入了“从增量市场进入存量市场”的境地。

中国连锁经营协会联合美团新餐饮研究院发布的《2023新茶饮研究报告》显示，经历3年的蛰伏期，2023年新茶饮市场增速高达44.3%，然而，到了2024年和2025年，增速或将下降至19.7%和12.4%。这意味着，茶饮赛道在有限的存量市场中“卷”出天际，门店的规模或将成为品牌之间竞争的最大筹码。

正如今日资本徐新曾提到的一个经典论断：“当你喝咖啡时，想到星巴克和瑞幸，并不是因为他们的咖啡好喝，而是二者门店开得到处都是。”

为了让门店“开得到处都是”，各个品牌喊出了“万店规模”的口号，然后借助加盟商的地方资源、组织力及充足的资金实力，在降低自身运营风险的同时，实现“快速分身”。

通过降低加盟门槛，品牌可以有机会吸引更多的加盟资源，并从中筛选出有实力的专业加盟商，形成规模扩张的良性循环。事实上，不少头部品牌已经拥有了能够“同时经营数十家门店、甚至上百家门店”的大型加盟商，这些合作伙伴正是一众品牌争抢的目标。

而且，有了规模效应才能筛选并“拿捏住”更优质的加盟商资源。蜜雪冰城和茶百道在招股书中就明确声明，只有不到5%和4%的加盟候选人能够通过筛选并成为加盟商。

这样看来，新茶饮的集体焦虑其实也是在倒逼品类进行自我调整，加速升级。

虽然品牌调整后，短期内可能会迎来门店的扩张，但是从长期来看，新茶饮赛道还是在以扩张放缓的姿态“卷”向纵深。

那怎样“卷”才更利于新茶饮品牌的发展呢？

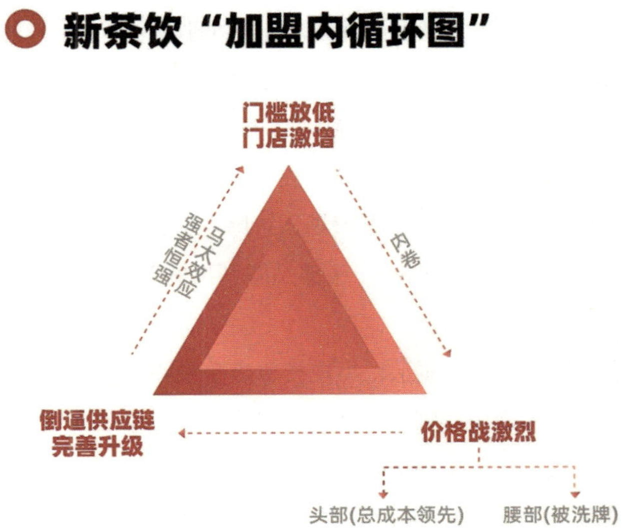

茶饮行业良性“内卷”，要做到两个提升：既要提升后端供应链建设，又要提升总成本领先优势。

先来说提升后端供应链建设。

供应链的稳固搭建和布局是解锁“万店时代”的钥匙。因为产品、模式、定价甚至门店都可以被克隆，但供应链却并不是一朝一夕可以被复制的。只有在保证供应链稳定、高效和可持续性的基础上，品牌才能放心地扩张和发展。

很多品牌意识到这一点，便在供应链层面投入了大量精力。比如蜜雪冰城打造了“研发生产、仓储物流、运营管理”三位一体的完整产业链；正新集团作为“全产业链经营模式的实践者”，不仅搭建起成熟的食品连锁经营体系和冷链物流体系，其业务还涵盖食品研发、生产加工、包装包材、物流供应链等领域，并为超万个加盟商搭建了创业平台；瑞幸则与多个咖啡原产地紧密合作，不断向产业链上游延伸……

而品牌要想实现可持续发展，就需要加大对供应链部分的投入，搭建好适合自身的供应链体系，并完善对供应链的全面布局。

再来看提升总成本领先优势。

过去一年，很多新茶饮品牌处境艰难：奶茶白月光“一点点”缩水千余家店；曾在全球开店1000多家的台式奶茶“快乐柠檬”被传一年内关店超过六成；曾融资过亿的“丘大叔柠檬茶”被曝欠薪、门店关闭……

与此同时，新茶饮赛道的价格带规则被打破，高端茶饮成为历史。这意味着头部品牌开始下沉，挤压中腰部存量市场，给原本就够“卷”的赛道又添了一把火，迎来了更加残酷的竞争格局——头部品牌开出的新店，“吃掉”了其他品牌中被“卷死”的老店。

《2023新茶饮研究报告》显示，小规模单店数量在过去3年间持续减少，多转为加盟品牌。而中大规模连锁门店数量在过去3年虽增速放缓，但仍在稳态增长。这意味着新茶饮市场的集中度会越来越高。

品牌如果想要在竞争中立于不败之地，就必须想办法提升总成本领先优势。像奈雪的茶和茶百道已经成功上市，蜜雪冰城、古茗、沪上阿姨等新茶饮头部品牌也在谋划上市。因为从行业格局来看，率先登陆资本市场的新茶饮品牌不仅能拿到更多的资金，还有望进一步构建竞争壁垒，加速扩张，谋求更大的市场占有率。

需要强调的是，随着加盟的进一步开放和门槛的不断调整，新茶饮“新战事”已经打响，赛道进入了真正拼内功的阶段。在加盟快跑的同时，品牌还要做到平衡快速扩张和精益管理，在快和稳之间找到平衡点，进而实现更好的发展。

82.

顺势而为，火锅极度“内卷”下的破局之道

正如长江商学院的校训“取势、明道、优术”所言，趋势是成功的关键，对于餐饮行业来说，更是如此。唯有顺应趋势，主动求变，才能优先破局。

餐饮业当前的大势就是高性价比。我们看到，不论是处于高价格带的精致餐饮，还是人均百余元的休闲正餐，或是实惠管饱的平价快餐，整个餐饮体系的重心开始向性价比方向偏移。“平价优质”“满足感”“极致性价比”这样的词被反复提及。

而事实也证明，在餐饮大盘竞争激烈、“内卷”加剧的情况下，火锅赛道的优胜劣汰尤为残酷。2023 年前 11 个月，火锅相关企业新增注册量 6.6 万余家，闭店数量达到了 3 万余家，闭店数量约占整体开店量的 45%。这一切都在告诉我们，一批初代网红火锅颓势初显。

然而，在火锅赛道颓势中，熊喵来了火锅却越做越火。我们认为，是因为熊喵来了火锅做到了顺势而为、借势扩张。

顺势而为，以“极致性价比”为定位

在火锅赛道极度“内卷”的形势下，熊喵来了火锅创始人吴红涛坚信做“火锅界的优衣库”，主打高性价比，客单价维持在 70 ~ 80 元，顺应了当下追求极致性价比的消费趋势，也因此找到新的转机，带来店面的迅速扩张。

截至2023年年底，熊喵来了火锅已拥有直营店和同盟店共计220余家，品牌遍布辽宁、吉林、黑龙江、内蒙古、河北、山东等地多个城市。

熊喵来了火锅的拓店速度让大部分做大店模式的品牌望尘莫及。网络公开资料显示，在打稳根基、确定好自身定位和扩张方向后，在品牌加速元年2022年，熊喵来了火锅共开出43家门店，2023年更是狂飙开出156家门店。在大规模扩张的同时，该品牌的知名度也在不断提升，门店日均翻台最高可达7.7次。

当前，消费者更加审慎。然而，对于连锁餐饮品牌来讲这其实是一个机会点，因为连锁餐饮可以更好地用规模控制总成本，提供更加优质平价的内容。而未来餐饮竞争会从无序到有序发展，向头部品牌集中。因此，连锁餐饮品牌要是能够抓住这个机遇，顺势而为，便有机会开辟新的发展周期。

借助平台势能，扩大加盟范围，实现异地扩张

餐饮人都知道，加盟模式是撬动门店数量增长的优质杠杆。全球十大餐饮品牌，绝大多数都采用了加盟模式。但许多餐饮人和吴红涛一样，对品牌和声誉非常爱惜，对加盟模式并不放心，担心加盟伙伴加入后难以保证出品的一致性和稳定性。

因此，为了让顾客感受到无差别的服务，熊喵来了火锅最终决定开出跟直营模式一样、管理方式也一致的同盟店，努力做到给顾客无差别的体验。为了实现这一目标，他们做了几件事。

加大宣传力度，扩大加盟范围，吸引更多潜在加盟商

大多连锁品牌加盟店扩张的第一痛点就是如何扩大加盟范围，找到更多的加盟商。

用户基础庞大且和餐饮有高度相关性的内容平台便成为吸引加盟商的宣传阵地。例如抖音平台，既有流量，也有成熟的宣传模式，无疑是一个非常好的宣传阵地。熊喵来了火锅也正是看到抖音平台的先天宣传优势，借助抖音平台宣传，

为自己吸引了更多潜在加盟商。

“朱光玉”则在品牌3周年庆之际，与“抖音心动上新日”IP合作，在海拔3700多米的川西高原搭建实景直播间，并邀请明星空降直播间。此次活动为其创下了亿元销售额的好成绩，当天的搜索峰值也达到了历史搜索峰值的6倍。伴随品牌热度的提升，两位创始人也快速出圈，成功吸引到消费者和餐饮业内人士。

“朱光玉”和熊喵来了火锅的成功故事并非个例，而是具有可复制性。其实，还有更多的品牌有机会借助抖音等短视频平台进行宣传，提升知名度和销售额，进而扩大加盟范围。

加强门店经营和管理的规范化

连锁品牌的第二个痛点就是门店的经营和管理。

既然是同盟店，那么在加盟管理时，最重要的就是要有“品牌共同体”的理念。

为了确保理念相同，初期在选择合作伙伴时会采用“一对一面试”的方式。在经营的过程中，品牌会给加盟商提供免费的课程，以提高店长的管理能力。

同时，品牌还引入了“赛马机制”，让同盟店进行排名分级，如果门店的等级排名太低，则不允许该同盟商继续开店。通过这样的方式能严格把控加盟的节奏和质量，实现品牌和加盟商的互利共赢。

在运营方面，也会帮助加盟商引入一些门店运营的工具，比如利用“抖音来客”等工具，帮助加盟商在抖音进行商品推广、门店引流、客群分析等规范化经营和管理。

借助平台打造品牌势能，抢占异地消费者，实现扩张

在追求极致性价比的时代，各种餐饮品牌都在抢占消费者，能够借助平台快速找到客源，是每个餐饮企业实现异地扩张的重中之重，这就需要做好提升知名

度、客群匹配、拉新获客和在线式经营四件事。

当熊喵来了火锅想要走出东北三省向黄河以北拓张时，首先想要解决的难题就是怎么能在外省消费者心中快速打上“极致性价比”的标签，形成品牌势能。

吴红涛很快摸索出了一条出圈路径：“顾客在哪我们就去哪，顾客用什么平台我们就去什么平台做经营。现在用户都在抖音上，我们就在抖音平台经营。”

在提升知名度方面，熊喵来了火锅在抖音平台进行内容营销，包括制作菜品、吃法、玩法等推荐类短视频，吸引了众多粉丝观看，尤其是熊喵 IP 系列的甜品推荐，被很多粉丝种草；

在客群匹配方面，抖音的用户群体和熊喵来了火锅的目标客群非常匹配，以 18 ~ 40 岁的青年人为主，因此可以充分借助抖音的客群优势向外扩张；

在拉新方面，最核心的手段就是通过抖音，吸引周围 3 公里、10 公里，甚至异地的消费者前来打卡；

在在线式经营方面，可通过“抖音来客”实时监控品牌整体、各区域、各门店数据，分析菜品销售情况、客群情况，帮助品牌做实时调整。

事实证明，这一系列动作卓有成效。据品牌方给出的数据，仅通过 2023 年 11 月的“熊喵来了火锅 × 抖音心动大牌日”8 周年直播，品牌抖音号就涨粉 4 万多，品牌首单新户数新增 12.6 万。

目前，拉新获客的成本日渐增长，众多餐饮品牌需要差异化的获客渠道开发新增量，不光是熊喵来了火锅，还有更多的餐饮头部品牌在抖音上完成了里程碑式的进展。

总之，熊喵来了火锅顺应当前追求高性价比的趋势，通过调整自己的价位，规范好加盟商的服务赢得了客户的长期信赖，并在向外扩张时借助平台做好宣传、客群匹配等，进而突出重围取得了优异的成绩，已然是其他处于“内卷”之中并寻求破局的火锅品牌的样板。

在火锅红海赛道极度“内卷”的局势下，毫不夸张地说，谁能够抓住机遇顺势而为，谁就能突出重围。而极致性价比时代的到来，对于连锁餐饮品牌来说不仅是挑战，更是新的机遇。

83.

供应链创新，从源头开辟餐饮新蓝海

星巴克创始人霍华德·舒尔茨在做客复旦大学管理学院时曾表示，今日的创新必须具有颠覆性，才能引领市场。

当前，餐饮行业已进入竞争更加激烈的新生态，想要在这片红海中找到机遇寻求发展，就要紧跟市场，追求颠覆性创新。

以往，餐饮企业往往只注重餐饮品牌自身的创新。然而，在当前餐饮行业迎来竞争红海的情况下，唯有从源头，即从供应链端开始创新，筛选高品质供应商，打磨产品口味，满足消费需求，迎合大健康趋势，才能把稳创新之舵，助力开辟更多的餐饮新蓝海。

关注供应商品质

餐饮品牌原本就肩负着“三座大山”（房租成本、食材成本和人工成本），与此同时，还要思考如何降低餐饮毛利率，以便让利给消费者，更好地收获客流。但这对于餐饮品牌来说是一个很难平衡的问题。

从源头分析，供应商的选择在很大程度上决定了产品的定价，进而直接影响着餐饮企业的毛利率。

一位供应链负责人告诉笔者：虽然现在餐饮行业“内卷”严重、经营不易，但单纯以价格作为卖点、不停压低价格的做法是毫无意义的。

因为售卖高利润低品质的产品只能是一次性买卖，无法实现企业的长远发展，而餐饮行业讲究的是复购率。

另外，从消费者角度来看，虽然当前消费者对餐饮等各项消费的预算有所下降，但对餐饮消费的品质需求并没有降低。

因此，餐饮企业要想追求利润的长期增长，需要将目光放在选择高性价比的供应商上。

此外，随着消费分级的大趋势影响到所有品类，为了应对激烈的竞争，餐饮供应商也需要前瞻性地关注餐饮红海中涌现的激流，持续打造自身的长板，提供能够抓住细分趋势市场的可落地方案，进而帮助餐饮企业获得“流量”与“留量”的增长。

关注产品口味

过去一年间，餐饮行业出现了很多热点。比如，以贵州酸汤、云南火锅为代表的云贵菜系接连创造了消费热点，酸口味也因此大势崛起。

“仟味高汤”总经理郑克平对这一消费现象有独到的见解：“酸口味产品是2024年流行的风口，但并不是要越酸越好，贵州酸汤很多年前就有了，但它没有在全国流行开来。因为原来的发酵味比较重，服务了贵州人，却没有服务全国大众市场。所以我们专门做了一些定向研发，做符合当地口味的贵州酸汤产品，叫‘小酸小辣小味型’。你在会场上可以看到我们的一个辣味香益生菌发酵红酸汤。”

所以，品牌可以关注供应商的产品研发，从口味研发、产品搭配上进行创新，做好细分口味的尝试，帮助餐饮品牌赢得更多的消费者。

关注消费需求

在稳定供应链、不断打磨现有产品口味的同时，想要实现餐饮创新，联合供应链企业冲击新消费场景，以承接更多消费需求也十分重要。

像新茶饮品牌、咖啡品牌发力早餐市场，从初期的上新传统早餐产品到现在推出特殊时段的优惠套餐等系列贴近消费者需求的改变，实际上就是供应链本身针对消费者需求进行的创新。

比如，作为多家知名茶饮咖啡品牌中热烤箱供应商的广州极效能源科技有限公司，其市场部经理沈佩介绍："在一些头部连锁茶饮店里，冬天想加热一下欧包的话，我们的设备只需要 10 秒、20 秒就可以出品了。相对于传统的微波炉加热，热风加微波的技术，不仅更加高效，而且能使烘焙产品的口感更酥脆。"

除了助力餐饮品牌发掘新的消费场景外，供应链企业还应该积极寻找新的市场版图，发挥优势，推出更多"拳头产品"的衍生形式。

比如，茶饮供应链田野股份王宣懿表示，经过多年的发展和沉淀，田野在茶饮领域已经处于稳定发展的状态，集团考虑往更加多元化的销售领域发展，发挥田野的长处，布局未来。

Kiri 品牌方贝勒大中华区奶酪事业部餐饮渠道总监陈杰也表示，Kiri 在发力烘焙市场的同时，将以联名等形式进军咖啡、茶饮市场。未来，Kiri 将和北京、上海、广州、成都这四座城市的独立咖啡馆推出一系列的合作。

可以说，从供应链端开始关注不同消费者的需求，并拓展更多的消费场景，能从根本上拉动更多的新消费。

关注大健康趋势

当前，新式养生茶饮兴起，如罐装饮料中添加人参有益成分，年轻人去中药馆排队开具酸梅汤方子。这些现象都反映了餐饮行业大健康的两大趋势：一方面表现为减糖减脂、去添加剂，接近原生态；另一方面则表现为滋补养生类食材的开发与使用。

因此，供应链企业应该捕捉这一趋势，并做相应的产品创新和调整。

田野股份的王宣懿告诉笔者："大健康趋势下，很多品类都会往养生健康、天然纯粹这个方向进行研发。很多客户现在不太喜欢复杂的配方，喜欢化繁为简，且对口感和营养成分有较高的要求。如经过超高压技术灭菌（HPP）后的果汁，相比我们更常见的 NFC 果汁及其他类型的果汁，可以更多地保留新鲜度和营养成分。”

生产 HPP 果汁对企业设备技术、工厂和产地的距离有严格的要求。为保证源头产品的质量，2023 年，田野股份在距离宜昌蜜桔园 40 分钟车程的位置建立了新的工厂，形成了企业五大工厂的架构，每间工厂都接近果园产地，保证果实从离树到加工只需要 24 小时。

此外，田野股份还有一款创新产品——冷冻西洋参汁，也是为了迎合当前滋补养生类食材的消费趋势而研发。

王宣懿介绍：“现在药食同源概念很火，一批从前在餐饮行业中少见的食材现在被批复，比如西洋参。西洋参刚被批复后，我们就开始做企业标准化产品，领先于行业。这款冷冻西洋参汁可以在咖啡中应用，提神又补脑，同时，西洋参回甘的味道非常有记忆点。现在咖啡市场中，中青年、中老年消费群体不断增长，我们认为这样的创新产品对这些客群来说是一种选择。”

可以说，供应链企业研发出兼具美味与健康功能的餐饮，迎合当前消费者健康养生需求，可以助力餐饮行业的整体创新。

总之，当前餐饮市场竞争异常激烈，餐饮企业想要寻求长期发展，从供应链源头上进行创新会是突破口之一。具体包括筛选高品质的供应商，打造口味与健康并存的产品，以满足消费者的多样化需求和大健康趋势，从而为餐饮开辟新赛道、赢得新客源。

84.

夜间经济，从中国走向世界

在当下繁忙、快节奏的工作生活中，越来越多的人选择把晚上留给自己，在这种背景下，夜间经济悄然兴起。央视财经发布的首个《中国夜经济活力指数报告》指出，2023 年中国夜游市场规模达到了 1.57 万亿元。商务部《城市居民消费习惯调查报告》也显示，中国 60% 的消费发生在夜间。这意味着，中国夜经济的蓬勃发展，正成为推动经济增长的新引擎。

夜间经济作为日常生活的延续，也在重新定义城市的生活方式和消费模式。

关注年轻人情绪需求，夜生活新形态崛起

说到夜间经济，大部分人会把关注点聚焦在夜宵美食上。然而，夜间经济消费人群的中坚力量，也就是 Z 世代（即 95 后和 00 后），他们在繁忙的工作和学习之余，越来越倾向于通过社交和娱乐来满足自己的情绪需求。于是催生了夜生活的新形态，比如主题酒馆、特色酒馆等。

《当代年轻人轻饮酒调查报告》显示，超过八成年轻人偏爱轻饮酒；而在企查查平台上，2023 年注册且存续运营的酒吧、酒馆企业近 7 万家，美团“2023 年酒吧指南”显示，超过八成酒吧消费人群的年龄为 20 ~ 35 岁。

这些数据也表明，在夜间经济的核心消费群体中，大学生、职场白领占有很

大比例，而他们在追求新鲜刺激的同时也不得不面临预算问题。这意味着，那些高性价比又能满足社交需求、实现情感宣泄的年轻态的夜生活娱乐业态和品牌，更受年轻人的追捧。

可以说，一个属于年轻人的，满足社交和情感需求的微醺时代正在到来，这让市场意识到，这不仅是一次市场的变革，也可能蕴藏着前所未有的机遇。

在这种市场环境的推动下，中小型酒吧应运而生。就拿酒吧 404Club NotFound（后文简称 404）来说，它的业态发展，可以说是国内夜经济的繁荣和年轻态夜生活发展的一个缩影。

这家酒吧从无锡开到上海，进而遍布全国，甚至出海到伦敦，把国内年轻态夜生活的形式搬到了国际舞台，可以说实现了面向国内外年轻群体的一次跨国文化交流和狂欢。

强化顾客体验感，加大品牌影响力

404 走向海外并火爆，与它独到的经营策略有关。

强化顾客体验感

顾客体验感是餐饮行业的核心，需要从每一处细节出发，提供高质量的服务。这需要品牌拥有一支运作有序的团队，通过团队之间的畅通交流、默契协作，确保每个门店的顺畅运营，并保持服务的高标准和一致性。

那么，如何强化顾客体验呢？

其一，营造一个轻松愉悦的社交环境。酒吧的场景服务，不只在于保证酒水和食物的质量，还要为顾客打造一个理想的社交场所，通过精心设计空间布局，为顾客创造舒适的体验。同时，在不同的时间段辅以不同的音乐，也能最大限度地提升顾客的消费体验。

404 门店通过使用特色的三角灯和红色调的灯光，营造出一种自由的氛围，打造具有辨识度和记忆点的空间。

其二，针对不同顾客群体提供对应服务。比如在不同级别城市开店时，404 会根据实际情况推出适合不同消费群体的套餐，供应季节性特调饮品等。同时注重餐品的颜值和质量，吸引顾客自发进行宣传，为品牌形象的建立奠定基础。

其三，满足顾客的情感需求。与传统的大型酒吧相比，404 提供了更为轻松的消费环境，没有卡座散台等明显的消费等级划分；相比清吧酒馆，其空间氛围更具个性化。404 的品牌定位和个性化服务吸引了来自不同背景的顾客群体，满足了他们的社交、派对和情感的诉求。

推动跨界合作

以 404 为代表的年轻态夜生活品牌，通过打造真实轻松的派对的方式，给年轻人，不管是格调白领、大学生还是青年创业者，创建了更近距离的社交平台。

404 选择与餐饮企业海底捞联名，举办了一场“派对的尽头是海底捞”的联名活动，充分满足了年轻人的情绪和氛围需求。

在 404 门店的联名营销活动中，可以看到增加了海底捞元素：巨型四宫格火锅、身着海底捞围裙的服务员、改为海底捞牌子的上酒灯牌，以及海底捞的洗脑神曲。而在海底捞门店，则增设了 404-DJ 分会场，企业时间延长到了早上 9 点。

这种合作模式为顾客提供了从餐饮到娱乐的无缝衔接体验。

其实，不同品牌的联名合作，不仅能够扩大品牌的市场影响力，还为顾客带来了新鲜的体验，有利于品牌实现跨越式发展。

规模化复制，推动品牌从国内走向国际

重视核心消费群体的需求，打造个性化服务，让 404 大受年轻人追捧。404 从无锡开到上海，再从国内走向国外，除了得益于夜经济的开拓和留住顾客的巧思，其规模化复制及紧抓市场风口，也是不可忽视的原因。

规模化复制，是品牌扩大影响力的有效方式。

在快节奏的生活中，年轻人的社交半径不断被压缩，这也催生了他们更强烈的社交需求。《2023 年轻人社交态度报告》显示，51.26% 的年轻人觉得在现实中认识新朋友困难，相比文化娱乐活动更丰富的一线城市，三四线城市年轻人的这种感受更强烈。

这意味着，中小型酒吧有着强烈的市场需求。而运营模式相对更轻的中小型酒吧，市场韧性强，适应空间更大，能根据不同级别城市的实际情况灵活掌握落地面积，有利于品牌的快速扩张。

像 404 这种中小型酒吧，由于投资成本低，便于规模化复制，因此能够加速门店在全国的落地和品牌连锁化。如今，在上海、杭州、无锡、东莞、大连、石家庄、沈阳 、青岛、哈尔滨等各线城市都能看到它的影子，它已成为年轻人的聚集地和夜晚的热门目的地，同时也带动了周围商圈的整体夜间氛围。

中小型酒吧灵活的市场适应性和扩张潜力，使其成为夜生活市场的重要组成部分。中小型酒吧模式的成功让 404 意识到市场的潜力，为了占有更大的市场份额，404 将目光从国内投向了海外。

在出海首站选择伦敦后，吉隆坡门店也紧随其后开业。“未来我们会把在国内做过的优质派对活动一一带入海外市场。”404 品牌负责人解释。未来，该品

牌将会继续加大海外市场布局，纽约、多伦多、悉尼和巴黎等也已经进入立项筹备阶段。

这种中小型酒吧落地海外，不仅丰富和填充了国内品牌出海赛道的新品类，还打开了品类出海的新视角，意味着以404为代表的年轻态夜生活酒吧餐企代表成功走出国门，与国际接轨。

随着全球化的不断深入，中国餐饮品牌的国际化布局正成为企业发展的重要战略方向。国际化布局不仅能够为品牌带来新的增长点，更是品牌全球影响力提升的重要途径。

更重要的是，品牌出海，不只是产品和服务的简单输出，更是一种文化的传播和交流。这种文化出海的方式，有助于提升中国文化的软实力，增强国际社会对中国文化的认知和好感。

85.

赴港开店，机会还是挑战

目前，中国餐饮品牌众多，市场渐趋于饱和，为了寻找新的增长点，餐饮品牌纷纷把开拓海外市场作为企业发展的关键点。然而，直接进军海外市场难度太大。

在一些内地餐饮品牌看来，香港作为国际化大都市，是一个成熟的市场，内地品牌进入香港市场后，可以为品牌未来走向国际市场积累更多的经验。此外，香港餐饮营商环境也比较好，可以快速提高品牌的认知度。

因此，很多餐饮品牌纷纷选择赴港开店。这几年，作为旅游城市的香港，餐饮业未能实现充分竞争。而一河之隔的深圳，有许多品牌也修炼了内功，可以去香港试试。

对于内地品牌来说，现在进军香港餐饮行业存在两大有利因素。

租金成本大幅降低

过去几年，香港零售业及餐饮业受挫，不少老字号店铺闭门歇业，各大商圈店铺租金下降，为内地餐饮品牌以更低成本进军香港市场提供了契机。

据港媒报道，“西塔老太太”租下的店铺面积约 396 平方米，该店铺此前曾由茶餐厅租用超过 10 年，每月租金在最高峰时高达 55 万港元。此次，“西塔老太太”以月租 30 万港元便租入了该铺位。

此外，根据界面新闻记者的报道，“林香柠手打柠檬茶”以每月约 13 万港元的价格，承租了旺角西洋菜南街 4 号昌记大厦地下的铺位，面积约 46.5 平方米。此前该铺位是一家药房，2019 年时每月租金约 25 万港元，闲置一段时间后被“林香柠”接手，租金下跌了约一半。

品牌认知度大幅上升

相比香港餐饮，深圳餐饮以其价格和服务质量上的优势吸引了很多港客前来消费，更是催生了一种新的跑腿模式——“反向代购”。即指从深圳代购网红饮料、糕点等商品到香港。这一现象最开始起源于一网友在小红书上发布的从深圳代购“一点点”饮品回香港的帖子。该帖子一经发出，在短时间内便收获了 4000 多个点赞和 2700 多条评论，吸引评论区一众网友砸单求代购。

如今在深圳 4 号线地铁上，随处可见“鲍师傅”、KUMO KUMO、“一点点”的购物袋，并且这种风潮仍在加剧。现在的深港线正在悄悄被食客占领。

香港民众的“反向代购”风潮，让内地品牌在港客中更具影响力，也给予这些品牌信心。很多餐饮品牌也正是看到这个机会，遂决定进军香港餐饮市场。

比如蜜雪冰城在香港开业第一天，门口就排起了长队。价格方面，5 港币一个的冰激凌甜筒，9 港币一杯的柠檬水，16 港币一杯的珍珠奶茶，给香港奶茶界带来了不小的震撼。

又比如，目前在香港试营业的“木屋烧烤”，开业当天门口也是人头攒动。合适的价格让香港网友直呼：“终于有个甩开腮帮子撸串的地方了。”

由此可见，餐饮品牌进军香港，物价虽然也得入乡随俗，不过部分品牌的定价在香港仍有优势。性价比和新鲜感成为内地品牌的两大利器。

虽然有品牌美誉度、性价比、低租金占领旺铺等优势，但内地餐饮进军香港市场仍面临很大挑战。

目前香港餐饮行业面临的最大挑战是人荒。根据香港特区政府的数据估算，业界近几年已流失 6 万名从业者。按照目前的形势估计，最起码需要输入 1 ~ 2

万名外来劳工，才可维持业界基本运作。香港餐饮联业协会会长黄家和表示，缺 6 万人，但只被允许输入 2000 人，可以想象难度有多高，人远远不够。而香港餐饮业界也愿意以港人薪金水平聘请外来从业者，甚至还可以付出更高的薪金。黄家和表示，高一点都无所谓，在香港我们请不到人。

在香港经营餐饮，较高的人工成本是不可回避的问题，有些品牌针对该问题找到了解决方案。比如在香港开店的维小饭。维小饭是一家专门做盒饭的餐企，这个赛道的特点决定了其后端的加工处理步骤相对简单，只需要简单复热，所以在人力成本上不需要花费太多。

除此之外，维小饭将整体集中化生产流程设在深圳，食材、用工成本均在深圳产生。而其他一些品牌，人工、水电、食材烹饪、现场管理成本往往都在香港产生，运营成本就会比维小饭要高很多。

目前，维小饭在香港没有选择直接开店面对消费者，而是在当地找了一家经营咖啡、轻食的门店，以餐食供应商的形式与其一起合作运营。在香港的门店中，维小饭有两种方式支持消费者取餐，一种是由门店工作人员复热出餐给消费者，另一种是直接提供冷餐供他们取走。这样的交付方式对合作门店的面积和服务人员的数量要求较低：只需要几平方米的面积，足以容纳冰箱、微波炉和操作台；在人员配置方面，也仅需要一个人负责餐食的加热或打包工作。

这种运营模式，对于合作门店和维小饭而言是双赢的：比如，合作门店若是增加一个销售品类，并不需要额外增加销售面积和人手，却可以提高店铺的运营效率；对维小饭而言，则能在一定程度上避免香港铺租和人力带来的高昂成本。

维小饭的运营模式特别适合快餐中的预制菜品类的品牌，既能帮助品牌降低租金和人力成本，又能增加营收，还有助于快速打开香港市场，这是很值得学习的。对于现做现卖的餐饮品牌来说，高人力成本问题难以避免，人力成本的提高势必会压低餐饮店的利润率，进一步影响到餐厅的正常经营，迫使餐饮店调高产品定价。一旦餐饮店的定价上调，内地餐饮品牌也就失去了其价格优势，从而需要同本土品牌进行真正的品质之争。

因此，内地餐饮品牌如果能做好向香港提供食材的供应链，保证品质，在同等价位中保持高性价比，将具有很强的竞争力。

总的来看，内地餐饮品牌进驻香港餐饮市场，机会大于挑战。内地餐饮品牌想要成功进驻香港市场，除了考虑人力成本外，还要有稳定的供应链。品牌只有具备足够的实力，才能在香港餐饮市场中崭露头角。

86.

备战出海，看火锅品牌如何打造“用户记忆点”

火锅作为中餐市场的一大品类，在海外市场也风生水起。

特海国际财报显示，截至 2023 年年底海底捞在海外有 115 家餐厅，重庆“刘一手火锅”的海外门店有 66 家，“小龙坎”海外门店接近 40 家，“蜀九香”的海外门店数也达到了 6 家。除此之外，“朱光玉”“蜀大侠”“朝天门”“谭鸭血”等火锅品牌也都在海外市场争先开店。

2024 年开年，精准捕捉风向的“朱光玉”，设定好了新年目标——出海。为此，擅长场景打造、用户体验的“朱光玉”，围绕“民族的才是世界的”进行了一场“史诗级别”的新版本升级。

用文化打造“用户记忆点”

火锅品牌要想开拓国外市场，除了应具有稳定的产品供应链等坚实基础外，更要重视文化出海。

视觉体验是最直观的文化体验方式之一。12 月 31 日，“朱光玉”包下一整艘游轮，与加盟商、合作伙伴夜游上海滩，并在游轮上开启了“沸腾华人”版本发布会暨跨年时光派对。“沸腾华人”新版本门店的开业，意味着“朱光玉”进入了 3.0 时代。

3.0 版本“沸腾华人”门店打造了一整幢“中国城”，精心塑造出老酒楼会客厅、香港老茶馆、金鱼街、华人夜市、海鲜市场、酒楼后巷等六大场景，营造出“三步一景”的氛围体验，牌匾、屏风、灯笼等经典元素在这里交相辉映。迎面的宴会厅充满中国风且移步异景：上一秒还在华人夜市，下一秒便走入香港金鱼街，在广府茶楼享得闲适的饮茶时光，而在转角的酒楼后巷，总有未知的故事在下一刻发生。

_ 当红火锅品牌“朱光玉”进行了品牌升级，打造出了“在火锅店里造中国城”的视觉盛宴。

以唐人街作为设计底色，让中国风与国际元素产生碰撞，新版本门店营造出了一种能穿越时间的时髦感，又凸显出了品牌的多元与包容。作为出海战略的标准店型，“沸腾华人”版本门店未来将在多个国家推行，由此，“朱光玉”将迈入全新发展阶段。

想要靠文化出海，很多中国餐饮头部品牌都践行着“民族的才是世界的，传统的才是时尚的”理念，在品牌店铺的设计上，主打文化植入。

比如，“炊牛堂 · 火锅小酒”也是一款国潮火锅，它主打“火锅 + 酒”的复合模式。门面采用的是中国古式的楼阁设计，搭配大红灯笼，以及墨色画风，呈现出满满的中国风。海底捞的装修风格也同样充满了中国元素，如红灯笼、中国画、陶瓷碗碟等，传统气息浓厚。

“朱光玉”设计团队多次前往唐人街考察后，将字号、牌匾、檐角、屏风、灯笼、挂饰等经典元素，在店铺中悉数呈现。

好产品是出海的底气

品牌出海承担文化使命的同时，还需要真正的“硬实力”，如不断创新的好产品和完善的供应链体系等，都是餐饮人出海并立足的底气。

但餐饮企业如果仅依靠单一的产品，是无法获得市场认同的，而且道路会越走越窄。一个优质的餐饮企业会根据地域和人群的特征研发出不同的产品，从而抓住当地的流量，形成新的格局。

“泛品涮菜不存在记忆点，‘朱光玉’唯有做不同才能打爆。”因此，“朱光玉”从诞生之初，就践行“火锅 +”战略，带火了一批又一批的锅边产品。

比如，“朱光玉”打造出了 3 年卖出 183 万份的虎皮凤爪、278 万杯的暴打柠檬茶等爆品，后又有“红丝绒牛乳冰”“方脑壳西瓜冰”“雪顶蛋黄栗子冰”等流量接棒产品。

“朱光玉”在火锅业中异军突起，并顺利去往海外，不断更新产品是其实力根源之一。他们每月一次“小上新”，每季度一次“大上新”的创新速度，一方面成功占据了80%以上的原创新品市场，另一方面确保了为顾客提供深度还原与迭代的重庆老火锅的风味。

组织力决定战斗力

餐饮企业若要占领海外市场，必须具备完整且完善的团队，以确保产品研发和供应链的速度和质量，包括极具领导力的组织架构，以及高效、数字化的冷链运输。

“朱光玉”的组织架构较为特别。公司的爆款菜品不是由厨政部独立研发，而是由市场部、研发部、培训中心、运营中心和供应链公司共同决定。在每个月底的产品试品会上经过共同审核和创造诞生的。

据“朱光玉”品牌方透露，市场部会先行提取当下流行元素并与自身品牌相结合，提出研发构想；研发部则根据研发构想研发新品；培训中心解决门店的快速交付和上手问题；运营中心考虑产品的流量与出品；供应链公司负责解决标准化和全国统一性问题。

中餐出海本身就有众多的未知因素，极具不确定性。以火锅品牌“朱光玉”为例，想要在不确定中寻找确定，要在建立一套完备的硬核管理体系的基础上，充分发挥文化优势，与品牌结合，才能助力品牌不断在国际市场中拓展及深入。

87. 海外扩张，新茶饮品牌的挑战在持续叠加

国内新茶饮赛道“内卷”现象严重，一众品牌为了破圈，在价格、产品创新升级及联名营销活动上各显身手，可同质化问题依然很难解决，业绩增长缓慢。也正因为国内竞争太过于激烈，一些新茶饮品牌开始将目光转向海外市场，寻求新的突破点。

蜜雪冰城早在 2018 年就开始持续布局，目前在海外市场的门店数量已经突破 4000 家。不止蜜雪冰城，很多新茶饮品牌也在进攻海外市场。喜茶把海外首家店开在了纽约市曼哈顿 CBD 的百老汇大道核心位置，开业首日门店销量超过了 2500 杯。茶百道首家海外门店则落地韩国首尔，销量持续增长。奈雪的茶也在泰国开设了分店。

新茶饮品牌盯上了海外市场，纷纷向海外市场扩张。

如今，一些新茶饮品牌在海外的布局已开始进入快速扩张期，要想实现加速规模化发展，还需要解决品牌本地化、供应链搭建和收钱三大难题。

如何解决品牌本地化

出海的新茶饮品牌，依靠庞大的门店体量与国内成熟的市场经验，“出道即巅峰”，首店一开业就瞬间引爆海外市场。然而事实上，海外新店的第一波消费者更多是留学生、移民群体等华人客群，很少有外国消费者，因而主要吃的是“华人红利”。

如何让新茶饮品牌本土化，做出受当地人喜欢的茶饮，是考虑开拓海外市场的新茶饮品牌亟须解决的难题。以茶百道为例，其相关负责人透露，韩国消费者的口味偏好与中国有所不同。韩国消费者更偏好冰饮，因此茶百道的韩国门店对冰饮中的冰块量进行了调整。与此同时，茶百道发现，韩国门店的茶叶来自中国，但韩国的水质与中国存在差异，导致泡出的茶味不同。为了适应当地市场，研发团队在韩国还进行了为期 10 天的市场调研，并根据当地原材料重新调整产品配方和操作程序。如今，茶百道的韩国门店冰饮销售火爆。

新茶饮品牌进入海外市场后，与它竞争的除了同样“卷”出海的“自己人”，还有无数正在崛起的海外本土茶饮品牌。同质化“从国内卷到国外”，因此新茶饮品牌融入本土的背后，更要思考品牌的独特性与差异性，才能在海外市场中脱颖而出。比如奈雪的茶之前联合深圳市政府的官方账号“深圳发布”推出的“市包”深受深圳市民喜爱。之后他们发现泰国消费者也喜欢类似的周边产品，于是在泰国门店开业期间，也推出了泰国版“市包”，结果引来泰国市民的抢购热潮。

如何在海外搭建供应链

“中餐出海，供应链先行”，如何在海外低成本、高效地保证原材料供应，以及如何解决海外仓储、设备原料运输等，都是每个出海品牌需要思考的问题。

为此，很多品牌已经开始在海外建设工厂。比如全聚德、刘一手、西少爷等出海“前辈”，都已经在海外布局了供应链，全聚德的鸭饼甚至可以实现从国内冷链直接落地海外门店。

目前，多数头部茶饮品牌已经逐步开始解决供应链难题，但对于不少相对体量较小的茶饮品牌而言，供应链仍是最大的难题。体量小的茶饮品牌可以考虑在本地建立供应链，像茶百道就在韩国建立了本土化运营团队，团队成员均在韩国生活过十几年，深入了解韩国文化和生活习惯。通过本土化团队，茶百道得以建立本地的供应链，并可以根据季节性水果的供应情况灵活调整产品线，推出应季水果茶。目前，茶百道韩国门店可以保持每两到三周就推出一款新品的速度。

如何解决“有钱来，不会收”难题

海外市场的“掘金之路”已愈发成熟和拥挤，当大家都只关注供应链、价格、加盟体系和品牌差异时，一个最容易被忽视但却十分关键的难题开始显现——如何高效、安全且便捷地收钱。

某进军海外的餐饮界人士曾说：“在全球化扩张之前，其实大家对于支付问题的考虑并不深刻，但是想要实现品牌的全球规模化，就要考虑很多了。比如说，你在东南亚、欧洲、北美洲都在全面扩张，那是否需要选择相同的支付系统？如果不同，磨合成本很高的，而且数据不互通，意味着顾客的消费画像也变得困难，运营也需要做更多……”

另一位茶饮品牌的海外门店店长在实际运营中也发现，“顾客大部分都选择刷卡，但是刷卡机和门店数字化点单系统又是独立的，交互环节又增加了一环，对部分店员来说也是麻烦的”。

现在大部分出海的新茶饮品牌，仍会选择延续国内的支付习惯，即让顾客通过品牌 App 或网页端下单。但在海外市场中，政策、配套设施、消费习惯的差异，让品牌不得不思考“支付本地化、支付全球化”的问题。

很多出海的新茶饮品牌发现，出海不易，收钱更难。尤其对于下一步要在全球实现规模化扩张的新茶饮品牌来说，“收钱”这个基建问题反而成了在众多问题中最亟须解决的那一个。

一位新茶饮品牌从业者曾表示，对于茶饮品牌而言，在“海外支付”难题上，品牌不仅需要有一套完整的、能够同时满足线下线上多元消费场景的解决方案，更需要专业团队的服务支持，以便在全球拓展中“一劳永逸”。如何选择一个支付伙伴，解决全部支付难题，成了破局的关键。

服务过众多中国头部出海企业的支付服务商 Adyen，也从他们的服务经验中给出了答案。新茶饮品牌解决海外支付难题，更高效的方式就是在出海布局的初期就在支付端采用“all-in-one”的策略，即通过一家支付合作伙伴在世界各国布局，把钱收回来。

可是如何能找到像 Adyen 这样的一揽子解决方案，让新茶饮品牌们能够毫无后顾之忧、“痛快掘金、高效扩张”呢？这才是真正的难题所在。

可见，新茶饮品牌的出海之路上，挑战一直在叠加。新茶饮品牌要想在海外市场顺利掘金，海外支付、产品本土化和差异化、供应链搭建等问题都需找到合适的解决方案。或许，新茶饮品牌可以向早期出海的品牌学习，寻求专业的支付服务商或有知名度的供应商协助解决难题。

第六部分

认知进化

升级底层逻辑，用智识穿越周期

88.

定价逻辑：极致性价比和品牌“贵价”背后的思考路径

过去一年，餐饮行业呈现两种态势，用一句话概括便是——有品牌低价赚流量，也有品牌“贵价”伤不起。

具体而言，成规模的连锁餐饮品牌更偏向实惠路线；而门店数量较少、近期突然流行起来的餐饮品牌，更偏向确立高于行业平均水平的定价，或者被炒作出高于行业平均水平的定价（注：以上观察仅为一种趋势，不适用于每一个具体的餐饮品牌）。

餐饮定价冰火两重天，市场却同样火爆

拿咖啡饮品来说，单价已经“卷”到 9.9 元以下，有的品牌卖 8.8 元一杯，有的品牌卖 7.9 元一杯，而西贝餐饮子品牌贾国龙功夫堡更是卖出美式 3 元一杯、拿铁 5 元一杯的低价。

“饮”如此，“餐”也如此。

专注于中餐的国际快餐连锁品牌西少爷推出了多款价格优惠的餐品及套餐，比如一碗酸辣粉只需 9.9 元，包含 2 个肉夹馍、1 碗面食、1 杯饮品的双馍四件套只需 25 元，而在以往这甚至需要翻倍的价钱。

一边，多个连锁餐饮品牌相继推出价格优惠的餐品，以低价开启性价比大战；另一边，不少品牌反其道走轻奢路线，却也丝毫不影响其受欢迎程度，甚至出现

排队也难买的现象。

比如上海环海路新开的日本品牌“银座仁志川”吐司店，生吐司定价 98 元一条，到“黄牛”手里翻翻倍，竟然变成 300 元一条，堪称“黄金吐司”。开业当天限量 400 个，半天便已售罄，拿号的人需要再等 5 个小时才能购买，更别说店门口百米长的队伍中充斥着“黄牛”、“跑腿”、代排队。

即便按原价 98 元算，买一条生吐司的钱也可以买 10 袋桃李吐司了，而消费者的热情并未受到如此高价格的阻挡。

除“天价”吐司外，还有“天价”贝果。在上海新天地的纽约贝果博物馆，60 元一个的贝果号称“贝果界天花板”，开业当天就引来大波追随者，首日营业 10 分钟就开始了排队限流，热门贝果早早售空了。

另一家开在上海热门打卡地——田子坊的 Bagels & Schmears Cafe 纽约贝果店面同样火爆，早上 7 点开门迎客，一上午人满为患，中午就售罄了。

还有“天价”冰激凌，一盒 188 元的 Gelato 无论在线上还是线下，都备受瞩目。线上某平台，关于“Gelato”话题的浏览量达到 2.2 亿次。而线下在国内一二线城市的 Gelato 门店，顾客都源源不断，比如北京国贸和三里屯的 Venchi（闻绮）人流总是络绎不绝。为满足消费者的需求，商家还在积极开店。

就连不少此前大众认知为平价的品类，2024 年也有不少品牌开始走高定价路线。比如平价 30 元的麻辣烫红唇，店面做到了 80 元的“贵价”。

消费者更是把不同品类的看似普通却价格高昂的商品统统戏称为“刺客”，比如“麻辣烫刺客”“酸奶刺客”“冰激凌刺客”……

可事实证明，无论是低价品牌还是贵得“理直气壮”的品牌，确实都有人买单，而且数量还不少。

定价不同，源于经营策略的不同

大型连锁品牌价格便宜，小品牌反而价格飞涨，这两种风格迥异的场景撞到一起，似乎让人有些看不明白，但究其原因是因两种不同的经营策略。

连锁餐饮品牌的低定价策略意在触及、覆盖更多消费者，建立、加固品牌和消费者之间的联系，培养消费者关注品牌、购买品牌产品的消费习惯。让消费者始于低价、陷于实惠、忠于产品、久于品牌。

随着互联网经济下更多业态的发展，连锁餐饮品牌意识到，忠实消费者是品牌重要的无形资产。要做穿越周期的国民品牌，就得让大部分人消费得起、持续复购。

因此，为了品牌的长远发展，连锁餐饮品牌领头羊愿意牺牲短期的利益进行降价，以换取更多消费者尝新、复购，也愿意花费较少的成本给消费者超预期的消费体验。

而这些领头羊之所以玩得起低价，是因为其有着和门店规模相关的议价能力、和品牌建设规划相关的供应链能力、资金链等作为支撑。

可面对同样“内卷”的低价竞争环境，除非是老餐饮人的新作，那些新品牌、门店规模较小的品牌因为鲜有领头羊的物资支撑，低价策略对于他们来说并不友好，可以说是心不足、力也不足。

他们的重中之重是搞明白餐饮玩法，并且想方设法活下来。

成都一家咖啡馆有自己的供应链，在“9.9 元大战”之前，因有供应链优势，可以做到物美价廉，即使定价十几元，也有不少顾客。但大品牌持续降价至个位数后，这家咖啡店就犯愁了，因为如果要保持从前的品质并保证盈利，它没法做到个位数的价格。

而北京一家火锅串串店面对成本不断上涨的情况则坚持不降价，他们坚信，只要足够有特色，菜品销量不会差，顾客还是愿意为好看、好吃的东西付费的。

面对以低价换生存的餐饮环境，连锁品牌餐饮低价策略背后是雄厚的物资、品牌优势及广大的消费者群体作为支撑，而那些只能自食其力的小餐饮企业还是选择以“贵价”换取盈利。

“贵价”品牌提供的不只是商品

虽定价策略不同，且低价和“贵价”品牌囊获的是不同的消费客群，但共同点是，消费者购买的都不只是商品本身，还有商品以外的附加值。

前一阵子刮得轰轰烈烈的“月薪两万，吃不起中式快餐”的讨论风，有人细算了一笔账：

根据包括老乡鸡、大米先生在内的五家头部中式连锁快餐推出的消费者推荐菜品和餐厅招牌必点推荐菜品的价格水平，按照每餐最低配“一荤一素一汤一饭”的标准，在一线城市吃一顿饭平均也要花上 40 元。如果按照一日两餐正式饭食来算，一个月的花销便在 3200 元左右。

尽管很多人戏称这种套餐为“穷鬼套餐”，但这对于背负着房贷、车贷、社交聚餐等花销的打工人来说依然是一笔不小的支出。

那为何还有人为这 40 元“奢侈”的套餐买单？

事实上，诸如西少爷、麦当劳、塔斯汀等一众品牌推出的打折套餐让消费者仅需花上十几元，就能在窗明几净的座位上吹着空调，吃上一顿舒适的午餐。既享受到价格的优惠，又享受到超出食物本身的附加值，打工人想要的短暂幸福不过如此。

而对于购买“天价”吐司、“天价”贝果、“天价”冰激凌的消费者来说，他们购买的其实是品牌带给他们的额外价值。

先来看看购买“天价”食物的两批人。

一批是注重品牌附加值的新中产。他们大都用着全系苹果产品，穿着 Maje、Sandro、Patagonia 品牌的衣服，喷着 lelabo、Byredo、观夏的香水，生活状态小资又惬意。

在这些新中产看来，这些“贵价”品牌的卖点无非是情怀、食物演化历史以及一些听不太懂但感觉很高级的名词。他们看中的也并非食物本身，而是品牌带给他们的诸如小众、高级、出片等高附加值。

除了新中产，另外一批人则是被购买“天价”食物排的长队吸引过来的尝鲜群体。他们通常是在一个新的品牌在热度、流量齐飞后，萌生出尝鲜的念头，从而置身于排队大军中。

如此看来，品牌附加值和尝鲜念头成为“天价”食物购买者的底层动力。

当这两批人都置身于轰轰烈烈的排队大军中时，又会吸引更多消费者排队，因此，“天价”食物购买群体便像滚雪球一般，越滚越大。

可在高性价比的时代，“天价”品牌好不容易滚起来的雪球会更加坚不可摧，还是有朝一日终会融化？消费者还能为这种高消费买单多久？

当排队尝鲜的人群散场，新中产的体量能否支撑起这么多“天价”品牌的生存？新中产是否会“背叛”老品牌，转身投入故事讲得更好、更有高级感的新品牌中？

这给每个餐饮企业的启示在于，企业想要持续赢得客群、长久发展，不能仅被“天价”消费热潮的表象所迷惑，而要做好品牌价格和销量、产品品质和附加值、企业短期收益和长远利益的权衡。

89.

从网红到长红：天水麻辣烫火热背后的冷思考

对天水麻辣烫走红全过程最好的概括就是：第二个淄博烧烤。其呈现出蹿红的苗头后，一个月内全国新开业的甘肃麻辣烫店已累计超过 150 家。

有一些人想要试图抓住风口捞金：理发店连夜换招牌，改做甘肃麻辣烫；更有天水麻辣烫速成班在网络风靡；还有穿着暴露的肌肉男服务员给顾客上菜，和顾客拍照……

但一个引人注目的现象是，热度似乎越来越不易持久，花期逐渐缩短。

真正的风口转瞬即逝，有老板花近 30 万元开设的天水麻辣烫店仅 18 天就关门，转让店铺。

在北京顺义区小吃快餐热门榜上曾经独占鳌头的“王记 · 甘肃天水麻辣烫”，开店仅 3 个月即转让。

与此同时，全国各地的天水麻辣烫店也在持续批量倒闭。

来自国家旅业网的统计数据显示，淄博、哈尔滨和天水三大网红城市的花期已经从一个月降低至十几天。

网红餐饮的火爆周期在变短。深挖这背后的原因，可能跟没有强大的产品力做支撑，对供应链、人力管控失力，忽略行业本质等因素有关。以至于很多不错的创意和品牌都成了一次性生意。

因此，如何将网红转变为一个可持续发展的长红品牌，是每一个餐饮人应该思考的问题。

差异化标签：超高性价比 + 甘谷辣椒

淄博烧烤兴起时，被传播最广的点是小饼卷串，人均消费不过百。大量四川网友拿着本地部分烧烤店仅供塞牙缝的肉串做对比，眼红淄博烤串的物美价廉。

冬天“尔滨”热时，游客一水儿的好评是炒菜量大、实惠。

甘肃天水麻辣烫，也是凭借其便宜、实惠的形象强势出道，一举俘获食客欢心。

有网友为了吃上一碗麻辣烫，和朋友从早上 9 点就开始排队，一直等到上午 11 点半：“排队的人特别多，我们两个是分开排的，排了两家店，一家花了 30 元，另一家花了 25 元。分量特别大，两个人吃一份都够了。”

还有网友发帖称和朋友去天水玩，吃饭一天 100 元足够了，20 元一碗的麻辣烫吃到撑。

在前有长沙 106 元的“天价”麻辣烫，后有“麻辣烫刺客”横行的当下，天水麻辣烫一元一串的价格让人分外安心。

除了超高性价比，天水麻辣烫的爆火也离不开甘肃极具特色的原料供给。业内人士表示，火出圈的甘肃麻辣烫有一个独门配方：甘谷辣椒做的油泼辣子。

天水甘谷是我国最早种植辣椒的区域之一，被誉为“辣椒之乡”，至今已有 400 多年的辣椒种植历史，产出的辣椒色泽鲜亮、辣味浓厚。用晒干的干辣椒磨成面，烫出来的油泼辣子香辣又不烧嘴，是传说中“蘸鞋底子都香”的佐餐神料。

北魏农学家贾思勰曾在《齐民要术》中提到“蜀椒出武都，秦椒出天水”，诞育在天水的麦积花椒粒大饱满、香气浓郁。优质的原料造就了天水麻辣烫不同寻常的麻、辣、香。

为了揭开甘谷辣椒中“香”的秘密，中国农业科学院蔬菜花卉研究所辣椒课题组团队利用气相色谱 - 质谱联用仪测定甘谷干辣椒时，共检测到挥发性物质 87 种。其中，萜烯类物质含量最高，其次是烷烃类和醇类。另外，该科研团队在甘谷辣椒干样本中发现，香橙烯和柠檬烯的含量也很高。

“特别是甘谷干辣椒中含有的异蒲勒醇和桉叶油素这两种萜类，具有特殊的香气，这是它的魅力所在。”该所研究员王立浩在接受采访时说。

甘谷辣椒是天水麻辣烫在用料上区别于其他地方麻辣烫的显著特点。

由此可见，甘谷辣椒是天水麻辣烫区别于其他地方麻辣烫在用料上的显著特点。

每一款网红美食都有自己独特的差异化标签，要想长久生存和发展，就不能脱离其本质。

反观其他地方的天水麻辣烫，价格严重虚高，用廉价辣椒替代甘谷辣椒……一味追求赚快钱，忽略了本质，是造成网红美食周期短的主要原因。

网红只是营销手段，而不是追求的目标

曾经大热的淄博烧烤、“尔滨”，以及天水麻辣烫，似乎都经历过同样盛大的流量狂欢。

一套成熟的打造网红餐饮的套路大同小异，简而言之，即城市标签 + 全网宣传 + 宠游客这三大路数，它们都有一个明显的起承转合的周期。

第一阶段：热度上来之后，游客，其中不乏大量食客蜂拥而至。随后，大量创业者在各自的城市动起脑筋，有店的紧急上新产品，没店的抓紧拿下铺面，“特种兵式”开店现象层出不穷。一位天水麻辣烫老板称：“最火爆时期，每天平均有三四个陌生电话打来，说想要加盟或者学手艺。”

第二阶段：各个社交平台上出现不少包教技术、旺铺转让，甚至 0 元加盟的宣传。发帖人往往声称自己在这波流量中大赚了一笔，随后以分享的姿态诚邀网友参与进来。创富的“镰刀”足够锋利，高效收割“韭菜”。

第三阶段：在网红套路下，催生了一些意想不到的产业，比如新的商机——代购。如“麻辣烫代购”“天水麻辣烫跑腿”类的标题在小红书、抖音等平台出现。据公开报道，在麻辣烫刚出圈时，一位做麻辣烫代购的人表示，每天订单能达到 150 ~ 200 单，估算一下，一单 63 元的麻辣烫能够赚 15 元左右，如果单量稳定，一天能纯赚近 3000 元。

如此的套路盛况也曾出现在淄博和哈尔滨。2023 年 6 月成了淄博烧烤门店开业潮和转让潮的时间分水岭。江苏张老板因眼热淄博烧烤于是转让了水果摊，可开店一个月就赔了 8 万元。面对蜂拥而至的餐饮人，他给出建议：“别被网红轻易冲昏头脑。”

更有业内人士坦言：“我觉得还是要慎重，麻辣烫品类在整个餐饮领域的发展是不错，不过参照淄博烧烤，2023—2024 年出现了大批量闭店的现象，特别在郑州这边，好多店连一年都没撑到。所以，大家要慎重一些，不要去盲目追风。”

对于餐饮企业来说，网红只是一种手段，而不是追求的目标。

曾经风头无两的“黄太吉”近几年来陆续关店，“泡面小食堂”短暂花期过后迅速凋零，“鹿角巷”与“鲍师傅”因为假冒伪劣产品盛行导致品牌形象大打折扣……网红营销也许能够走红一时，但如果没有围绕其本质做足功夫，肯定长久不了。

从单一爆品到完整覆盖配套产业链

以甘肃省天水市为例，当网红经济遇上城市文化，天水麻辣烫的热潮不仅仅是味蕾的盛宴，更是天水城市魅力的一次全面展示。

网红城市除了要打破做一锤子买卖的刻板印象，营造长期式陪伴之外，更要根植自身地域特色，打造不可替代的独家绝活。

在当下的网络时代，网红城市被允许拥有了更多走出去的玩法，而消费者也不再满足于单纯拍照打卡，而是追求更加松弛的场景式出游体验。为消费者创造一种新的消费仪式感和新的消费意义，是网红变为长红的第一步。

比如柳州螺蛳粉就已经迈开步伐。

柳州不只有螺蛳粉，它依据螺蛳粉延伸出一套完整的产业链，比如螺蛳粉博物馆、螺蛳粉小镇、螺蛳粉研学游、文化体验游……

政府更是联动各大螺蛳粉品牌企业打造不同形态的主题项目。线下店人挤人，线上各大联名螺蛳粉品牌卖不停，每天从柳州发往世界各地的螺蛳粉超过 550 万袋。

除此之外，柳州还开设了夜宵美食专线，途经各大夜市、螺蛳粉网红店，随叫随停，帮助游客轻松体味地道柳州风味。柳州紫荆花、柳州樱花谷、柳州古镇拍照，民族服饰推荐等亦同时出圈。

对比之下，现在的淄博烧烤、天水麻辣烫在形成完整的产业链方面，还有待布局。

由此可见，网红美食从不是孤立分散的。它不只是一份填饱肚子的食物，而需要当地各个服务链针对不同受众群体延展服务范围，拓展更多元的场景和产品，带来更多消费转化。

这就要靠不断发掘城市内在的文旅价值，通过不断积累卖点，刺激消费者反复前往。

在信息爆炸的时代，有热度的内容会引起更多人关注，消费者也就跟随热度前来体验打卡，而口碑是决定运营是否长久的关键所在。

90.

增长逻辑：渠道力、产品力、品牌力三力驱动

2023 年 2 月，周黑鸭发布盈利警告，称 2022 年净利润同比下降超 90%，“周黑鸭被抛弃了”的话题一度登上热搜榜。

然而不到一年时间，2024 年 3 月 27 日，周黑鸭发布《2023 年度业绩报告》，报告显示，总营收为 27.4 亿元，同比增长 17.1%，净利润为 1.15 亿元，较 2022 年同期的 2528.3 万元，同比增长 357.1%。周黑鸭重回上扬轨道，营收和净利润双双增长，展现出了强劲的市场竞争力和稳健的发展态势。

周黑鸭营收和净利润的双增长，一方面，与市场消费回暖有关；另一方面，周黑鸭不断强化渠道力、产品力和品牌力，通过三力驱动，激活穿越周期新动能，让自己重回增长轨道。

渠道力：线下门店 + 线上电商相结合

2023 年，国内出行人流量迅速回升，周黑鸭线下门店的客流较之前有所增加，尤其是处于交通枢纽的门店恢复很快，业绩不断增长。周黑鸭渠道部看到这个机会，开始在全国重要的交通枢纽布局，一年时间，处于交通枢纽的门店净增 141 家，总数达 319 家，创下历史新高。

除此之外，周黑鸭不断提升门店质量，深化以质为先的战略。在新店选址上，首先聚焦高势能商圈、商业体、高质量社区等需求更旺盛的区域；在门店

经营上，持续完善门店经营反馈机制，定期复盘经营数据，通过做宣传或做活动，提升门店经营效益，保障业务的高质量增长。

在提升线下门店质量的同时，周黑鸭一直探索以更多元的场景触达消费者。周黑鸭在武汉新设的升级的锁鲜 & 热卤或散卤二合一门店已陆续开业，在原有的锁鲜包装产品的基础上，增添了热卤或散卤品种。阔别多年后，重现的经典散卤唤起了众多老武汉人的味蕾记忆。

这几年，互联网发展迅速，周黑鸭紧跟互联网发展趋势和线上高流量人群迁移变化，积极调整线上结构，在巩固传统电商阵地的同时，加速拓展外卖、社区电商、内容电商等新渠道和新平台，实现线上电商结构优化；通过高效获取流量及精细化运营不断提升市场份额，形成兴趣种草、线上消费、线下到店的链接闭环，构建一体化生态。可见，周黑鸭在拥抱新兴渠道拓展方面成绩斐然，成功抓住了新流量高地，实现了业绩的增长。

产品力：产品结构不断优化

周黑鸭在加速拓展渠道、夯实基本盘优势的同时，还一直在产品上坚持创新。周黑鸭持续优化产品结构，横向拓宽品类和口味、纵向补充价带，打造全新产品矩阵。为了满足更多的消费群体，周黑鸭推出了多价格带、多品类、适合多渠道的产品，目的是不断挖掘更多潜在消费群体，提升周黑鸭市场渗透率。

比如周黑鸭推出的新口味——微辣，头部系列产品都有微辣口味，门店销售很火爆，全年终端含税销售额近 5.21 亿元。为了拓展中低价格带产品，周黑鸭还推出了 9.9 ~ 14.9 元系列产品——甜辣小鸡腿（鸡翅根）、干煸辣子鸡等，极大地满足了消费者追求高性价比的购买需求。甜辣小鸡腿（鸡翅根）和干煸辣子鸡合计月均销量近 100 万盒，周黑鸭全年客单数同比增长 20%。

周黑鸭的营收稳定增长，一方面与产品的创新、营销策略有关；另一方面与其对原料的品控严格有关。周黑鸭在原材料的选择上有严格的标准，力求每一份原材料都能达到最佳品质。现在门店用的中新白羽肉鸭，选用的是新希望六和研发的品种。这种肉鸭肌内脂肪含量高、皮脂率低，更能烹饪出符合中国人口味的绝佳口感。在辅料的选择上，周黑鸭坚持使用优质的香辛料进行直接加工，避免使用任何香精、香料或提取物，只为给消费者提供健康、安全的卤味。

卤味行业是一个产品需求相对稳定的行业。周黑鸭作为卤味的标杆品牌，在行业里能持续打造出诸多爆品，究其原因，与其以产品创新为本位的核心战略离不开，周黑鸭通过创新力的驱动，加深了高品质产品的“护城河”。

品牌力：从小作坊模式到连锁品牌

最早的卤菜都是小作坊模式，早期的周黑鸭就是武汉一家菜市场的卤菜店。随着社会发展，人们的消费模式发生巨大变化，越来越多的消费发生在商圈。周黑鸭率先看到这一机遇，走出菜市场，开始在武汉国际广场开设第一家商圈店。

周黑鸭的第一家店开得很成功，业绩暴涨，紧接着门店越开越多，开始向连锁品牌经营模式转变。周黑鸭明白，品牌要做大做强，需要提升品牌力，于是开始加速品牌化建设：建立现代化公司体系、自建工厂、打造品牌形象、将产品定位为休闲熟卤制品等举措并行，用自身的发展改变了卤味行业往日小摊小贩的形象；采用标准化智能化生产模式、连锁品牌经营模式来满足消费者对食品安全意识的增强和对消费品质越来越高的追求。

为了贴合休闲熟卤制品的定位，满足消费者出行携带方便的需求，周黑鸭率先推出气调包装熟卤肉制品，即采用由透氧率低的膜压制而成的包装盒，并运用先进的气体调节技术，在封盒的一瞬间将盒内空气置换为氮气。这一卤味行业在包装上的“革命”，不仅保留了产品的风味，还延长了产品的保鲜期，为消费者提供了更加安全、美味的卤味体验。

近几年，消费行业历经无数挑战，有些品牌在挑战中消失了，有些品牌却在变化中不断成长和壮大。周黑鸭始终与时代共舞，不断创新和寻求新的突破。从率先实现品牌化突破，加速卤味行业品牌化主流趋势，到开创锁鲜气调包装，引领行业包装新革命，周黑鸭一直是卤味行业的探路人与引领者。

周黑鸭的业绩稳中有进、营收增长的关键是其懂市场经济行情，也能抓住机遇，从消费者的需求为出发点，不断强化渠道力、产品力、品牌力，通过三力驱动，激活穿越周期新动能，持续推动经营效率和服务质量的双重提升。展望未来，虽然困难和挑战仍存，但经济稳步回升、长期向好依旧是发展主线。相信周黑鸭也会持续保持战略定力，稳健拓展，继续成长，做好卤味标杆榜样。

91.

品效合一：兼顾性价比和出品效率

当前，外部环境务实、理性，消费者人均支配用餐预算降低，最明显的体现就是，2023 年五一黄金周假期人均餐饮消费 540.35 元，较 2019 年同期下降 10.46%。但消费者在淄博烧烤店的消费金额却暴涨超 5 倍，这主要源于淄博烧烤的高性价比，一张小饼、一根肉眼可见扎实的小串，切实做到 30 元吃饱，50 元吃好。

这意味着，性价比更高、口味更好的餐饮店将获得更多消费者的青睐，这种趋势引领着餐饮行业的发展方向。

而每到年底，新年聚会、公司尾牙、春节年夜饭……餐饮人盼望的周期性忙季来临。井喷客流的背后，餐饮商家仍面临着一些隐性难题，如内部厨工缺人少技，年底用工荒、招工难，这些都导致出品效率低。

因此，既能满足消费者对高性价比的需求，又能兼顾出品效率，更要保证餐饮品质，成为餐饮商家的痛点。

我们为餐饮企业提供三种兼顾性价比和出品效率的解决方案，希望可以帮助大家在内、外双重夹击中寻求新机遇。当然，不同餐饮企业可以根据实际情况打出“组合拳”，选择、构建出适合自己的餐饮解决方案。

举措一：增加套餐选项，提升出品效率，增加营收

单点餐品更能让消费者有针对性地选择自己满意的单品，但无形之中就会拖

长点餐时间，尤其在人手不够、顾客扎堆的年底，出品效率明显降低。

面对年底聚餐需求量的激增，我们认为，餐厅可增设有针对性的营销套餐。一来，能避免价格战的“内卷”，吸引新客到店就餐；二来，能帮助食客快速点单，从而提升从顾客进门到菜肴上桌的整体效率。

当然，营销套餐也要根据平日里消费者常用的点餐组合及不同消费群体的需求进行设计，尤其要满足年底三五好友小聚以及家庭聚会所需。

我们建议套餐可以采用冷热搭配、荤素结合的方式，进行丰富、科学的菜品组合，为消费者提供更多样的用餐体验。

一些门店甚至可以将小份菜和拼菜结合，从多食材、多口味、低价格等方面综合提升套餐吸引力，满足年轻人的尝鲜体验欲望。

营销套餐在一定限度上能打造让食客心动的高性价比体验，满足消费者对高性价比的核心需求，赢得更多顾客，提高餐饮门店的毛利率，从而助力营收增长。

举措二：不断提升产品力，打造特色招牌菜

我们一直认为，懂得餐饮行业、时刻洞察趋势、适时迭代新品是餐饮企业发展的必经之路。

因为消费需求在转向，餐饮企业能够洞察趋势并依据产品与趋势，打造季节性新菜，能帮助餐饮品牌更好地提升产品力，给消费者更多菜品选择，从而可以保持对消费者的持续吸引力。

难点就在于，如何打造、创新更适合时下的菜品，并以此为基础不断打磨，进而塑造出带有品牌特色的招牌菜，提升核心竞争力，让菜品脱颖而出。

我们认为，首先，餐饮人可优化装盘，增强视觉享受。如今，年轻人大多喜欢请手机先“吃”，高颜值的菜肴成为Z世代在抖音、小红书上的“社交货币”。因此，优化装盘，比如通过颜色的搭配、食材呈现形式等的创新都可以提升餐品的观赏性，满足顾客的视觉享受，这本身也是提升餐饮附加值的一种体现。

其次，从挖掘新奇或特色食材入手，丰富口感。针对食材的特性，进行搭配或者运用，就可以给原有菜品注入不一样的灵魂，这也是吸引消费者的一种手段。比如 2021 年红遍大江南北的新品组合——在小炒黄牛肉中加入白玉木耳，浓烈香辣的肉香中增添了一丝柔软爽脆，受到很多消费者的喜爱。

最后，也是最关键的一步，打造品牌独家的味觉记忆，就是老菜新做。

从零开始创新难，将现有的“老菜”升级风味也不失为一策。比如，一道传统的干烧蹄筋在添加香浓辣鲜露后，风味更加鲜香浓郁、辣爽刺激。同样，酸辣柠檬黄花鱼告别了淋入蒸鱼豉油的传统做法，转而为蒸鱼添新味，全新菜品酸辣惹人、果香四溢，尤受年轻人欢迎。而经典的果蔬大拌菜，一改使用传统的焙煎芝麻风味的色拉酱，升级为芥辣油醋汁，新品风味清新可口，令人眼前一亮。

在传统菜的基础上，通过告别旧做法、添加新酱汁、个性融合等不同手段，形成新的味型、新的形式、新的口味。

举措三：复合调味品 + 个性调配，兼具风味与效率

针对最让餐饮人头疼的用工荒问题其实也可以换种解决思路，比如巧用“小工”做出中工的出品。

例如，餐饮人可以使用复合调味品以更高效地出餐，提升门店的出品效率。不过，这对于味道的稳定性和风味表达的要求也更高。

在复合调味品的选择上，我们建议首选更稳定、高品质的品牌为汁酱打底，

再通过店家的个性化调配，叠加基础调味品及生鲜小料，快速、稳定地塑造出独家风味。

选择发挥稳定的复合调味品，是个不错的方案。

很多品牌一直在不断丰富产品线，丰富味型，香浓辣鲜露、酸辣汁、芥末大拌汁等能够为餐饮人提供更多元化的选择，同时也为行业带来更多可能性。此外，多个调味品品牌打造的一系列最具前沿创新力的菜品应用研发也成为很多餐饮人提升产品力的秘密武器，为餐饮人的产品创新添砖加瓦。

比如想激发菜品香气，餐饮人可以选择香浓辣鲜露，其选用自然发酵的鲜辣椒，添加醇正头抽，特别适合在热菜中使用；想打造酸辣风味的菜品，可以选用酸辣汁，其添加大于16%的黄灯笼椒+野山椒，果肉丰富饱满、颜色金黄；至于出品效率极高的凉菜、蔬菜拌菜等菜品，也可以通过芥末大拌汁，利用芥辣、醋味、酱香、海味等层次丰富的融合，实现高效、高质、好风味。

总之，当前餐饮消费场景的复杂性与多元性决定了餐饮消费需求的不断变化。餐饮人可以通过增加套餐选项，提升效率、增加营收，也可以通过优化装盘、引入特色食材以及老菜新做，不断提升产品力，打造特色招牌菜，更可以借助外力，善用复合调味品+后厨个性调配，做到兼具风味与效率，满足消费者对于效率和品质的双重需求，从而为餐企发展注入持续动力。

92.

冲击米其林，上榜的品牌效应与营收增长

《米其林指南》在世界餐饮界极具认可度，被认为是“世界餐饮的窗口”，这也是每年《米其林指南》推出新餐厅时，瞬间会吸引众多客流的原因。

《米其林指南》的上榜会给餐厅带来潜在的种草效应，提升潜在消费者对餐厅的期望和兴趣，餐厅的销售量也会随之增加，所以，很多餐饮企业都希望能进入米其林榜单。

2024年京雅堂、止观小馆等上榜餐厅都表示，在首次登榜后，有很多顾客为打卡米其林专程前来就餐，也有新上榜餐厅的负责人表示，“餐厅在获奖后有10% ~ 15%的营收增长”。

登榜米其林并不是一件简单的事情，通过观察我们发现，登榜米其林的餐厅要在原料、菜品、服务、环境等方面都要匠心独具。

讲究食材原生态和菜肴的文化内涵

从原料选择上要讲究原生态，而非预制菜，是登榜《米其林指南》的餐厅和连锁品牌餐厅的最大不同。

连锁品牌餐厅顾及顾客的用餐时间，往往讲究的是快，可能会采用预制菜。虽然预制菜的原料是由正规企业生产的，但是食品经过防腐处理和冷藏，最后送至餐厅时，早已丧失新鲜度。

而登榜《米其林指南》的餐厅讲究美食的原味、新鲜，要求在原材料的选择上非常考究，保持食材的原生态，在做法上也要保证食材的口感和品质，且要具备地域特色和文化内涵。

这些是登榜《米其林指南》的首要衡量标准。

其实，那些本身就具有地域特色、文化内涵的菜品，对于餐厅来说，就是无法替代的吸引力，也是传承中华传统文化的一部分。

通常，米其林的评审官会从原材料与配料的挑选、烹饪的技巧、烹饪的时间等方面综合评判菜肴的成品，并给予优秀者米其林的星级称号。

米其林的评审官先隐藏自己的身份，和普通食客一样点几道餐厅的推荐菜肴，品尝出菜肴原材料的新鲜程度以及口感和品质，还会在不经意间跟服务员进行交谈，甚至会跟老板搭讪，询问菜肴的来历，评判是否具备国家、地域甚至民族特色和文化传承意义，并以此作为餐厅能否登榜《米其林指南》的评判标准。

隐藏在北京杨梅竹斜街胡同里的静一餐厅连续4年登上《米其林指南》推荐名单，其在原材料的选择上做到了新鲜、地道，同时在熬制的工艺、时间方面也继承了地方菜的特色，所以被米其林评选上榜。

静一餐厅的特色菜肴是莲藕排骨汤，它的主要原料就是莲藕和排骨，看似简单，但在原材料的选择和做法上非常考究，讲求精益求精。藕是产自湖北洪湖的九孔粉藕，其淀粉含量丰富，肉质肥厚，煨汤易粉糯，炖出来的汤浓郁鲜香。每根都是经过专人挑选，从远在几千千米外的湖北运送至北京的。此外，选用的排骨也是猪排骨中最嫩的九到十二节肋骨。同时，这道菜也采用古法制作。由于莲藕中含有酚类物质，与铁离子接触容易发黑，所以为了保证莲藕新鲜的颜色和口感，静一餐厅坚持用木棒敲碎莲藕、瓦罐炖煮的古法制作，这可是难得一见的。

除此以外，广州一些以白切鸡出名的米其林餐厅，在原料的选取上讲究原生态，原材料必须通过无污染的饲养或种植得来。鸡的品种、鸡的年龄，哪怕有一样不符合要求，烹饪出来的白切鸡也不是一盘合格的白切鸡。同样，在上海、浙江、江苏做杭帮菜的米其林餐厅对东坡肉中食材的肉质、西湖醋鱼中鱼的选择都非常讲究，“一寸肥一寸瘦”“多一两少一钱”等都要符合标准。

服务人员的专业程度

能够登榜《米其林指南》的餐厅并非只在菜肴方面考究，餐厅的人员，包括厨师、服务员、调酒师等都是影响餐厅能否登榜的重要因素。

厨师是否具有创造力，服务员是否秉承顾客至上的服务理念，调酒师是否具有高超的技艺，都在评选因素里。

对餐厅的人员评比也是认证其能否获评米其林餐厅的重要一环，表现优秀的餐厅人员还有可能获得荣誉。比如，2024 年上榜米其林一星餐厅的暗香餐厅、解香楼餐厅、如院餐厅的人员分别获得杭州“《米其林指南》年轻厨师奖”“《米其林指南》侍酒师奖”“米其林指南服务奖”。

因此，想要登榜《米其林指南》，餐厅的厨师、服务员、调酒师必须经过严格挑选，餐厅也必须要加强对餐厅人员的培训和学习。而这些人员本身也要具有较高的自我要求，并专注匠心精神，在本职岗位做到极致。

厨师不但要有专业素养，掌握扎实的烹饪理论，还要掌握菜肴的文化内涵，挖掘菜肴的丰富底蕴，让菜肴兼具美味和文化性，以符合登榜米其林的标准。

服务员要注重自身语言、行为细节，给客人提供细致入微的服务。更要了解餐厅的地道饮食，能向顾客生动地诠释当地食材的故事和美食的魅力，以更好提升餐厅服务效果。

调酒师要对餐饮行业独具洞察的慧眼，既有丰富的酒类专业知识，具备餐酒搭配的时尚理念，也要善于打破常规并将口味和香气不同的饮料进行搭配，提升顾客用餐体验。

总之，餐厅人员的专业程度不仅是登榜《米其林指南》的重要因素，专业的、如沐春风的服务体验也是提升顾客满意度的重要环节。

优雅、独具特色的就餐环境

除了原料、菜品以及服务，优雅、整洁的环境也是餐厅展示给顾客最直接的感官体验。

2024 年上榜《米其林指南》的暗香餐厅主打台州海鲜菜肴，其得意之作是姜汁芋艿老鸭汤，调酒师也非常专业，对酒十分了解，且颇有研究。除了美味的菜肴、优质的服务、知识面广泛的品酒师，优雅、大方的环境也是暗香餐厅被评选上米其林的资本。在环境上，暗香餐厅的中西结合设计感觉协调、温馨，让顾客感受到如家般的氛围。

同样，浙江的如院餐厅也是 2024 年的米其林上榜餐厅。菜单上呈现的是传统浙江菜及手工制作的小点心，同样添加了厨师的细腻演绎。如香雪酒醉膏蟹中的香雪酒为蟹肉带来独特的甜香，入口即化，蟹膏丰腴甘美；东坡扣肉和手剥龙井虾仁也都是招牌菜肴。

除了古韵古味的味道，古色古香的环境也是其上榜《米其林指南》的理由。如院餐厅坐落在植物园内的独立建筑中，采用南宋风格设计，一楼大厅的落地窗可让顾客饱览园区的自然景观，既展示了中国传统建筑特色，也给顾客提供更优雅、静谧的就餐体验。

总之，每道登榜的米其林菜肴都经过严格挑选，对得起广大食客的味蕾。

任何一个登榜《米其林指南》的餐厅，在原料、菜品、服务、环境等方面，都需要以十年磨一剑的工匠精神，坚持品质追求，不断地精进，不断地探索。

米其林榜单不只是认可餐饮企业的一个标准，更是推动餐饮业企业从各方面不断做精、做专的动力。

因此，从原料、菜品、服务、环境等方面打造具有特色、深受消费者喜爱、被业界认可的餐厅是所有餐饮人的目标，更是以品质著称的品牌餐饮店的追求。

93.

预制年夜饭，在骂声中卖爆

从线上到商超，预制菜热度持续走高

2023 年，预制菜的相关话题频繁登上热搜，从“抵制预制菜进校园”到“袁记云饺被曝是预制菜”“春节预制年夜饭”，等等，只要是关于预制菜的相关事件，就会格外引人关注，进而引发强烈争议。

对于预制菜的态度，有人吐槽、有人喜爱，可谓处于冰火两重天。

吐槽、抵制是因为满桌的预制菜破坏了人们对于过年烟火气的传统印象。甚至有人质疑：“我可以买预制菜在家里吃，为什么到餐厅还要吃预制菜？吃新鲜现炒的菜这么难吗？”

另外，人们之所以谈预制菜色变，主要基于层出不穷的食品安全问题。一些不良商家的不法行为危及饮食安全，尤其涉及学生群体时，让人变得极其敏感。

此外，抵制和唾弃预制菜也基于观念、认知和理解的不同。在部分消费者心里，预制菜甚至被渲染成“人类饲料，不是垃圾食品而是垃圾”的形象。

之所以有这样的认知，一方面，确实有黑心商家在投机取巧，钻了预制菜的空子，生产出品质低劣、存在安全卫生隐患的菜品，太多不规范且低价的预制菜，甚至可称作“料理包”，直接流入市场；另一方面，有些人并不了解预制菜，人云亦云，认为预制菜就意味着难吃、不健康。

但从预制年夜饭的热度来看，预制菜在一片骂声中悄然崛起。且不说餐厅年夜饭是不是预制菜，单从众多品牌推出的年夜饭礼盒的销量数据，也可见大家对预制菜的需求其实并不小。

据某品牌淘宝客服称，他们的年夜饭礼盒套餐仅仅预订量就已经破万。在淘宝、京东等电商平台，搜索关键词“年夜饭”，排在前面的就是“年夜饭预制菜”“年夜饭半成品”等。

而从品牌来看，上线预制年夜饭的，不仅有安井、正大食品企业，还包括大董、西贝、广州酒家、同庆楼、全聚德、紫光园、老诚一锅这样的餐饮企业。

可以说，从电商平台到线下商超，预制年夜饭礼盒早已覆盖更大市场和更多消费者，热度持续走高。

关于预制菜赛道发展的几点思考和建议

预制菜是近年来发展迅猛的新兴蓝海产业，其产业链条长、关联广、技术要求高，成为农业产业升级的新质生产力。

在 2023 年中央一号文件中明确写道：“培育发展预制菜产业。”预制菜产业首获国家一号文件支持，是产业走向更加规范化、标准化健康发展的重要信号。

我们梳理了关于预制菜发展的相关情况和建议，但愿可以为从业者、决策者、投资者提供一些建议。

供应链布局及食品安全

预制菜是一个复杂的产品体系，除了食品的直接生产加工和销售，冷链物流配送的速度与安全性、装备生产的高效与标准化，以及出口市场的稳定程度都直接影响着预制菜产业的发展。

单从供应链来看，只有促进产业链上下游企业的协同合作，才能提升预制菜整体竞争力。这就意味着，从供应链顶端就要注重产业布局，并且要极其注重食品安全。

着眼于整个行业，目前已经布局预制菜的企业主要有以下几类：以新希望、正大为代表的原材料提供商即上游农林牧渔企业；以味知香为代表的垂直预制菜企业；拓展预制菜产品线布局的传统速冻企业；餐饮企业以及连锁商超、生鲜电商等。无一例外，这些品牌都十分注重供应链建设及食品安全。

众多入局者也推动着预制菜食品安全标准的出台。2024 年 3 月 21 日，市场监管总局等六部门明确预制菜的制作要求：生产过程不允许添加防腐剂。这不仅是入局者的基本门槛，也在推动和加强预制菜标准的后续推出。

因此，预制菜品牌想要得到消费者认可，就需严格执行国家标准，注重供应链及食品安全建设。如此才能打消消费者对于食品安全问题的顾虑，进而提升消费者对于预制菜整体的认可程度。

口味多样性和食用便捷性

无论人们的争议如何，预制菜始终是快节奏消费时代的产物。这背后固然有强大的食品供应链企业做背书和支撑，但和其他餐饮品类一样，唯有在口味和便捷等方面更加符合年轻人的餐饮习惯，预制菜产业才能更好地发展。

在口味上，我们认为，除了日常菜，还应该出品更多可以让人们尝鲜且具有不同特色的菜品。

比如，有顾客称盒马年菜中有佛跳墙、鲍鱼花椒鸡、避风塘炒蟹等硬菜，这些在大部分家庭的年夜菜中可能都属于尝鲜系列，不论是自用还是送礼，都很有价值感。

为了迎合春节的喜庆主题，预制菜品牌纷纷在年菜礼盒的命名上下功夫，如西贝的龙凤呈祥面点礼盒、龙腾四海功夫菜礼盒、祥龙献瑞礼盒，全聚德的聚德百味乐享礼盒，广州酒家的好运连连年夜饭、福禄满满佛跳墙盆菜等。

我们相信，随着预制菜产业的日渐成熟，预制菜的口碑或许会一点点好转，人们也会被更高品质、口味良好的预制菜品所征服。

从销量和评价上看，用户对预制菜是认可的，更有人直言预制菜“深入我心，真实品尝之后，才觉得高品质的预制菜的菜品、口感都不差”。

在食用便捷性上，我们认为，预制菜品牌还需要让加热操作更加方便、快捷，要更省时省力，以解决年轻人不会做饭又需赶时间的问题。

春节之前，我们走访线下时看到各大商超摆满了预制年菜，其中盒马表现得更用心，比如早早推出“年菜到家”的服务。盒马年货节商品负责人蔡女士表示，盒马上线了两百余款高性价比的春节礼盒，以满足消费者的不同需求。盒马还给消费者准备了摆盘说明，主要考虑到消费者有晒年夜饭的社交需求。他们细化了菜品的复热顺序和摆盘标准，以便消费者在复原菜品口味的同时也复原颜值。

教育消费者心智，积极布局 C 端市场

宅经济、她经济以及单身经济的发展，让预制菜的存在和发展具备合理性，但预制菜在消费者教育和心智占领方面还有很长的路需要践行。

而当下相关企业需要做的就是结合线上、线下，不断提升品牌的影响力，

一点一滴地积累，让消费者体会吃预制菜的方便。

我们认为，各大品牌应该积极布局 C 端市场。因为 C 端市场距离消费者更近，更容易打造品牌影响力，且 C 端市场未来需求量大，是预制菜产业的新蓝海。

因此，一方面，各大品牌可以将餐饮环节使用的预制菜进行明示，保障消费者的知情权和选择权；另一方面，多布置新产品试吃体验场所，通过举行定期线下试吃促销活动，让更多的人了解预制菜，体验预制菜的品质和口感。

以安井为例，该品牌深耕电商、新零售模式，将线上渠道作为助推业务的重要驱动，巩固强化与天猫、京东等 B2C 的平台合作，并对旗舰店形象、客服团队进行优化升级。

此外，预制菜售货机入驻社区的形式也可尝试。比如，在厦门某小区的预制菜售货机中不仅有红烧羊蝎子、麻辣羊蹄，还有松茸瘦肉汤、酸菜鱼等快手菜。消费者只需要用手机扫描柜上二维码，就能进入购物界面，看到具体的商品名称和价格，按照指示一步步下单即可购买。

积极布局 C 端市场的举措可以更好地提升消费者对于预制菜的接受度和获取便捷度，从而帮助预制菜企业拓宽市场。

提升产品研发力

“珍味小梅园”的创始人在接受采访时表示，随着消费者对 C 端预制菜认知度的加深，经营者的产品研发力度也需进一步加强。在未来，降低产品的试错成本、提高爆品的孵化率，将成为决定入局玩家成败的关键。

可以说，当 C 端消费者慢慢接受预制菜，市场渐渐稳固时，对于预制菜企业的考验才真正开始，而研发能力仍是预制菜企业要跨过的一道坎。因此，预制菜经营者还需要加强产品研发力。

当前，预制菜主要以肉食和海鲜为主，经营者可以尝试拓宽产品品类甚至向小众水产发力。这样既可以满足消费者的多元需求，也可以为经营者带来新的盈利点。

比如，预制菜是国联水产的重要板块，但从目前营收看，其占比只有 1/4，不足以扭转业绩低迷的局面。至于以后，国联水产称，将坚持聚焦预制菜进行商业模式升级，产品端加快向以预制菜品为主的餐饮食材和海洋食品转型。

整体来说，短时间内预制菜依然是小众赛道，预制菜产业未来的发展依然是机遇与挑战并存。

政策支持、市场空间大、科技创新等利好方面给预制菜的发展带来机遇，但行业仍面临标准缺失、质量安全等挑战。我们认为，预制菜品牌需要进一步优化供应链体系，提升物流效率，降低成本，强调绿色、安全和营养均衡的产品特性，以满足人们日益增长的健康饮食需求。当然，预制菜赛道还要朝更加细分化的方向发展，以更好地适应市场和消费群体的多样化需求。

94.

预制菜新规，一场政策引领下的行业变革

“预制菜”，这个近几年才出现的新词频频登上热搜，引发众多话题，许多人对此谈虎色变。因为热度高，它吸引了不少资本和创业者的涌入，其中不乏一些跨界大佬。根据行业报告数据，2023 年，中国的预制菜市场规模已经达到了 5165 亿元，同比增长 23.1%，整体呈现上升趋势。

一面是行业狂飙，另一面是大众对预制菜的顾虑，“在骂声中卖爆”成为预制菜的写真，预制菜甚至成为“过街老鼠”，几乎人人喊打。从另一个角度也说明，这个行业还处在原始和野蛮的阶段。消费者对它的概念界定混乱，同时，生产环境需要规范，与之配套的标准等也亟须厘清。

任何新事物的诞生都要经历从混乱到规范的过程。

预制菜新规下发，行业从混乱走向规范的第一步

2024 年 3 月 21 日，市场监管总局、教育部、工业和信息化部、农业农村部、商务部、国家卫生健康委六大部门联合印发并解读《关于加强预制菜食品安全监管　促进产业高质量发展的通知》（以下简称《通知》）。

《通知》首次在国家层面明确预制菜范围，其中净菜、主食类产品、中央厨房制作的菜肴不属于预制菜范围；规定预制菜不能添加防腐剂，严格使用添加剂；餐饮环节大力推广使用预制菜明示，保障消费者的知情权和选择权等。

《通知》下发当晚，就在各大社交平台引爆争论。

微博上，“预制菜明确不允许添加防腐剂”等相关词条被消费者顶上热搜，相关阅读量接近1亿；在抖音、小红书、视频号等平台上，一时间无数知名领域专家、博主连夜上传解读与趋势预测；更有餐饮行业、预制菜行业领头代表立刻下场发表观点。

多数人认为，预制菜行业将会迎来一场翻天覆地的变革。

明确预制菜的定义和范围，兜牢食品安全底线

这份《通知》的下发在网络上带来高流量，也给餐饮行业带来了一份明确的指示。

明确定义和范围

在《通知》中，对预制菜的定义及范围给出了明确规定：“预制菜也称预制菜肴，是以一种或多种食用农产品及其制品为原料，使用或不使用调味料等辅料，不添加防腐剂，经工业化预加工（如搅拌、腌制、滚揉、成型、炒、炸、烤、煮、蒸等）制成，配以或不配以调味料包，符合产品标签标明的贮存、运输及销售条件，加热或熟制后方可食用的预包装菜肴……”

我们平时所认为的预制菜，如速冻面米食品、方便食品、盒饭、盖浇饭、馒头、糕点、肉夹馍、面包、汉堡、三明治、比萨等，在《通知》中进行了明确归类，这些主食类食品不包括在内。

市场监管总局相关司局负责人就《通知》答记者问时表示：“就预制菜范围来说，一方面，突出工业化预加工特点。中央厨房制作的菜肴，不纳入预制菜范围。另一方面，突出菜肴属性。仅经清洗、去皮、分切等简单加工未经烹制的净菜类食品，属于食用农产品，也不属于预制菜。”

这是从国家层面明确了“什么是预制菜，什么不是预制菜”，避免了“预制菜是个筐，什么都能往里装”的尴尬。

预制菜已有明确定义，八宝粥、馒头、方便面等都不叫预制菜；洗好、切好的净菜，也不叫预制菜。

这份《通知》，清晰了预制菜与净菜、中央厨房等产业的边界划分，既避免了概念的混淆，也避免了在监管过程中可能出现的一些“误伤”。

推动餐饮环节明示，保障消费者的知情权和选择权

新规的发布，强化了预制菜的食品安全监管。之前，不乏消费者抱怨“我明明掏了大厨现炒的钱，结果却吃到了预制菜”。这样吐槽的本质在于信息不够透明，毕竟，如果商家不主动告知，特别是在点外卖的情况下，消费者很难单纯从外观和口感上分辨是否为预制菜。这也倒逼不少商家在门口悬挂“本店不卖预制菜”的招牌。

新规要求餐馆明明白白告诉消费者预制菜的使用情况，消费者点餐时就能心里有数，自己掌握选择权。

提高门槛，重塑消费者信心

一段时间以来，消费者谈预制菜色变，这是因为在大众的认知里，预制菜

准入门槛低，生产过程不规范，还有大量防腐剂的添加，等同于贴上“不靠谱”的标签。

这份《通知》中明确规定，“不添加防腐剂”“严格食品添加剂使用”，进一步明确了预制菜大概率属于冷冻食品或冷藏食品，而非常温，“未来预制菜规范发展，要采用更加科学的调味、保鲜、保质方法”。

《通知》的下发在一定限度上满足了消费者对安全营养健康食品的期待，也给被预制菜吸引过来的投资者设置了一个高门槛，是对预制菜产业的一次重构，保留“良币”，驱逐“劣币”，推动预制菜产业向更加规范化、安全化的方向发展。

新规制定，推动餐饮行业发展

《通知》的落地是对消费者信心的一次有力提振，新规的实施为消费者提供了更加明确和透明的选择。意味着对餐饮业提出了更高的标准和要求，对于餐饮品牌而言，也是一件好事。

第一个好处是能够为产品标签正名。之前有一些模糊不清的界定，现在可以做出名正言顺的回应了。比如有一些餐饮企业有自己的中央厨房，很多产品会在那里进行初步加工，再到店里二次加工，以前这种类型的产品被叫作预制菜，有了新规后，之前频频公示的“本店承诺不卖预制菜”的告示牌大概率也实至名归：真的没有卖从市场上采购的、只进行复热的菜品。

第二个好处是促进行业优化。随着政策的持续改进和新规定的出台，预制菜加工、运输等各个环节的规范得以明确，这标志着餐饮业的监管正在变得更加严格，未来将更加考验供应链企业的管理和整体实力，同时也推动了行业迎来新的升级。好企业能够站稳脚跟，只图快速生产而牺牲食品质量的小作坊将逐渐在市场上失去立足之地。

第三个好处是改变消费者对预制菜的看法，促进行业分层。预制菜领域营销专家王金涛认为，《通知》的下发，一定限度上为预制菜产业的成熟发展提出了品质提升与保证，也规避了消费者负面认知的进一步扩散与蔓延。他还表示：“预制菜的本意是食品工业的进步，而非退步。在一个成熟的生产环境和理性的消费环境中，未来预制菜赛道的企业和单品也会出现‘高、中、低’的分层，但是目前市场上还没有这个概念，仍停留在贴标签的局面上。”

预制菜新规的下发是推动产业良性发展的重要一环。目前，各种对预制菜新规的解读还在不断涌现，但毋庸置疑的是，在新规的指引下，预制菜行业将逐渐摆脱过去的野蛮生长状态，朝着规范的方向发展，在政策的引领之下，为餐饮业带来了一次转型和升级。

无论如何，这都宣告着传说中的预制菜正式提上了日程。未来预制菜的发展何去何从，让我们一起拭目以待。

95.

AI 来袭，炒菜机器人助力餐饮更科学健康

第七次全国人口普查数据显示，我国 60 岁及以上人口已占总人口的 18.7%，人口老龄化程度进一步加深。近年来，为加快构建老年友好型数字社会，各地积极推出智慧长者食堂和养老服务一卡通等措施。在数字技术迅速发展的背景下，关系着中国老百姓一日三餐的 AI 炒菜机器人应运而生。

经过这两年的发展，人们逐渐认识到，AI 炒菜机器人是具有很大社会价值的，但制约其发展的瓶颈也非常多，如成本、效率及怎么能让老百姓用得起、用得舒服等。

我们认为，AI 炒菜机器人的使用既能给老年人带来实质性帮助，又能推动餐饮行业的发展，应发挥其让餐饮变得更加科学化、健康化的优势，同时技术研发、企业参与、多行业协同等手段会提升 AI 炒菜机器人的稳定性、安全性及使用场景的多样性。

改善厨师工作环境，缩短学艺时长

今天，中国先进的 AI 炒菜机器人技术已经运用到了最传统的中华美食的餐厅后厨里，某企业已有超过 1500 家餐厅、3000 名厨师在用 AI 炒菜机器人。另外，一些先进的养老机构、酒店、大型企业食堂后厨也有 AI 炒菜机器人的身影。

AI 炒菜机器人最大的优点就是改善了厨师工作环境，缩短了学艺时长，解

决了部分厨师用工荒的问题。数据显示，2023 年中国餐饮总规模接近 5 万亿元，餐饮行业的经营主体数量已超过 600 万家，但人社部发布的全国最缺工的 100 个职业中，厨师连续 3 年登榜，预计缺口达到 400 万人。

越来越多的年轻人对厨师行业产生抵触情绪的主要原因是：一方面，中国餐厅的后厨是传统的具有高温、高湿的环境，工作环境恶劣；另一方面，年轻人对厨师的培养周期长也有抵触心理。厨师培养及招工难的问题日益凸显，成为餐饮企业面临的重大挑战。

而 AI 炒菜机器人的出现与年轻人对技术的兴趣相契合，既能减少厨师站立在灶台前的时间，减轻厨师的工作强度，让厨师职业更体面，也可以降低厨师的准入门槛，缩短学艺时间，提升年轻人的兴趣，从而让餐厅经营者更容易招聘和培训厨师团队，推动整个餐饮行业的发展。

此外，AI 炒菜机器人还可以胜任大厨助手的角色，辅助烹饪，简化大厨烹饪过程中的重复劳动。此前，曾有餐饮从业人士介绍，厨师的最佳工作状态可能只有一两个小时，厨师在长时间工作出现疲劳后，菜品的质量和口感的稳定性可能会下降。

AI 炒菜机器人或许可以解决这个问题。利用厨师和 AI 炒菜机器人的搭配，大厨只需要负责注入炒菜的“灵魂”，做好菜谱的研发和创意，AI 炒菜机器人则是实现躯体动作，解决重复劳动的部分，并把大厨的想法复刻出来，从而确保餐饮质量的始终如一。

让餐饮更科学、更健康

AI 炒菜机器人的问世可以让老百姓吃得更好，并在未来的养老产业中发挥重要作用。

据统计，目前全国 60 岁以上的老年人人数已经超过了 2.8 亿，人均预期寿命为 77 岁。预计到 2025 年，60 岁以上的老年人口数量将超过 3 亿。进入中度老龄化阶段后，老年人对于智能化设备的需求将会不断增加，养老机构对厨师的需求量也在增加。

老年人需要的是定时定量、少油少盐、软烂易消化的食物，厨师很难做到精准到克，而 AI 炒菜机器人则能够实现新鲜现炒、价格实惠、营养健康兼得，为老年人的饮食做出贡献。

比如，我们常常遇到这样的困扰：菜谱上写着盐少许、糖少许，但我们很难把握这“少许”究竟是多少分量。好在数字化内容、个性化推荐和 AI 技术成熟后，能够带给普通消费者实实在在的好处。

目前，一些 AI 技术已经运用于烹饪过程的温度控制当中，比如自研 AI 控温能根据食材克重、起始锅温的不同，自适应烹饪所需要的最佳温度、时间和转速。

为了确保消费者在使用不同食材时仍能获得满意的口感，目前 AI 炒菜机器人还在通过深度学习不断优化烹饪工艺，以为老年人提供更科学、健康的餐饮服务。

我们认为，可以通过研究数据要素，进一步促进算法和算力的融合性发展，以推动 AI 炒菜机器人为老年人以及社会各界，包括不愿做菜的年轻人提供更有针对性的服务。

由于餐饮业非常分散且复杂，目前，许多致力于 AI 炒菜机器人的企业都在进行不同细分行业产品的打磨，包括用于社区食堂的团餐 AI 炒菜机器人、针对需要单份出餐的小型化的 AI 炒菜机器人，还有专门用于制作面点或浇头的 AI 机器人等，方便为更多机构、更多人群服务。

技术的发展关乎每个人舌尖上的安全

在推广和使用过程中，AI 炒菜机器人也面临一些问题。比如，AI 炒菜机器人的价格高于人工成本，对于许多餐饮从业者来说，接受度可能会较低。作为一个新兴行业，行业标准的制定也迫在眉睫。另外，网络安全和数据安全问题也不可忽视，因为一旦在这些方面出现问题，轻则会导致服务不到位，重则造成经济损失。因此，需采取专业的措施来保障数据的安全性和隐私性。

此外，AI 炒菜机器人对于餐厅是至关重要的生产工具。如果 AI 炒菜机器人停工了，餐厅就要歇业，所以餐厅对降低 AI 炒菜机器人故障率水平的要求非常高，甚至超过汽车工业。

我们认为，因为对 AI 炒菜机器人自身质量和稳定性的要求非常高，为确保 AI 炒菜机器人在恶劣环境和随机操作下仍能保持较高的稳定性，需要建立全国范围内的响应机制，以便在出现故障时能够迅速响应并解决问题。厂家更要积极制定保险机制等优秀解决方案，保障客户的经济利益。

从保险的角度来看，保障 AI 炒菜机器人的顺利运行和服务至关重要。AI 炒菜机器人依赖于数据支撑、电力保障以及设备完整性，这些都是确保它能够持续、稳定地为消费者提供服务的关键要素。因此，厂家应该提供针对设备损坏、故障等问题的保险，确保设备在遭受意外损失时能够得到及时的修复或更换。

比如，针对电力供应的安全问题，有一种保险叫作营业中断保险，它可以为因电力中断等原因导致的服务中断提供经济补偿。我们也期待更多针对 AI 炒菜机器人的保险种类能够出现，可以托底 AI 炒菜机器人更好发展。

总之，AI 炒菜机器人的发展确实任重而道远，并不只涉及餐饮行业和餐饮企业，而需要制造业、保险业等多行业、多企业共同参与。相信随着更多有温度、有热度的 AI 炒菜机器人进入人们的生活，守护每个中国人舌尖上的安全，人们的生活会更加便利，整个餐饮行业也将向着技术化、智能化方向发展。

96.

对抗周期，
掌握好人流、信息流和心流

餐饮行业竞争激烈，有餐企因无法存活而被市场的洪流所淹没，也有淄博烧烤和贵州村超意外地带火了小城镇的餐饮业。

2024 年 4 月，淄博市商务局数据显示，淄博烧烤火遍全国后，在清明前后一个月的时间，淄博重点监测零售企业销售额同比增长 17.02%，重点监测餐饮企业营业额同比增长 113.3%。

由此可见，餐饮业并非集体低迷，而是部分餐企因没有竞争优势才被淘汰。

淄博烧烤和贵州村超带火城镇餐饮业的现象也给餐饮企业一个启示，就是餐饮企业需要掌握人流、信息流和心流这三种趋势，才能在激烈竞争中维持自身优势。

人流：客流量是餐饮业的基础

各个行业都无法离开人流。只有人流动起来，才会有财，在餐饮业，客流量也是企业发展的基础。

如何让人流动起来，走出家门到店消费，是餐饮企业首先要解决的问题。

我们认为，在经济快速发展、生活压力越来越大的今天，人们更向往轻松、自然、充满趣味的乡村生活。这也意味着自然、接地气、具有烟火气的就餐氛围更能带动消费。

就像“江小白”的老总说的：“烟火气可以让人流走出家门，然后带动餐饮业。”

贵州村超就是一个非常典型的案例。在一项简单的村足球联赛中，以赛促宣、以赛促健、以赛促文、以赛促旅、以赛促销，农文体旅商融合发展，这是乡村振兴中对产业振兴、文化振兴的践行，也是文化振兴带动餐饮业发展的生动证明。

这更让我们看到，乡村野生的、自然质朴的、百姓底层的、市井烟火的、戏谑有趣的、表面“不正经”但背后有深刻价值与意义的、不装的、朴素质感的、自嘲的就餐氛围正焕发生机。

当游客为了感受村超气氛远赴千里时，当地的人气就被推到鼎盛，也彻底带火了贵州省的旅游季，带来服务业和餐饮业的持续升温。

受村超系列赛事的助推，2023 年，台江县累计接待游客 640 余万人次，实现旅游综合收入 85 亿元，同比增长均超 70%。更有数据统计，贵州村超期间，有的餐馆一天卖完两头牛，有小吃摊一天狂卖 2000 碗卷粉，宾馆一房难求，特色农产品供不应求……借助村超，当地餐饮业及其他行业都迎来了巨大的流量。

其实，文化产业也好，餐饮业也好，只有越接地气，激发百姓对生活的热忱，才能越受欢迎，覆盖更广泛的客群。

因此，我们认为，是经济周期和文化现象双重原因带来了餐饮业人流方向的巨大变化，以打造烟火气为特色的餐厅几乎成为餐饮市场的新亮点。那些店面较小、价廉物美的，装修富有烟火气的餐厅，更容易吸引人流，也更具有竞争力。

信息流：酒香也怕巷子深

餐饮企业想要出圈，更需要掌握流量密码。

以前都说“酒香不怕巷子深”，如今是“酒香也怕巷子深”，因为顾客的手机就是餐饮企业流量的来源。餐饮企业争抢不到流量，也就意味着失去了客源。

海底捞的“科目三”火成了现象级。连海底捞这么大的上市公司企业都重视视频内容、自媒体内容、流量，流量的重要性可见一斑。因此，其他餐饮企业更应该在流量方面重点运营。

视频流量是当下最直观的信息流，餐饮类所有的广告宣传、门店运营都可以围绕如何做视频流量展开。

在短视频营销引流方面，商家可以通过提高视频质量、增加创意内容、软硬广告相结合的策略来提升门店的流量。

具体拍摄内容可以是展示特色菜、门店环境、人气场景、菜品制作过程以及有趣的人物和故事等，从而吸引顾客关注并到店消费。

总之，餐厅要出圈，做好味道、保证食品安全是基本功，除了这些，流量运营也十分关键。

因此，无论是广告宣传还是门店运营，围绕如何制作高质量、有趣的视频内容来吸引和保持观众的关注，有助于提升品牌知名度和销售额。

心流：做到专业且优秀，才能带来现金流

我们认为，一切产品和体验者能够给顾客带来心流，可谓做到了最高境界。

无疑，色香味俱全是餐饮的基础条件。但中国古人讲究韵和魂，这是比味道更高级的东西，是精神层面的，且没有边界和极限。

古人说，欲多则心散。

餐饮人要放下精神负担，专注于企业经营的基本功，专注当下，专注塑造餐饮灵魂，才会渐渐找到“打通任督二脉”的感觉，才会更有创造力，也才会让消费者找到心流状态。

不管是人流、信息流，还是心流，最终要回到现金流。现金流是结果，有了人流、信息流和心流，现金流入就会变多。

但同时一定要克制快速扩张的想法，慢慢做，不着急，做稳了再去扩张，甚至在经营低迷时，果断选择闭店也是理性明智的选择。

当下市场处在一个错配的、困难的长周期中。我们认为，在新的长周期里，初期回报是小于努力的，或者说回报延时会更久，但从长期来看，终究要回归均值。

所以，餐饮企业经营者应守住初心，不管外界形势如何，掌握好人流、信息流、心流，同时打好扩张的坚实基础，在回报周期来临时方能脱颖而出。

97.

上市之路，新茶饮 IPO 的 7 个关键词

餐饮企业上市不仅可以提升品牌知名度和影响力、拓宽融资渠道、吸纳更多优秀人才，还能带来更好的市场机会与战略选择，从而在激烈的市场竞争中实现持续发展。

目前，新茶饮赛道上市扎堆，随着新茶饮品牌逐一踏入资本市场，谁将成为下一个新茶饮的上市企业一直成为行业的关注点。以下是我们总结的关于企业上市的七个关键词，希望可以给想上市的餐饮企业提供一些参考。

关键词一：新股上市

继奈雪的茶、古茗成功登陆资本市场后，蜜雪冰城和沪上阿姨有望成为新茶饮第二股。

2021 年，奈雪的茶成功登陆资本市场后，几个茶饮品牌也纷纷着手首次公开募股。到目前为止，有 4 家茶饮品牌已经正式向市场展示他们的上市计划。

根据中国证监会的规定，国内企业若欲海外上市，必须首先完成备案。茶百道于 2023 年 12 月 21 日完成了该备案流程（有效期为一年），满足了港股上市聆讯的前置要求。但其 2023 年 8 月 15 日提交的招股说明书已失效（有效期为 6 个月）。

这也意味着，蜜雪冰城和沪上阿姨仍有成为新茶饮第二股的机会。2024 年 2

月 14 日情人节，沪上阿姨正式向香港交易所提交了上市申请文件，寻求在主板挂牌交易。此举标志着沪上阿姨在已经火热的新茶饮第二股的竞争中投下一枚震撼弹。

我们认为，在批量上市的背景下，率先挂牌的企业将对后续企业的上市之路产生深远影响，也将成为整个行业资本市场态势的风向标。

若率先上市的企业能够展现出强劲的市场表现，便会吸引更多的投资者关注新茶饮领域。然而这种积极的市场反应同时也意味着设定了更高的标准和预期，可能会对随后上市的企业构成额外挑战。

反之，如果先行者的市场表现未达预期，甚至出现破发的情况，则可能对整个新茶饮的资本市场情绪造成负面冲击。这样，后来者在寻求资本市场支持时，会面临更为严峻的资金环境和市场评价，增加不确定性。

关键词二："江湖座次"

当前，新茶饮品牌排名前五位的分别是蜜雪冰城、古茗、茶百道、沪上阿姨、书亦烧仙草。

据灼识咨询的数据统计，无论是按照 2023 年前 9 个月的终端零售额、饮品出杯量计，还是以截至 2023 年 9 月 30 日的门店数量计，蜜雪冰城毫无疑问是我国最大的现制茶饮品牌。

古茗门店数排名第二，为 8578 家；茶百道门店数排名第三，约为 7500 家；沪上阿姨则靠着 7297 家门店，排名第四；书亦烧仙草有约 7000 家门店，排名第五。

但各品牌也纷纷有着自己的第一：古茗称自己在中国大众现制茶饮店品牌中排名第一，即在 10 ~ 20 元价格区间的市场份额位列第一；沪上阿姨称自己在北方中价现制茶饮店品牌中排名第一。

根据弗若斯特沙利文的数据，中国十大新茶饮企业中，茶百道是在 2020—2022 年零售销售额年复合增长率最高的品牌。灼识咨询的数据显示，2022 年及 2023 年截至 9 月 30 日前的 9 个月，以全系统门店数目及 GMV 增长率计算，沪上阿姨是前五大现制茶饮店品牌中增长最快的。

当然，除了稳坐泰山的蜜雪冰城，古茗、茶百道、沪上阿姨的“江湖座次”也是暂时的。灼识数据预估，2022—2027 年，中国中价现制茶饮所产生的 GMV 将按 23.1% 的复合年增长率上扬，未来还有足够的成长空间和整合空间。

关键词三：舍命狂奔

门店网络的扩展能力往往被认为是新茶饮品牌取得成功的关键因素之一，对于各茶饮品牌来说，门店数的万店规模是一个重要的里程碑。在追求万店目标的过程中，各品牌也采取了不同的扩张策略。

茶百道与蜜雪冰城相似，门店分布得更加广泛。古茗则更注重特定区域的深度开发，致力于门店的区域加密。沪上阿姨在北方的门店数超过南方，并且为了下沉市场推出了不同的店型。但各茶饮品牌出奇一致的策略是都在积极布局下沉市场。

茶饮品牌门店在各线城市分布情况

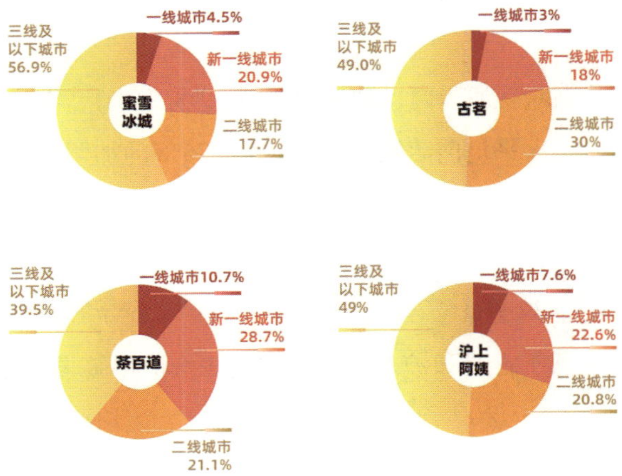

各品牌采取不同的扩张策略，但都瞄准下沉市场。

在一线城市，茶百道占比超过 10%，三线及以下城市仅有 39.5%，显示出其在下沉市场仍有较大的扩张空间。

蜜雪冰城在打响知名度后，已经加快在北京、上海等一线城市扩张，不过由于下沉市场基数更大，其一线市场占比也仅有 4.5%。

古茗有近八成的门店位于二线及以下城市，和蜜雪冰城一起印证了下沉市场的消费潜力。截至目前，古茗仍未在上海和北京开店，这也是其一线城市只有 3% 门店的原因之一。

在适应下沉市场的过程中，沪上阿姨推出的轻享版店型截至 2023 年 9 月末仅有 40 家，其有效性和市场接受度还需进一步观察和验证。

关键词四：加盟竞赛

无一例外，蜜雪冰城、古茗、茶百道、沪上阿姨均依赖与加盟商的合作以迅速扩展其门店网络，也因此积累了庞大的加盟商队伍。

蜜雪冰城的加盟商数量达到 16281 个，以同期加盟商门店数除以加盟商数量进行粗略计算，蜜雪冰城的加盟商平均每人开 2.2 家店。若以同样口径计算，古茗、茶百道、沪上阿姨等加盟商平均开店数分别为 1.95、1.18 和 1.69。后三者平均开店数较低，一定限度上是近些年新加盟商的快速增加拉低了整体平均数。

古茗在招股书中表示，若剔除新加盟商，截至 2023 年 9 月 30 日，在经营古茗门店超过 2 年的加盟商中，每人平均门店数量为 3.1 家，75% 的加盟商经营两家或两家以上的加盟店。

沪上阿姨则披露，2023 年前 9 个月，现有加盟商开设的新店占 47.3%。拥有一家门店以上的加盟商占比为 32.3%。

茶百道的平均开店数明显低于古茗和沪上阿姨。这是一个值得警惕的信号，可能代表着加盟商的信心不足。

此外，在注重扩店数量的同时，各品牌方也非常重视对加盟商实施更严格的管理，严选加盟商是第一步。

沪上阿姨对加盟商的挑选标准包括但不限于:“热衷于茶文化及现制作茶饮行业;具有创业精神;拥有前进的动力;认同我们的企业理念及品牌概念;拥有团队合作的能力;具备地方人文知识及相关专业知识;有一定的财务基础等。”

蜜雪冰城在招股书中称,国内的大量加盟申请中只有不到 5% 得到了批准。茶百道在招股书中表示,只有 4% 的加盟商候选人能够通过筛选并成为加盟商。

关键词五:吸金大法

为追逐利润,各茶饮品牌在客单价和加盟服务费上各出奇招。

从招股书中可以看到 2023 年前 9 个月蜜雪冰城、古茗和沪上阿姨的经营状况(茶百道仅有 2023 年第一季度数据,不列入比对)。从营收和净利润上看,2023 年前 9 个月,蜜雪冰城实现了 159.33 亿元的营收以及 24.53 亿元的净利润,相当于 11.13 天就能净赚 1 亿元。虽然蜜雪冰城的定位为平价现制茶饮,其毛利率却并不低,为 28.72%。

古茗门店数比沪上阿姨多了 1287 家,即多了 17.65%,但是 GMV 却为后者的 1.92 倍,营收却是后者的 2.2 倍,净利润是后者的 3.1 倍。

从客单价上看,古茗和沪上阿姨的客单价差距不大(分别为 28.1 元和 27 元),被拉开差距的原因在于杯量,这受到产品策略和市场布局的差异性影响。

此外,蜜雪冰城、古茗、茶百道、沪上阿姨的收入绝大部分来自加盟业务,蜜雪冰城和茶百道的商品销售收入高达 9 成,古茗和沪上阿姨的商品销售收入也超过 7 成。

不同的是,古茗的加盟管理服务费用贡献了 19.5% 的收入,沪上阿姨的加盟服务费占到收入的 16.4%。两者的数据远高于蜜雪冰城和茶百道。

差别在于,蜜雪冰城收取固定的加盟费、管理费和培训服务费,与经营业绩无关。古茗的加盟管理服务费用中 17% 是持续支持服务费,也就是加盟商为供应链、门店运营、技术支持、营销推广支付的费用,与加盟门店的采购金额挂钩。

尽管加盟管理服务费用相对较高,但古茗的单店经营利润也高。招股书显示，2023 年古茗加盟店单店经营利润为 37.6 万元，加盟商单店经营利润率达到 20.2%。同期，中国大众现制茶饮店市场的预计单店经营利润率为 10% ~ 15%。

关键词六：产品战争

各品牌之间有着不同的定价策略和产品矩阵，常青款依旧是营收主流。

在价位上，蜜雪冰城的价格定价为 2 ~ 9 元，其最受欢迎的两款产品冰鲜柠檬水和珍珠奶茶的定价分别为 5 元和 7 元。古茗的定价为 10 ~ 18 元，沪上阿姨的定价为 7 ~ 22 元。茶百道的跨度最大，定价范围为 8 ~ 26 元。

随着消费者越来越注重产品品质和性价比，一些较高价格的新茶饮料品牌开始重新调整定价策略，这加剧了平价新茶饮料市场的竞争。

在产品打造上，虽然季节性上新的茶饮和联名不断吸引消费者的目光，但常青款和经典款依旧是贡献 GMV 的大头儿。

蜜雪冰城的常青款包含冰鲜柠檬水、新鲜冰激凌、蜜桃四季春、满杯百香果等，5 款常青款产品就占到了中国总出杯量的 42.3%。

古茗的超 A 芝士葡萄、超 A 芝士桃桃、一颗香水柠、满杯杨梅等果茶饮品，占据售出总杯数的 51%。

茶百道店内 SKU 平均为 35 款饮品，其中经典 SKU 占比约为 60%，包括杨枝甘露、豆乳玉麒麟、招牌芋圆奶茶、茉莉奶绿及西瓜啵啵等。

关键词七：全球征途

国内市场“内卷”，新茶饮品牌将国际市场当作新的业绩增长点。

招股书显示，截至 2023 年 9 月 30 日，蜜雪冰城已经在海外 11 个国家开设了约 4000 家门店，成为东南亚市场最大的茶饮品牌。

茶百道将海外扩张列为发展战略之一，优先扩展东南亚地区市场。沪上阿姨则在招股书中表示，计划在马来西亚及菲律宾、北美等地开设海外门店。

古茗则表示，“将持续评估进入境外市场的机会”。国内依旧是布局的重点。

毕竟，古茗还有 19 个国内省份等待开发，拥有广阔的发展空间。

国内同行们的进展也非常快，霸王茶姬海外门店超过 65 家，喜茶开放多个海外城市合伙人申请，奈雪的茶重启海外征程，海外首店落地泰国，甜啦啦计划进军北美、欧洲、中东。被认为过气的快乐柠檬也早就成功插旗北美。

当然，国际化扩张进程势必遇到挑战，部分新茶饮品牌在出海的过程中，就遇到了产品定价争议、当地加盟商维权等挑战。

其实，无论是在国内市场深耕还是勇闯国际舞台，新茶饮品牌都面临着不断的挑战和机遇。这场新茶饮上市潮不仅是品牌实力的较量，也是市场认可度的检验。它反映出新茶饮行业内部的激烈竞争，以及品牌如何通过不断创新和调整策略来应对市场变化的灵活性。

我们也坚信，只有那些准确把握市场脉搏、不断优化产品和服务，并有效应对挑战的品牌，才能在激烈的竞争中脱颖而出，持续领跑。

98.

穿越周期：极致单品 + 内容打造 + 数字化升级

据美团的一份报告显示，中国餐饮品牌的平均生命周期仅有 508 天。实际上，比起穿越生命周期，很多餐饮品牌还未走完一个周期，就已经消失在我们的视野中。比如，顶流单品竹筒奶茶、全网打卡的围炉煮茶都在爆火过后快速凋谢。

无论市场趋势如何转变，营销玩法如何更迭，各大品牌变着花样进行创新的背后，映衬的都是对穿越周期的焦虑和渴望。

在越发严峻的行业态势下，“探鱼”作为一个成功穿越生命周期的餐饮样本，经历 10 年风雨洗礼，仍然能屹立行业领先地位，并且增长势头不减，与其对市场的趋势把握、对消费者群体的深刻洞察，以及长远、周到的产品策略息息相关。

通过观察、思考探鱼“穿越周期，新势领航”10 周年活动，并回顾其发展历程，我们可以窥见，持续变革是探鱼品牌得以穿越生命周期的答案。

产品迭代是品牌突出重围的关键

烤鱼市场越来越“卷”，烤鱼品类的同质化问题也逐渐凸显，大部分烤鱼门店无论是食材、味型还是配菜，都高度相似。无疑，产品设计成为品牌突出重围的关键。

在单品为王的时代，探鱼聚焦打造极致单品，占领消费者心智。

《2023 年中国烤鱼行业洞察白皮书》指出，如今烤鱼消费者中 90 后和 00 后的人群占比近 50%，他们的口味普遍偏好刺激型，麻、辣等口味长期受到青睐。

为迎合如今消费者的口味，探鱼推出了首创的鲜青椒烤鱼，因其极致释放的爽麻口味，获得了年轻消费者的青睐。在其 10 周年的发布会上，探鱼还被弗诺斯特沙利文认证为“鲜青椒烤鱼口味首创者”。

鲜青椒烤鱼作为探鱼的招牌产品，通过鲜青椒赋予烤鱼丰富、劲爽的爽麻口感，成为消费者百吃不腻的烤鱼味型。这个够麻、够辣、够爽的“鲜青椒宇宙”，进一步强化了品牌记忆点。

探鱼具有非常清晰的产品思路：一边，强化鲜青椒的爽麻口味特征，纵向加深味型记忆点；另一边，发掘更多的新食材并创新研发新产品，横向提高菜品丰富性。

探鱼注重产品迭代，以维系消费者的消费欲望，吸引消费者的复购。

在鲜青椒烤鱼作为自身美食发展的基石后，探鱼基本保持两月上新的频率，持续研发新品，保证产品的新鲜感。

仅 2023 年，探鱼就对鲜青椒烤鱼进行了多次迭代。4 月，“探鱼”推出了鲜青椒葱葱烤鱼，加入的新鲜红葱和一整棵东北大葱在视觉上赚足了眼球，味型上增加的葱香风味，实现了菜品的双倍爽麻；为消费者提供的剪葱仪式更营造了新奇的体验感。据了解，鲜青椒葱葱烤鱼上市 7 天，销量比之前同期上新的烤鱼上涨 105%。同年 9 月，探鱼结合北京传统口味，创新推出鲜青椒羊蝎子烤鱼，鱼、羊一锅，口味更加鲜香。11 月，探鱼又和悲伤蛙联名推出了新的鲜青椒蛙哈哈烤鱼，通过牛蛙 + 烤鱼两款热门单品的组合，增加食材的丰富度，进一步强化了爽麻口感。新品上市期间，探鱼的营业额同比增长 10%，其中新品销售占比 40%。

探鱼的产品打造模式也告诉我们，以“爆品 + 创新”的产品架构持续推新，可以给消费者不断带来新鲜感和满足感。

创新服务方式，是提升品质的重要抓手

任何一个餐饮赛道都“卷”出天际，要想突出重围，除了在产品研发上下功夫，我们认为，在服务和供应链上也要下功夫。

在就餐体验上，探鱼通过“产品 + 服务”双驱模式提高顾客的用餐沉浸感：一方面，专注研发创新口味，从小吃、饮品，到火锅、烧烤，覆盖多种品类，满足顾客用餐需求；另一方面，坐下点菜时就能吃到九宫格小吃等细节，为顾客提供全方位贴心服务。

作为一家烤鱼连锁品牌，为确保菜品的品质和口味一致，探鱼也从供应端建设和烤鱼制作流程方面统一了标准：

第一，为了保证分布全国各地的 300 多家门店有稳定的产品供应，探鱼在广州南沙区斥巨资打造了集生产、品控、仓储、运输、研发于一体的供应链生产基地。

第二，探鱼通过反复打磨菜品制作的流程细节，为一条色、香、味俱全的烤鱼总结出了黄金 8 分钟的全新烤制标准，以统一标准，保证菜肴品质。

关注环境体验与个性氛围表达

近几年，餐饮行业正面临新一轮的洗牌变革：吃饱喝足之外，人们也开始关注用餐环境、文化氛围及个性化表达。

商业嗅觉灵敏的探鱼早已开始尝试通过多款不同风格的门店设计，突破传统

餐饮的刻板印象，让消费者在不同主题场景与活动互动下，能够得到丰富、有趣的沉浸式体验。

比如，主打夜宵场景的探鱼 POP 店，门店装潢色调更有夜生活氛围，同时上新了多款消夜单品，为热衷夜宵文化的年轻群体提供一个聚餐好去处。

走科技感路线的探鱼 LAB 店在门店整体结构上增加线条分明、金属感十足的鱼叉灯、金属管线，以黑金主调呈现出未来科技氛围，从细节上展现先锋感，科技感十足。

充满游戏体验感的探鱼 RICH 店的面积更大，布置更豪华，设计风格上融入了如金币、钱庄、车站、机场等游戏元素，在“游戏世界观”的框架下，完成了童年经典经营类桌上游戏的现实复刻。门店内还加入了饮品 DIY 台、KTV 包厢等场景，一站式实现吃喝玩乐的全维体验。

总之，这种“文化 + 细节场景 + 自我变革的组合”成为门店引流拉客的利器。消费者在此获得超越用餐的满足感，甚至有消费者专门为了体验门店氛围而来消费。

跨界联名，让品牌持续俘获年轻人

我们认为，对品牌来说，年轻消费者永远都有，与这个群体时刻保持沟通是一个品牌生命力的体现，也是跨越周期的关键。

因此，面对市场风向的不确定性，品牌不仅要向内革命，在产品研发上满足年轻人的口味，更要向外拓展，通过联名，扩大品牌势能，以持续获得年轻人的偏爱和认可。

但联名不是简单对热点的追逐，也不是一味讨好年轻人，而是要真正理解年轻人，融入年轻人圈子，提供物质与情绪的双重价值，让年轻人保持热情与新鲜感。

探鱼一向以懂年轻人著称，通过跨界联名的方式，让年轻人保持对品牌的忠诚。

以此次探鱼与悲伤蛙的联名为例，正是因为洞察到年轻人在高压环境下急需释放的情绪，探鱼通过“探鱼哥”经典的 IP 形象与年轻人的互联网嘴替“悲伤蛙”联合，用表情包、捏捏乐等实质载体达成品牌与年轻人群体的情绪共频，在这场既走心又走胃的联名营销中，最大化满足年轻人用餐的情绪价值与社交需求。

在10年间，探鱼也先后与超级植物公司、WPS、蓝氏宠物、元气森林等年轻化IP进行跨界联名。在对年轻人情绪的精准洞察下，这一系列契合年轻人情绪的跨界联合无疑得到了他们的认可与偏爱，达成品牌的二次破圈。

可以说，品牌一脉相承的年轻化基因，成为探鱼与年轻人长久保持连接的秘诀。

小程序＋社群＋直播的私域运营模式

身处互联网营销时代，用户的注意力不断被分散。如何将用户流量留住，同样是各大品牌共同思考的问题。

我们认为，随着公域获客成本不断攀升，入局线上运营私域流量以带动线下门店，提升门店客流和销售是个不错的办法。

在获取用户流量与守住用户流量方面，探鱼给出了“小程序＋社群＋直播”的私域运营的打法。

一是，在其他品牌只是用微信小程序做优惠折扣时，探鱼选择重视并升级优化微信小程序，开发“探鱼事务所”沉浸式体验游戏，既建立了品牌与消费者的直接连接，也因为小程序点击即可关注的特性，促进消费者使用概率大大增加，最大限度将平台流量转化为品牌的流量。

二是，在各大移动端社交平台上，探鱼对用户进行精准的营销和服务。探鱼总结出以“达人探店＋优质内容”的抖音导购消费和“用户分享＋口碑打造”的小红书种草体系，打造私域运营玩法，让新媒体助力流量＋销量的双增长。

三是，实行“线上引流＋线下提升体验”的协同传播。

此次10周年活动开始前，探鱼通过微信公众号、小程序、各大私域社群等多个渠道进行线上预热宣发，为10周年活动蓄势引流。活动期间，探鱼联合各类平台KOL、KOC不断产出优质活动内容，以获得更多用户关注，引起用户自发性分享，提高讨论热度，最终形成社交裂变式分享。另外，借助平台优势，探鱼还为该活动启动了现场直播，进一步炒热这次庆典的欢乐氛围，助推门店销量的增长。

而针对线下的活动宣发，探鱼也没有走传统的老路子，而是构建了会员、营销、服务、经营管理一体化的数字化中台，为消费者提供更优质贴心的产品与服务。在 10 周年活动期间，探鱼不仅线下举办生日会，生日宠粉大发福利，获得会员用户更高的认可度，增强了品牌忠诚，大大提升了会员体验，巩固了私域门店会员，也激发了存量用户带新，辐射了更广泛的人群。

总之，通过搭建精准化营销系统，目前探鱼积累的私域流量已突破 3000 万人，在连锁餐饮品牌中位居领先水平。同时，线上、线下全链路协同，传播互哺，也助力了品牌活动的破圈传播。

从探鱼穿越生命周期的成功经验中我们得出，在网红餐饮快速消失的时代，餐饮行业从品类红利过渡到品牌红利，头部品牌在具备更强的品牌势能、连锁能力、供应能力的情况下，活化互联网思维、新营销思维成为餐饮创新的要点，“极致单品 + 内容打造 + 数字化升级”或将成为新的通用模型。

99.

趋势的力量：新的餐饮机会点正在显现

2023年，餐饮企业放开加盟，奔赴万店，加速出海，冲击IPO，拥抱下沉市场……尽显热血澎湃，行业强势复苏。中国餐饮收入首破5万亿元大关，达到52890亿元，同比增长20.4%。3年的磨炼刷新历史的喜报，稳固、增强的数据也昭告着餐饮业已经满血复活。如今，餐饮生态开始迈入新纪元。

在餐饮业狂飙复苏的时代里，餐饮品牌要想在激烈的竞争中脱颖而出，就要先厘清餐饮发展的六大新趋势，以便制定相关战略，助力未来的发展。

趋势一：咖啡赛道门店激增，品类开始加速细分

2023年，咖啡赛道的发展势头依旧迅猛。虽然在价格战的桎梏下，一些小众精品咖啡店纷纷倒下，但仍有一些赛道黑马蹿出，更有万店品牌出炉……

国内现磨咖啡市场门店数量增长达到惊人的58%。咖啡市场一片火热，与此同时竞争也日趋白热化，通过赛道细分来打开增收、增利的新局面已经势在必行。

咖啡品牌需要进行更多尝试，不仅要在布局时占据消费者的工作和休闲场景，未来还可以在更多学校、旅游景区，甚至航站楼等每一个消费者可能经过的地方，真正让咖啡渗透到日常生活，根植于消费者的心智，从而进一步完成各个阶层的消费习惯教育。

趋势二：茶饮赛道疯狂“内卷”，规模化进程加剧

2023 年，茶饮品牌出海、下沉，冲击 IPO，集体开放加盟，打造出了很多爆品和新品牌。

规模化进程加速，赛道“内卷”加剧，但同时创新也带来了市场新的细分机遇。

茶饮品牌不仅可以在茶底、原料、功效、分量、名字和包装上调整创新，还可以与知名 IP 联名，与运动品牌合作，甚至还可以尝试进入热门市场，比如文旅市场。

飞猪数据显示，平台上的茶旅相关热度呈现快速增长趋势。沉浸式体验的采茶游、研究茶文化的问茶游都吸引了很多年轻人，成为他们的出游选择。在这样的背景下，向文旅市场寻求新增量也不失为一种有利的尝试方向。

除此之外，中国的新茶饮版图向来南密北疏。无论是消费活力，还是供应链与物流，北方市场如同天堑，难守难攻，仍有很多难点要突破。但北方市场胜在新茶饮门店少，门店密度远不及南方城市，因此仍有巨大的潜力可挖掘。

趋势三：预制菜新规出台，品类口碑的翻身指日可待

艾媒咨询的相关数据显示，我国预制菜产业已经连续 3 年实现了 20% 以上的增速，2023 年的整体市场规模预计已超过 5100 亿元。

产业高速发展，越来越多玩家进入赛道比拼，但产业与消费者间对于预制菜的定义仍存在模糊地带。同时，生产企业和生产环境、规范标准等也亟须厘清。

2024 年 3 月 21 日，《关于加强预制菜食品安全监管　促进产业高质量发展的通知》发布，首次在国家层面明确了预制菜范围，同时也提高了预制菜的门槛。

新规出台后，预制菜企业的竞争将出现“良币驱逐劣币”的优化过程。因为随着政策的不断完善与相关规定的下发，预制菜的加工运输等各个环节将会逐渐被规范，这也意味着行业监管将变得愈发严格。

接下来，将真正考验的是供应链企业综合实力和供应链的整合能力，同时也

倒逼行业再次迎来新的升级。好的企业留存下来，追求速度、牺牲质量的小作坊式预制菜企业将会逐步被市场淘汰。

当然，无论是消费者对预制菜概念的理解，还是预制菜企业的内省和重塑，都需要一个震荡期。在震荡期过后，预制菜企业将在监管下，以更高、更严的标准来保证预制菜的食品安全。消费者也会逐渐接纳符合食品安全高标准的预制菜产品，相信预制菜的口碑会随之反转。

趋势四：黑科技加持下，智能化技术成核心竞争力

继机器人摊煎饼、无人送餐餐厅、无人自助餐厅后，越来越多的黑科技手段加持餐饮行业。比如咖啡品牌库迪咖啡推出新品牌“茶猫”，用全系列机器人做奶茶；肯德基也与美团无人机达成合作，上线无人机配送业务……

在智能时代，餐饮行业对于科技化应用手段的探索一直没有停止过。而在如今高质价比的需求下，效率的比拼也至关重要。

随着餐饮业中黑科技的发展，最新的智能厨房设备、厨房净化设备、洗碗机、制冷设备及全自动智能米饭生产线等智能化技术设备接连出现，助力企业在点餐、出餐、送餐、结算等环节保证质量，提高效率的同时，节约大量人工成本，进而增强企业竞争力。

趋势五：消费分级的餐饮业，情绪价值成为比拼关键

多位商业观察家及餐饮资深专家都曾表示，情绪赛道是当下最值得关注的赛道之一。

消费出现分级，消费者不再单纯只追求低价或贵价，而是开始追求“情价比”——消费者既要该省省，也在该花花，尤其是在让他们有认同感和产生情绪价值的事物上更舍得花钱。

说白了，站在消费者角度，他们既需要安全、好吃的高品质产品，还需要用高颜值的产品及有氛围感、有特色的环境布置等来满足情绪价值和体验感。

一张精美的餐桌、一份别具心思的摆台，都将给消费者带来情绪价值和充满仪式感的惊喜。

基于此，未来餐饮品牌需要在产品研发和门店场景优化上下功夫，打造出品牌特色，实现品味和实用的完美融合，尽可能提升消费者的消费体验，以便吸引更多消费者前来打卡消费。

趋势六：烘焙品类转向小、轻、健康

中研普华研究院《2023—2028 年中国烘焙食品行业发展分析与投资预测报告》显示，我国正处于烘焙消费的升级阶段，人均消费水平呈上升趋势。

从需求端来看，烘焙食品零食化和正餐化趋势明显，已不再局限单一的场景。《2023 年烘焙行业发展趋势报告》显示，已有 67.1% 的消费者将烘焙当作零食食用；93.2% 的消费者每周至少购买一次烘焙食品；每周购买 1 ~ 3 次和 4 ~ 6 次的消费者占比均为 43.3%。也就是说，烘焙消费也具备一定的成瘾性，消费频次逐渐变高，消费场景越发丰富。

尽管在过去几年中烘焙赛道经历了行业大洗牌，网红新中式烘焙陨落，部分国际知名的烘焙品牌跌下神坛，贵价大单品频开专卖店……但赛道也在这个过程中逐渐摸索出了新的趋势——转向小、轻、健康。

更小、更轻、更健康的烘焙大单品接踵而来，贝果、吐司等产品大爆。有数据显示，烘焙食品已经成为国内休闲食品行业的第一大品类。2023 年国内市场烘焙规模已经超过 3000 亿元。

未来烘焙品类将继续向着小、轻、健康的方向发展，好吃不贵、好玩好买、能与顾客产生互动的产品会促使顾客主动为产品宣传，促进产品销量的提升，进而增进品牌影响力，促进品牌以及品类的发展。

通过盘点餐饮发展的趋势，我们更深刻地认识到，餐饮环境处在不断的变化中，而且变化速度越来越快。品牌需要学会应对变化，抓住新的机会点，只有把握住变化趋势中利于品牌发展的定量，稳扎稳打，步步为营，才能跑出更高的业绩，获得更好的发展。

后记 餐饮经营，在不确定中寻找确定性

财经作家沈帅波曾说过一段话：“市场会加速出清，要做好更清醒的战斗准备。”有时候，熬着熬着，品类里的对手消失了，也许品类总规模未上升，但是由于玩家减少了，就会达到一种新的平衡。但一切都是熬到别人熬不下去为止。

我们认为，在未来，餐饮业的加剧“内卷”、加剧出清是必然的，餐饮企业能做的就是在不确定中寻找一些确定性，只有熬下去，才能遇见新机遇。

在此，我们预测未来中国餐饮业发展的几个趋势，希望给餐饮企业一些经营思路。

第一，中国的宏观经济进入折扣时代，中国消费思维步入质价比和性价比同存的时代。以往坚持贵价路线的餐厅，仅凭“轻奢”已很难再让消费者买单。如今，消费者要好的产品，更要好的价格。看似竞争更加激烈，但“良币”终归驱逐“劣币”，国人消费风向的变化必将倒逼整个产业端进行迭代、升级、重塑。

第二，增量市场向存量市场过渡，未来一定是专业选手碾压业余选手。餐饮小白入局时看似蜂拥而热烈，但在行业大佬面前，经验和实力均没有优势，价格战也终将不是长久之计。最终，餐饮业会面临大品牌越做越大、个体户越做越难的局面。

第三，回归常识、回归朴素、回归商业本质是餐饮业发展的必然趋势。西贝餐饮集团创始人贾国龙曾说：“我们是做菜的，基本功就是满足嘴和胃。”而在近两年，无论是“短命”的网红餐饮，还是备受争议的明星餐厅，本质上都

偏离了这条餐饮基本准则，面对日渐理性的消费市场，讲不出新的故事，也是这些餐厅只能红火一时的根本原因。

在未来，餐饮企业还是要在品牌力、质价比上下功夫，更要回归餐饮本质，了解消费者的需求，让消费者吃得好、吃得饱。或许这最朴素的诉求就是唯一不变的确定性，更是餐饮业为之努力的航标。